Beiträge zur Stadt- und Regionalforschung
Heft 11

Schriftleitung: Dr. Monika Kurth

Beiträge zur Stadt- und Regionalforschung

Herausgegeben im Auftrage der Gesellschaft für Wohnungs- und Siedlungswesen (GEWOS e.V.) Hamburg
von Professor Dr. Harald Jürgensen

11

BERND LEUTNER

Wirtschafts- und finanzpolitische Probleme einer Bodenwertzuwachsbesteuerung

VANDENHOECK & RUPRECHT IN GÖTTINGEN

D 18

© Vandenhoeck & Ruprecht in Göttingen 1977 — Printed in Germany
Ohne ausdrückliche Genehmigung des Verlages ist es nicht gestattet,
das Buch oder Teile daraus auf foto- oder akustomechanischem Wege
zu vervielfältigen.
ISBN 3-525-12512-7

Vorwort der Herausgeber

Die Stadt- und Regionalentwicklung wird in starkem Maße von der Entwicklung auf den Bodenmärkten beeinflußt. In zahlreichen Beiträgen ist diese Beziehung im Verlauf der letzten Jahre analysiert worden. Im Mittelpunkt der diskutierten Maßnahmen standen in der Bundesrepublik zumeist abgabenrechtliche Instrumente, mit denen Bodenwertzuwächse erfaßt und besteuert bzw. abgeschöpft werden sollten, mit denen aber auch verteilungspolitische Motive verknüpft waren.

An dieser Diskussion hat sich in den vergangenen Jahren auch die GEWOS maßgeblich beteiligt. Die Bodenrechtskommission hat im Jahr 1973 ihre Vorschläge für gesetzgeberische Initiativen zu einer 'Bodenrechtsreform im sozialen Rechtsstaat' dargelegt, im Anschluß waren in Rechtsgutachten und Planspielen die praktische Einführung des Planungswertausgleichs vorbereitet worden.

Die hiermit einer breiteren Öffentlichkeit vorgestellte Arbeit zu den wirtschafts- und finanzpolitischen Problemen eines einzelnen bodenpolitischen Instruments, der Bodenwertzuwachssteuer, steht zwar grunsätzlich in der Kontinuität dieser Arbeiten, bewertet ihre Aussagen allerdings unter umfassenden wirtschafts- und finanzpolitischen Zielen.

Dazu werden Vorschläge und Zielsetzungen aufgenommen, die im Rahmen der Erörterungen der Bodenwertzuwachsbesteuerung Anfang der siebziger Jahre die politische Diskussion in der Bundesrepublik Deutschland bestimmt haben, und die wichtigsten Vorschläge im Kontext ihrer boden- und verteilungspolitischen Konsequenzen diskutiert. Die Untersuchung bietet damit eine erste zusammenfassende Analyse der Probleme einer Bodenwertzuwachsbesteuerung.

Neben Fragen des Wirkungsvergleichs der Steuerformen, die das zentrale Anliegen der Untersuchung ausmachen, bietet sie mit einer Analyse von Inflationsgewinnproblematik und Bewertungsfragestellung der Bodenwertzuwachssteuern Beiträge zur Diskussion der Praktikabilität von Bodenwertzuwachssteuern.

Die hier vorgeschlagene Lösung, Einführung einer Bodenwertzuwachssteuer auf nicht realisierte Gewinne, steht allerdings auf den ersten Blick den Aussagen der Bodenrechtskommission (1970) der GEWOS entgegen, die angesichts der von ihr vorgeschlagenen Lösungen (alternativ: Ausgleichsbetrag oder Infrastrukturbeitrag; ferner: Beseitigung der steuerrechtlichen Bevorzugung des Grund und Bodens bei den einheitswertabhängigen Steuern) unter städtebaulichen Gesichtspunkten ein besonderes Bedürfnis für eine allgemeine Bodenwertzuwachssteuer nicht anerkannt hat.

Gleichzeitig hat dieses Gremium allerdings die Bodenwertzuwachssteuer nicht grundsätzlich abgelehnt. Steuerrechtliche Lösungen, also insbesondere eine spezielle Bodenwertzuwachssteuer, wären dann in Betracht zu ziehen, wenn weder maßnahmebezogene Abschöpfung noch eine Reform der Einheitsbewertung beim Grund und Boden realisiert werden können.

Die Aktualität der Diskussion um die Bodenwertzuwachsbesteuerung ergibt sich aus den Inhalten der politischen Beratung. Der Wissenschaftliche Beirat beim Bundesminister für Finanzen hat zuletzt 1976 in einem umfangreichen Gutachten zur Frage der Einführung einer entsprechenden Besteuerung Stellung genommen, ohne allerdings Empfehlungen für eine konkrete Ausgestaltung oder auch nur Ansatzpunkte und Voraussetzungen eines zielgerechten Einsatzes aufzuzeigen.

Aus diesen Gründen stellt die GEWOS eine Arbeit zum Bodenwertsteuerproblem der Öffentlichkeit vor, in der der Versuch unternommen wird, die in die Diskussion um diese Abgabeform eingebrachten Vorschläge auf ihre boden- und verteilungspolitische Erwünschbarkeit hin zu prüfen. Dabei sollen zugleich Anhaltspunkte und Leitlinien für eine administrative Handhabung vorgelegt werden. Die GEWOS hofft mit diesem Beitrag die Fortführung der Diskussion zur Bodenwertzusatzsteuer anzustoßen.

Vorwort des Autors

Die vorliegende Arbeit knüpft an meine Beschäftigung mit Fragen der Steuerreform in der Endphase meines Studiums an. Damals wie heute gehört die steuerfreie Belassung von Kapitalgewinnen im allgemeinen und der Bodenwertzuwächse im besonderen zu den bedeutendsten Lücken im deutschen Steuerrecht.

Die Beschränkung auf die besonderen Belange der Bodenwertzuwachsproblematik ergab sich als Konsequenz einer ersten Analyse von politischer und wirtschaftlicher Diskussion: Insbesondere die Analyse der Wirkungen dieser Steuer weist erhebliche Lücken auf. Hieraus ergeben sich Anspruch und Reiz, Fragen der Bodenmarktabläufe in den Mittelpunkt der Analyse zu stellen und vorhandene Ansätze der Wirkungsanalyse von Bodensteuern kritisch zu analysieren, daneben aber auch auf unterschiedliche Eigenschaften je nach Ausgestaltung einzugehen.

Die Bearbeitung wurde hauptsächlich durch ein Stipendium nach dem Graduiertenförderungsgesetz ermöglicht, die Fertigstellung erfolgte während meiner Tätigkeit bei der GEWOS GmbH.

Großen Dank schulde ich meinem akademischen Lehrer, Herrn Prof. Littmann, der die Arbeit angeregt hat und mit dem ich frühere Fassungen ausführlich diskutieren konnte.

Für konstruktive Diskussion danke ich insbesondere den Herren Rudi Ulbrich und Berend Krüger. Wichtige Anregungen zur Bewertungsfragestellung habe ich in Diskussionen und Arbeitskreisen der GEWOS erhalten.

Für das Schreiben der Druckfassung danke ich Frau U. Scheel.

Ganz besonderer Dank gilt meiner Frau, die mich immer wieder ermutigt und unterstützt hat.

Inhaltsverzeichnis

Seite

Einleitung   1

1. Vorbemerkung: Zur Problemrelevanz und zu den Problemfeldern der Untersuchung   1

2. Bodenwertzuwächse, Bodenwertzuwachssteuer: Begriffe und Arten   4

3. Zur Methode der Untersuchung: Entscheidungstheoretischer Ansatz und Vorgehen   11

Kapitel I: Wirtschafts- und finanzpolitische Probleme der Bodenpreisentwicklung als Ausgangspunkt von Überlegungen zur Einführung einer Bodenwertzuwachsbesteuerung   15

1. Entwicklung der Bodenpreise und Probleme ihrer statistischen Erfassung   15

2. Ursachen steigender Bodenpreise im Überblick   18

    2.1 Bodenmarkt und Bodenpreissteigerungen   19

    2.2 Staatliche Ausgabenpolitik, Planung und Bodenpreisentwicklung   24

    2.3 Bodenprobleme als Folge steuerlicher Behandlung von Grund und Boden in der Bundesrepublik Deutschland   26

3. Distributive und allokative Folgen der Bodenpreisentwicklung   33

    3.1 Distributive Konsequenzen   33

    3.2 Allokative Konsequenzen   40

Kapitel II: Zum Zielsystem einer Bodenwertzuwachssteuer   45

1. Vorbemerkung   45

2. Ziele einer Bodenwertzuwachssteuer   48

    2.1 Allokative Ziele   48

    2.2 Distributive Ziele   52

    2.3 Zielkonflikte: Der Konflikt zwischen einer Mobilisierung des Angebotes und distributiven Zielsetzungen   57

	Seite
3. Argumente gegen ein Anstreben wirtschafts- und finanzpolitischer Ziele mit Hilfe der Bodenwertzuwachssteuer	58
3.1 Einwände der finanzwissenschaftlichen Dogmatik und ihre Stichhaltigkeit	58
3.3.1 Zur Kontroverse um den Einkommensbegriff	59
3.3.2 Grundsätzliche Argumente	61
3.3.3 Argumente gegen eine Besteuerung unrealisierter Gewinne	68
3.2 Ausgewählte verfassungsrechtliche Fragen einer Bodenwertzuwachssteuer	75

Kapitel III: Alternativen einer Untersuchung der Bodenwertzuwachsbesteuerung, Vergleich der Steuerzahllast von Bodenwertzuwachssteuern   80

1. Methodisches Vorgehen	80
2. Alternative Erhebungsinstrumente	81
2.1 Besteuerung realisierter Bodenwertzuwächse im Rahmen der Einkommensteuer	81
2.2 Besteuerung unrealisierter Bodenwertzuwächse im Rahmen von Objektsteuerlösungen	85
2.3 Besteuerung unrealisierter Bodenwertzuwächse im Rahmen von Subjektsteuerlösungen	87
3. Vergleich der Steuerzahllast unterschiedlicher Bodenwertzuwachssteuerformen	89
3.1 Analyse der Subjektsteuer auf realisierte Bodenwertsteigerungen	89
3.2 Analyse der Objektsteuer auf unrealisierte Gewinne	95
3.3 Analyse der Subjektsteuer auf unrealisierte Gewinne	99
3.4 Zusammenfassung der Ergebnisse	102

Kapitel IV: Ansatzpunkte zu einer Beurteilung der effektiven Wirkungen einer Bodenwertzuwachssteuer auf unbebauten Grund und Boden   104

1. Allgemeines zur Frage der effektiven Wirkungen alternativer Ausgestaltungen der Bodenwertzuwachssteuer	104
1.1 Vorbemerkung	104
1.2 Traditionelle Analyse der Wirkungen der Bodenwertzuwachssteuer, Überblick und Kritik	106
1.3 Ansatzpunkte zu einer Wirkungsanalyse im Rahmen der Untersuchung	110

	Seite

2. Verhaltenweisen der Marktteilnehmer auf den Bodenmärkten und Hypothesen zu den Wirkungen von Bodenwertzuwachssteuern   111

    Fall 1: Spekulativ orientierte Bodenanbieter und -nachfrager   111

    Fall 2: Nutzungsorientierte Bodennachfrager   119

    Fall 3: Nutzungsorientierte Bodeneigentümer   127

<u>Kapitel V:</u>   Vergleich der Wirkungen unterschiedlicher Bodenwertzuwachssteuer-Formen   128

1. Subjektsteuer auf realisierte Gewinne im Rahmen der Einkommensteuer   129

    1.1 Distributionseffekte   129

    1.2 Allokationseffekte   132

    1.3 Zur Problematik von Maßnahmen zur Beseitigung eines 'Locking-in' des Bodenangebotes   134

        1.3.1 Zur Problematik von Roll-Over-Regelungen   134

        1.3.2 Steuerermäßigungen und ihre Problematik als Instrument zur Bekämpfung eines 'Locking-in' des Bodenangebotes   141

2. Wirkungen von Bodenwertzuwachssteuern auf unrelisierte Gewinne - Vergleich von Objekt- und Subjektsteuerlösung   143

    2.1 Distributionseffekte   143

    2.2 Allokationseffekte   143

        2.2.1 Allgemeines zu den Allokationseffekten von Bodenwertzuwachssteuern auf unrealisierte Gewinne   147

        2.2.2 Vergleich der allokativen Wirkungen von Objekt- und Subjektsteuerlösungen   149

<u>Kapitel VI:</u>   Probleme einer Besteuerung bebauter Grundstücke   155

1. Wirkungen einer reinen Bodenwertzuwachssteuer auf bebaute Grundstücke   155

    1.1 Distributionseffekte   156

    1.2 Allokationseffekte   159

2. Aspekte der Wirkungen einer Einbeziehung von Wertzuwächsen an Gebäuden in die Bemessungsgrundlage   164

3. Zusammenfassung der Ergebnisse: Begründung für eine reine Bodenwertzuwachssteuer   169

	Seite
Kapitel VII: Fiskalische Aspekte der Bodenwertzuwachsbesteuerung	170
1. Zur Relevanz des Problems	170
2. Fiskalische Probleme bei unterschiedlichen Formen von Bodenwertzuwachssteuern	172
3. Effekte einer Verausgabung durch die Gemeinden	173
3.1 Bodenwertzuwachssteuer als Gemeindesteuer	173
3.2 Anpassungsreaktionen der Gemeinden	175
4. Zusammenfassung	177
Kapitel VIII: Zur Frage der Wertgrundlage einer Besteuerung von Bodenwertzuwächsen	178
1. Zur Relevanz des Problems der Wertgrundlage	178
2. Nichtbesteuerung als Resultante der Reinvermögenzugangstheorie	180
3. Das Meßproblem der Inflation unter besonderer Berücksichtigung der Trennung von relativen und absoluten Preissteigerungen	182
4. Die Problematik einer Deflationierung aller Steuerwerte	185
5. Zur Frage der Zielkonformität einer isolierten Deflationierung der Bodenwertzuwächse	186
5.1 Rechtfertigung einer isolierten Deflationierung	186
5.2 Einwände gegen eine isolierte Deflationierung	187
5.2.1 Distributionseffekte	187
5.2.2 Allokationseffekte	189
6. Die Abhängigkeit der Entscheidung von der Höhe der Preissteigerungen	190
6.1 Deflationierung bei mäßigen Inflationsraten	190
6.2 Deflationierung bei hohen Inflationsraten	192
Kapitel IX: Die Bewertung im Rahmen der Bodenwertzuwachsbesteuerung	194
1. Probleme und Voraussetzungen der Bewertung	194
2. Verfahren der Bewertung	198
2.1 Administrative Bewertung	198
2.2 Selbsteinschätzung	200
2.3 Zusammenfassung: Vergleich und Folgerungen	204

	Seite

3. Die Bewertungsprobleme bei den einzelnen Formen der Bodenwertzuwachssteuer … 205

   3.1 Subjektsteuerlösung auf der Basis der Einkommensteuer … 205
   3.2 Objektsteuerlösung … 207
   3.3 Objektsteuer mit subjektiven Elementen … 208

4. Sonderprobleme der Bewertung von bebautem Grund und Boden … 210

5. Vergleich der Bewertungserfordernisse bei Bodenwertzuwachsbesteuerung und Planungswertausgleich … 211

6. Zusammenfassende Beurteilung der Praktikabilität unterschiedlicher Bodenwertzuwachssteuerformen … 214

Kapitel X: Bodenwertzuwachsbesteuerung und rationale staatliche Tätigkeit - Ergebnisse der Untersuchung und politische Einordnung … 216

1. Wirtschafts- und finanzpolitische Probleme der Bodenwertzuwachssteuer - Ergebnisse der Untersuchung … 216

   1.1 Subjektsteuer auf realisierte Bodenwertzuwächse … 216
   1.2 Besteuerung unrealisierter Bodenwertzuwächse im Rahmen einer Objektsteuerlösung … 218
   1.3 Besteuerung unrealisierter Bodenwertzuwächse im Rahmen einer Subjektsteuerlösung … 220
   1.4 Sonstiges … 222

2. Aspekte eines Vergleichs mit Planungswertausgleich und Bodenwertsteuer … 226

3. Grenzen einer Bodenwertzuwachsbesteuerung - Notwendigkeit des Einsatzes ergänzender bodenpolitischer Instrumente … 226

		Seite
Anhang 1:	Überblick über die Geschichte der Bodenwertzuwachssteuer - Ideengeschichte und steuerpraktische Versuche	

1. Aspekte zur Dogmengeschichte der Bodenwertzuwachssteuer — 229

   1.1 Dogmengeschichtliche Grundlagen — 229

   1.2 Bodenwertsteuersteuer als 'Single Tax' — 230

   1.3 Bodenwertzuwachssteuer in der Diskussion der deutschen Bodenreformbewegung — 232

2. Rechtsgeschichte der steuerpraktischen Anwendung im deutschen Rechtsgebiet — 234

   2.1 Bodenwertzuwachssteuer in Kiautschou — 234

   2.2 Kommunale Bodenwertzuwachsbesteuerung im Deutschen Reich — 235

   2.3 Reichszuwachssteuer — 235

   2.4 Erfassung und Besteuerung des Veräußerungsgewinns im Einkommensteuerrecht des Deutschen Reiches — 236

   2.5 Baulandsteuer i.R. des Bundesbaugesetzes 1961-1964 — 238

Anhang 2: Besteuerung von Bodenwertsteigerungen im internationalen Vergleich

1. Problemstellung, Relevanz — 241

2. Bodenwertzuwachsbesteuerung in ausgewählten Ländern — 242

   2.1 Belgien — 242

   2.2 Dänemark — 243

   2.3 Frankreich — 246

   2.4 Großbritannien — 248

   2.5 Italien — 251

   2.6 Niederlande — 252

   2.7 Schweden — 253

   2.8 USA — 254

3. Zusammenfassung, Bedeutung für die Einführung einer Bodenwertzuwachssteuer in der Bundesrepublik Deutschland — 255

Literaturverzeichnis — 258

Verzeichnis der Abkürzungen

AER	The American Economic Review
AEAss	American Economic Association
AJEcSoc	The American Journal of Economics and Sociology
AJSoc	The American Journal of Sociology
AO	Abgabenordnung
BB	Der Betriebsberater
BFuP	Betriebswirtschaftliche Forschung und Praxis
BFH	Bundesfinanzhof
BMA	Bundesministerium für Arbeit (und Sozialordnung)
BMF	Bundesministerium für Finanzen
BMWF	Bundesministerium für Wirtschaft und Finanzen
BWM	Bundeswirtschaftsministerium
BVerfG	Bundesverfassungsgericht
CanTaxJ	The Canadian Tax Journal
DB	Der Betrieb
DStR	Deutsches Steuerrecht
DVZ	Deutsche Volkszeitung
DWI	Deutsches Wirtschaftsforschungsinstitut (Berlin, DDR)
DIW	Deutsches Institut für Wirtschaftsforschung
EJ	The Economic Journal
EStG	Einkommensteuergesetz
FA	Finanzarchiv
FAZ	Frankfurter Allgemeine Zeitung
HaBl	Handelsblatt
HdSW	Handwörterbuch der Sozialwissenschaften
HdF	Handbuch der Finanzwissenschaft
HdStW	Handbuch der Staatswissenschaften
HWRfRo	Handwörterbuch für Raumforschung und Raumordnung
H.M.S.O.	Her Majesty's Stationary Office
HdB	Handbuch der Betriebswirtschaft
IWB	Internationale Wirtschaftsbriefe
JBNatStat	Jahrbücher für Nationalökonomie und Statistik
JEL	The Journal of Economic Literature
JPE	The Journal of Political Economy
NTJ	The National Tax Journal

PF	Public Finance
OEP	Oxford Economic Papers
QJE	The Quarterly Journal of Economics
RES	The Review of Economic Studies
SchrVfSP	Schriften des Vereins für Sozialpolitik N.F.
SZ	Süddeutsche Zeitung
StuW	Steuer und Wirtschaft
Vw	Der Volkswirt (später zusammen mit WIRTSCHAFTSWOCHE)
WiSta	Wirtschaft und Statistik
WPg	Die Wirtschaftsprüfung
WWA	Weltwirtschaftliches Archiv
ZfBF	Zeitschrift für betriebswirtschaftliche Forschung
ZfhF	Zeitschrift für handelswissenschaftliche Forschung
ZfgStW	Zeitschrift für die gesamten Staatswissenschaften
ZfN	Zeitschrift für Nationalökonomie

Einleitung

1. Vorbemerkung: Zur Problemrelevanz und zu den Problemfeldern der Untersuchung

Seit einigen Jahren wird in der Bundesrepublik vor dem Hintergrund einer Kritik an den Bodenmarktverhältnissen[1] erneut[2] über eine erweiterte Besteuerung der Wertzuwächse von Grund-und Boden diskutiert[3]: Bodengewinne in erheblicher Höhe[4] sind bisher den Bodeneigentümern nahezu steuerfrei zugeflossen[5]; in

---

[1] Vgl. z.B. Müller,Wulf, Was tun gegen die leidigen Bodengewinne? in: FAZ Nr. 251 v. 29.1o.1973; Piel,D., Der Kampf um Grund und Boden, in:DIE ZEIT, Nr. 4o v. 6.1o.1972, S. 34; zu einer Darstellung der Zusammenhänge aus normativer Sicht vgl. Pfeiffer,U., Überlegungen zur Theorie der Steuerung der Bodennutzung, in: Schreiber, F.,(Hrsg.), Bodenordnung? Stuttgart,Bern 1969, S. 29 ff.

[2] Die Forderung, die Bodenwertzuwächse steuerlich abzuschöpfen, stand seit den Anfängen der modernen Bodenreformbewegung im Mittelpunkt der diskutierten Abhilfemaßnahmen. Vgl. hierzu: Janssen,J., Zweihundert Jahre Bodenreformbewegung - für Liberale, Kleinbürger, Reformer, Utopisten und Interessenten, in: Blätter für deutsche und internationale Politik, 7/1973,S. 727-742; Peters,K.H., Die Bodenreform. Ende eines Kompromisses. Ein Beitrag zur Bodenreform. Hamburg 1971; Pausch,A., Zur Geschichte der Besteuerung des Bodenwertzuwachses, in: Steuer und Wirtschaft, 4/1973,S. 306 ff. Zur näheren Darstellung von Dogmengeschichte und steuerpraktischer Anwendung der Bodenwertzuwachssteuer vgl. Anhang 1 dieser Arbeit.

[3] Zu einem Überblick über die Diskussion vgl. Troll,M., Grund und Boden - Politik und Steuern, in: Schriftenreihe Steuerrecht und Steuerpolitik, Heft 12, Heidelberg 1972, S. 55 - 98; Zink,G., Die gegenwärtige Diskussion über eine Bodenwertzuwachssteuer, in: Wirtschaftsdienst Jg. 1953, Nr. 3.1973. S. 14o-142; s.a. in größerem Zusammenhang: Bielenberg,W., Bodenrecht:Reformpläne und Tendenzen, in: Wirtschaftsdienst 12/1973, S. 649-653; Abreß, Hubert, Schritte zur Reform des Bodenrechts, Referat, gehalten auf dem 3. Wohnungs- und Städtebaukongress der SPD, 14.11.1973. Hamburg, unv.Man.

[4] So schätzen etwa Engels et al. die zwischen 195o und 1970 am nicht reproduzierbaren Vermögen (Grundstücke) entstandenen Wertzuwächse auf rd. 650 Mrd. DM, also im Durchschnitt rd. 30 Mrd. pro Jahr. Vgl. Engels,W., Sablotny,H., Zickler,D., Das Volksvermögen. Seine verteilungs- und wohlstandspolitische Bedeutung. Frankfurt 1974.
Diese Angaben, in der öffentlichen Diskussion vielfach verwendet - vgl.z.B. Binder,S., Zur Reform des Bodenrechts: Planung geht vor Profit. in: DIE ZEIT Nr. 18 v. 27.4.1973,S. 14 -, sind von interessierter Seite kritisiert worden. Deshalb werden in Kap. I Überlegungen angestellt, die Plausibilität der Schätzungen zu erweisen.

[5] Zu einem Überblick vgl. Kap. I/2.3.

der Folge haben die hierdurch bestärkten Gewinnerwartungen einer Vermögensanlage in Grund und Boden gleichzeitig die Nachfrage erhöht und das Angebot vermindert, das Marktgeschehen folglich erheblich verzerrt.

Mit besonderem Nachdruck ist in den vergangenen Jahren an abgaberechtlichen Lösungen gearbeitet worden, die zumindest einen Teil der Wertzuwächse, die Planungsmehrwerte abschöpfen sollten, um auf diese Weise nicht nur die privaten Gewinnerwartungen zu vermindern sondern auch die Gemeinden an den von ihnen hervorgerufenen Wertsteigerungen zu beteiligen[1]. Indem die Realisierung dieser Maßnahmen aber aus politischen Gründen gescheitert ist, rücken materiell umfassendere steuerliche Lösungen der Bodenfrage erneut in den Mittelpunkt[2].

Im Mittelpunkt der Diskussion um die Bodenwertzuwachssteuer als einer möglichen Abhilfe steht der Gedanke, die Bodenwertzuwächse laufend, auch wenn sie nicht realisiert sind, steuerlich zu erfassen[3] und damit die skizzierten Mängel, wenn nicht zu beheben, so doch abzumildern.
In Kongruenz mit den Zielen einer Bodenwertzuwachssteuer im Rahmen des Bundesbaugesetzes vom Jahre 1960[4] standen zunächst bodenpolitische Erwägungen im Vordergrund[5]: Ziel ist eine Verbesserung der Marktsteuerung auf den Bodenmärkten, die marktmäßige Bereitstellung von Grund und Boden für die jeweils angemessenen Zwecke, zu vertretbaren Preisen.

---

[1] Vgl. Entwurf eines Gesetzes zur Änderung des Bundesbaugesetzes, Bundestagsdrucksache 7/2496, Bonn, 22.8.1974.
[2] Damit sollten Abschöpfungsinstrumente, wie der sog. Planungswertausgleich indes nicht aus dem Blickfeld geraten: Diese Maßnahme kann - ergänzend zu einer Bodenwertzuwachssteuer - durchaus Bedeutung erlangen.
[3] Vgl. Zink, G., in: Wirtschaftsdienst (1973), a.a.O., S. 141.
[4] Vgl. im Überblick die Dokumentation der damaligen Diskussion, in: Boden. Eine Dokumentation. Empfehlungen, Thesen, Pläne, Gesetze. Hrsg. Deutscher Verband für Wohnungswesen, Städtebau und Raumplanung e.V., Bonn 1968, insbes. Bd. 3.
[5] Vgl. Zink, G., Die Probleme einer Wertzuwachsbesteuerung, in: Steuer und Wirtschaft, 50.Jg., Nr. 2 1973, S. 153.

Ausgehend von der Diskussion um die Steuerreform kamen dann aber verteilungs- und gerechtigkeitspolitische Motive hinzu[1]. Der Versuch, beiden Zielen gerecht zu werden, führte zur Diskussion von Voraussetzungen und Folgen einer Reihe von Steuervarianten[2], komplizierte die Debatte und erschwerte damit den Überblick.

Das Fehlen zusammenfassener wissenschaftlicher Darstellungen[3] und eine Reihe immer noch umstrittener Probleme waren das Motiv, die wichtigsten der in die gegenwärtige Debatte einbezogenen Vorschläge im Zusammenhang einer eingehenden wirtschafts- und finanzpolitischen Analyse zu unterziehen.

---

[1] Vgl. z.B. die Überlegungen zu einer gerechtigkeitspolitisch motivierten Erweiterung der Bemessungsgrundlage der ESt bei: Wissenschaftlicher Beirat beim BMF, Gutachten zur Reform der direkten Steuern, Bonn, Bad Godesberg 1967. Diese Gedanken, in der Steuerreformdiskussion vertieft, finden auch in bezug auf die Instrumentenwahl Eingang in die Diskussion um die Bodenwertzuwachssteuer.

[2] Vgl. im Überblick Kap. III, Abschnitt 2; s.a. die Arbeit von G. Zink, die eine schematische Darstellung der Vorschläge der im Bundestag vertretenen Parteien bietet. Vgl. ders. in: Wirtschaftsdienst 1973, a.a.O., S.141.

[3] Die Darstellung von Max Troll gibt einen gerafften Überblick über die Grundproblematik, ohne jedoch einen konstruktiven Vergleich zu unternehmen. Zudem rücken bereits a priori Praktikabilitätsgesichtspunkte in den Mittelpunkt. Vgl. ders., a.a.O., S. 55 - 98.
Der Wissenschaftliche Beirat beim BMF hat sich zwischen 1973 und 1976 in eingehenden Beratungen mit Problemen und Lösungsmöglichkeiten der Bodenwertzuwachsbesteuerung befaßt. Das von diesem Gremium erarbeitete Votum ist Ende Juli 1976 - nach Fertigstellung des Manuskripts - erschienen und enthält eine umfassende Würdigung der relvanten Steuervarianten. Die Ergebnisse konnten deshalb nur ansatzweise im Rahmen der vorliegenden Arbeit berücksichtigt werden. Vgl. Wissenschaftlicher Beirat beim BMF, Gutachten über Probleme und Lösungsmöglichkeiten einer Bodenwertzuwachsbesteuerung, in: Schriftenreihe des Bundesministeriums der Finanzen, Heft 22, Bonn 1976.

2. Bodenwertzuwächse, Bodenwertzuwachssteuer: Begriffe und Arten

Als Bodenwertzuwachssteuern[1] lassen sich Abgaben grundsätzlich u.a. dann kennzeichnen, wenn durch sie ein Ressourcentransfer von Privaten an den Staat ohne direkte ökonomische Gegenleistung stattfindet[2][3] und hierbei Wertsteigerungen des Grund und Bodens sowohl Anknüpfungspunkt als auch Bemessungsgrundlage bilden[4][5].

---

[1] im Folgenden abgekürzt BWSt.

[2] Zur Definition von Steuern vgl. allg. Neumark,F., Grundsätze gerechter und ökonomisch rationaler Steuerpolitik. Tübingen 1970, S. 18 und 43; ders., Artikel Steuern (I),in: HdSW 2.Aufl., Bd. 1o, Stuttgart 1959, S. 93 ff.; § 1 der alten Fassung der Reichsabgabenordnung v. 22.5.31, RGBl, I, S.161.

[3] Hierduch lassen sich Abgaberegelungen ausschließen, die wie der Planungswertausgleich (PWA) direktes oder indirektes Entgelt für öffentliche Leistungen darstellen. Hier wird nicht 'Besteuerung' sondern Abschöpfung empfohlen, was im Prinzip eine 100-prozentige Transferierung an den Staat impliziert. Vgl. z.B. Nell-Breuning,O., Bodenwertzuwachsbesteuerung, unv. Man., o.O., 1972, S. 3.

[4] In Abgrenzung von der Wertsteuerlösung, bei der zwar grundsätzlich der Wert des Grund und Bodens die Bemessungsgrundlage bildet, bei der unter bestimmten Voraussetzungen aber auch Wertzuwächse miterfaßt werden können.

[5] Zur Definition von Bodenwertzuwachssteuern vgl. u.a. Bräuer,K., Art.Wertzuwachssteuer (Grundstücksgewinnsteuer), in: HdStW, 4. Aufl.,Bd. 8, Jena 1928, S. 1017 ff.; Diehl,K., Kritik der Reichswertzuwachssteuer, in: JB NatStat., III. Folge, Bd. 40, Jena 1910, S. 289 ff.; Fasselt,Th., Wertsteigerungen und Veräußerungsgewinne im Einkommensteuerrecht. Köln 1949; Felde,H.W.v., Die volkswirtschaftliche Problematik der Erfassung von Wertsteigerungen des Bodens. Köln 1954; Hamann,U., Bodenwert und Stadtplanung. Deutsche und englische Ansätze zum Planungswertausgleich. Stuttgart, Berlin usw. 1969, S. 14 ff; Müthling,H., Art. Wertzuwachssteuer, in: HdSW 2.Aufl.,Bd. 12, Stuttgart, Tübingen usw. 1965, S. 8 ff.; Nell-Breuning,O.v., Art. Wertzuwachssteuer, in: HdF Bd. 2, 2.Aufl., Tübingen 1956, S. 557-564; ders., Steuern als Instrumente der Bodenpolitik, in: Haller,H., u.a. (Hrsg.), Theorie und Praxis des finanzpolitischen Interventionismus, F. Neumark zum 70. Geburtstag. Tübingen 1970, S. 313-326; ders., Bodenwertzuwachsbesteuerung a.a.O.; Pistorius,T., Art. Direkte Zuwachs- und Kriegsgewinnsteuer, in: HdF Bd. 2, Tübingen 1927, S. 159 ff.; Shoup, C.S., Art. Kriegsgewinn- und Wertzuwachssteuern, in: HdF, 2.Aufl., Tübingen 1956, S. 519 ff.

Wichtigstes Differenzierungsmerkmal zwischen möglichen Steuerformen stellt dabei die Definition dessen dar, was unter dem Begriff <u>Wertzuwachs</u> verstanden wird:

Im weitesten Sinne kann unter einem Bodenwertzuwachs[1] der positive in der Regel durch marktmäßige Bewertung ermittelte Wertunterschied eines bestimmten, materiell unveränderten Objekts Grund und Boden zwischen zwei Zeitpunkten[2] angesehen werden; wird der Begriff "Wert" hierbei mit dem Begriff "Preis" identifiziert, als Zeitpunkte der Ankaufs- und der Veräußerungszeitpunkt festgelegt, so stellt sich der Bodenwertzuwachs als Grundstücks- oder Veräußerungsgewinn dar. Als Grundstücksgewinn gilt im wesentlichen der Überschuß des Veräußerungserlöses von Grund und Boden über die Anschaffungskosten, von dem die Aufwendungen des Eigentümers abgezogen werden[3].

Eine solche Definition stellt auf den durch einen Austauschvorgang realisierten Wertzuwachs[4] ab. Hiermit wurde häufig die Auffassung verbunden, daß der Wertzuwachs vorher nicht existent ist. In der Finanzwissenschaft war der Wertzuwachs deshalb früher zumeist mit dem Veräußerungsgewinn gleichgesetzt worden[5]. Die Identifizierung des Wertzuwachses mit dem Veräußerungsgewinn

---

[1] im Folgenden abgekürzt BWZ.

[2] Vgl. Shoup,C.S., Art.: Kriegsgewinn- und Wertzuwachssteuern, a.a.O., S.521; Zink,G., Steuer und Wirtschaft 1973, a.a.O., S. 151.

[3] Vgl. Fasselt,T., Wertsteigerungen und Veräußerungsgewinne..., a.a.O., S. 7.

[4] Der Begriff der Realisierung wird im Steuerrecht jedoch nicht unbedingt mit dem Verkaufsakt identifiziert. Veräußerung bedeutet allgemein Übertragung des wirtschaftlichen Eigentums, wobei die Gegenleistung außer in Geld auch in der Gewährung von Gesellschaftsrechten, in Rentenzahlungen oder auch in der bloßen Nutzung (bei der Entnahme aus dem Betriebsvermögen) bestehen kann.

[5] Vgl. Bräuer,K., Wertzuwachssteuer ...,a.a.O., S. 1022; Müthling,H., Wertzuwachssteuer, (1965),a.a.O., S. 9, "... liegt es im Wesen dieser Abgabe (der Wertzuwachssteuer, B.L.), daß nur der realisierte Zuwachs, der Grundstücksgewinne bei einer Veräußerung erfaßt wird."
Neumark,F., Theorie und Praxis der modernen Einkommensbesteuerung. Bern 1947, S. 44; ders., Internationale Entwicklungstendenzen auf dem Gebiete der Einkommensbesteuerung, in: WWA 63/1949, S. 1 ff.; ders., Probleme der allgemeinen Einkommenstheorie, in: Wirtschafts- und Finanzprobleme des Interventionsstaates. Tübingen 1962, S. 42; Haller, H., in: Die Steuern. Grundlinien eines rationalen Systems öffentlicher Abgaben. Tübingen 1964, S. 59 (mit pragmatischer Begründung).

bezog sich nicht allein auf die Wertzuwächse des Bodens, sondern auch auf diejenigen anderer Güter, umfassend als Kapitalgewinne (capital gains) bezeichnet[1].

Der Begriff "Marktwert" kann jedoch auch unabhängig vom Begriff "Preis" definiert werden, wenn man davon ausgeht, daß Wertänderungen auch ohne Veräußerungsvorgänge die ökonomische Verfügungsmacht des Eigentümers beeinflussen[2]. Zu ihrer Messung ist jedoch - wenn eine Marktbewertung angestrebt wird - für das einzelne Grundstück jeweils die Simulation eines Marktes erforderlich. Dies ist im Prinzip aber durch die Verwendung von Marktpreisen <u>vergleichbarer Grundstücke zu gewährleisten</u>[3].

Der Wertunterschied eines bestimmten Grundstücks zwischen zwei Bewertungszeitpunkten kann sowohl bei der Grundstücksgewinnsteuer, als auch bei der Erfassung von nicht durch Veräußerungsvorgänge realisierten Wertzuwächsen Bestandteile enthalten, die auf dem Einsatz von Produktionsfaktoren am Grundstück und seinen Bestandteilen[4] beruhen. In solchen Fällen hat sich das Objekt Grund und Boden im Zeitablauf materiell verändert, so daß im gemessenen Wertunterschied auch Bestandteile enthalten sind, die nicht Wertzuwächse im eigentlichen Sinne darstellen. Unsere Meßmethode, den Wertzuwachs als Wertdifferenz zwischen zwei Zeitpunkten zu bestimmen, erfaßt als Rohgröße somit

---

[1] Vgl. David,M., Alternative Approaches to Capital Gains Taxation. Washington D.C. 1968, S. 2 ff.; Seltzer, L.H., The Nature and the Tax Treatment of Capital Gains and Losses. New York 1951; Kahn,C.D., Die Besteuerung des Kapitalgewinns. Diss. Zürich, Winterthur 1954, S. 34 ff.

[2] Fritz Neumark, in seinen steuerpolitischen Beiträgen zunächst als Vertreter des Realisationsprinzips einzustufen, hat aus diesem Grunde in seiner Abhandlung: Grundsätze gerechter und ökonomisch rationaler Steuerpolitik, a.a.O., S. 136 ff., seine frühere Auffassung zum Wertsteigerungsproblem revidiert. Er vertritt nunmehr die Ansicht, daß auch solche Einkünfte prinzipiell als ordentliche Einkommenselemente anzusehen sind.

[3] Auf die in dieser Hinsicht anzuführenden praktischen Probleme wird in Kap. IX, auf die z.T. erhobenen prinzipiellen Einwände gegen eine solche Übertragung in Kap. II, Abschnitt 3 einzugehen sein.

[4] Angesichts steigender Baupreise treten auch bei Gebäuden Wertzuwächse auf. Um Investitionen im Wohnungsbau nicht zu detrahieren, wäre bei einer Besteuerung ausschließlich der BWZ (also keiner allg. Kapitalgewinnbesteuerung) hier eine Abgrenzung denkbar. Zur Problematik vgl. Kap. VI dieser Arbeit.

auch eine reale, d.h. gütermäßige Erhöhung der Vermögensbestände, also einen Nettogüterzuwachs.

Wollen wir den 'reinen' Wertzuwachs erfassen, so müssen wir den Nettogüterzuwachs - etwa durch eine Betriebsausgabenregelung - von der Rohgröße in Abzug bringen[1].

Ein weiterer Teil der Wertzuwächse resultiert aus der - unterschiedlich meßbaren - Erhöhung des allgemeinen Preisniveaus[2]. Da Bodenwertzuwächse vor allem dann als ungerechtfertigt angesehen werden, wenn sie über den allgemeinen Preisanstieg hinausgehen[3], könnte man im Sinne einer engen Definition des Bodenwertzuwachses erwägen, die Rohgröße auch um diese Einflüsse zu bereinigen. Ein Ausschluß der 'inflationsbedingten' Bodenwertzuwächse ist jedoch nicht unproblematisch, so daß in Kap. VIII dieser Arbeit darauf noch näher einzugehen sein wird.

Zusammenfassend kann gesagt werden, daß der Wertzuwachs von Grund und Boden im engeren Sinne unabhängig von der Realisierung durch einen Verkaufsakt, als Wertunterschied eines physisch unveränderten Objekts Grund und Boden unter Bereinigung von inflationären Steigerungen und von Wertsteigerungen der Grundstücksbestandteile[4] angesehen werden kann. Diese Definition - in der folgenden Graphik (Abbild. 1) näher dargestellt - bestimmt den Wertzuwachs auch als 'unverdient', also als nicht rückführbar auf physische Aktivitäten des Grundstückseigentümers[5].

---

[1] Etwa bei privaten Aufwendungen für Verbesserungen am Grundstück.
[2] Man kann diese Wertzuwächse nicht als allein 'inflationsbedingt' ansehen. Dies sind auch Wertzuwächse, die auf die durch die Inflation ausgelöste Flucht in Sachwerte zurückgehen.
[3] Vgl. Oberhauser,A., Artikel Bewertungsprobleme im Steuerrecht, in: HdSW 2.Aufl., Stuttgart usw. 1965, Bd. 12, S. 544 ff.
[4] Zum Begriff vgl. §§ 94 ff. BGB.
[5] Zum Begriff des 'unverdienten' Wertzuwachses in Steuerpraxis und -theorie vgl. Anhang 1: Überblick über die Geschichte der BWSt - Ideengeschichte und steuerpraktische Versuche.

Wertzuwachsabgrenzung **Abb.1**

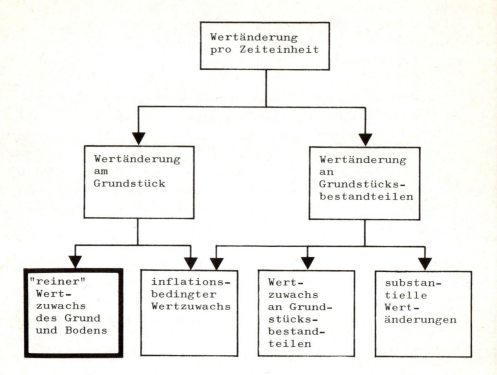

Neben einer Differenzierung nach der Abgrenzung des Begriffs 'Wertzuwachs' lassen sich die in der Literatur konzeptionell skizzierten oder in der Steuerpraxis eingeführten Arten von BWSt anhand folgender Merkmale abgrenzen:

- dem Umfang der einbezogenen Steuerobjekte (sämtliche Vermögensgegenstände, die Wertzuwächse zu verzeichnen haben, Grundstücke, bebaute Grundstücke etc.)[1],
- der Häufigkeit der Erhebung (zeitlicher Abstand der Bewertungsstichtage),
- der tariflichen Ausgestaltung (Proportionaltarif, direkte oder indirekte Progression).

Eine mögliche Gesamtklassifikation der BWSt ist in der folgenden Graphik zusammengestellt (vgl. Abb. 2).

---

[1] So z.B. im Prinzip bei der amerikanischen 'Capital Gains Tax'.

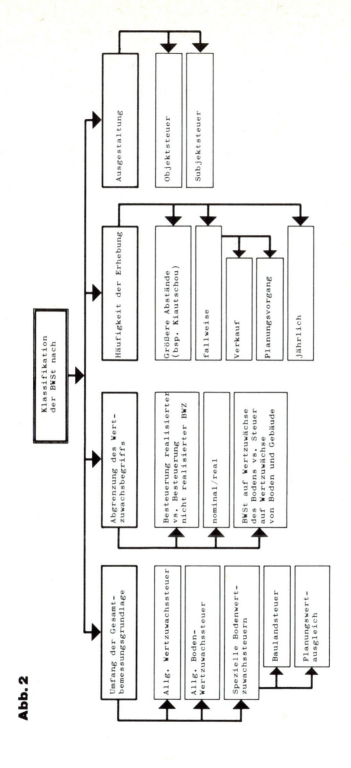

Abb. 2

Anhand dieser Charakterisierung und Klassifizierung lassen sich sowohl die in der Vergangenheit national wie international gebräuchlichen Formen, als auch die in der gegenwärtigen Diskussion genannten Steuerformen kennzeichnen.

Ausgehend von Lagebeurteilung und Zielrichtung der gegenwärtigen Diskussion um die BWSt werden im Rahmen dieser Arbeit nur einige der möglichen Formen diskutiert, jene nämlich, die als Lösungsstrategien aufgeboten und näher behandelt worden sind. Die eingehendere Diskussion soll allerdings erst erfolgen, nachdem die Ausgangssituation, d.h. die aufgezeigten Mängel des Bodenmarktes und die mit der BWSt verknüpften Ziele behandelt worden sind.

3. Zur Methode der Untersuchung:
   Entscheidungstheoretischer Ansatz und Vorgehen

Die Darstellung und Strukturierung der wirtschafts- und finanzwissenschaftlichen Probleme von BWSt wirft allerdings besondere Fragen auf: weder läßt sich der Begründungszusammenhang aus einer unumstrittenen Lagebeurteilung übernehmen noch können allgemein akzeptierte bzw. in der Diskussion geklärte Ziele einfach vorausgesetzt werden. Daneben läßt die Bodenmarkttheorie bisher die Beantwortung einer Reihe von Fragen zu den Verhaltensweisen von Anbietern und Nachfragern offen[1].

Da ein wesentlicher Grund für die bestehenden Beurteilungsunterschiede in den divergierenden Zielvorstellungen zu suchen ist, als unverzichtbare Basis einer vergleichenden Untersuchung aber einheitliche Beurteilungskriterien anzusehen sind, war ein methodischer Rahmen zu finden, dessen Anlage es erlaubt, die Beurteilungsunterschiede wenn nicht auszuräumen, so doch wenigstens markieren zu helfen.
Diese Anforderungen werden vom formalen Konzept des 'rationalen Steuersystems' erfüllt[2], aus dessen neuerer Formulierung zusätzlich eine Orientierung an den Begriffen der Entscheidungstheorie abgeleitet werden kann.

In der steuerpolitischen Diskussion wird dieser Begriff verwendet, um über die formale Darstellung steuersystematischer Aspekte[3] hinaus, bestimmte, empirisch überprüfbare inhaltliche Kriterien zu erhalten, unter denen Steuern beurteilt werden können. Rational ist es danach, Steuern ausgehend von einem System der jeweils angestrebten Ziele zu beurteilen, indem man die gewünschten mit den durch die Steuern erzielten oder erzielbaren Effekten vergleicht.

---

[1] Zu offenen Fragen der Bodenmarkttheorie vgl. z.B. Möller,H., Der Boden in der politischen Ökonomie. Wiesbaden 1967.
[2] vgl. z.B. Haller,H., Zur Problematik eines rationalen Steuersystems, in: Kieler Universitätsvorträge. NF 41, Kiel 1965; ders., Die Steuern..., a.a.O., Kap. 1.
[3] So die Kritik von Haller,H., Die Steuern..., a.a.O., S. 5, am Konzept von Hedtkamps ökonomisch-rationalen Steuersystem; vgl. Hedtkamp,G., Das ökonomisch-rationale Steuersystem, in: WWA, Bd. 86 (1961), S. 232 ff.

Dieses Verfahren bildet in vereinfachter Weise die Entscheidungssituation ab, vor die eine wirtschaftspolitische Instanz bei der Auswahl eines der steuerlichen Instrumente gestellt ist. (Zu einer schematischen Darstellung vgl. Abb. 3).

Im Rahmen dieser Arbeit muß dabei allerdings notwendigerweise von einer Reihe von Merkmalen, die für den politischen Prozeß in der Bundesrepublik bei einer praktischen Einführung der BWSt konstitutiv wären, abstrahiert werden:

- Vom Problem der Formulierung politischer Ziele unter wahltaktischen Gesichtspunkten
- Vom Problem der Entscheidungsfindung
- Vom Problem der Durchsetzbarkeit einzelner Steuern.

Wesentlich erscheint uns nur, anhand der logischen Struktur eines solchen Modells den Versuch zu unternehmen, die Konsistenz eines in der Diskussion angebotenen finanzpolitischen Instruments mit den damit verknüpften Zielen zu prüfen und dadurch aufzuweisen, inwieweit die BWSt geeignet ist, die angedeuteten Mängel des Bodenmarktes wenn nicht zu beheben, so doch abzumildern.

Nach einer exemplarischen Darstellung der Mängel auf den Bodenmärkten, ihren Ursachen und Folgen (Kap. I) werden in Kap. II die mit der BWSt verknüpften Ziele behandelt sowie Argumente analysiert, mit denen die Angemessenheit einer Besteuerung von BWZ generell oder in Teilen bestritten wird.

Daran schließt sich in Kap. III ein Überblick über die diskutierten Formen einer BWSt und ihre Unterschiede in bezug auf die Verteilung der Steuerzahllast an.

Die Kapitel IV - VII behandeln in unterschiedlicher Konkretion Probleme einer Wirkungsanalyse: Nach einer eingehenden Analyse allgemeiner Ansatzpunkte in Kapitel IV werden in Kapitel V die Wirkungen unterschiedlicher BWSt-formen im Vergleich behandelt. Auf besondere Aspekte der Steuerwirkungen bei bebautem Grund und Boden wird in Kapitel VI eingegangen.

Abb. 3

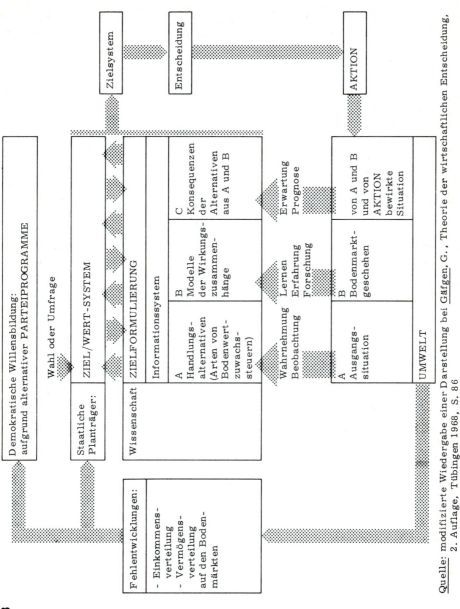

Quelle: modifizierte Wiedergabe einer Darstellung bei Gäfgen, G., Theorie der wirtschaftlichen Entscheidung, 2. Auflage, Tübingen 1968, S. 86

Kapitel VII ist den fiskalischen Problemen der BWSt gewidmet. Untersucht wird u.a. die Eignung der Steuer als Gemeindesteuer. Daran schließt sich die angesichts anhaltend hoher Inflationsraten bedeutsame Frage an, inwieweit inflationäre BWZ-Bestandteile in die Bemessungsgrundlage einbezogen werden sollen (Kapitel VIII).
Probleme der Bewertung im Rahmen der BWSt stehen im Mittelpunkt von Kap. IX, während in Kap. X im Rahmen einer Zusammenfassung der wichtigsten Ergebnisse des Steuervergleichs kursorisch auch auf alternative und ergänzend notwendige Instrumente eingegangen wird.

Obwohl einer historischen Einordnung der BWSt und der Übertragung internationaler Erfahrungen im Rahmen der Diskussion um die BWSt eine wichtige Bedeutung zukommt, kann ihre Darstellung in dieser Untersuchung nur im Rahmen eines Exkurses erfolgen. Um den Untersuchungsaufbau nicht zu komplizieren wurden entsprechende Darstellungen dieser Untersuchung im Anhang beigegeben.

Kapitel I: WIRTSCHAFTS- UND FINANZPOLITISCHE PROBLEME DER BODENPREIS-
ENTWICKLUNG ALS AUSGANGSPUNKT VON ÜBERLEGUNGEN ZUR
EINFÜHRUNG EINER BODENWERTZUWACHSBESTEUERUNG

1. Entwicklung der Bodenpreise und Probleme ihrer statistischen Erfassung

1. Entwicklung der Bodenpreise und Probleme ihrer statistischen Erfassung

Der Anstoß zu bodenpolitischen Reformüberlegungen allgemein, wie auch zur Diskussion um die Bodenwertzuwachssteuer, ergab sich in der BRD seit Mitte der sechziger Jahre, ausgehend von Entwicklungen auf den Bodenmärkten: Anstoß genommen wird vor allem an den rasch ansteigenden Bodenpreisen und den hierbei auftretenden erheblichen Bodenwertzuwächsen.

Indes, steigende Preise sind in marktwirtschaftlichen Systemen an sich nichts Ungewöhnliches oder gar Verwerfliches und so fehlt es nicht an Stimmen, die die Bodenpreisentwicklung mit Verweis auf die Steuerungsfunktion der Bodenpreise[1], ihre absolute Höhe aber durch die Behauptung ihrer überwiegend inflationären Bedingtheit zu rechtfertigen suchen. Zum Nachweis der Notwendigkeit von bodenpolitischen Maßnahmen ist deshalb die Bodenpreisentwicklung im Kontext ihrer besonderen Ursachen und ihrer Folgen zu betrachten.

Zu einer ersten Kennzeichnung der durchschnittlichen Preissteigerungen auf den Bodenmärkten verhilft die vom statistischen Bundesamt ermittelte Baulandpreisstatistik[2]. Danach sind z.B. die Preise für baureifes Land in der Periode 62/76 auf fast das 3-fache angestiegen, erheblich stärker als die

---

[1] Vgl. beispielhaft die Auffassung von: Jürgensen, H., Bodenpreise - ein gesellschaftliches Ärgernis, in: Henrich, F., Kerber, W., (Hrsg.), Eigentum und Bodenrecht. Materialien und Stellungnahmen, in: Münchner Akademieschriften, Bd. 58, München 1972, S. 103 ff. J. vertritt die Meinung, steigende Bodenpreise würden nur ungerecht 'erscheinen' hätten jedoch eine beachtliche ökonomische Funktion. Er verzichtet indes darauf, die Verteilungswirkungen zu betrachten, argumentiert vielmehr nur im Hinblick auf die Faktorzuteilungsfunktion steigender Bodenpreise. Auch gegen die hier erzielten Steuerungsergebnisse werden jedoch zunehmend Einwände vorgebracht. Vgl. z.B. Pfeiffer, U., (1969), a.a.O., S. 32 ff.
[2] Vgl. Statistisches Bundesamt, Fachserie M, Reihe 5/II Baulandpreise, Wiesbaden lfd.; zur Rechtsgrundlage: Vgl. Gesetz über die Preisstatistik v. 9.8.1958, BGBl I, S. 605.

Preise anderer Güter und Dienste.

Zwar wird dies in der Öffentlichkeit bereits vielfach als nicht tolerierbare Entwicklung angesehen, die tatsächlich in vielen Gebieten zu beobachtenden Preissteigerungen werden indes mit dieser Durchschnittszahl sogar noch verharmlost:

- Die dargestellte Indexbildung faßt die Preisentwicklung städtischer und ländlicher Gebiete zusammen und faßt somit die Preissteigerungen bei Böden unterschiedlichster Nutzung zusammen[1]. Indem dabei aber Preissteigerungen unterschiedlicher Höhe subsummiert werden, ist der gebildete Durchschnitt relativ aussagenlos.

- Im Einzelfall ist nicht gesichert, daß die Verkaufsfälle auch die jeweiligen Marktpreise wiedergeben[2]. Durch diesen statistischen Mangel kann die Preisentwicklung möglicherweise untertrieben werden.

- Die Durchschnittspreise des Statistischen Bundesamtes erfassen nur die Preisentwicklung _innerhalb_ einer Baulandkategorie, nicht aber die Umwandlungssprünge, etwa von land- und forstwirtschaftlich genutztem Boden zu Bauland[3].

- Es werden zumeist in jedem Jahr andere Grundstücke erfaßt, so daß Verkäufe in späteren Jahren sich auf weniger begehrte Grundstücke beziehen können.

Zur zumindest partiellen Beseitigung dieser Aussagemängel hat TIEMANN die Preisentwicklung in der Periode 1962/70 in den Ballungsgebieten festgehalten, die mit ihrem Umland als bodenpolitische Problemgebiete im eigentlichen Sinne

---

[1] Wodurch die Preisentwicklung untertrieben wird. Zur Methode vgl. Statistik der Baulandpreise, in: WiSta Jg. 1962, Nr. 8, S. 457.

[2] Da auch die Preise von Gefälligkeitsverkäufen einbezogen werden. Zur Methode der Statistik vgl.: Statistisches Bundesamt, Statistik der Baulandpreise, in: Wirtschaft und Statistik Jg. 1962, Nr. 8, Wiesbaden 1962, S. 457

[3] vgl. Tiemann, M., Die Baulandpreise und ihre Entwicklung, in: Der Städtetag 1970, Heft 11, S. 562.

anzusehen sind[1]. Er hat darüber hinaus den Versuch unternommen, auch die Preisänderungen der einzelnen Grundstücke bei Umwidmungen mit zu berücksichtigen. Daneben nahm er eine Bereinigung von "untypischen" Preisen vor[2]. Gegenüber den vom Statistischen Bundesamt ausgewiesenen Durchschnitten errechnet er eine mehr als doppelt so hohe Preissteigerung[3].
Eher als anhand der vom StBA ausgewiesenen durchschnittlichen Preiserhöhungen ergibt sich damit ein Eindruck vom Ausmaß der Bodenpreissteigerungen in einigen Gebieten der Bundesrepublik Deutschland.

---

[1] Zum Umfang der Grundstückspreisentwicklung in den Großstädten vgl. z.B. die Angaben in: Kommunalreferat der Landeshauptstadt München, Initiative für eine Neuordnung des Bodenrechts. München o.J. (1972), S. 17 f. u. S. 64 f. für München; für Hamburg vgl. z.B. Schmidt, D., Schnurr, H.-E., Grundeigentumswechsel und Baulandpreise in Hamburg 1961 - 1973, in: Statistisches Landesamt (Hrsg.) Hamburg in Zahlen, Nr. 7/1974, S. 205 - 219; für Stuttgart vgl. Bassler, S., Conradi, P., Schwarzbuch zur Bodenspekulation in Stuttgart. Unv. Man. Stuttgart o.J. (1972); vgl. allgemein: Bock, Hartmut, Die Entwicklung der Baulandpreise 1956 - 1969 in einem Verdichtungsraum, in: Institut für Raumordnung, Informationen 20/1970, S. 653 ff.

[2] Vgl. Tiemann, M., Die Baulandpreise ...,(1970), a.a.O., S. 564, z.B. Gefälligkeitsverkäufe, subventionierte Preise.

[3] Ebenda S. 564.

2. Ursachen steigender Bodenpreise im Überblick

Die in der Literatur vorzufindenden Erklärungen für das Ansteigen der Bodenpreise[1] beschränken sich vielfach auf die Aufzählung plausibler Einzelfaktoren (Inflation, Spekulation, besondere Eigenschaften des Grund und Bodens), ohne dabei allerdings einen insgesamt befriedigenden theoretischen Zusammenhang herzustellen. Selbst die Kasuistik der Einflußfaktoren ist zumeist unvollständig. Vielmehr ist es weithin üblich, Begriffe und Gesetzmäßigkeiten des Marktmodells ungeprüft auf die Zusammenhänge der Bodenpreisbildung zu übertragen[2].

Im Folgenden wird ein kurzer Überblick über die Ursachen steigender Bodenpreise unter besonderer Berücksichtigung des Einflusses der steuerlichen Behandlung des Bodens im Steuerrecht der Bundesrepublik Deutschland gegeben.

---

[1] Aus der Vielzahl der Einzelbeiträge vgl. z.B. Arndt, E., Die Preisbildung für Boden und ihre Bedeutung für den Wohnungsbau, in: Wirtschaftsdienst 1950, Heft 11, S. 29 ff.; Nell-Breuning, O.v., Preisbildung am Baubodenmarkt, in: Wirtschaftsfragen der freien Welt, Festgabe für L. Erhard. Frankfurt/M. 1957, S. 235 ff.; Spiethoff, A., Boden und Wohnung, in: Bonner Staatswissenschaftliche Untersuchungen, Heft 20, Jena 1934, Jürgensen, H., Bodenpreise..., a.a.O., S. 103 ff.; Risse, W.K., Grundzüge einer Theorie des Baubodenmarktes, in: Schriften des Instituts für Wohnungsrecht und Wohnungswirtschaft an der Universität Köln, Bd. 42, Bonn 1974.

[2] Ungeprüft, weil die Darstellung der Besonderheiten von Grund und Boden als Marktgut z.T. auf die Darstellung 'unvollkommenener' Marktformen beschränkt bleibt. Insbesondere wird der engen Verschränkung mit staatlichen Maßnahmen u.E. keine ausreichende Bedeutung zugemessen. Zu einer exemplarischen Darstellung dieser Zusammenhänge vgl. Abschnitt 2.2. f.

2.1. Bodenmarkt und Bodenpreissteigerungen

Die in der Bundesrepublik Deutschland zu beoachtenden Bodenwertsteigerungen sind nach dem Marktmodell grundsätzlich als Resultante der spezifischen Marktformen auf den Grundstücksmärkten, sowie als Ergebnis von Umfang, räumlicher Verteilung und Verhaltensdisposition des Angebots und der Nachfrage anzusehen.

Die Marktformen auf den Grundstücksmärkten sind außer von der Anzahl der Anbieter und Nachfrager grundsätzlich von den Eigenschaften des Marktgutes Grund und Boden abhängig: Wegen der Unbeweglichkeit von Grund und Boden lassen sich eine Vielzahl von räumlichen Teilmärkten bilden, wegen der Inhomogenität von Grund und Boden gelten diese Märkte als "unvollkommen"[1], in dem Sinne, daß eine wettbewerbliche Marktstruktur[2] vor allem in den Ballungsgebieten nicht vorliegt. Besonders hier hat eine laufende Bevölkerungszuwanderung die Bodenknappheit deutlich werden lassen.

Unvollkommenheiten in der Marktform - mit Preissetzungsspielräumen für die Bodenanbieter - ergeben sich daneben durch die enge Verklammerung der Bodenmärkte mit den Märkten für andere Güter. Die Marktform auf den verbundenen Märkten schlägt insofern in der Regel auf die Grundstücksmärkte durch[3].

Hinzu kommt, daß sich Angebotsmenge und -preis im Gegensatz zur Gesetzmäßigkeit bei anderen Gütern in der Regel nicht durch das Verhältnis von Erzeugungskosten

---

[1] Märkte gelten als unvollkommen, wenn u.a. die Kriterien Homogenität des Gutes (keine wesentlichen sachlichen, räumlichen und zeitlichen Differenzierungen), vollständige Markttransparenz, keine persönlichen Präferenzen der Käufer, erfüllt sind. Vgl. Ott, A.E., Preistheorie, in: W. Ehrlicher u.a. (Hrsg.), Kompendium der Volkswirtschaftslehre. Göttingen 1969, S. 129.

[2] Zu einer kurzen Charakterisierung und zu einem Aufweisen von Möglichkeiten für Bewertungszwecke dennoch eine "Homogenisierung" des Grund und Bodens zu erreichen vgl. Copes, John, M., Reckoning with Imperfections in the Land Market, in: Holland, D.M. (Ed.), The Assessment of Land Value. London 1970, S. 55 ff.

[3] Vgl. z.B. Pfeiffer, U., (1969), a.a.O., S. 32.

und Preisen bestimmen[1]. Grundlage der Preisbildung ist vielmehr zumeist der Strom der erwarteten zukünftigen Bodenerträge, also ein Nachfrageelement[2]. Der Angebotspreis orientiert sich an der ertragsreichsten der möglichen Verwendungen des Grundstücks[3]. Darin liegt aber auch immer ein gewisses spekulatives Moment: Preissteigerungen entstehen z.B. in Erwartung zukünftiger Mietpreissteigerungen

Durch eine Zurückbehaltung von Grund und Boden ist es dabei möglich, das Angebot zu verknappen und auf eine günstige Situation zu warten. Auch hier zeigen sich die Unterschiede zum Modellanbieter der Preistheorie: Bei anderen Gütern führt die Zurückbehaltung zu Verlusten, anders beim Boden:

Die "Lagerung" des Bodens verursacht gegenwärtig nur geringe "Lagerkosten", denn der Grund und Boden besitzt die Qualität der Unzerstörbarkeit, läßt Wertsteigerungen erwarten, die über die gegenwärtigen Zinskosten hinausgehen und unterliegt zumeist keiner nennenswerten steuerlichen Belastung[4].

"Durch Liegenbleiben seines Bodens in der Baulandzone erleidet der Bodenunternehmer nicht nur keinen Verlust, sondern meist einen Gewinn, da der Boden durch Einrücken in bessere Lagen im Werte steigt"[5].

Die Zurückhaltungstendenz aber ist in ihren Auswirkungen von einer monopolistischen Verknappung nicht zu unterscheiden[6].

---

[1] "Auf dem Bodenmarkt pflegen die Preise (...) so erheblich über den Erzeugungskosten zu liegen (als Erzeugungskosten könnte man den Erschließungsbeitrag oder private Erschließungsaufwendungen ansehen; B.L.) daß ein Schwanken des Verhältnisses zwischen beiden keinen Einfluß auf die Erzeugungs- und Angebotsmenge ausübt". (Spiethoff, A., a.a.O., S. 148); s.a. Becker, A.P., Principles of Taxing Land and Buildings for Economic Development, in: Ders., (Hrsg.), Land and Building Taxes. Wisconsin 1969, S. 11-47.

[2] Vgl. Möller, H. a.a.O., S. 7 Fußnote 1.

[3] Spiethoff, A., a.a.O., S. 151.

[4] Zu einer eingehenderen Darstellung vgl. Abschnitt 2.3. dieses Kapitels.

[5] Arndt, E., a.a.O., S. 27.

[6] Auf den Tatbestand, daß auch Eigentümer vergleichbarer (substituierbarer) Grundstücke in der Realität nicht um Nachfrager konkurrieren, sondern kollektiv hohe Bodenpreise fordern, ist von O.v. Nell-Breuning der Begriff des "kollektiven Meinungsmonopols" gemünzt worden: Die Einigkeit in den Wertvorstellungen wirke wie ein Monopol. Vgl. z.B. Nell-Breuning, O.v., Preisbildung am Baubodenmarkt, a.a.O., (1957), S. 235-244.

Der Einfluß der Nachfrage zeigt sich grundsätzlich in folgendem:

Die Nachfrage nach Boden war in vielen Fällen vermögensanlageorientiert[1]. Dies war möglich, angesichts der vom Bauboom der 60er und 70er Jahre ausgelösten Erwartung auf ständig steigende Bodenpreise[2], als deren Reflex eine verstärkt vermögensanlageorientierte Bodennachfrage auftrat, die auf den Bodenmärkten über Wertzuwächse eine höhere Realverzinsung als mit anderen Vermögensanlagen zu erzielen suchte[3]. Dies hat dazu geführt, daß Preisforderungen akzeptiert wurden, die höher lagen, als die bei einer bestimmungsgemäßen Nutzung der Grundstücke maximal bei einer Veräußerung zu realisierenden kapitalisierten Ertragswerte.

Als Folge einer sich verbreitenden Vermögensanlageorientierung der Nachfrage lassen sich verschiedene Verhaltensweisen unterscheiden[4]: Investitionsvor-

---

[1] Der Begriff der Anlageorientierung wird hier anstatt des für diesen Tatbestand gebräuchlichen Begriffs der Grundstücksspekulation verwendet, da es darum geht, eine Verhaltensweise zu beschreiben, nicht aber a priori eine Wertung vorzunehmen. Als anlageorientiert gilt eine Nachfrage hier, wenn sie direkt oder indirekt als Reflex auf zukünftig erwartete Preisveränderungen erfolgt. Zur näheren Definition vgl. Steinmann, G., Theorie der Spekulation, in: Kieler Studien Bd. 106. Tübingen 1970, S. 1 ff.; Stucken, R., Artikel Spekulation, in: HdSW Bd. 9, 2. Aufl. Stuttgart usw. 1956, S. 690-694; Sieber, H., Bodenpolitik und Bodenrecht. Bern und Stuttgart 1970, S. 87.

[2] Die enge Verklammerung der Bau- und Bodenpreise wird 1974/75 erstmals durch ein Sinken der durchschnittlichen Bodenpreise deutlich: Das Abknicken des Nachfragebooms auf den Baumärkten hat auch die Ertrags- und Wertsteigerungserwartung bei den Bodenpreisen beeinflußt. Daraus darf allerdings - wie Beobachtungen der Märkte zeigen - nicht geschlossen werden, daß einzelne Grundstücke Preiseinbußen zu verzeichnen hätten. Vgl. Die Bodenpreise sind nicht gesunken, in: Börsenzeitung v. 10.7.75.

[3] Das im letzten Jahr zu beobachtende Abknicken des Baubooms hat die Erwartungen dann jedoch nicht erfüllt. Hier hat sich gezeigt, daß auch die Bodennachfrage der Vermögensanleger sich langfristig im Rahmen der Zahlungsfähigkeit und -bereitschaft der "End-" Nachfrage zu bewegen hat. Die Grundstücksspekulation kann diese Verkettung nur zeitweilig unterbrechen.

[4] Vgl. Steinmann, G., a.a.O., S. 5 f.

haben können vorgezogen, die Nachfragemenge vergrößert oder die Preiselastizität vermindert werden[1)2)].

Auch die Besonderheiten der nutzungsorientierten Nachfrage auf einigen Teilmärkten sind aufzuführen:

Lange Zeit war die Marktsituation insbesondere in den Ballungsgebieten durch Bevölkerungszunahme und Einkommenssteigerungen gekennzeichnet. Die Nähe zu attraktiven Arbeitsplätzen mußte bei relativ fixem Angebot folglich mit erheblichen Mietsteigerungen erkauft werden. Teilweise durch Bodenpreissteigerungen hervorgerufen, andererseits determiniert durch ein Nachlassen der Preiselastizität der Nachfrage bzw. durch ihren gegenüber der Einkommenselastizität zunehmenden Bedeutungsverlust hat dies weitere Bodenpreissteigerungen

---

[1)] So haben Landwirte, deren Erwartungen über die Wertsteigerungen ex-post immer wieder bestätigt wurden, die Erlöse aus Grundstücksverkäufen erneut in landwirtschaftliche Grundflächen angelegt und so dort die Preise erheblich beeinflußt. Vgl. Feuerstein,H., Bodenpreis und Bodenmarkt. Bestimmungsgründe der Preise und des Transfers land- und forstwirtschaftlich genutzten Bodens. Eine ökonometrische Analyse, in: Agrarwirtschaft, Sonderheft 44. Hannover 1971, S. 184 ff.

[2)] Ebenso haben kleine und mittlere Kapitalanleger einhellig mit den Versicherungsgesellschaften (als wichtiger Anlegergruppe) in letzter Zeit überproportional die Bodenanlage gewählt. Insgesamt haben z.B. die Versicherungsunternehmen in den Jahren 1965 - 1970 6,3 Mrd. DM oder rd. ein Siebtel des gesamten Vermögenszuwachses in Grundstücken investiert. Dieses Engagement hat sich dabei 1969 und 1970 gegenüber den Vorjahren noch verstärkt, was die Selbstbeschleunigungstendenz der Bodenpreise zu belegen vermag. Vgl. Deutsche Bundesbank, Vermögensbildung und Anlagepolitik der Versicherungsunternehmen seit 1965, in: diess. (Hrsg.), Monatsberichte, 24. Jg., Nr. 1/1972, Seite 15 - 27, vgl. bes. S. 23 und 27.
Zur wirtschaftspolitischen Einordnung vgl. Troeger,H., Währungsstabilität und Grundstücksmarkt, in: Zeitschrift für das gesamte Kreditwesen, Jg. 22, Heft 7/1969, S. 8 ff.; Heuer,J.H.B., Faktoren der Bau- und Bodenpreise, in: Schriftenreihe d. Inst. f. Städtebau, Wohnungswesen und Bausparwesen, VI. Königsteiner Gesprächsreferate, 23/24. Mai 1966, Bonn 1966, S. 57.

eingeleitet[1]).

Ausgelöst durch die Bodenverknappung in den Städten[2]) hat daneben die Nutzungskonkurrenz zwischen verschiedenen Nachfragearten Einfluß auf die Bodenpreise gewonnen. Da der Bodenpreis sich grundsätzlich als kapitalisierter Wert der durch die profitabelste Grundstücksnutzung möglichen Nettogewinne pro Jahr, bzw. deren Erwartungswert ergibt[3]), waren auch hierdurch bodenwertsteigernde Effekte zu beobachten.

---

[1])Zum Teil wird die private Bodennachfrage nur indirekt über Baugesellschaften von Bedeutung sein: Deren Nachfrage richtet sich grundsätzlich zwar auch nach der Zahlungsfähigkeit der Endnachfrage, in Einzelfällen können jedoch auch das Motiv der Aufrechterhaltung einer bestimmten Betriebsgröße bzw. ein bei der Kaufentscheidung bestehender Zeitdruck die Preiselastizität herabsetzen.
Wie aus Untersuchungen des Deutschen Städtetages hervorgeht, haben die Wohnungsbau-Gesellschaften in vielen Fällen einen preistreibenden Einfluß ausgeübt. Sie zahlen über dem Durchschnitt liegende Bodenpreise. Vgl. Wohnen - bald ein Luxus? DIE ZEIT Nr. 14 v. 30.3.73 , S. 4. Die Notwendigkeit, eine vorausschauende Grundstückspolitik zu treiben, dürfte die Wohnungsgesellschaften indes z.T. zu Opfern der Bodenmarktsituation gemacht haben. Risse bezeichnet deren Nachfrage deshalb in Abgrenzung von der Anlageorientierung als "sichernde Vorratsnachfrage". Vgl. Risse, W.K., a.a.O., S. 81 ff.; die Grenzen dürften allerdings fließend sein.

[2])Die bedeutsamste Nutzungsverdrängung vollzog sich in und am Rande der Kerngebiete der Städte: die Wohnnutzung wurde in wachsenden Städten vielfach durch Nutzungen des tertiären Sektors verdrängt. Zu einem Versuch, diese Tendenzen empirisch zu belegen vgl. Frick,A., Kiener, U., Vieli, K., Bodenpreise und Stadtentwicklung. Eine empirische Untersuchung, in: Schweizer. Zeitschrift für Volkswirtschaft und Statistik, Heft 1/1973, S. 101-115.

[3])Vgl. Arndt, E., a.a.O., S. 25; Spiethoff, A., a.a.O., S. 39 ff.

2.2. Staatliche Ausgabenpolitik, Planung und Bodenpreisentwicklung

Preissteigerungen in den Ballungsgebieten und in deren Umland waren im Zeitablauf indes zunehmend nur noch dadurch möglich, daß die von der Ballung hervorgerufenen Nachteile durch staatlicherseits zu erbringende Maßnahmen, insbesondere Verkehrsinvestitionen, wenn nicht aufgehoben, so doch gemildert wurden. Dies hatte erheblichen Einfluß auf die Bodenpreise.

Da die Verkehrs- und andere Infrastruktur in ihrer räumlichen Bodenpreiswirkung zumeist begrenzt ist und mit zunehmender Entfernung von den Nutzungsorten abnehmende Bedeutung hat, haben einige Grundstückseigentümer in besonderem Maße direkt von den Bodenwertsteigerungen profitiert.[1]

Bodenwertsteigerungen in erheblicher Höhe entstehen daneben durch die sog. Umwidmung von Grund und Boden, indem Grundstücken durch staatliche Planung eine höherwertige Nutzung zugebilligt wird, die im Bodenpreis diskontiert wird. Insbesondere gilt dies für die Umwidmung landwirtschaftlich genutzten Bodens in Bauland.

Da diese Umwidmung wegen beschränkter Planungskapazität und knapper Erschliessungsmittel immer nur schubweise erfolgen konnte, entstanden partiell unvollkommene Marktformen.

"Die planmäßige Ausweisung neuen Baulandes gibt in der Regel einem oder mehreren Eigentümern eine marktbeherrschende Stellung, weil nur dieser Boden demnächst zur Bebauung ansteht" [2].

---

[1] Vgl. zu den Verteilungswirkungen grundsätzlich, Gillespie, W., Effect of Public Expenditure on the Distribution of Income, in: Musgrave, R.A.,(ed.), Essays in Fiscal Federalism. Washington 1965, S. 122-186; Siebert, H., Zur Frage der Distributionswirkungen öffentlicher Infrastrukturinvestitionen, in: Jochimsen, R., Simonis, U.E., (Hrsg.), Theorie Bd. 54, Berlin 1970, S. 33 - 71. Zu einer Analyse der Preiswirkungen von Verkehrsinvestitionen vgl. Seidewinkel, H., Die Beeinflussung der Grundstückswerte durch das innerstädtische Verkehrssystem. Diss. Hamburg, 1966.
Zur Analyse von Bodenpreiswirkungen von 'public goods' vgl. z.B. Lind, R.C., Spatial Equilibrium, the Theory of Rents and the Measurement of Benefits from Public Programs, in: QJE Vol. 87, 1973, No. 2, S. 188-207.

[2] Artikel: Bodenwirtschaft in den Gemeinden, in: HWRfRo, Bd. 1,2. Auflage Hannover 1970, Sp. 361.

Auf diese Weise hat die staatliche Rahmenplanung zwar erheblichen Einfluß auf die Bodenpreise genommen[1][2], bestimmt im Einzelfall aber eher, auf welchen Grundstücken Wertzuwächse anfallen, als in welchem Umfang sich Bodenwertsteigerungen bilden[3]. Dies ist Ergebnis der marktlichen Bewertung der sich ergebenden Veränderungen in den Nutzungsmöglichkeiten.

---

[1] Für viele, vgl. Duwendag, D., Ist der Immobilienmarkt ein Fremdkörper in unserem System der sozialen Marktwirtschaft?, in: Handelsblatt, Jg. 28, Nr. 118, v. 22/23.6.1973.

[2] Einer über diese Diagnose hinausgreifenden Umkehrung des Arguments, der Staat könne eine gezielte Neuausweisung von Bauflächen als Instrument der Bodenpolitik begreifen, kann allerdings nicht gefolgt werden. Es scheint, als basiere diese Haltung auf dem simplen Denkmodell, durch mehr Angebot seien die Preise zu regulieren. Dessen Übertragung auf den Bodenmarkt scheitert allerdings nicht zuletzt an der räumlichen Dimension des Bodenangebots: Es muß dort angeboten werden, wo es benötigt wird. Eine Politik der erhöhten Ausweisung neuer Flächen übersteigt nicht nur die finanzielle Leistungskraft der Gemeinden und führt tendenziell zu einer ineffizienten Infrastrukturauslastung, sie ist auch unter siedlungsstrukturellen Gesichtspunkten als fragwürdiger Ausweg anzusehen: Eine Politik der Arrondierung von Siedlungssplittern und ein organisches Siedlungswachstum werden behindert.
Zur siedlungspolitischen Problematik vgl. z.B. Harvey, R.O., Clark, W.A.V., The Nature and Economics of Urban Sprawl, in: Land Economics, Febr. 1965, S. 1 ff.; ablehnend auch: Pohl, W., Die Beeinflussung der Bodenpreise durch steuerliche und andere Maßnahmen, in: Schreiber, F., (Hrsg.), Bodenordnung? ..., a.a.O., S. 57 - 77, hier S. 72.

[3] Pfeiffer, U., Ansätze für eine bodenpolitische Konzeption, in: Thoss, R., (Hrsg.), Bodenordnung und Bodenpolitik, Bd. 78 der Schriften des Instituts für Siedlungs- und Wohnungswesen der Westfälischen Wilhelmsuniversität Münster. Münster 1972, S. 77; ähnlich Lean, "If urban planning emises a decrease in efficiency or faciliates an increase in efficiency overall in an urban area, this will alter their rent-paying-ability and hence change land values". Lean, W., Economics of Land Use Planning: Urban and Regional. London 1969, S. 74.

2.3 Bodenprobleme als Folge steuerlicher Behandlung von Grund und Boden in der Bundesrepublik Deutschland

Wie bereits angedeutet muß eine gewisse Beeinflussung der Bodenmarkt- und Bodenpreisentwicklung in der Vergangenheit auch in der steuerlichen Behandlung von Grund und Boden in der Bundesrepublik Deutschland gesehen werden[1]. Zwar hat das Steuersystem die Bodenpreissteigerungen nicht primär ausgelöst, ihm sind jedoch wesentliche Verstärkungen und Ausprägungen der wirtschaftlichen und sozialen Folgen anzulasten[2].

Grundsätzlich nimmt sowohl die einkommensteuerliche Behandlung als auch die indirekte Erfassung im Rahmen der einheitswertabhängigen Steuern Einfluß auf das Bodenmarktgeschehen. Für beide Steuerbereiche sollen deshalb markante Einzelprobleme herausgestellt werden.

Die Relevanz ESt-rechtlicher Tatbestände für die Fehlentwicklungen auf den Bodenmärkten läßt sich an folgenden zentralen Punkten aufweisen:

- lediglich die realisierten Wertzuwächse (Veräußerungsgewinne)[3] werden - wenn überhaupt - besteuert 4);

---

[1] Zu einer Darstellung der steuerrechtlichen Kasuistik vgl. Troll, M.,(1972), a.a.O.; Zink, G., Liedschulte, W., Erfassung und Besteuerung der Wertzuwächse im derzeitigen Steuersystem der Bundesrepublik Deutschland, in: Steuer und Wirtschaft (48.Jg.), Nr. 1, 1971, S. 46 ff.

[2] Das Ausmaß der Steuerzahllast ergibt sich durch die spezielle Ausgestaltung der Erfassung und Besteuerung. Wollte man die Belastungswirkungen darstellen, also die 'effektive' steuerliche Erfassung, bedürfte es darüberhinaus der Analyse der Steuer- und Verausgabungswirkungen. Ansatzpunkte zu einer umfassenden Wirkungsanalyse zumindest der ESt-Regelungen ergeben sich aus einer entsprechenden Übertragung der in Kap. V, 1. angestellten Wirkungsanalyse der BWSt auf realisierte Gewinne.

[3] Vgl. dazu § 16 Abs. 2 EStG 1975; Kobs,E., Veräußerungsgewinne im Einkommensteuerrecht. 4. Aufl., Herne usw. 1970, S. 19; Hanraths, J., Grundstücks- und Gebäudewerte in der Steuerbilanz und Steuerpraxis. 2. Aufl., Herne, Berlin 1967, Ziffer 1082 ff.

[4] Eine Besteuerung der unrealisierten Gewinne wird lediglich bei der sog. Steuerentstrickung vorgenommen, dann also, wenn der Steuerpflichtige durch Wohnsitzwechsel endgültig aus dem Wirkungsbereich des nationalen Steuerrechts ausscheidet. Vgl. § 6 Außensteuergesetz, 725. Gesetz über die Besteuerung bei Auslandsbeziehungen vom 8.9.1972, BGBl I, S. 1713.

- betriebliche und private Wertzuwächse werden unterschiedlich behandelt: in der betrieblichen Sphäre 1) ist der Veräußerungsgewinn steuerpflichtig[2], beim Privatvermögen besteht im Grundsatz Steuerfreiheit; nur wenn zwischen Anschaffung und Veräußerung des betreffenden Grundstücks weniger als zwei Jahre liegen, erfolgt eine Besteuerung ("unwiderlegbare Spekulationsvermutung") 3);

- Wertzuwächse an land- und forstwirtschaftlichem Grundvermögen wurden lange Zeit im Grundsatz gar nicht besteuert 4). Auch heute bestehen noch wesentliche Bevorzugungen 5);

- mit der Möglichkeit der steuerfreien Übertragung von am Betriebsvermögen allgemein entstandenen Wertzuwächsen auf andere Wirtschaftsgüter bestehen

---

[1] Vgl. die Einkunftsarten 1 - 3 gem. § 2 Abs. 3 EStG 1975.

[2] Bei der Besteuerung der Wertzuwächse in der betrieblichen Sphäre ist es also grundsätzlich ohne Bedeutung, ob der Grundstückseigentümer, zu dessen Betriebsvermögen der Grund und Boden gehört, seinen Gewinn nach dem Betriebsvermögensvergleich (§ 4 Abs. 1, i.V. mit § 5 EStG 1965) ermittelt oder ob er eine Einnahmenüberschußrechnung nach § 4 Abs. 3 durchführt. Vgl. zur Ausnahme von diesem Grundsatz die folgende Darstellung: Vgl. Speich,G., Die Gewinnermittlung durch Überschußrechnung § 4 Abs. 3 EStG, in: DStR 24/1972, S. 743 ff., hier S. 746.

[3] Gem. § 23 EStG 1975, vgl. Troll, M., a.a.O., S. 49 f., Bei einer längeren Besitzdauer wird der Veräußerungsgewinn des Grund und Bodens nur besteuert, wenn seine Veräußerung i.R. der Übertragung einer "wesentlichen Beteiligung" erfolgt. Zu den Voraussetzungen vgl. Kobs, E., a.a.O., S. 172.

[4] Bis zum Erlaß des o.a. Steueränderungsgesetzes blieben die Veräußerungsgewinne des Grund und Bodens gemäß § 4 Abs. 1, letzter Satz EStG 1965 bei der Gewinnermittlung nach §§ 4,1 und 4,3 steuerlich unberücksichtigt. Großteile der Veräußerungsgewinne (vor allem diejenigen von Landwirten im Zuge der Umwandlung ihrer Betriebsflächen in Bauland) blieben daher außer Ansatz. Vgl. Blümich-Falk, Einkommensteuergesetz. 10. Aufl, München 1971, Bd. 1, S. 377, Anm. 15. Nach dem BVerfG-Beschluß vom 11.5.1970 ist diese Steuerfreiheit jedoch mit dem Gleicheitsgrundsatz des GG nicht vereinbar. Die neue Rechtslage führte zum Erlaß des II. StÄndG 1971 v. 10.8.1971 aufgrund dessen auch bei den bisher begünstigten Gewinnermittlungsarten in der Zukunft eine Berücksichtigung der Veräußerungsgewinne vorgesehen ist.

[5] Vgl. zur steuerlichen Neutralisierung der vor 1970 entstandenen Wertzuwächse im Zusammenhang mit dem besonderen Ausgangswert nach § 55 EStG, wobei nach Troll, M., (a.a.O., S. 48/9) die Werte zudem so hoch angesetzt, die Regelung "so großzügig (gestaltet wurde), daß auch bei Veräußerungen auf dem Baulandmarkt in den Jahren bis 1980 kaum eine steuerliche Belastung des Gewinns eintritt".

auch hier erhebliche Möglichkeiten der Steuervermeidung[1].
Bei einer Wiederanlage in Grund und Boden entsteht eine Steuerersparnis bis zum ökonomischen Horizont des Unternehmens bzw. bis zum (erneuten) Verkauf[2].

Diese zunächst nur stichwortartig bezeichneten relevanten Steuerregelungen haben jeweils voneinander zu unterscheidende Probleme aufgeworfen:

Indem nur die realisierten Wertzuwächse der steuerlichen Erfassung unterliegen, besteht ein wesentliches Gestaltungsrecht: Der "Steuerpflichtige" bestimmt mit seiner Verkaufsentscheidung selbst, wann Steuern fällig werden. Es ist einsehbar, daß dieser Tatbestand die Anbieter anreizt, auf Zeiten zu warten, in denen ihre Marktpositionen so stark werden, daß sie die Steuer im Preis weitergeben können.

Da dies aus strukturpolitischen Gründen z.T. als unerwünscht gelten kann, sollen die Regelungen der §§ 6b/6c andererseits verhindern, daß erwünschte Betriebsverlagerungen aus steuerlichen Gründen unterlassen werden[3].

Tatsächlich führt diese Regelung wegen ihrer Allgemeinheit, bzw. der fehlenden Konkretisierung dessen was volkswirtschaftlich erwünscht ist, zu der Gefahr, daß

- Betriebsverlegungen erfolgen, die volkswirtschaftlich gerade nicht erwünscht sind,
- an den Ersatzstandorten größere Bodenmengen als erforderlich angekauft werden.

Es entsteht die Gefahr, daß bei Konzentration der anlageorientierten Nachfrage an den bisherigen Standorten, mit in der Regel starkem Preisdruck, eine Verknappung des Bodens in Gewerbeansiedlungsgebieten eintritt. Daneben gilt diese Regelung als eines der größten "Steuerschlupflöcher" des Einkommensteuerrechts[4].

---

[1] Zu den Gestaltungsmöglichkeiten vgl. Lainer, D., Die steuerpolitisch richtige Manipulation des Veräußerungsgewinns bei Grundstücken als Entscheidungsproblem des Unternehmers unter besonderer Berücksichtigung der Konzernproblematik. Diss. München 1969, S. 39 ff.

[2] Ebenda, S. 138 u. S. 144.

[3] Vgl. Steuerreformkommission 1971 (Eberhard Kommission), Gutachten II, ESt, LSt, in: Bundesministerium für Wirtschaft und Finanzen, Schriftenreihe des BMF, Heft 17, Bonn 1971, S. 75 ff.; Lainer, D., a.a.O., S. 41.

[4] Zu einer eingehenden Kritik der boden- und verteilungspolitischen Funktion der 6b-Regelung ('Roll-Over') vgl. Kap. V, Abschnitt 1.3.

Aus der steuerlichen Unerheblichkeit von Bodenwertzuwächsen an länger als zwei Jahre gehaltenen Grundstücken läßt sich neben einer Bevorzugung der Vermögensanlage in Grundstücken ebenfalls die Tendenz zu einer Verstärkung der Angebotszurückhaltung ableiten: Der Eigentümer wird durch einen gerade genügend langen Besitzzeitraum der Steuerpflicht zu entgehen suchen[1].

Prekäre Folgen für die Bodenmarktsituation hatte (und hat) die steuerliche Bevorzugung der Wertzuwächse an von Landwirten gehaltenen Bodenflächen. Den an den Rändern der Städte mit Bodenbesitz "gesegneten" Landwirten sind die (dort erheblichen) Wertzuwächse bis 1970 steuerfrei zugeflossen. Dadurch und durch großzügige Übergangsregelungen[2] wurden die Landwirte mit Vorteilen versehen, die die gerechtigkeitspolitische Funktion des Steuerrechts erheblich beeinträchtigt haben dürften, daneben aber auch die Möglichkeit boten (und z.T. heute noch bieten), durch eine Angebotszurückhaltung die Bodenpreise im jeweiligen Teilmarkt zu beeinflussen.

Die bei der Einkommensteuer nachzuweisende Einwirkung der Steuern auf das Bodenmarktgeschehen läßt sich auch für die einheitswertabhängigen Steuern[3] fortführen: bei diesen, zumeist an das Vermögen anknüpfenden Steuern hängt

---

[1] Vgl. z.B. die entsprechende Verhaltsweise des Begünstigten im Hamburger Eisen - Prinz - Umlegungsfall: Ein als Ersatz zur Verfügung gestelltes Grundstück wurde gerade zwei Jahre gehalten, dann aber (mit erheblichem Gewinn) - nunmehr steuerfrei - weiterveräußert. Vgl. "Am längeren Hebel", in: DER SPIEGEL Nr. 4/1973.

[2] Eine exakte steuerliche Erfassung der Wertzuwächse bei Veräußerungen ist nur für die nach dem 30.6.1970 angeschafften Grundstücke zu erwarten, da der Buchwert hier in der Regel mit den tatsächlichen Anschaffungskosten übereinstimmt, bei einer Veräußerung zu einem höheren Wert somit die Gewinne erfaßt werden. Bei denjenigen Grundstücken, die vor dem 30.6.1970 angeschafft worden sind, wurden jedoch die vor dem Stichtag entstandenen Wertzuwächse durch Zugrundelegung eines besonderen Ausgangswertes (§ 55 EStG) steuerlich neutralisiert. Auf diese Weise wurde zwar "formal ein verfassungskonformer Zustand geschaffen,(...) eine steuerliche Belastung von Bodenwertsteigerungen (jedoch) weitgehend zu Gunsten der Land- und Forstwirtschaft so gut wie ausgeschlossen(.)". Troll, M., a.a.O., S. 48/49.

[3] Trotz des Begriffs handelt es sich um eine relativ willkürliche Zusammenstellung verschiedener Steuern. Vgl. Rössler, R., Troll, M., Bewertungsgesetz und Vermögenssteuergesetz. München 1972, S. 230.

die Erfassung jedoch in noch stärkerem Maße als bei den Einkommensteuern von den Bewertungsvorschriften ab[1]. Dabei zeigen sich bereits bei der Bewertung eine Reihe von "Mängeln", die nicht ohne Einfluß auf das Bodenmarktgeschehen bleiben konnten und können[2]:

- Die Bewertung erfolgt für die wirtschaftlichen Einheiten des Grundbesitzes, der Boden wird somit zusammen mit den Gebäuden und Grundstücksbestandteilen[3] beurteilt, je nach Grundbesitzart existieren verschiedene Bewertungsverfahren;

- die Bewertung erfolgt - im Gegensatz zu anderen Vermögensarten - in der Regel zu einem Ansatz erheblich unter Marktniveau;

- daneben haben die konkreten Bewertungsregelungen der an die Einheitswerte anknüpfenden Steuern eine Bedeutung gehabt.

Zunächst zu den Wertansätzen:
Bis zum 1.1.1974 galten für den Grundbesitz Wertansätze aus dem Jahre 1935. 38 Jahre alte Werte waren auch Basis bei Wertfortschreibungen und Nachfeststellungen[4]. Die zum 1.1.1974 eingeführten neuen Einheitswerte mildern die

---

[1] Während bei der ESt ein in einer Periode nicht erfaßter Wertzuwachs theoretisch in einem der folgenden Steuerabschnitte oder bei der Realisierung steuerpflichtig wird, erhält der Wertzuwachs bei den Vermögensbestandssteuern erst nach einer Korrektur der Bewertung erneut Bedeutung. Grundsätzlich wird davon auszugehen sein, daß Wertzuwächse um so besser erfaßt werden, je genauer die Einheitswerte den Verkehrswert repräsentieren.

[2] Vgl. Wissenschaftlicher Beirat beim BMF, Gutachten (1967), a.a.O., S. 61 f.

[3] Da es hier um Grund und Boden, nicht jedoch um die (steuerlich relevante) wirtschaftliche Einheit geht, muß bei der Betrachtung der Erfassung und Besteuerung grundsätzlich eine Trennung vorgenommen werden. Dies ist um so schwieriger, als der Begriff des Grund und Bodens juristisch unscharf ist und der Wert des Grundstücks zudem von der Nutzungsmöglichkeit, diese jedoch von den Bestandteilen (u.a. den Gebäuden) abhängt. Auf die im Rahmen der Bewertung einer BWSt auf realisierte Gewinne relevante Trennung der Wertzuwächse von 'reinem Grund und Boden' und jenen der Grundstücksbestandteile wird im Abschnitt 'Bewertung' (vgl. Kap. IX) noch näher eingegangen.

[4] Zwar hat die letzte Hauptfeststellung am 1.1.1964 stattgefunden, deren Wertansätze wurden jedoch (multipliziert mit dem Faktor 1.4) erst zum 1.1.1974 eingeführt. In der Zwischenzeit entstandene Wertzuwächse sind also rd. 40 Jahre lang steuerlich bedeutungslos geblieben.

Probleme der einheitswertabhängigen Steuern, ohne jedoch grundsätzlich Abhilfe zu schaffen[1]:

Trotz der mit dem 1.1.1974 erfolgten Anpassung der Einheitswerte zeigt sich, daß der Grund und Boden weiterhin absolut gegenüber anderen Vermögensarten begünstigt, strukturell im Verhältnis der verschiedenen Grundstücksarten abweichend bewertet wird. Auch jetzt wird die Erfassung von Wertzuwächsen die Ausnahme sein.

Die Bewertungsproblematik bleibt bei den entsprechenden Steuern - wenn auch abgeschwächt aktuell:

- Bei der Vermögenssteuer wird das Nettovermögen steuerlich relevant: vom niedrigen Einheitswert von Grund und Boden können folglich die Schulden abgesetzt werden. Da Kredite sich aber landläufig am Marktwert orientieren, können sie den Einheitswert erheblich übersteigen [2]. Da die Vermögenssteuerpflichtigen mit der Differenz auch noch die Vermögenssteuerpflicht anderer Vermögen neutralisieren können, macht die steuerliche Behandlung natürlich die besondere Attraktivität des Grund und Bodens aus.

- Ähnlich bei der Erbschaftssteuer, nur daß die ungleich höheren Steuersätze hier zu einer Verschärfung des Problems beitragen. Die im gegenwärtigen Steuersystem bedeutsame 'Nachholfunktion' der Erbschaftssteuer wird folglich beim Grund und Boden z.T. unzureichend erfolgen[3]. In dem Maße, wie weiterhin systematisch Unterbewertungen zugelassen werden, besteht dieses Problem trotz der Einführung neuer Einheitswerte weiter.

---

[1] Einzelne Probleme bleiben aktuell oder haben sich sogar verschärft: Die lineare Erhöhung der 64 er Werte begünstigt die besonders im Wert gestiegenen Grundstücke. Durch die Regelung bei den sog. Mindestwertfällen, bei Häusern mit besonderer Ausstattung, Villengrundstücken bzw. Kaufhausgrundstücken, bei betrieblichem Grundvermögen, wird im Rahmen des anzuwendenden Sachwertverfahrens der Grund und Boden nur mit 50 % des gemeinen Wertes eingesetzt. Vgl. Rössler, R., Troll, M., a.a.O., S. 616 und 680; Steuerreformkommission 1971, a.a.O., S. 619. Daneben ist die Abgrenzung des Baulands vom land- und forstwirtschaftlichen Grund und Boden - wichtig für die steuerliche Erfassung der Umwandlungsgewinne - im Bewertungsgesetz 1965 offenbar unzulänglicher geregelt als im BewG 34: Sie eröffnet die Möglichkeit zu erheblichen Steuerumgehungen. Vgl. hierzu: Pohl, W., a.a.O., S. 57-77, hier S. 65.

[2] zu den schwerwiegenden Folgen vgl. u.a. Steuerreformkommission 1971, a.a.O., S. 620; Pohl, W., a.a.O., S. 66.

[3] Vgl. grundsätzlich: Kisker, K.P., Die Erbschaftssteuer als Mittel der Vermögensredistribution. Berlin 1964. s.a. Wissenschaftlicher Beirat beim BMF, Gutachten 1967, a.a.O., S. 77.

Zusammenfassend läßt sich zur Bedeutung steuerlicher Regelungen festhalten:

Die Beschränkung auf eine Erfassung der realisierten Wertzuwächse bzw. die steuerlichen Privilegien sowie die Bevorzugung bei den sonstigen Steuern, verleiht der Bodenanlage eine besondere Attraktivität. Zusätzlich zur generell bestehenden Einschätzung des Bodens als wertbeständiger Anlageform entsteht das Dilemma, daß die mengenmäßige Nachfrage bei sinkender Preiselastizität zunimmt, das Angebot aber bei steigenden Angebotspreisen abnimmt. Es ergibt sich die Tendenz der Bodenverknappung mit steigenden Preisen, zumal mit der Erwartung auf zukünftige Wertsteigerungen die Preiselastizität der Nachfrage weiter absinken wird.

3. Distributive und allokative Folgen der Bodenpreisentwicklung

3.1. Distributive Konsequenzen

Wertänderungen beim Grundvermögen und deren distributionspolitische Problematik sind erst in den letzten Jahren in den Mittelpunkt des Interesses gerückt. Ist es doch auf der Basis der - wie dargestellt[1] - unzureichenden Statistik der Bodenpreise sowie der Probleme einer zeitnahen Bewertung von Grundstücken generell schwierig, die Gesamthöhe der beim Grund und Boden entstandenen Wertzuwächse zu beziffern. Die in der Diskussion aufgebotenen Schätzungen der Wertzuwächse und ihrer Verteilung sollen im Folgenden deshalb eingehender analysiert werden.

Im Jahre 1972 haben Engels und Mitarbeiter[2] den breit angelegten Versuch unternommen, bei einer Bezifferung des Volksvermögens auch die Wertsteigerungen am nicht reproduzierbaren Vermögen, dem Grund und Boden zu schätzen. Die in dem angegebenen Zeitraum entstandenen Wertzuwächse an sämtlichen Grundstücken beziffern sie auf rd. 643 Mrd. DM[3][4], wovon mindestens 455 Mrd. dem privaten Sektor zuzurechnen sind[5].

---

[1] Vgl. Abschnitt 1 dieses Kapitels.

[2] Engels, W., u. Mitarbeiter, Bildung und Verteilung des Volksvermögens in der Bundesrepublik Deutschland 1950 - 1970. Vorbericht über die Ergebnisse eines laufenden Forschungsvorhabens. Manuskript, a.O., o.J. (1972); zum Hauptbericht vgl. dies., Das Volksvermögen..., a.a.O., S. 64 ff.

[3] Vgl. Engels, W. u.a., (1972), a.a.O., S. 6.

[4] Hierin sind allerdings auch diejenigen Wertsteigerungen enthalten, die dem Staat und den Organisationen ohne Erwerbscharakter als Grundstückseigentümern zugeflossen sind. Da es hier im wesentlichen um die Einflüsse auf die private Vermögensverteilung gehen soll, muß dieser Teil eliminiert werden. Die Organisationen ohne Erwerbscharakter müssen herausgerechnet werden, da deren Eigentum sich nur schwer auf die privaten Haushalte zurückbeziehen läßt.

[5] Dazu wurde von uns der Anteil von Staat und Organisationen ohne Erwerbscharakter mit Hilfe eines auf den Angaben von Duwendag (Duwendag, D., Epping, G., Wem gehört der Boden in der Bundesrepublik Deutschland? Bonn 1974, S. 96) basierenden durchschnittlichen Besitzkoeffizienten geschätzt. Die auf den privaten Sektor enfallende Wertsteigerungssumme stellt eine Untergrenze dar, weil damit vorausgesetzt wird, Wertsteigerungen seien ebenso bei in staatlichem Besitz befindlichem Grund und Boden entstanden, der für Straßen etc. genutzt wird.

Diese Schätzung hat in der Öffentlichkeit ein geteiltes Echo gefunden[1]. Ergänzende Befunde und Überlegungen sollen deshalb die Plausibilität dieser Schätzung erweisen, wobei die Wertentwicklung einzelner Teilgesamtheiten des Grundbesitzes mit Hilfe anderweitig vorliegender Hochrechnungen bestimmt und das Ergebnis mit der Schätzung von Engels u.a. verglichen werden soll:

- Für die Teilgesamtheit der Wertsteigerungen an veräußertem Bauland und umgewidmetem land- und forstwirtschaftlichen Grund und Boden schätzt Tiemann[2] die Bodengewinne allein bis 1969 auf 100 Mrd. DM [3].

- Die Teilgesamtheit der Wertsteigerungen beim nicht landwirtschaftlich genutzten Grundvermögen [4] läßt sich auf der Basis der Schätzungen von Krelle beziffern. Ohne die Wertsteigerungen am betrieblich genutzten Grund und Boden ergibt sich für 1950 - 1969 in vorsichtiger Schätzung [5] eine Wertsteigerung von 206 Mrd. DM [6], was einer Gesamtwertsteigerung von über

---

[1] Vgl. Handelsblatt v. 5.4.73, "Minister Vogel berechnete Millionen falsch" und Handelsblatt v. 24.4.73: "Bodenwertsteigerungen verharmlost". Der damalige für die Bodenrechtsreform zuständige Minister hatte diese Zahlen verwendet.

[2] Vgl. Tiemann, M., (1970), a.a.O., S. 572

[3] Die Kritik an der Untersuchung (vgl. DIE ZEIT vom 13.4.73) behauptet, Tiemann nabe für 1960-69 eine Steigerung von 10 auf 60 Mrd. angenommen. Folglich könnten von 1950 - 1960 nicht zusätzlich Bodengewinne in Höhe von 50 Mrd. entstanden sein. Tiemann berechnet jedoch die Wertsteigerung bei Umwandlung immer neuer Grundstücke, so daß 1960 - 69 andere Flächen als 1950 - 60 betrachtet werden.

[4] Also des nicht land- und forstwirtschaftlich oder gewerblich genutzten Grund- und Bodens; zum Begriff vgl. Rössler/Troll, a.a.O., S. 226.

[5] Krelle, W., Vermögensverteilung: Zahlen, Empfehlungen, Absichtserklärungen, in: Wirtschaftswoche Nr. 39 v. 29.9.72, S. 71 ff., hier S. 72. Auch andere Autoren sehen die Werte eher als zu niedrig an, vgl. Willgeroth, H., u.a., Vermögen für alle. Probleme der Bildung, Verteilung und Werterhaltung des Vermögens in der Marktwirtschaft. Düsseldorf und Wien 1972, S. 43.

[6] Krelle und Siebke haben den Gesamtwert des Grundvermögens 1966 auf der Basis der Einheitswerte von 1935 und Hochrechnung mit dem entsprechenden umbasierten Baukostenindex (BKI) auf 336 Mrd. DM beziffert. Vgl. Krelle, W., Siebke, J., Vermögensverteilung und Vermögenspolitik in der Bundesrepublik Deutschland. Ein Überblick, in: ZfgStW, Bd. 129, August 1973, S. 478 ff., hier S. 487; zur Bewertungsmethode vgl. Krelle, W., u.a., Überbetriebliche Ertragsbeteiligung der Arbeitnehmer, Mit einer Untersuchung über die Vermögensstruktur der Bundesrepublik Deutschland. Tübingen 1968, S. 370. Bis 1969 ergibt sich nach der gleichen Methode (Index 430) ein Gesamtwert von 361 Mrd. DM. Die Wertsteigerung seit 1950 ergibt sich bei Abzug des Wertes von 1950 (BKI = 185), d.i. 155 Mrd. DM und beträgt für 1950 - 69 206 Mrd. DM. Dabei ist anzumerken, daß der BKI die Bodenpreise für 1950 eher noch überschätzt; sie entsprachen etwa denen von 1935.

300 Mrd. DM allein bis 1969 entspricht[1].

Berücksichtigt man, daß Engels für 1970 zusätzliche Gesamtwertsteigerungen von 44,2 Mrd. DM angibt, so erscheint eine seit 1950 dem privaten Sektor zugeflossene Wertsteigerung von rd. 350 Mrd. DM eine annehmbare Untergrenze zu sein.

Die Bedeutung der Wertzuwächse für die Gesamtvermögensbildung zeigt sich bei Gegenüberstellung mit der Vermögensbildung aus laufendem Einkommen, wie sie in zahlreichen Beiträgen untersucht worden ist (vgl. Tabelle 1).

Tabelle 1: Vermögensbildung in der BRD. Vergleich einiger Untersuchungsergebnisse.

Untersuchung	Aggregat	Zeitraum	in Mrd. DM
de la Chevallerie[1]	Netto-Vermögensbildung= Wertzugang am Sachvermögen + Ausl. Ford.	1950 - 1964	648,4
Bohlen[2]	Ersparnisbildung	1950 - 1966	743,3
Kaiser/Zerwas[3]	Ersparnisbildung	1950 - 1967	897,0
Krelle/Siebke[4]	Netto-Vermögensbildung= Sachvermögensbildung + NFP (Nettoforderungsposition)	1950 - 1969	1.013,3

[1] Chevallerie, O. de la, Die Verteilung des Vermögenszuwachses in der Bundesrepublik Deutschland seit 1950, in: DIW Sonderheft Nr. 80, Berlin 1968, S. 68 und 73
[2] Bohlen, W., Die volkswirtschaftlichen Auswirkungen von Vermögensbildungsplänen. Hannover 1969, S. 21
[3] Kaiser, W. u.a., die soziale Struktur des Sparens, in: Der Volkswirt Nr. 15 v. 11.4.1969, S. 33 ff.
[4] Krelle, W., Siebke, J., (1973), a.a.O., S. 478 ff.

---

[1] Da Krelle mit Hilfe des Vergleichs der Einheitswerte lediglich den Wertzuwachs an bereits 1950 nicht landwirtschaftlich genutzten Grundstücken beziffern kann, Tiemann aber lediglich die Wertzuwächse an von landwirtschaftlicher Nutzung in andere umgewidmete Grundstücke beziffert, sind die Werte auch als addierbar anzusehen.
[2] Vgl. Engels, W., u.a., (1972), a.a.O., S. 7 u. 9; dies., (1974), S. 111.

Engels und Mitarbeiter schätzen, daß die Wertsteigerungen etwa die Hälfte des Gesamtvermögenszuwachses ausmachen[1]. Dies macht deutlich, daß die Wertzuwächse des Grund und Bodens für die Vermögensverteilung von erheblicher Bedeutung sind[2]. Werden diese Vermögenszuwächse aber nur in Ausnahmefällen steuerlich erfaßt - wie dies die Analyse der steuerlichen Behandlung von BWZ ergab - so wird die Effizienz des staatlichen Umverteilungsprozesses erheblich beeinträchtigt. Die Erfolglosigkeit bisheriger Maßnahmen zur Vermögensumverteilung macht dies deutlich.

Ergänzend ist es allerdings erforderlich, Informationen über die Verteilung der Wertzuwächse zu gewinnen, die bisher nicht näher untersucht worden ist[3]. Folglich gibt es in der Öffentlichkeit nur Vermutungen über die Befunde. Einerseits wird eine breite Streuung der Wertzuwächse angenommen[4], von anderer Seite der Kreis derjenigen, die von der Wertsteigerung maßgeblich profitiert haben sollen, auf höchstens 1,3 % der Bevölkerung eingegrenzt[5]. Einige Überlegungen sollen zeigen, daß wir von einem relativ kleinen Kreis der Begünstigten ausgehen können, wobei erneut eine Aufspaltung in Teilgesamtheiten des Grundbesitzes vorgenommen wird.

---

[1] Gesamtvermögenszuwachs als Summe der Ersparnisse aus laufendem Einkommen, einschließlich der einbehaltenen Gewinne der Unternehmen und der Werterhöhungen am ruhenden Vermögen. Vgl. Engels, W., u.a., (1972), a.a.O., S. 2.

[2] Krelle/Siebke (1973), a.a.O., S. 487, errechnen allein für das Grundvermögen einen Anteil von 41 % am Gesamtvermögen der privaten Haushalte.

[3] Nicht einmal über die Struktur des Grundbesitzes herrscht Klarheit. Zu ersten, wenn auch z.T. methodisch fragwürdigen Ansätzen vgl. Duwendag, D., u.a., (1974), a.a.O. Einigermaßen zutreffende Aussagen ergeben sich hier nur für die Zuteilung zum staatlichen Sektor, den juristischen Personen und dem privaten Sektor. Zur Verteilung innerhalb des privaten Sektors werden nur grobe Aussagen ermöglicht. Vgl. hierzu bes. S. 83 ff.

[4] Dies manifestiert sich in dem Vorwurf, eine Steuer auf den Bodenwertzuwachs treffe "den kleinen Mann"; vgl. Paul, Th., SPD-Vorschläge zur Bodenreform: Keine Lösung des Bodenproblems, in: Wirtschaftsdienst, Nr. 10/1972.

[5] Vgl. z.B. Vogel, H.J., Bodenrecht und Stadtentwicklung, in: Neue Juristische Wochenschrift, Heft 35/1972, S. 1544 ff., hier S. 1545.

Ein erheblicher Teil der Gesamtwertsteigerung ist bei der Umwidmung von
land- und forstwirtschaftlich genutztem Grund und Boden in Bauland entstanden[1][2].
Man kann annehmen, daß rund 3 % der Fläche der BRD seit 1950 aus land- und
forstwirtschaftlicher Nutzung in Bauland umgewandelt worden sind. Da dies vor
allem innerhalb oder am Rand der Ballungsräume erfolgt ist, kann von allen
Landwirten dabei - Gleichverteilung ihres Grundbesitzes über das Gesamtgebiet
und einheitliche Betriebsgröße vorausgesetzt - nur höchstens dieser Bruchteil,
wahrscheinlich jedoch anteilig erheblich weniger, von der Wertsteigerung profitiert haben[3].

Beim betrieblich genutzten Grund und Boden kann, was die Nutznießer der Wertsteigerungen betrifft sowohl beim direkt als auch beim indirekt (über den
Anteilsaktienbesitz) zurechenbaren Betriebsvermögen von einem sehr engen
Adressatenkreis ausgegangen werden: Produktivvermögen und Aktienbesitz weisen
in der BRD eine hohe Konzentration auf[4].

Je nach räumlicher Lage des Betriebsgrundstücks sind Wertsteigerungen darüber
hinaus nur an wenigen Grundstücken entstanden (etwa Betriebe im Innenstadtbereich), wie spektakuläre Fälle belegen[5].

---

[1] Vgl. Abschnitt 1.

[2] Wie Duwendag/Epping ermitteln, haben nach den Katasterunterlagen rd. 34 %
der BRD-Flächen Eigentümer, die als Beruf "Land- und Forstwirt" angeben. Hinzuzurechnen wären hier Nebenerwerbslandwirte und Personen mit land- und
forstwirtschaftlichem Grundeigentum, die nicht dem entsprechenden Beruf nachgehen. Dennoch ist der Grundstücksanteil dieser Gruppe offenbar geringer als
vermutet. Vgl. Duwendag, D., u.a., (1974), a.a.O., S. 84/85.

[3] Da die Landwirte den Grund und Boden häufig bereits als Bauerwartungsland
veräußern, danach jedoch weitere Wertsprünge zu erwarten sind, profitieren
auch Zwischenhändler und Baugesellschaften, Banken und entsprechend kapitalkräftige Makler, insgesamt also immer noch ein sehr begrenzter Begünstigtenkreis.

[4] Höchstens 6 % aller Haushalte teilen sich das gesamte Vermögen der nicht aus
Bundesbesitz stammenden Aktiengesellschaften; vgl. Willgeroth, H., u.a.,
a.a.O., S. 75. Zur Produktivvermögensverteilung vgl. die bekannten Krelle-Zahlen: 1,7 % besitzen über 70 % des Produktivvermögens; vgl. Krelle, W.,
u.a., Überbetriebliche Ertragsbeteiligung, a.a.O.

[5] So haben sich bestimmte Anlegergruppen darauf spezialisiert, marode Unternehmen
aufzukaufen, die Betriebe stillzulegen und deren Grundstücksbestand zu veräußern. Beispiele dafür sind stillgelegte Bergwerksgesellschaften (Harpener),
private Kleinbahnen oder die legendäre Döhrener Wollkämmerei. Vgl.: Verkloppt
an Cloppenburg, in: DIE ZEIT Nr. 9 v. 23.2.1973; Der Coup von Döhren, in:
Manager Magazin 1/1973, S. 17 f.; DER SPIEGEL Nr. 51 v. 11.12.1972, S. 49;
vgl. auch zum Eisen-Prinz-Skandal in Hamburg: DER SPIEGEL, Nr. 4/1973; zu
weiteren Beispielen in Stuttgart vgl. Bassler, S., Conradi, P., Schwarzbuch...,
a.a.O., Anlage zu S. 3/4.

Die Gewinnung von Informationen zur Verteilung der Wertzuwächse beim Grundvermögen der privaten Haushalte erforderte prinzipiell neben Aussagen über die Gebiete mit hohen Wertzuwächsen Informationen zur (dortigen) Besitzstruktur. Während ersteres von der Statistik mittlerweile befriedigend bereitgestellt wird, gehören Informationen zum letzteren, der Besitzstruktur, zu den statistisch unerschlossenen Bereichen in der Bundesrepublik Deutschland[1].

Näherungsweise sind Hinweise aus der Wertverteilung des Grundbesitzes zu erhalten: Grundsätzlich verfügen zwar bereits im Jahre 1969 rd. 8 Mio. oder 36 - 39 % der privaten Haushalte über Grundbesitz[2], zum großen Teil aber von geringem Wert[3][4] und in abgelegenen Gebieten. Hieraus kann für die Masse der Eigentümer von Grundvermögen zumindest bedingt auf eine geringe Beteiligung an den Wertzuwächsen geschlossen werden.

Dies zeigt auch eine Auswertung der Grundwerte nach Vermögenswert- und Einkommensgrößenklassen: Da sich aus der Bestandsgröße der Marktwerte des Grundbesitzes zumindest in der Tendenz auf in der Vergangenheit entstandene - nicht realisierte Bodenwertzuwächse - schließen läßt, kann die Besitzkonzentration in hohen Einkommensklassen[5] auf eine entsprechende Konzentration auch der Wertzuwächse hinweisen (vgl. Tabelle 2).

---

[1] So erbringt etwa die Untersuchung von Duwendag, D., Epping, G., (Wem gehört der Boden in der BRD?) (1974), a.a.O., keine näheren Aufschlüsse über die Besitzverteilung bei den privaten Haushalten.

[2] Vgl. Euler, M., Ausgewählte Vermögensbestände privater Haushalte am Jahresende 1969, in: Wirtschaft und Statistik Jg. 1970, Nr. 12, S. 605 ff., Bosch, H.-D., Zur Vermögenssituation der privaten Haushalte in der Bundesrepublik Deutschland, Teil II: Ein tabellarischer Vergleich für die Jahre 1960/61 und 1969 aufgrund statistischer Erhebungen des Deutschen Sparkassen- und Giroverbandes. Berlin 1971. Nach dieser Untersuchung hatten 1969 35 % aller Haushalte Immobilienbesitz (S. 29).

[3] Vgl. Bosch, H.-D., a.a.O., S. 45.

[4] 70 % des Hausbesitzes unter DM 20.000, 56,6 % in der Größenklasse 20.000 - 100.000 DM liegen in Gemeinden mit weniger als 5.000 Einwohnern. Dagegen befinden sich 49 % des Hausbesitzes im Werte zwischen 200.000 - 500.000 DM und 46 % desjenigen über 500.000 DM in Gemeinden mit einer Einwohnerzahl von mehr als 100.000 Einwohnern. Vgl. Bosch, H.-D., a.a.O., S. 72.

[5] Vgl. Bosch, H.-D., a.a.O., S. 57. Beim Baulandbesitz zeigt sich folgendes Bild: Die Haushalte mit hohem Einkommen (über 1500 DM) halten 48,1 % des Baulandbesitzes im Werte von 200.000 - 500.000 DM und 76,2 % desjenigen im Werte von über 500.000. Die hohe Antwortverweigerung (K.A. - 22,2 %) zeigt, daß diese Zahlen die tatsächliche Besitzkonzentration eher noch untertreiben. Vgl. Bosch, H.-D., a.a.O., S. 66.

Tabelle 2: Haushalte mit Hausbesitz nach Bestandsgrößenklassen der jeweiligen Marktwerte (1969) und monatliches Haushaltsnettoeinkommen

Einkommen (in DM)	Vermögen (in Tsd. DM)				
	u. 20	20-100	100-200	200-500	500 u.m.
unter 500	32,9	9,2	3,5	3,7	2,7
500 - 1.000	36,5	37,3	21,5	10,4	8,2
1.000-1.500	17,7	30,6	28,4	15,6	9,5
1.500-2.500	7,9	15,1	28,4	24,8	36,5
2.500 u.m.	1,5	2,6	12,2	33,9	37,8
K.A.	3,4	5,3	5,9	11,5	5,4
Summe	100,0	100,0	100,0	100,0	100,0

K.A. = Keine Angabe
QUELLE: Bosch, H.-D., a.a.O., S. 66.

Damit spricht vieles für die Schlußfolgerung, daß Bodenwertzuwächse in nenenswerter Höhe wie in vergleichbaren Ländern[1] auch in der Bundesrepublik Deutschland vor allem einem kleinen Teil der Haushalte und hier insbesondere denjenigen mit Anteilsbesitz an Unternehmen und wertmäßig bedeutsamen Haus- und Bodenbesitz zugeflossen sein dürften, diese Gruppe folglich auch in starkem Maße von den steuerlichen Vorteilen profitiert hat.

Die weitgehende Nichtberücksichtigung der Wertzuwächse in der Einkommensteuer läßt den Durchschnittssteuersatz der Bezieher hoher Einkommen absinken[2], die politisch gewollte Progression des ESt-Systems wird abgemildert, wenn nicht eliminiert.

---

[1] Dies zeigen Untersuchungen für die USA, wo die Kapitalgewinne in den Einkommensklassen über 100.000 Dollar einen großen Teil der gesamten Einkünfte ausmachen. Vgl. Goode, R., The Individual Income Tax. Washington D.C., 1964, S. 194 ff.

[2] Vgl. die Darstellung einer Modellrechnung in: Royal Commission on Taxation of Canada (Carter Commission), Report Vol. 3, Taxation of Income. Ottawa 1966, S. 332. Eine Nichtbesteuerung der Wertzuwächse läßt bei der bereits angeführten zunehmenden Bedeutung dieser Einkünfte im Rahmen der gesamten Einkünfte beispielsweise den Steuersatz eines Pflichtigen mit einem Gesamteinkommen von mehr als 1 Mio. von nominell rd. 90 % auf etwa 45 % absinken.

3.2 Allokative Konsequenzen

Im Rahmen einer exemplarischen Behandlung allokativer Konsequenzen der gegenwärtigen Steuerung auf den Bodenmärkten[1] lassen sich grundsätzlich zwei gegensätzliche Tendenzen aufzeigen:

- einerseits führt die Begünstigung einer Zurückhaltung des Grund und Bodens vom Markt zu einer auffälligen und insgesamt allgemein als nachteilig eingeschätzten Inflexibilität des Bodenangebotes[2],

- andererseits ist gerade eine zu starke Flexibilität des Bodeneigentums Anlaß zu Reforminitiativen[3].

Wie die nähere Analyse zeigt, besteht eine Konkurrenz der Nutzungen ausgeprägt auf der Nachfrageseite, während auf der Angebotsseite entsprechende Mechanismen nicht oder nur unterentwickelt aufzufinden sind - Ausdruck eines Dilemmas der Bodenpolitik, vor allem zurückführbar auf die besonderen Eigenschaften des Grund und Bodens.

---

[1] Hier kann es lediglich darum gehen, einen Überblick über die - im Rahmen einer Begründung für eine BWSt - bedeutsamen Konsequenzen zu bieten. Eine umfassende Bestandsaufnahme hätte auf Querbeziehungen mit dem ökonomischen Gesamtsystem in der BRD, daneben aber auf rechtspolitische Gegebenheiten und Probleme im Zusammenhang mit der Ausgestaltung des Eigentums einzugehen. Zu einem Einstieg vgl. Hofmann, W., Bodeneigentum und Gesellschaft - Theorie und Wirklichkeit, in: Schreiber, F. (Hrsg.), Bodenordnung? a.a.O., S. 13 - 26; Conradi, P., Dieterich, H., Hauff, V., Für ein soziales Bodenrecht. Notwendigkeiten und Möglichkeiten. Frankfurt/M., 1972; in Kritik und Abhilfe grundsätzlicher vgl. Ratz, M., Bodenpolitik in der BRD. Kritik und demokratische Alternativen. Köln 1973.

[2] Vgl. Pfeiffer, U., (1969), a.a.O., S. 33 f.

[3] Vgl. Frick, A., Kiener, U., Vieli, K., a.a.O., S. 101 ff.; Grauhan, R.R., Linder, W., Politik der Verstädterung. Frankfurt/M., 1974, S. 28 ff.; in der bodenpolitischen Diskussion vgl. SPD-Kommission beim Parteivorstand zur Bodenrechtsreform, Vorschläge zur Reform der Bodenordnung, in: Materialien zum Parteitag, Hrsg. Vorstand der SPD, Hannover 1973, S. 12.

Der zu beobachtende Tatbestand, daß Nachfragearten und -gruppen mit geringer Zahlungsfähigkeit in Okkupation eines Grundstücks von zahlungskräftigeren Nutzern dominiert werden können[1], stellt sich zunächst unter den Bedingungen des 'reinen Marktmodells' als etwas Normales und z.T. sogar Erwünschtes dar: Steigende Bodenpreise sind Ausdruck veränderter Knappheitsrelationen, die eine optimale Bodennutzung erzwingen sollen[2].

Die Kritik an dieser Nutzungskonkurrenz wird allerdings manifest, wenn auf den entsprechenden Gütermärkten - etwa durch das Auftreten externer Effekte[3] - die Steuerungsfunktion der Bodenpreise verfälscht wird[4].

---

[1] Zu einer Einbeziehung dieser Konkurrenz in eine Theorie des Bodenpreises und der Bodennachfrage vgl. Alonso, W.A., Location and Land Use. Toward a General Theory of Land Rent. Harvard 1964, mit einer ausführlichen Kritik traditioneller Ansätze.

[2] Vgl. Jürgensen, H., (1972), a.a.O., S. 103 ff.

[3] Hier beispielhaft für eine Reihe weiterer Situationen, die Berichtigungen der marktmäßigen Allokationsergebnisse erfordern könnten. Externe Effekte als Begriff der Wohlfahrtstheorie umfassen hier den Tatbestand, daß die Nutzung eines (städtischen) Grundstücks in vielen Fällen durch Aktivitäten Dritter, also etwa anderer Wirtschaftssubjekte oder im weiteren Sinne auch des Staates auf benachbarten oder ökonomisch nahen Grundstücken gefördert (oder auch - in diesem Zusammenhang weniger relevant - behindert) werden kann. Im Zusammenhang mit raumordnerischen Fragestellungen werden die externen Vorteile auch als 'Urbanisation' oder 'Localisation' Economies bezeichnet. Vgl. aus der umfangreichen Literatur z.B. allg.: Kapp, W., Volkswirtschaftliche Kosten der Privatwirtschaft, Tübingen, Zürich 1958; Heinemann, K., Externe Effekte der Produktion und ihre Bedeutung für die Wirtschaftspolitik, in: Volkswirtschaftliche Schriften, Heft 99, Berlin 1966; Zur angedeuteten Begriffsvielfalt vgl. Lauschmann, E., Zur Frage der Social Costs, in: Jb für Sozialwissenschaften, Bd. 4-10, Heft 2/1959.

[4] Neben dem Auftreten von 'externen Effekten' bleiben weitere Marktunvollkommenheiten anzuführen, so etwa partielle Monopolsituationen, Auftreten von Bodennachfrage mit nicht marktmäßig bestimmbarer Zahlungsfähigkeit etc. Zu einer Aufzählung der "Anlässe" zu einer Fehlsteuerung des Marktes, die Eingriffe des Staates oder sogar den Ersatz des Marktes durch andere Allokationsverfahren rechtfertigen: vgl. allg. Musgrave, R.A., Finanztheorie, 2. Aufl.; Tübingen 1969, S. 5 ff. Die Unvollkommenheiten der Bodenmärkte kennzeichnen Lean, W., (1969), a.a.O., S. 9 f.; Pfeiffer, U., (1969), a.a.O., S. 31 ff.

Was hier als Ausnahme angeführt wird, bildet auf den Bodenmärkten allerdings fast die Regel: das Nebeneinander von Nutzungen erzeugt externe Effekte. Ihre Berücksichtigung in den Wirtschaftsrechnungen der Bodennachfrage läßt deshalb häufig eine Homogenisierung der Nutzungen am profitabelsten erscheinen[1].

Indes, die hierdurch determinierten Anpassungsprozesse gelten unter städtebaulichen, d.h. aber politischen Gesichtspunkten als unerwünscht[2]; Ziel ist es gerade, eine Vielfalt der Nutzungen zu erreichen, das Nebeneinander verschiedener (nichtstörender) Nutzungen zu gewährleisten, gewachsene Mischstrukturen in den Städten zu erhalten[3]. Die Durchsetzung dieser Forderungen gilt somit als eine wesentliche Aufgabe der Bodenpolitik.

Auf der Anbieterseite sind die Möglichkeiten zu einer Bodenzurückhaltung wesentlicher Anlaß zur Forderung nach bodenpolitischen Reformen[4]. Wie die Darstellung der hier bedeutsamen Mechanismen erbracht hat, kann der Grund und Boden gegenwärtig in Erwartung steigender Bodenpreise ohne nennenswerte Hindernisse und Kosten von einer Nutzung zurückgehalten werden[5], eine Verhaltensweise, die durch die Eigenarten der steuerlichen Behandlung von Wertzuwächsen noch verstärkt werden dürfte[6].

Dies prägt sich andererseits bei bereits genutztem Grund und Boden aus: Auch wenn ein höherer Bodenwert die Erwünschtheit einer Anpassung der Nutzung annonciert, fehlt der Anreiz, den Standort zu verlegen[7]: So nutzen beispielsweise

---

[1] Vgl. die im Rahmen der Standortwahl nicht zu unterschätzenden sog. "Fühlungsvorteile".

[2] Vgl. zu einer eindrucksvollen Beschreibung: Jacobs, Jane, Leben und Tod großer amerikanischer Städte. Gütersloh 1963, bes. S. 139 ff.; "Der Vorgang ist stets der gleiche: eine alles beherrschende Nutzung geht schließlich siegreich aus derartigen Wettbewerben hervor (...). Der Sieg steht jedoch auf tönernen Füßen, im Verlauf des Kampfes ist der funktionsfähige Organismus (der Großstadt, B.L.) zerstört worden" (S. 140).

[3] Vgl. z.B. Vogel, H.J., (1972), a.a.O., S. 1544 ff.

[4] Vgl. SPD-Kommission ... (1973), S. 11 f.; Flach, K.H., u.a. (Hrsg.), Die Freiburger Thesen der Liberalen. Hamburg 1972, S. 76; siehe auch die in Kapitel II, Abschnitt 2 vorgenommene Analyse der allokativen Zielsetzungen.

[5] Vgl. Abschnitt 2 dieses Kapitels.

[6] Vgl. Abschnitt 2.3 dieses Kapitels.

[7] Vgl. Pfeiffer, U. (1969), a.a.O., S. 33 f.

bestimmte Industriebetriebe wertvolle Innenstadtgrundstücke, ohne daß der hohe Grundstückspreis in der Wirtschaftsrechnung der Unternehmung von Belang ist, ohne daß zumeist die Tendenz zu angemessener Nutzung entsteht.

Durch die beobachtbare Zurückhaltungstendenz auf den Bodenmärkten sind partiell aber monopolistische Marktsituationen entstanden, die die Bodenpreisentwicklung in starkem Maße bestimmt haben dürften[1].

Dieser Anstieg der Bodenpreise hat vor allem beim Wohnungsbau und bei der staatlichen Infrastrukturbereitstellung zu allokativ nachteilig einzuschätzenden Wirkungen geführt: Steigende Bodenpreise führen im Wohnungsbau zu einer Erhöhung des notwendigen Kapitalaufwandes und determinieren so ein Ansteigen der Wohnungsmieten. Hinzu kommt, daß Siedlungsflächen zu Bodenpreisen, die für den Wohnungsbau bei gebener Zahlungsbereitschaft der Nachfrage noch tragbar erscheinen, meist nur in den Umlandgemeinden der Kernstädte verfügbar sind[2]. So konzentriert sich die Wohnungsbautätigkeit zunehmend auf Gemeinden zwischen 2.000 und 20.000 Einwohner[3]. In der Zukunft ist, dem Preisgefälle auf den Grundstücksmärkten folgend, eine weitere Verlagerung in die Außenbezirke zu erwarten.

In den Innenstädten hat sich die Lage auf den Wohnungsmärkten verschärft. Vor allem hier kann der Bedarf an Wohnungen zu angemessenen Preisen nicht befriedigt werden: Ergebnis u. a. eines hohen Anteils der Grundstückskosten an den Gesamtkosten[4]. Indirekt ergibt sich auch ein Druck auf die Mieten bei älteren Wohnungen. Der Effekt ist c.p. um so größer, je höher der Marktzins und der Anteil der Bodenpreise am Gesamtkapitalaufwand sind.

---

[1] Dieser Wirkungszusammenhang ist allerdings zweiseitig: steigende Bodenpreise können daneben als wichtigste Ursache der Angebotsverknappung angesehen werden. (Vgl. die Darstellung in Kapitel II Abschnitt 2).
[2] Vgl. Raumordnungsbericht 1972 der Bundesregierung, Deutscher Bundestag - Drucksache VI/3793, Bonn 1972, S. 39.
[3] Vgl. Raumordnungsbericht 1972..., a.a.O., S. 42.
[4] Vgl. Kommunalreferat der Landeshauptstadt München, Initiative ..., a.a.O., S. 1; s.a. Bundesminister für Wohnungswesen und Städtebau, (Hrsg.), Städtebaubericht 1969. Bonn 1969, S. 104.

Daneben haben steigende Bodenpreise Anteil an der Verteuerung öffentlicher Güter. Da der Grund und Boden zum Teil nur zu hohen Einstandspreisen erworben werden kann, entsteht die Tendenz, geplante Infrastruktureinrichtungen an anderer Stelle als vorgesehen zu errichten, um so die Grundstückskosten niedriger zu gestalten.[1]

---

[1] Vgl. z.B. Pfeiffer, U., (1969), a.a.O., S. 29; Städtebaubericht 1969, a.a.O., S. 104. "(Hohe Bodenpreise haben allgemein (B.L.)) vielfach städtebauliche Fehlentscheidungen zur Folge, weil als Standorte für bauliche Vorhaben im Widerspruch zu den Prinzipien einer gesunden räumlichen Ordnung solche Flächen bevorzugt werden, die zufällig preisgünstig angeboten werden". (a.a.O., S. 104).

Kapitel II: ZUM ZIELSYSTEM EINER BODENWERTZUWACHSSTEUER

1. Vorbemerkung

In der Diskussion um die BWSt sind eine Reihe von Zielen formuliert und der Beurteilung der BWSt-Formen zugrundegelegt worden[1]. Soll der Versuch unternommen werden, anhand der Ziele zu bestimmen, welche Steuerform auszuwählen, welcher also der höchste Grad an Zielkonformität zuzusprechen ist[2], so sind an Auswahl und Formulierung der Ziele eine Reihe von Anforderungen zu stellen: Die Ziele sollten nicht nur den zu verändernden Tatbestand umschreiben, sondern auch Richtung und Ausmaß der Veränderung aufzeigen[3]. Erst dies läßt eine prinzipielle Kontrollierbarkeit der Wirkungen der unterschiedlichen Steuerformen zu.

Bei den im politischen Raum vorzufindenden Zielvorstellungen zeigt sich allerdings, daß anstatt operationaler Größen eine Vielzahl unterschiedlicher, zum Teil wenig konkreter Zielvorstellungen angeboten wird, die sich wegen ihrer teilweisen Vieldeutigkeit und Interessengebundenheit nicht ohne weiteres zur Determinierung zukünftiger politisch gewünschter Zustandsformen (und damit

---

[1] Vgl. z.B. SPD-Kommission für Bodenrechtsreform beim Parteivorstand der SPD, Vorschläge zur Reform der Bodenordnung. Bonn o.J. (1972), dies., (1973), a.a.O.; CDU, Bundesgeschäftsstelle (Hrsg.), Dokumentation zum Bodenrecht. Bonn, März 1973; Flach, K.H., u.a.(Hrsg.), Freiburger Thesen..., a.a.O.

[2] Das Verfahren ist damit ein vereinfachtes Abbild des Versuchs, politische Entscheidungen zu rationalisieren. Die am günstigsten erscheinende Alternative ergibt sich anhand der hier näher zu bestimmenden Ziele. Vgl. für komplexe Rationalisierungen im politischen Prozeß: Böhret, C., Entscheidungshilfen für die Regierung. Opladen 1970, insbes. S. 17.

[3] Vgl. zu diesen Kriterien und weiteren, die hier ohne Belang sind, Tinbergen, J., Wirtschaftspolitik, 2. unveränderte Auflage. Freiburg 1972, S. 50 ff.; Knips, W., Die Problematik wirtschaftspolitischer Zielkonflikte. Tübingen 1970, S. 38 ff.

als Basis dieser Untersuchung) eignen[1].

Bei Betrachtung der Zielfindung im politischen Bereich als interdependentem Prozeß, im Rahmen dessen auch Wissenschaftler an der Formulierung beteiligt werden[2], mag es hier legitim sein, die im politischen Bereich relevanten Ziele zu klassifizieren und - wenn nötig - zu konkretisieren, um den beschriebenen Mangel zu beheben. Eine Klassifikation der Zielvorstellungen kann nach den in der Finanzpolitik gebräuchlichen Begriffen Allokation und Distribution vorgenommen werden[3], wie sie bereits vorläufig verwendet wurden. Als Allokationsziele sollen die auf die Koordination der privaten Wirtschaftspläne und auf Art und Umfang der Bodennutzung bezogenen Zielvorstellungen bezeichnet werden; als Distributionsziele gelten Vorstellungen über die Verteilung der den Privaten aus den Wertsteigerungen an Grund und Boden zufließenden Vermögenszuwächse. Am Rande wird auch auf die fiskalischen Ziele der BWSt einzugehen sein.

Die solcherart klassifizierten Einzelziele sollen in den folgenden Abschnitten auf ihre Brauchbarkeit als Zielvariable untersucht werden.

Indem die beeinflußbaren Zielvariablen markiert, die erwünschte Richtung ihrer Veränderung aufgezeigt wird, sind prinzipiell auch Konflikte sichtbar zu machen, die aus dem Versuch entstehen, zugleich allokative wie distributive Ziele anzustreben. Auf die hierbei markierbaren allergischen Punkte macht deshalb der dritte Abschnitt aufmerksam[4].

---

[1] In auffälliger Weise wird diese Vieldeutigkeit der im politischen Raum angebotenen Zielvorstellungen in der Rezeption der Diskussion um die BWSt durch Zink deutlich. Vgl. Zink, G., in: Wirtschaftsdienst (1973), a.a.O., S. 140 ff. hier S. 142. Nach Darstellung der recht unterschiedlichen Vorschläge der Parteien werden die in der Diskussion genannten Ziele referiert, die allen Parteivorschlägen mehr oder weniger gemeinsam seien, mit allen Instrumenten folglich anstrebbar erscheinen. Läßt sich aber keine Differenzierung vornehmen, so wird die Allgemeinheit der Ziele deutlich.

[2] Vom Wissenschaftler sind z.B. Vorschläge zu entwickeln, wie bestimmte politisch festgelegte Gerechtigkeits- und Verteilungsvorstellungen verwirklicht werden können. Vgl. Frey, R.A., Finanzpolitik und Verteilungsgerechtigkeit, in: FA (NF), Bd. 31, Heft 1, 1972, S. 1 ff.

[3] Vgl. Musgrave, R.A., a.a.O., S. 5 ff.; s.a. im bodenpolitischen Kontext, Möller, H., a.a.O., S. 9; Pfeiffer, U. (1969), a.a.O., S. 30. Stabilitätspolitisch zu interpretierende Ziele werden in der Diskussion nicht aufgeführt.

[4] Vgl. Abschnitt 2.3 dieses Kapitels.

Das Anstreben bestimmter wirtschafts- und finanzpolitischer Ziele mit Hilfe einer Bodenwertzuwachsbesteuerung erfährt eine Reihe von Einwänden aus finanzwissenschaftlich dogmatischer und - z.T. damit verknüpft - aus verfassungsrechtlicher Sicht. In einer kurzen Analyse sollen die hier aufgebotenen Argumente geprüft und aufgezeigt werden, daß von ihnen zwar Restriktionen die Ausgestaltung betreffend ausgehen, aber weder gegen die Besteuerung realisierter noch unrealisierter Bodengewinne Einwände vorgebracht werden, die eine steuerliche Erfassung prinzipiell ausschließen würden.

2. Ziele einer Bodenwertzuwachssteuer

2.1 Allokative Ziele

Ansatzpunkt der in allokationspolitischer Hinsicht vorgebrachten Ziele einer BWSt sind die durch eine weitgehende Herausnahme der Bodenwertzuwächse aus der Besteuerung verstärkten Verzerrungen auf den Bodenmärkten. Indem - wie bereits angeführt[1] - Anbieter prinzipiell zur Angebotszurückhaltung, Nachfrager aber zur Ausweitung der Nachfrage nach Bodenflächen veranlaßt werden, bestehen vielfach Marktungleichgewichte und Friktionen, die die Bodenpolitik belasten: Insbesondere wird gegenwärtig die Steuerungsfunktion der Bodenpreise verzerrt: Steigende Preise, in der Regel Indiz für Veränderungen in den Knappheitsrelationen, führen in vielen Fällen nicht zu Angebotserhöhungen sondern sind Anlaß zu weiterer Verknappung.

In einem solchen Dilemma wird an die BWSt die Anforderung gestellt, durch entsprechende Ausgestaltung eine Verstärkung der Mobilität des Bodenangebots[2] sicherzustellen und auf diese Weise die Bodenmärkte insofern funktionsfähig zu machen[3], als durch den Verkauf eine Anpassung an die gewünschte Bodennutzung stattfindet.

Eine erwünschte Mobilitätszunahme kann neben einer Angebotserhöhung in Form eines Verkaufs auch in einer Anpassung der Grundstücksnutzung an das im Bodenwert annoncierte Nutzungsniveau bestehen, wobei eine entsprechende Kapi-

---

[1] Vgl. Kap. I Abschnitt 3.
[2] Vgl. CDU/CSU-Fraktion Grundsätze zur Fortentwicklung des Bodenrechts.(Man.) Bonn, September 1972, S. 4 f.; CDU, Grundsätze zur Reform des Bodenrechts (Man.), Bonn, Januar 1973, S. 4; Flach, K.H., a.a.O., S. 76. Als erwünschte Mobilität gelten hier im engen Sinne alle Änderungen der Besitzstruktur die dazu führen, die tatsächliche Bodennutzung an die angestrebte und damit optimale heranzuführen. Vgl. Timm, F., Förderung der Bodenmobilität. Diss. Göttingen 1969 (hier vor allem im Hinblick auf die Bodenmobilität als Unterziel zur Erreichung einer besseren Betriebsgrößenstruktur in der Landwirtschaft). Zur näheren Begründung für die Relevanz dieser Zielsetzung vgl. Seltzer, L.H., a.a.O., S. 105. In strukturpolitischer Sicht bei Engpaßfaktoren vgl. auch Giersch, H., Aufgaben der Strukturpolitik, in: Hamburger Jahrbuch, 9.Jg. 1964, S. 61 ff., hier S. 79 f.
[3] Vgl. CDU/CSU-Fraktion, Leitsätze zur Fortentwicklung des Bodenrechts.(Man.), Bonn, Oktober 1972; CDU-Bundesgeschäftsstelle, Bodenrecht, Arbeitspapier. Bonn, März 1973; Flach, K.H., u.a., a.a.O., S. 75.

talkraft des Eigentümers und eine ausreichende Grundstücksgröße Voraussetzungen sein werden.

Daneben sind mit der allokativen Zielvariablen auch die Nachfragewirkungen zu messen. Denn ebenso wie Anbieter, die den Boden zurückbehalten, können anlageorientierte Nachfrager durch bevorzugte Anlage ihres Vermögens in Grund und Boden den allokativen Anpassungsprozeß 'stören'[1]. Folglich kann auch die Verminderung der anlageorientierten Nachfrage als eine positive Steuerwirkung angesehen werden.

Das Ziel einer Mobilisierung des Bodenangebotes - bei gleichzeitiger Umlenkung der Nachfrage - bezieht sich allerdings nur auf die Steuerungsergebnisse des marktlichen Allokationsverfahrens[2]. Auf den Bodenmärkten sind Art und Intensität der Bodennutzung daneben aber von staatlichen Rahmensetzungen bestimmt, die mit Hilfe unterschiedlicher Instrumente

- den Bodenbedarf für öffentliche Zwecke sichern und dabei zudem
- ein geordnetes Nebeneinander gleicher und unterschiedlicher Bodennutzungen, eine gewünschte Nutzungsstruktur, bewirken sollen,

beides - nach einhelliger Auffassung der bodenpolitischen Literatur - vom marktlichen Allokationsverfahren nicht zu leisten[3].

Betrachten wir die Zusammenhänge zwischen diesen beiden Allokationsmechanismen und ihren Zielen, so kann prinzipiell nicht ausgeschlossen werden, daß das Mobilisierungsziel der BWSt mit den im politischen Prozeß virulenten Zielvorstellungen der Bodennutzung kollidiert, obwohl planerische Vorgaben

---
[1] Zu einer allokativ ausgerichteten Darstellung vgl. z.B. Jürgensen, H., (1972), a.a.O., S. 104 ff.
[2] Zum Versuch, den Marktmechanismus aus seiner ideologischen Idealisierung - sinnfällig im undifferenzierten Gebrauch des Begriffs 'Marktwirtschaft' in der politischen Auseinandersetzung - herauszunehmen und pragmatisch zu fassen, vgl. Schreiber, F., (Hrsg.), Bodenordnung? a.a.O., S. 41 (zum Beitrag Pfeiffer); zu einer instruktiven Darstellung der auf dem Bodenmarkt wirksamen Allokationsverfahren und ihrer Zusammenhänge vgl. Holzheu, F., Markt und Plan auf dem Bodensektor, in: Stadtbauwelt, 1974 Heft 41, S. 17 - 20.
[3] Zu einer Zusammenstellung der Gründe vgl. Lean, W., (1969), a.a.O., S. 7 ff.

(Gebote, Verbote) z.T. im Grundstückswert diskontiert werden und insoweit den BWSt-Anfall begrenzen dürften. Tritt dies nicht ein, etwa bei Planänderungen, läßt sich die Problematik der BWSt anhand von zwei Fällen aufzeigen:

- die Mobilisierung eines Grundstücks ist prinzipiell unerwünscht (z.B. aus Denkmalsschutz oder aus Nutzungsmischungserwägungen heraus), oder weil die Eigentümerstruktur erhalten werden soll,

- die Mobilisierung ist prinzipiell erwünscht, die Ersatznutzung unterliegt allerdings Beschränkungen.

Generell sind diese Fälle allerdings keine neuen Probleme der Stadtentwicklungspolitik:
Der prinzipielle Konflikt zwischen 'Markt' und 'Plan' besteht bereits heute, ohne daß eine Bodenwertzuwachsbesteuerung erfolgt. Die von der BWSt ausgelöste Mobilisierung würde sich in einem Rahmen von mehr oder weniger konkreten Bodennutzungsvorschriften[1] vollziehen, sowie von Ge- und Verboten begrenzt sein. Diese Rahmensetzung weist allerdings z.T. erhebliche Lücken auf. Ergänzend zu den Vorschlägen, die steuerliche Erfassung der Bodengewinne auszuweiten, werden in der bodenpolitischen Diskussion deshalb eine ganze Reihe von Vorschlägen aufgeboten, die darauf abzielen, die Priorität des über planerische Vorgaben vermittelten staatlichen Allokationsinstruments gegenüber dem Marktprozeß zu sichern[2].
In dem Maße, wie diese Vorschläge realisiert werden, vermindert sich folglich das Problem der unerwünschten Nebenwirkungen einer Bodenwertzuwachsbesteuerung.

---

[1] Vgl. z.B. die Determinierung der Bodennutzung durch die Vorschriften der Baunutzungsverordnung, die Art und Maß der baulichen Nutzung regelt sowie die Bauweise prinzipiell beeinflußt: vgl. BauNVO, 3. Verordnung über die bauliche Nutzung der Grundstücke v. 26.11.1968, BGBl I, S. 1238, ber. 1969, I, S. 11.

[2] Vgl. z.B. SPD-Kommission (1973), a.a.O.: Die Vorschläge enthalten Empfehlungen zur Reform des Planungsrechts (Ausweitung der Gebote), zum Enteignungsrecht, zum Umgang mit öffentlichem Boden. Ebenfalls entsprechende Vorschläge - wenn auch nicht so aufgefächert - finden sich bei Flach, K.H., Die Freiburger Thesen ..., a.a.O.; CDU - Materialien zum Bodenrecht, a.a.O.

Daneben läßt die Bodenwertzuwachssteuer über ihre Ausgestaltung und Erhebung Möglichkeiten der Konfliktvermeidung offen: So kann etwa die Steuererhebung ausgesetzt werden oder die Bodenwertermittlung entsprechend beeinflußbar ausgestaltet werden.

Im Rahmen der folgenden Analyse wird generell von den Problemen der Abstimmung von marktlichem und staatlichem Allokationsverfahren abstrahiert. Es wird angenommen, daß eine Mobilisierung des Bodenangebotes (bei Zurückdrängen der spekulativen Nachfrage) innerhalb der Rahmensetzungen der staatlichen Bodenpolitik als Zielsetzung gelten kann, die eine effiziente Verwendung des Grund und Bodens determiniert. Auf die generellen Probleme der BWSt im Rahmen einer gesamtgesellschaftlich rationalen Bodenpolitik und auf deren Zusammenhänge mit der Steuerpolitik wird bei der Bewertung der Ergebnisse näher einzugehen sein[1].

---

[1] Vgl. Kap. X, Abschnitt 3 dieser Arbeit.

2.2 Distributive Ziele

Ausgangspunkt der Erörterung verteilungspolitischer Ziele einer BWSt ist der Nachweis, daß den Wertzuwächsen des Grund und Bodens in der Vergangenheit eine erhebliche Bedeutung zugekommen ist und daß durch deren einseitige Verteilung distributionspolitischen Zielen krass zuwidergehandelt wurde[1].
An diesen Tatbestand knüpfen eine Reihe von Beiträgen zu BWSt an. Sie fordern:

- eine breitere Streuung des Bodeneigentums[2],
- die Abschöpfung der unverdienten bzw. "leistungslosen" Wertzuwächse[3],
- die Beeinflussung der Einkommens- und Vermögensverteilung[4],
- die Verwirklichung steuerlicher Gerechtigkeit in diesem Bereich[5].

Das Ziel, eine breitere Streuung des Bodeneigentums als erwünscht anzusehen, deckt hierbei nur einen Randbereich des Verteilungsproblems ab: durch entsprechende Ausgestaltung kann eine BWSt durchaus zu einer breiteren Streuung beitragen, wenn auch gewichtige Einwände gegen die distributionspolitische Erwünschtheit vorgebracht werden können[6].

Demgegenüber läßt sich das Motiv, den "unverdienten" Wertzuwachs abschöpfen zu wollen, unter dem Gesichtspunkt der angestrebten Operationalität von Zielgrößen kritisieren: Die hierzu erforderliche Abgrenzung zwischen normalen

---

[1] Zu den Ergebnissen vgl. Kap. I, Abschnitt 3.1.

[2] Vgl. Flach, K.H., Die Freiburger Thesen..., a.a.O.; CDU/CSU-Fraktion, Grundsätze..., September 1972, a.a.O., S. 1.

[3] Vgl. u.a. SPD-Kommission (1973), a.a.O., S. 24; Kommunalreferat der Landeshauptstadt München, Initiative..., a.a.O., S. 40.

[4] Vgl. Müller, A., Ein Vorschlag zur Besteuerung von Wertsteigerungen bei Grundstücken, in: Schreiber, F. (Hrsg.), Bodenordnung? a.a.O., S. 43; Kommunalreferat der Landeshauptstadt München, Initiative..., a.a.O., S. 40/41.

[5] Ebenda.

[6] Das Problem der steuerfreien Begünstigung Weniger durch die Entstehung von Wertzuwächsen bliebe ungelöst: Bei einigen, in ihrer Lage und Knappheit besonders begünstigten Bodenflächen würden Wertzuwächse weiterhin auftreten und dabei möglicherweise gerade dem Ziel einer breiteren Eigentumsstreuung zuwiderlaufen.

und 'unverdienten Wertzuwächsen' stößt z.T. auf erhebliche Schwierigkeiten[1][2]. Die solcherart formulierte Zielgröße dürfte folglich für die Zwecke einer allgemeinen Bodenwertzuwachssteuer unpraktikabel sein.

Vielfältigen Interpretationen sind die beiden übrigen in der Diskussion genannten Zielgrößen zugänglich, mit Hilfe der BWSt größere steuerliche Gerechtigkeit anzustreben oder eine Umverteilung von Einkommen und Vermögen einzuleiten[3]. Im Sinne des in der Finanzwissenschaft eingeführten 'Equity' - Konzepts[4] ergibt sich folgende Interpretation:

- Steuerpflichtige in gleichen Verhältnissen sollen auch gleich behandelt werden (horizontaler Aspekt),

- Steuerpflichtige in 'ungleichen' Verhältnissen sollen auch prinzipiell ungleich behandelt werden (vertikaler bzw. Umverteilungs-Aspekt).

Damit zeigt sich aber, daß Gerechtigkeits- und Umverteilungszielsetzung als eng verknüpft anzusehen sind: MUSGRAVE bezeichnet sie als "different sides of the same coin"[5].

Operationalität erlangen die Prinzipien vertikaler und horizontaler Gerechtigkeit allerdings erst, wenn der Steuerpraxis ein einheitlicher und aussagefähiger Index für die Gleichbehandlung und Anhaltspunkte für die gewünschte Behandlung von Steuerpflichtigen in ungleichen Verhältnissen geboten werden[6],

---

[1] Vgl. z.B. Hamann, U., Bodenwert und Stadtplanung, a.a.O., S. 4 ff.

[2] Zur näheren Darstellung des Problems vgl. die Behandlung in der Haller/Gandenberger-Kontroverse und der Diskussion der für diese Fragestellung bedeutsamen Ergebnisse, vgl. insbesondere Abschnitt 3.1.1/(2) dieses Kapitels.

[3] Vgl. im Überblick: Frey, René L., Finanzpolitik und Verteilungsgerechtigkeit, a.a.O., S. 1 ff.; eingehend: Neumark, F., Grundsätze ..., a.a.O.; Littmann, K., Ein Valet dem Leistungsfähigkeitsprinzip, in: Haller, H. u.a., (Hrsg.), Theorie und Praxis ..., a.a.O., S. 113 - 134.

[4] Vgl. Graham, J.F., The Fiscal Equity Principle, in: Public Finance in Canada, Toronto etc. 1968; Musgrave, R.A., (1959), a.a.O., S. 160 ff.

[5] Musgrave, R.A., (1959), a.a.O., S. 160: "If there is no special reason for discriminination among unequals, how can there be a reason for avoiding discriminination among equals?".

[6] Vgl. ders., a.a.O., S. 161 und S. 165.

womit die Probleme von Einkommensbegriff und gewünschter Verteilung der Bodenwertzuwächse angesprochen sind.

Unabhängig von der letztlich unter Praktikabilitätsgesichtspunkten und ausgehend von bestimmten Eigenschaften der Steuern zu fällenden Entscheidung für die konkrete Steuerform, wird diesem Anspruch folgend ein möglichst umfassender Einkommensbegriff als Meßgröße der 'equality' vorgeschlagen, definiert unter Einschluß der Wertzuwächse[1]. Gerade die Herausnahme der Bodenwertzuwächse aus dem steuerlichen Einkommensbegriff wird unter gerechtigkeitspolitischen Erwägungen für nicht vertretbar gehalten[2].
Ebenso wird ihre Vernachlässigung im Rahmen der Vermögensumverteilungspolitik als wichtiger Grund für die geringe Effektivität aller bisherigen Umverteilungsmaßnahmen angeführt[3].

Diese Anforderung erfüllt von den in der finanzwissenschaftlichen Diskussion eingeführten Einkommensbegriffen allein die Reinvermögenszugangstheorie[4], deren Implikationen deshalb im folgenden diskutiert werden sollen.

Dieser Einkommensbegriff definiert Einkommen als Nettozugang zum Vermögensbestand innerhalb einer bestimmten Periode, was formalisiert folgendermaßen dargestellt werden kann:

$$Y_i = C_i + (V_i - V_{i-1})$$

Y_i = Einkommen der Periode i
C_i = Marktwert des Konsums in Periode i
V_i = Vermögensbestand am Ende der Periode i
V_{i-1} = Vermögensbestand am Ende der Vorperiode

---

[1] Vgl. Musgrave, R.A., a.a.O., S. 285
[2] Vgl. z.B. die Auffassung von Neumark, F. Grundsätze ..., a.a.O., S. 338/9.
[3] Vgl. Zink, G., Neue Aspekte einer Vermögenspolitik durch Besteuerung, in: Wirtschaftsdienst 6/1972, S. 318; vgl. auch das Votum des Sachverständigenrates zur Begutachtung der gesamtwirtschaftlichen Entwicklung, Jahresgutachten 1972. Bonn, November 1972, TZ 497, S. 161.
[4] Vgl. zuerst: Schanz, G.v., Der Einkommensbegriff und die Einkommensteuergesetze, in: FA 13. Jg. (1896), Bd. 1, S. 1-87; später auch: Haig, R.M., The Concept of Income: Economic and Legal Aspects, in: ders., (Ed.), The Federal Income Tax, New York 1921, teilweise wiederabgedruckt in: Musgrave, R.A., Shoup, C.S., (Ed.), Readings in the Economics of Taxation. London 1959, S. 54 - 76.

wobei folglich als Einkommen sowohl konsumtiv verausgabte Einkünfte als auch substantielle und wertmäßige Änderungen des Vermögensbestandes (Wertzuwächse)[1] gelten. Dadurch sind sämtliche Vermögensmehrungen auch einmal (steuerpflichtiges) Einkommen gewesen, eine Vermögensbildung durch Wertzuwächse 'um die Bemessungsgrundlage der ESt herum' kann folglich vermieden werden.
Die Reinvermögenszugangstheorie hat unter der Bezeichnung 'Comprehensive Tax Base' Eingang in die Steuerpolitik gefunden und bildete die Grundlage für eine Reihe von Steuerreformgutachten[2].

Für den konkreten Fall der Bodenwertzuwächse kann eine Übertragung allerdings nicht ohne ergänzende Überlegungen vorgenommen werden. Zwei Voraussetzungen bleiben zu betrachten:

- Die gleiche Qualität von Wertzuwächsen des Bodens und "gewöhnlichen Einkünften" muß durch ergänzende Begründung gestützt werden. Dabei wird es darum gehen, zu untersuchen, ob die Unterschiede ausreichen, einen Ausschluß von der Besteuerung oder eine Sonderbehandlung zu rechtfertigen[3];

- der theoretische Begriff muß finanzpolitische Praktikabilität aufweisen.

Sieht man von den steuerpraktischen Erwägungen ab, die gesondert behandelt werden[4], so sind die Argumente zu betrachten, mit denen versucht wird, den Sondercharakter der BWZ nachzuweisen. Dies soll im folgenden Abschnitt näher erfolgen.

Sind BWZ - vorbehaltlich der Prüfung von Einwänden - vorläufig als prinzipiell von laufenden Einkünften nicht unterscheidbare Leistungsfähigkeit anzusehen, so läßt sich aus dem Gleichbehandlungspostulat auch das Ausmaß des steuer-

---

[1] Zu dieser Nomenklatur vgl. Zink, G., in: Steuer und Wirtschaft (1973), a.a.O., S. 151; ders., (1972), a.a.O., S. 314.

[2] Vgl. hierzu insbesondere das anspruchsvolle Reformkonzept der Carter Commission in Canada, Royal Commission, Report of the Royal Commission on Taxation. (Carter Commission) Bd. 3, Taxation of Income. Part A, Taxation of Individuals and Families, a.a.O., S. 325 ff.; für die BRD vgl. Wiss. Beirat beim BMF, Gutachten 1967, a.a.O., S. 23 ff.

[3] Vgl. zu dieser Voraussetzung z.B.: Seltzer, L.H., a.a.O., S. 83.

[4] Vgl. insbesondere Kap. IX dieser Arbeit.

lichen Zugriffs ableiten: Bodenwertzuwächse sind als Einkommenselemente grundsätzlich wie sonstige Einkommen zu besteuern, was bedingt, das in verteilungspolitischer Sicht eine Tarifierung anhand des ESt-tarifs zu erfolgen hat.
Erst hierdurch wird eine Gleichbehandlung von Beziehern laufender und Bodeneinkünften in Form von Wertzuwächsen erreicht.
Dies bedeutet gleichzeitig, daß Bezieher hoher Wertzuwächse einem entsprechend höheren Entzug unterliegen als die Bezieher kleinerer BWZ, was aus dem Dilemma enthebt, daß andere, explizit geäußerte Vorstellungen zur Gestaltung der Progression von BWSt nicht vorliegen.
Ergänzende Begründung erfährt eine solche Setzung durch den Tatbestand, daß der ESt-Tarif - wie die Steuerreformdiskussion gezeigt hat - in seiner Gestaltung im Fadenkreuz gesellschafts- und verteilungspolitischer Auseinandersetzungen steht, die gefundene Ausgestaltung somit als Ergebnis eines Interessenausgleiches, als Kompromiß zwischen den relevanten gesellschaftlichen Gruppen gewertet werden kann.
Dies bedeutet allerdings nicht, daß nicht Argumente auffindbar erscheinen, die den Sondercharakter der BWZ in der Weise belegen, daß ein _stärkerer_ steuerlicher Zugriff gerechtfertigt werden kann. Dies gilt insbesondere für BWZ-Arten, die sich _direkt_ auf staatliche Aktivität, auf die Zubilligung profitablerer Grundstücksnutzung und auf die Bereitstellung von Infrastrukturmaßnahmen beziehen lassen, die gerade die Nutzung bestimmter Grundstücke begünstigt. Hier greift dann aber eine äquivalenztheoretische Begründung der BWSt, manifest vor allem in den Abschöpfungsmaßnahmen des Planungswertausgleichs, mit in der Regel durchschnittlich höheren Abschöpfungssätzen.

Verteilungs- wie äquivalenzpolitisch motivierte Abschöpfungen unterliegen im Grad ihrer Zielerreichung allerdings Einschränkungen, wenn die effektiven Steuerwirkungen betrachtet werden:

Ausgehend von möglichen Abweichungen der formalen von der effektiven Steuerbelastung, bleiben in der Wirkungsanalyse unter distributiven Gesichtspunkten die Anpassungsreaktionen der Wirtschaftssubjekte auf die Steuer zu betrachten. Voraussetzung eines Einsatzes der BWSt als Instrument der Verteilungspolitik ist folglich über die Gestaltung von Bemessungsgrundlage und der Gestaltung der Steuerzahllast hinaus, daß die effektiven Verteilungswirkungen abgeschätzt und kontrolliert und beim Vergleich der Steuerformen berücksichtigt werden.

2.3 Zielkonflikte: der Konflikt zwischen einer Mobilisierung des Angebotes und distributiven Zielsetzungen
─────

Das gleichzeitige Anstreben allokativer und distributiver Ziele wirft die Frage nach möglichen Konflikten auf. Indem wir bereits in diesem Stadium der Untersuchung auf mögliche wechselseitige Beeinträchtigungen aufmerksam machen, kann das Verfahren noch stärker auf die in der Realität voraussichtlich ablaufenden Prozesse bezogen werden.

Generell wird diese Möglichkeit zwar durch die - wie aufgewiesen wurde - relativ abstrakte Zielformulierung begrenzt, dennoch läßt sich ein wesentlicher Konflikt aufzeigen. Das Ziel, Bodenangebot zu mobilisieren, kann in bestimmten Fällen mit Verteilungszielsetzungen kollidieren.
Zunächst aus der Sicht des Verteilungsziels:
Hier kann es angebracht erscheinen, die bestimmten Bodeneigentümern zugeflossenen Wertzuwächse nur mäßig zu besteuern oder sogar vollends steuerfrei zu belassen; etwa, weil der Grund und Boden von diesen Eigentümern zu Wohnzwecken selbst genutzt wird, die sonstige Einkommensposition unterdurchschnittlich ist. Dies würde aber bedeuten, daß die angestrebten Allokationseffekte nicht - oder nur ungenügend - erreicht werden können[1].

Andererseits kann eine - mit dem Ziel der Mobilisierung des Bodenangebots eingeführte - relativ hohe, aber allgemeine Steuer auch diejenigen treffen, die unter Umverteilungsgesichtspunkten - ausgehend von ihrer relativen Einkommensposition - eher zu den Gewinnern als zu den Verlierern des staatlichen Umverteilungsmechanismus zählen sollten.

Es scheint, als ob hier einfache Lösungen nicht zu finden sein werden. Diesem prinzipiellen Konflikt, der im Einzelfall erhebliche individuelle Härten implizieren kann, wird deshalb im Rahmen der Wirkungsanalyse der Einzelsteuern besonderes Gewicht zuzumessen sein.

─────
[1] Vgl. Haller, H., Grundsätzliches zur Besteuerung von Grundstücksgewinnen, in: Kredit und Kapital, Jg. 6 Heft 3/1973, S. 255 - 294; Troll, M., a.a.O., S. 75; Karl-Bräuer-Institut des Bundes der Steuerzahler (Hrsg.), Zur Reform der Bodenbesteuerung, in: Schriften, Heft 27, Wiesbaden 1974, S. 32 ff.

3. **Argumente gegen ein Anstreben wirtschafts- und finanzpolitischer Ziele mit Hilfe der Bodenwertzuwachssteuer**

3.1 **Einwände der finanzwissenschaftlichen Dogmatik und ihre Stichhaltigkeit**

Sowohl die Besteuerung von Kapitalgewinnen generell als auch die geplante Besteuerung unrealisierter Gewinne ist in der Diskussion um die Steuerreform[1] sowohl in den USA als auch in der BRD kritisiert worden. Da die hierbei gegen die Bemessungsgrundlage der BWSt vorgebrachten Einwände in der Diskussion vielfach Verwendung finden, soll im folgenden näher auf sie eingegangen werden[2].

Zunächst wird auf grundsätzliche Aspekte des Einkommensbegriffs eingegangen. Daran schließt sich eine Analyse der grundsätzlichen Argumente an, die gegen eine Besteuerung von Wertzuwächsen generell, gleichgültig ob realisiert oder nicht realisiert verwendet werden. Im Anschluß wird auf die prinzipiellen Einwände gegen eine Besteuerung nicht realisierter Wertzuwächse des Grund und Bodens eingegangen.

Eng mit diesen Argumenten verknüpft ist die Behandlung der BWSt in verfassungsrechtlicher Sicht. Ein kurzer Abriß dieser Problematik ist deshalb angefügt.

---

[1] Vgl. Seltzer, L.H., The Nature and the Tax Treatment of Capital Gains and Losses, a.a.O.; Slitor, R.E., The Carter Proposals on Capital Gains: Economic Effects and Policy Implications for the United States, in: NTJ 1969, S. 66 ff.; vgl. in letzter Zeit: Haller, H., Grundsätzliches ..., a.a.O.;

[2] Streng genommen gelten einige dieser Einwände nur für die Einbeziehung der Wertzuwächse (Kapitalgewinne) in die Einkommensteuer, können jedoch hier verallgemeinert werden, da mit den Argumenten gegen den Einkommenscharakter implizit zumeist auch ein Plädoyer für die steuerfreie Belassung verbunden ist.

3.1.1 Zur Kontroverse um den Einkommensbegriff

Die Besteuerung von Wertzuwächsen (capital gains) allgemein und von BWZ im besonderen erfährt ihre dogmatische Begründung ausgehend vom Einkommensbegriff der Reinvermögenszugangstheorie: Danach ist von einer prinzipiell gleichen Qualität laufender und wertzuwachsabhängiger Einkünfte auszugehen.

Generelle Begründung erfährt diese Gleichsetzung durch die Probleme, die sich bei Anwendung alternativer Einkommensbegriffe aufzeigen lassen. Folgende Konzepte kommen in Betracht:

- die Quellen- oder Periodizitätstheorie[1]

- das 'Expenditure Tax' - Konzept[2].

In der Diskussion um das Quellenkonzept erscheint für unsere Fragestellung vor allem bedeutsam, daß Wirtschaftssubjekte durch den Erwerb von Grund und Boden prinzipiell in der Lage sind, einen Teil ihrer laufenden Einkommen in Wertzuwächse zu verwandeln und dabei nach dem gegenwärtigen Steuerrecht der Einkommensteuer zumindest zeitweilig zu entgehen, ohne prinzipiell in ihren Dispositionen eingeschränkt zu sein: Die Wertzuwächse sind durch eine zusätzliche Kreditaufnahme durchaus für Finanzierungszwecke mobilisierbar. Damit wird Vermögen gebildet, das nie 'Einkommen' gewesen ist, folglich Steuerumgehungsmöglichkeiten eröffnet, die sich in besonderer Weise bei hohen laufenden Einkünften (und damit hohem Grenzsteuersatz) steuerverkürzend nutzen lassen.

Gegenüber dem mit 'Ausgaben' gleichgesetzten Einkommensbegriff ist anzuführen, daß die Vorstellungen von distributiver Gerechtigkeit sich auf die Summe von

---

[1] Vgl. die eingehende Analyse bei Simons, H.G., Personal Income Taxation. Chicago 1938.

[2] Vgl. Kaldor, N., An Expenditure Tax. London 1955; Kritisch dazu: Vickrey, W., Expenditure, Capital Gains and Progressive Taxation, in: Houghton, W., (Ed.), Public Finance. Selected Readings. Harmondsworth 1970, S. 117 ff.

Konsum und Gesamtersparnis richten[1].
Die Herausnahme der Vermögensbildung aus der Gesamtbemessungsgrundlage würde folglich den Begriffen der herrschenden Sozialphilosophie zuwiderlaufen. Bodenwertzuwächse würden nur dann steuerlich relevant, wenn sie konsumtiv verwendet werden. Dies muß - bei potentiell wachsender Bedeutung dieser Wertzuwächse - und fortgesetzter Konzentration in den höheren Einkommensgruppen darauf hinauslaufen, eine zunehmende Konzentration des Vermögens in den Händen Weniger zu akzeptieren[2].

Daraus ergibt sich, daß zunächst[3] prinzipiell bei Wertzuwächsen und laufenden Einkünften von einer gleichen Qualität ausgegangen werden kann, was bedingt, daß eine unterschiedslose steuerliche Behandlung anstrebbar erscheint.

Unter verteilungspolitischen Gesichtspunkten wäre folglich eine Bodenwertzuwachssteuer als um so erwünschter anzusehen, je mehr sie die Bodenwertzuwächse in ihrem Zugriff an die laufenden Einkünfte angleicht, je weitgehender mithin eine formale Gleichbehandlung hergestellt wird.

Gerade dagegen werden in der Literatur indes eine Reihe von Einwänden vorgebracht, die z.T. implizit Bezug auf die angeführten anderen Einkommensbegriffe nehmen. Auf diese Argumente wird im Folgenden eingegangen.

---

[1] Vgl. z.B. Frey, R.L., Finanzpolitik und Verteilungsgerechtigkeit, a.a.O., S. 7 ff.; Neumark, F., Grundsätze..., a.a.O., S. 338 f.

[2] Dies, obwohl die Initiativen zur Installierung von 'expenditure' - orientierten Steuern ergänzend den Einsatz von Vermögenssteuern vorschlagen. Hierbei würden BWZ nur nach Neubewertung der Grundstücke - nach der Erfahrung nur in größerem zeitlichen Abstand vorgenommen - steuerlich relevant.

[3] Eine ausführliche Behandlung der möglichen Einwände erfolgt in Abschnitt 3 dieses Kapitels.

3.1.2 Grundsätzliche Argumente

Die generellen Argumente sind durch die Haller/Gandenberger-Kontroverse[1] auch in die Diskussion um die Besteuerung von Wertzuwächsen des Grund und Bodens in der BRD eingeführt worden, so daß es notwendig ist, sie auf ihre Stichhaltigkeit hin zu prüfen.

Dabei ist den einzelnen Einwänden unterschiedliches Gewicht zuzumessen: Während einige die Angemessenheit einer BWSt grundsätzlich infrage stellen bzw. eine besondere Behandlung der Bodenwertzuwächse erweisen wollen, beziehen sich andere auf Modifikationen und Bereinigungen, denen der BWZ vor einer steuerlichen Erfassung zu unterliegen hätte. Da letztere im weiteren Verlauf z.T. noch einer eingehenden Analyse unterzogen werden, sollen hier nur die wichtigsten generellen Argumente näher untersucht werden[2].

Folgende Einwände stehen im Mittelpunkt:

- Werterhöhungen im Verlauf oder als Folge der Inflation sowie als Resultate von Zinssatz- und Risikoänderungen stellten in Wirklichkeit illusionäre nicht aber reale Wertzuwächse dar und seien deshalb steuerlich auszuklammern[3][4].

---

[1] Vgl. zu einem Überblick über die Diskussion: Gandenberger, O., Läuft die Besteuerung von Wertzuwächsen auf eine Doppelbelastung hinaus? in: Kredit und Kapital 2/1974, S. 129-144, der die wichtigsten Argumente zusammenträgt und katalogisiert. s.a. Haller, H., Grundsätzliches zur Besteuerung von Grundstücksgewinnen, a.a.O., S. 255 - 294. Haller nimmt eine Reihe von Argumenten auf, die in der Capital-Gains-Literatur mehrheitlich eine ablehnende Behandlung erfahren haben. Insoweit wird im folgenden anknüpfend an die Haller-Argumentation auf diese Diskussion zu rekurrieren sein.

[2] Die in der Analyse zur Kennzeichnung der Argumente verwendete Etikettierung stammt z.T. von Gandenberger. Vgl. ders., Läuft die Besteuerung ..., a.a.O., S. 131 f.

[3] Zum allgemeinen Inflationsargument vgl. zustimmend z.B. Slitor, R.E.,(1969), a.a.O., S. 66 ff.;Haller, H., (1973), a.a.O., S. 282; Steuerreformkommission 1971, Gutachten ..., Teil 2, a.a.O., S. 68; Royal Commission on the Taxation of Profits and Incomes, Report 1955. Memorandum of Dissent, Cmnd. 9474, H.M.S.O. 1955; teilweise wiederabgedruckt in: Houghton, R.W., (Ed.), Public Finance..., a.a.O., S. 46 - 84, hier S. 63.

[4] Zur Zins- und Risikothese vgl. David, M., Alternative Approaches..., a.a.O., S. 47 ff.; Seltzer, L.H., a.a.O., S. 283; Haller, H., (1973), S. 282.

- Bodenwertzuwächse seien steuerlich, weil sie keine regelmäßigen Einkünfte darstellen und weil sie nicht erwartet sind, nicht wie gewöhnliche Einkommen zu behandeln[1].

- Eine Besteuerung auch von realisierten Wertzuwächsen sei dann unangebracht, wenn es sich lediglich um Umdispositionen des Vermögens handelte[2].

- Indem Wertzuwächse als diskontierter Wert von Einkommens- und/oder Gewinnerhöhungen anzusehen seien, erfolge mit der späteren steuerlichen Erfassung der Ertragserhöhung eine Doppelbelastung[3].

(1) Argument vom illusionären Charakter der Wertzuwächse

Soweit die Wertzuwächse als Reflex der Inflation anzusehen sind, scheint der Einwand zutreffend zu sein: diese Bestandteile der Bodenwertzuwächse erhöhen tatsächlich die 'relative Fähigkeit über Güter und Dienste zu verfügen' nicht[4]: folglich wären diese Teile von einer Besteuerung auszunehmen: wegen der dabei auftretenden Abgrenzungsprobleme würde der einzig gangbare Weg dazu jedoch nicht in einer generellen Herausnahme aus der Bemessungsgrundlage sondern in einer Erfassung des deflationierten Wertes bestehen. Das Argument vom illusionären Charakter der BWZ weist somit zwar auf ein wichtiges Problem der BWSt hin, verbietet andererseits aber nicht generell eine Besteuerung[5].

Anders ist dies bei zins- und risiko-induzierten Wertzuwächsen. In gesamtwirtschaftlicher Betrachtung sind diese Wertzuwächse in Wirklichkeit nicht

---

[1] Vgl. z.B. Slitor, R.E., (1969), a.a.O., S. 66 ff.; Haller, H. (1973), a.a.O., Goode, R., (1964), a.a.O., S. 191 ff.

[2] Vgl. die Argumentation bei Haller, H., (1973), a.a.O., S. 279; Seltzer, L.H., a.a.O., S. 49 ff.

[3] Vgl. Haller, H. (1973), a.a.O., S. 276 ff.

[4] Bei lediglich nominalen Wertsteigerungen liegt nach allgemeiner Auffassung keine Erhöhung der ökonomischen Verfügungsmacht vor. Bei der Deflationierung entstehen jedoch Meßprobleme. Vgl. Seltzer, L.H., a.a.O., S. 283; Slitor, R.E., (1969), a.a.O., S. 68; Goode, R., (1964), a.a.O., S. 196 ff.

[5] Vgl. deshalb zu einer näheren Analyse der dabei auftretenden Probleme Kap. VIII dieser Arbeit.

illusionär: Bezogen auf andere Einkünfte entsteht ein relativer Vermögenszugang, obwohl das Zinseinkommen absolut unverändert bleibt[1]. Auch in diesem Fall kann somit die volle Einbeziehung in die Bemessungsgrundlage der BWSt gerechtfertigt werden[2].

(2) 'Windfall-profit' - Argument

Als 'windfalls' sind in der steuerpolitischen Diskussion unregelmäßig auftretende Einkünfte immer dann betrachtet worden, wenn sie 'unerwartet' angefallen sind[3]. Da Wertzuwächse des Grund und Bodens häufig in ihrer konkreten Höhe, ausgehend von Entwicklungen auf den Boden-, Kapital- und Kreditmärkten, nicht vorhersehbar sind, ist deshalb analog gefolgert worden, die unerwarteten Bestandteile seien einer Sonderbehandlung zu unterziehen[4].
Mit Blick auf den behaupteten Sondercharakter als 'windfalls' werden daraus in der Diskussion allerdings entgegengesetzte Schlußfolgerungen gezogen:

- Einerseits wird mit diesem Argument - für den Fall der Bodenwertzuwächse - eine Freistellung von der Steuer gefordert[5],

- andererseits jedoch werden Abschöpfungsmaßnahmen befürwortet, die weit

---

[1] Vgl. Seltzer, L.H., a.a.O., S. 283 und 287.

[2] "When interest rates rise, the resulting fall in the market value of his securities (...) will similarly leave his interest income unchanged, because their smaller capital value, invested at the higher rates, will produce the same income as before".
Seltzer, L.H., a.a.O., S. 283; s.a. Slitor, R.E. (1969), a.a.O., S. 68.

[3] Vgl. im Überblick, Seltzer, L.H., a.a.O., S. 47 f. und 53.

[4] Vgl. z.B. Hicks, J.R., Value and Capital. 2. Aufl., Oxford 1946, S. 179 f.

[5] Vgl. Ebenda

über eine Steuerlösung hinausgehen[1], u.a. bestärkt durch die logische Umkehrung des 'windfall-profit-argument': Von einer Besteuerung nicht erwarteter Einkünfte sind entsprechend im Prinzip auch keine negativen Incentive-Wirkungen zu befürchten[2].

Beide Vorschläge setzen allerdings die praktische Abgrenzbarkeit der unerwarteten von den erwarteten Elementen des Bodenwertzuwachses voraus, was in der Literatur einhellig als unmöglich angesehen wird[3].

Daraus folgt jedoch, daß jede Ausnahmeregelung an praktischen Problemen scheitern muß, entweder - wie am Beispiel der Steuerpraxis in den USA - eine unübersehbare Lawine von Interpretationen in Rechtsprechung und Schrifttum erzeugt[4] oder aber generell von einer erweiterten steuerlichen Erfassung der Bodenwertzuwächse zurückgeschreckt wird[5].

---

[1] Vgl. Haller, H. (1973), a.a.O., S. 281 ff. Basis seiner Abgrenzung ist die Verneinung einer Doppelbesteuerung, da der Ertragsanstieg hier nicht Ausgangspunkt, sondern Folge der Wertsteigerung sei. Gegen die Bestimmbarkeit der Richtung des Zusammenhangs zwischen Erträgen und Wertsteigerungen (als Neuauflage der Ausgangsthese in der historischen Kontroverse Miete/Bodenwert) vgl. die grundlegenden Bemerkungen bei E. Arndt, der auf die wechselseitige Verknüpfung verwiesen hat, die eine eindeutige Aussage zu den auslösenden Faktoren (und damit eine Abgrenzung von "guten" und "bösen" Wertsteigerungen) nicht erlaubt. Vgl. ders., (1950), a.a.O., S. 25.

[2] Vgl. Seltzer, L.H., a.a.O., S. 285.

[3] "The expected or unexpected charakter of the receipt does not afford a basis for a useful distinction". Goode, R., a.a.O., S. 190.
In gewissem Sinne können sämtliche Bodenwertzuwächse als 'von außen bewirkt', als 'windfalls' angesehen werden (Gandenberger, O., a.a.O., S. 140). Eine Differenzierung nach ihrer Entstehungsform dürfte insofern als unmöglich angesehen werden können.

[4] Zu einem Überblick vgl. Surrey, Stanley S., Definitional Problems in Capital Gains Taxation, in: Harvard Law Review, Vol. 69, No. 62, 1956, S. 985 ff.; s.a. Hicks, Ursula K., u.a., Lessons from America's Capital Gains Tax, in: Banker's Magazine, Vol. CXCIII (1962), S. 85 - 91.

[5] Dieses Ergebnis mag von denjenigen, die eine steuerliche Freistellung der 'Windfalls' fordern, gewünscht und angestrebt werden. Für Autoren aber, die wie Haller eine stärkere Besteuerung der nicht erwarteten bzw. der von außen bewirkten Wertzuwächse des Grund und Bodens erwägen, muß dies ein besonders unbefriedigendes Ergebnis sein. Vgl. Gandenberger, O., a.a.O., S. 141.

(3) Argument von der Bedeutsamkeit der Verwendung realisierter Wertsteigerungen

Auf der Basis dieses Arguments ergibt sich ein differenziertes Votum je nach Verwendung des Wertzuwachses: Konsumtiv verwendete Bodenwertzuwächse sollen besteuert, investiv eingesetzte aber von einer steuerlichen Erfassung ausgenommen werden.

Dies zeigt, daß der Kritik die Vorstellung zugrundeliegt, eine Besteuerung des Konsums sei eine bessere Grundlage für die Gleichbehandlung. Haller versucht nachzuweisen, daß kurzfristig auftretende Gelderlöse kein echtes Einkommen sondern eine technische Notwendigkeit der monetären Tauschwirtschaft darstellen: Es würde "(...) ein Teil der Vermögenssubstanz weggenommen, weil kein wertgleiches Objekt mehr gekauft werden könne, mit dem Erlös"[1].

Daraus leitet er die Forderung ab, Wertzuwächse sollten mehrheitlich nur im Rahmen der Vermögensbesteuerung, und lediglich die aus den Vermögensmehrungen fließenden Erträge im Rahmen der Einkommensteuer erfaßt werden.

Die aus diesem Vorschlag resultierenden verteilungspolitischen Folgen beinhalten jedoch schwerwiegende Beeinträchtigungen der gewünschten Vermögens- und Einkommensverteilung: Ein Wirtschaftssubjekt mit hohem Einkommen und folglich hoher Sparfähigkeit könnte aufgrund des potentiell steigenden Vermögens ständig höhere Einkommensbeträge konsumieren, ohne etwa seine Anfangsersparnis angreifen zu müssen. Eine solche Regelung müßte von einem Wirtschaftssubjekt mit niedrigem Einkommen und niedriger Sparquote notwendig als ungerecht empfunden werden.

Im Einzelfall wird es jedoch notwendig sein, die Besteuerung der realisierten Wertzuwächse vor dem Hintergrund anderer Ziele zu sehen, etwa der strukturpolitisch erwünschten Mobilität der Arbeitskraft. Die hier notwendige "Kompromißlösung" berührt im Grundsatz jedoch nicht die Qualifizierung auch der nicht realisierten und investiv verwendeten Einkommensteile als Einkommen.

---
[1] Haller, H., (1973), a.a.O., S. 279; zur Problematisierung vgl. Gandenberger, O., a.a.O., S. 131 ff.

(4) Doppelbesteuerungsargument

Ein weiterer Einwand richtet sich gegen die vermeintliche Doppelbesteuerung von Wertsteigerungsgewinnen. Da Wertsteigerungen auf einer Zunahme des Gegenwartswertes zukünftiger Einkünfte beruhen, würden Ertragserhöhungen zweimal, einmal als Wertsteigerung und einmal bei späterer Zahlung als laufendes Einkommen, besteuert. Wertzuwächse stellten deshalb keinen Zugang zum heute verfügbaren Einkommen dar, eine Besteuerung erfasse vielmehr Vermögen[1] und greife folglich die Substanz an.

Dieses Argument ist in der steuertheoretischen Diskussion auch gegen die Besteuerung von Vermögen außerhalb der Einkommensteuer sowie gegen die Besteuerung von ersparten Einkommensteilen generell verwendet[2] und hierbei zumeist abgelehnt worden.
Wird die Doppelbesteuerung ersparter (nicht konsumtiv verwendeter Wertzuwächse) dennoch behauptet, so ist ihr Sondercharakter gegenüber laufenden Einkünften zu erweisen. Gerade dies jedoch kann, gestützt auf die vorstehende Diskussion, begründet in Zweifel gezogen werden.

Daneben wird im Rahmen dieser Behauptung vernachlässigt, daß nach der hier vorgetragenen Argumentation auch Wertsteigerungen, z.T. unabhängig von der Verfügung über laufende Einkünfte, die relative Möglichkeit von Individuen, Steuern zu zahlen, erhöhen[3]. Bei einer Außerachtlassung dieser Elemente im Rahmen der Konstruktion der Steuerbemessungsgrundlage ergeben sich folglich Steuerschlupflöcher und Umgehungsmöglichkeiten, insbesondere für die Bezieher von Wertsteigerungen, woraus sich - da die Wertsteigerungen in hohen Einkommensklassen überproportional auftreten - notwendig Konflikte mit den

---

[1] Seltzer, L.H., a.a.O., S. 282.
[2] Vgl: Musgrave, R.A., (1959), a.a.O., S. 162 ff.
[3] Diese Möglichkeit sollte aber gerade nach der in der Literatur mehrheitlich vertretenen Auffassung dadurch gemessen werden, daß der jährliche (Netto-) Zuwachs ihres Vermögens plus ihrer Konsumausgaben als Meßgröße gilt. Vgl. Musgrave, R.A., (1959), a.a.O., S. 285.

Umverteilungszielen einer Besteuerung ergeben[1].

Diese mehr pragmatischen Argumente werden gestützt durch theoretische Befunde. Die vermeintliche Doppelbesteuerung stellt sich als Belastung ganz unterschiedlicher Aggregate dar, die nur über die Ertragswertvorstellung gleichnamig gemacht werden können. Tatsächlich werden ganz verschiedene Dinge erfaßt: einmal die Vermögensmehrung, zum anderen der zusätzliche Ertrag aus diesem Vermögen. Die Erfassung beider aber erfolgt wie die aufeinanderfolgende Besteuerung von investiv verwendeteten Ersparnissen und den (späteren) Erträgen aus der Vermögensanlage in Übereinstimmung mit gerechtigkeitspolitischen Postulaten.

---

[1] Die Zielsetzung der Einkommensumverteilung im Sinne einer vertikalen Gerechtigkeit spielte in den hier zum Teil aufgeführten Beiträgen zur US-Diskussion eine untergeordnete Rolle. So beurteilt etwa Martin David die Kapitalgewinnbesteuerung mit Hilfe der Kriterien 'Wachstumswirkungen', 'Stabilisierungswirkungen', und ' Wirkungen auf die effiziente Verwendung der ökonomischen Ressourcen'. Vgl. David, M., Alternative Approaches..., (1968), a.a.O., S. 2 ff.; s.a. Somers, H.M., An Economic Analysis of the Capital Gains Tax, in: NTJ 1/1948, S. 226 ff. Lediglich implizit gehen Umverteilungsgesichtspunkte in die Überlegungen dadurch ein, daß über die Bemessungsgrundlage eine horizontale Gerechtigkeit angestrebt wird. Trotz dieser - auf die Bundesrepublik Deutschland nicht ohne weiteres übertragbaren - Gewichtung der Ziele werden aber diese Argumente mehrheitlich abgelehnt.

3.1.3 Argumente gegen eine Besteuerung unrealisierter Gewinne

Über die grundsätzlichen Einwände gegen eine Wertzuwachsbesteuerung hinaus werden speziell gegen die Einbeziehung nicht realisierter Bodenwertzuwächse in die Bemessungsgrundlage eine Reihe von Argumenten ins Feld geführt. Thesenhaft zusammengefaßt sind dies folgende:

- Bodenwertzuwächse seien solange nicht als disponibles Einkommen anzusehen, wie sie nicht realisiert sind ("Illiquiditätsargument")[1].

- Bodenwertzuwächse seien volkswirtschaftlich nicht realisierbar[2].

- Eine Besteuerung von unrealisierten Wertzuwächsen verbiete sich ausgehend von den als unlösbar eingeschätzten steuerpraktischen Schwierigkeiten (Praktikabilitätsargument)[3].

Sie sollen im Folgenden kritisch analysiert werden.

(1)   Illiquiditätsargument

Dieser Einwand gegen die BWSt auf unrealisierte Gewinne hat - in ähnlicher Weise wie von Haller formuliert - in der Diskussion um die BWSt in der BRD

---

[1] Heinz Haller formuliert seine Kritik folgendermaßen und steht damit für eine Reihe anderer Autoren: "Obwohl nicht bezweifelt werden kann, daß nichtrealisierte Wertsteigerungen eine (rechnerische) Vermögenserhöhung darstellen, ist damit noch nicht sicher, daß sie in gleicher Weise eine zusätzliche steuerliche Leistungsfähigkeit bewirken wie realisierte Wertsteigerungen, die einen Gelderlös und damit einen exakt feststellbaren Zugang an frei disponiblem Vermögen zur Folge haben". (Haller, H., (1973), a.a.O., S. 255). Haller mißt die unrealisierten Wertsteigerungen im folgenden am Einkommensbegriff der 'Expenditure Tax', dessen Verwendung aber bereits - durchaus im Einklang mit dem überwiegenden Teil der finanzwissenschaftlichen Literatur - als sozial nicht akzeptabel qualifiziert wurde. Vgl. Abschnitt 3.1.1 dieses Kapitels.

[2] Vgl. Haller, H., (1973), a.a.O., S. 264 ff.; Seltzer, L.H., a.a.O., S. 282.

[3] Vgl. u.a. Troll, M., a.a.O., S. 76 f.

erhebliches wissenschaftliches und publizistisches Gewicht[1] erhalten.
Ihm wäre zu folgen, könnte tatsächlich - wie behauptet wird - vom nichtdisponiblen Charakter der unrealisierten Wertzuwächse ausgegangen werden; denn in diesem Fall wäre die einer Besteuerung dieses Aggregats zugrundeliegende Annahme, daß sich wertzuwachsbedingt ein Zugang an ökonomischer Verfügungsmacht ergibt, als nicht vertretbar anzusehen.
Diesem Argument liegt allerdings die Prämisse zugrunde, daß eine Vermögensumschichtung oder zusätzliche Kreditaufnahme nicht erfolgen könne.
Tatsächlich lassen sich als Beleg für die erhöhte Verfügungsmacht der Bodeneigentümer hinsichtlich des Wertzuwachses eine Reihe von Dispositionsmöglichkeiten aufzeigen[2]:

- Veräußerung und konsumptive Verwendung,
- Veräußerung und Vermögensumschichtung (investive Verwendung),
- Kreditaufnahme.

Eine Nichtrealisierung der Wertsteigerungen bei unverändertem Konsum und gleichbleibendem Kreditvolumen stellt mithin lediglich einen Sonderfall der möglichen Dispositionen des Bodeneigentümers dar[3]. Da diese Dispositionsfreiheit im Prinzip aufrechterhalten bleibt, erscheint es nicht zuletzt aus allokativen Erwägungen heraus ungerechtfertigt, eine bestimmte Form der Wertzuwachsverwendung zu bevorzugen[4].

Ein möglicher Einwand ergibt sich aus dem Tatbestand, daß eine Teilrealisierung des einzelnen Grundstücks z.T. erheblichen Einschränkungen ausgesetzt ist. Vielfach besteht angesichts von Unteilbarkeiten die Möglichkeit, gerade ein

---

[1] Vgl. Steuerreformkommission, 1971 (Eberhard-Kommission), Gutachten II ESt, LSt ..., a.a.O., S. 68 f. Zur publizistischen Verwendung vgl. u.a.: Handelsblatt Nr. 170 v. 4.9.72: "Unsoziale Pläne zur Bodenrechtsreform"; Bodenwertzuwachssteuer stößt auf heftige Kritik, in: Südd. Zeitung Nr. 168 v. 25.7.72, Deutscher Sparkassenverband, Informationen für unsere Geschäftsfreunde, Stuttgart, Oktober 1972, S. 5/6; Bodenreform: Der Teufel steckt im Detail, in: DIE ZEIT Nr. 11 v. 9.3.73, S. 42.

[2] Vgl. Gandenberger, O., a.a.O., S. 136 f.

[3] Ders., a.a.O., S. 137.

[4] Vgl. Krause-Junk, G., Probleme einer Bodenwertzuwachsbesteuerung, in: Wirtschaftsdienst VI/1974, S. 289-294, hier S. 290.

Quantum in Höhe des Steuerbetrages (oder des Wertzuwachses) in Währungseinheiten zu tauschen, nicht. Der Bodeneigentümer wäre mithin gezwungen, entweder Kredite aufzunehmen, die Steuer aus anderweitigem Vermögen/Einkommen zu bestreiten, oder das gesamte Grundstück zu veräußern. Entscheidet er sich aber dafür, das Grundstück zu halten, so nimmt er sein Dispositionsrecht wahr und ist tendenziell von der Erwartung höheren Nutzens motiviert. Eine steuerliche Freistellung ist hierdurch folglich nicht zu begründen[1].

Dies ist unproblematisch beim Vermögensanleger, der den Boden wegen erwarteter höherer Erträge/Wertzuwächse zu halten wünscht: werden weiterhin Wertzuwächse erwartet, die nach Steuern eine angemessene Rendite erbringen, so wird grundsätzlich eine Abschöpfbarkeit nicht in Zweifel zu ziehen sein.

In der Diskussion wird allerdings auf die sozialen Härten verwiesen, die auftreten, wenn Eigentümer eigengenutzter Grundstücke ohne sonstiges Vermögen einer Besteuerung unterliegen, ihren Besitz aber beibehalten wollen. Haller verwendet dieses Argument, das vor allem von den die Bodenreform bekämpfenden Verbänden angeführt wird[2]. Er argumentiert zunächst im Hinblick auf diesen Sonderfall und hängt u.a. daran seine Behauptung vom Sondercharakter der Wertzuwächse auf.

Prinzipiell handelt es sich offenbar um ein in der Öffentlichkeit sehr wirkungsvolles Argument. Dies darf aber nicht darüber hinwegtäuschen, daß hier in problematischer Weise der Sonderfall eine Verallgemeinerung erfährt.

Im Einzelfall mögen soziale Härten dadurch auftreten, daß Rückzahlung und Verzinsung der zum Bestreiten der Wertzuwachssteuer aufgenommenen Kredite vom Eigentümer aus den laufenden Einkünften nicht bestritten werden können und vielfach deshalb nur der Weg einer Veräußerung verbleibt.

Die Argumentation stellt also auf den Einzelfall ab, kann damit aber nicht als Begründung für eine generelle Freistellung der Bodenwertzuwächse herangezogen werden. Vielmehr handelt es sich um den bereits aufgeführten Konflikt

---

[1] Vgl. Gandenberger, Ol, a.a.O., S. 137.
[2] Vgl. Haller, H., (1973), a.a.O., S. 263 f.; zum Tenor der von den Verbänden (vor allem der Haus- und Grundeigentümer und der Landwirte) geäußerten Kritik vgl. die Hinweise in der Einleitung.

zwischen allokationspolitisch erwünschter Mobilisierung des Bodenangebotes
und dem Ziel, die Eigentums-/Vermögensbildung mittlerer und niedriger Einkommensklassen zu fördern[1].

Dieser Konflikt erscheint aber grundsätzlich dadurch lösbar zu sein, daß
Freistellungen von der Steuer resp. Freibetragsregelungen vorgesehen werden[2].
Erfüllt die BWSt zudem die in sie gesetzten Erwartungen, so wird ein Sinken
der Preise bewirkt, was der realen Vermögensbildung über Hausbesitz durchaus
förderlich sein dürfte.

(2) Makroökonomische Nicht-Realisierbarkeit

Neben Argumenten, die den Einzelfall, insbesondere die Situation des durch
die Besteuerung hart getroffenen Hauseigentümers in den Vordergrund stellen,
dabei aber, wie festgestellt werden konnte, zur Begründung einer Nichtbesteuerung eine unzulässige Verallgemeinerung vornehmen, läßt sich in der
Diskussion eine Argumentation auffinden, die sich anschickt, logisch vom Allgemeinen, von der Makroökonomik ausgehend, die geplante Besteuerung von Wertzuwächsen des Grund und Bodens infrage zu stellen.

Nichtrealisierte Bodenwertzuwächse, so die Begründung im einzelnen, seien
volkswirtschaftlich nicht realisierbar, wolle man nicht eine Inflationierung
in Kauf nehmen. Da sie folglich in der Masse der Fälle nicht in disponibles
Einkommen transferiert werden könnten, seien sie wohl als rechnerischer Überbau anzusehen, als Grundlage einer Steuerbemessung gleichwohl aber ungeeignet[3].

Nach den vorausgesetzten Eigentümerreaktionen (Realisierung oder Kreditfinanzierung) läßt sich dieses Argument in zwei selbständige Begründungen zerlegen:

---
[1] Vgl. Abschnitt 3.3 dieses Kapitels.
[2] Vgl. Krause-Junk, G., a.a.O., S. 191.
[3] Vgl. Haller, H., (1973), a.a.O., S. 266 f.; zu einem ähnlichen Argument
kritisch vgl. Seltzer, L.H., (1951), a.a.O., S. 266 f.

- der möglicherweise geplanten Realisierung stehe die 'Makroökonomische Unrealisierbarkeit' entgegen (Realisierungsargument),

- eine Kreditfinanzierung könnte demgegenüber inflationäre Impulse auslösen (Kreditargument).

Nach näherer Prüfung des Realisierungsargumentes kann allerdings der fiktive Charakter des Basiskriteriums aufgezeigt werden: Es zeigt sich nämlich, daß hiermit nicht nur die Wertzuwachsbemessung im Besonderen, sondern jegliche Vermögensrechnung in den Bereich des 'rechnerischen Überbaus' verwiesen und damit abgelehnt werden könnte[1]. Die konsequente Anwendung dieses Kriteriums würde folglich jegliche Wertrechnung infrage stellen.

Daneben ist die Voraussetzung von - infolge der Steuer - massenhaften Realisierungen zu prüfen: ohne Ergebnisse der an späterer Stelle erfolgenden Wirkungsanalyse vorwegzunehmen[2], kann festgestellt werden, daß die BWSt

- grundsätzlich nur eine Teilmenge von Grundstücken betrifft[3],

- auch bei dieser Teilmenge wiederum nur unter bestimmten Voraussetzungen eine Realisierung durch Verkauf eintritt.

Daraus folgt aber, daß eine Realisierung der Wertzuwächse durch Veräußerung von Grundstücken auf die gesamte Grundstücksmenge bezogen, eher die Ausnahme als - wie vorausgesetzt - die Regel bilden wird. Damit kann aber nicht die Gefahr einer Massenrealisierung heraufbeschworen werden, durchaus aber eine allokationspolitisch erwünschte Auflockerung des Bodenangebotes eintreten[4].

Fällt das Argument vom massenhaften Realisierungszwang, so verliert auch das Nebenargument (Kreditargument) - obwohl im Prinzip begründet - an empirischer Relevanz: die hierdurch ausgelösten inflationären Impulse scheinen folglich

---

[1] Vgl. Gandenberger, O., a.a.O., S. 138; Krause-Junk, G., a.a.O., S. 290.
[2] Vgl. Kap. IV ff.
[3] U.a. vorausgesetzt, es werden nur nicht-inflationäre Wertzuwächse steuerlich erfaßt.
[4] Vgl. zu diesem Ziel Abschnitt 2.1 dieses Kapitels.

in ihrer Gesamtwirkung überschätzt zu werden. Auch hier ist die Argumentation zudem unspezifisch, d.h. nicht nur auf die BWSt beziehbar. Sie gilt für jede kreditfinanzierte Steuer[1].

Mögliche Gegenmaßnahmen sollten auf kreditpolitischem Gebiet ansetzen, denn nach Gandenberger ist es gerade "(...) Aufgabe der allgemeinen Kreditpolitik, eine unerwünschte Ausdehnung des Kreditvolumens durch global wirkende Maßnahmen zu verhindern[2]".

Aus den vorgenannten Gründen ergibt sich, daß das Argument der 'Makroökonomischen Nicht-Realisierbarkeit' nicht begründet gegen eine Steuer auf unrealisierte BWZ eingewendet werden kann.

(3) Praktikabilitätsargument

Auf einer anderen Ebene greift das Praktikabilitätsargument an: Eine Besteuerung vor allem der nicht realisierten Gewinne sei in der Realität nicht praktikabel, eine Besteuerung allein von daher bereits abzulehnen[3].

Tatsächlich ist die Erfassung von nicht realisierten Wertsteigerungen mit erheblichen praktischen Schwierigkeiten verbunden. Würde man jedoch aus praktischen Erwägungen heraus den Schluß ziehen, die Kapitalgewinne steuerfrei zu belassen, so hieße dies, sich bereits vorab wichtiger politischer Handlungsspielräume zu begeben. Es ist grundsätzlich wünschenswert, die Einkommensteuer so allgemein wie möglich zu gestalten[4], keine Ausnahmen von der subjektiven und objektiven Steuerpflicht zuzulassen und einen möglichst weiten Begriff des steuerbaren Einkommens zu wählen. Gerade diese "Idealform" betreffen aber erhebliche Praktikabilitätseinwände.

---
[1] Vgl. Gandenberger, O., a.a.O., S. 139.
[2] Vgl. Gandenberger, O., a.a.O., S. 139.
[3] Vgl. z.B. den Hinweis bei Gandenberger, O., a.a.O., S. 130; Troll, M. (1972), a.a.O., S. 76 f.
[4] Vgl. Neumark, F., Grundsätze ..., a.a.O., S. 395.

Grundsätzlich sollte allerdings vermieden werden, aus den Praktikabilitätsproblemen einzelner BWSt-Formen auf eben solche bei der ganzen Steuerart zu schließen. Erst wenn die Praktikabilität für die konkrete BWSt-Ausgestaltung nach eingehender Prüfung begründet in Zweifel gezogen werden muß[1], wird es sich empfehlen, eine dem speziellen Charakter der Bodenwertzuwächse angepaßte Sonderregelung vorzusehen. Jede Sonderregelung die - eingedenk der offenbaren praktischen Probleme - eine Teilerfassung der Wertzuwächse erzielt, kann zumindest einige der bei Nichtbesteuerung auftretenden Verstöße gegen die steuerliche Gerechtigkeit beheben und insoweit im Sinne einer 'Second Best'-Lösung die wirtschafts- und finanzpolitischen Ziele zum Teil anstreben helfen.

---

[1] Zu einer näheren Analyse der wichtigsten Praktikabilitätsgesichtspunkte vgl. Kap. IX dieser Arbeit.

3.2 Ausgewählte verfassungsrechtliche Fragen einer Bodenwertzuwachssteuer

Parallel zur wirtschafts- und finanzpolitischen Diskussion um die Bodenwertzuwachssteuer hat sich eine Diskussion um rechts- und verfassungspolitische Fragen ergeben, deren wichtigste Inhalte hier im Überblick wiedergegeben werden sollen[1]. Da die verfassungsrechtliche Diskussion vor allem um die im Zusammenhang mit der geplanten Besteuerung von <u>nicht realisierten</u> Bodenwertzuwächsen auftretenden Probleme kreist, stehen dabei die bei dieser Steuerart auftretenden Probleme im Mittelpunkt.

Einwände gegen eine Besteuerung nicht realisierter Gewinne ergeben sich zunächst bei mit der Steuer überwiegend angestrebter Lenkung des Bodenangebots, worin ein Verstoß gegen den von der bisherigen Fassung der Reichsabgabenordnung fixierten gesetzlichen Steuerbegriff[2] gesehen wurde. Damit wurde die bereits historische Disputation um den Einnahmeerzielungszweck von Steuern[3] erneut aufgenommen, ohne daß in Rechtsprechung und Literatur jedoch abschließende Artikulationen oder zumindest ein "überzeugender begrifflicher Unterbau" zustande gekommen war[4].

---

[1] Auf verfassungsrechtliche Sonderfragen zur Bewertung und zur Problematik der Scheingewinnbesteuerung wird im Zusammenhang eingegangen. Zur Bewertung vgl. Kap. IX, zur Wertgrundlage Kap. VIII.

[2] Vgl. z.B. § 1 AO v. 22.5.1931, RGBl. I, S. 161, wonach Steuern von einem öffentlich-rechtlichen Gemeindewesen zur Erzielung von Einkünften auferlegt werden.

[3] Vgl. die ausführliche Darstellung von Rechtsprechung und Schrifttum bei Selmer, P., Steuerinterventionismus und Verfassungsrecht. Frankfurt 1972, hier S. 80 ff.; vgl. auch: Friauf, K.H., Verfassungsrechtliche Grenzen der Wirtschaftslenkung und Sozialgestaltung durch Steuergesetze. Tübingen 1966, insbes. S. 25 ff.; Paulick, H., Die wirtschaftspolitische Lenkungsfunktion des Steuerrechts und ihre verfassungsmäßigen Grenzen, in: Haller, H. u.a., (Hrsg.), Theorie und Praxis..., a.a.O., S. 203-228, hier S. 218.

[4] Vgl. Selmer, P., a.a.O., S. 98. Die Rechtsprechung des BVerfG hat allerdings bereits seit längerem die Möglichkeit eröffnet, Steuergesetze überwiegend zu nicht-fiskalischen Zwecken, also etwa zur Lenkung des Bodenangebotes einzusetzen. Diese Praxis hat Eingang in die Steuerdefinition gem. § 3 AO, 1977 v. 16.3.1976 gefunden (BStBl I 1976, S. 613), nach der die Erzielung von Einnahmen auch Nebenzweck der Steuer sein kann.

Die Haltung der Rechtsprechung war bereits in der Vergangenheit zumeist durch eine eminente Großzügigkeit gekennzeichnet, so daß der neu gefaßte Steuerbegriff der AO 1977 lediglich eine bereits eingeführte Interpretationspraxis legitimiert[1]. Damit können auch gegen - in erster Linie - wirtschaftslenkende Motive der BWSt kaum grundsätzliche Einwände vorgebracht werden, wenn u.a. auch die Erzielung von Einnahmen angestrebt wird. Gerade dies wird in den meisten Initiativen zur Besteuerung der Wertzuwächse auch angeführt[2], die BWSt soll die Finanzprobleme der Gemeinden abmildern helfen[3].

Einwände auf der Basis der Eigentumsgarantie nach Art. 14 GG[4] werden mit der Begründung gestützt, der steuerliche Veräußerungsdruck wirke unter bestimmten Umständen "konfiskatorisch". Derjenige Eigentümer, der die Steuerzahlung nicht erwirtschaften oder aus anderweitigen Einkünften bestreiten kann, könnte zur Aufgabe seines Eigentums gezwungen werden[5].

Hier muß aber grundsätzlich Berücksichtigung finden, daß die gegenwärtigen BWSt-Vorschläge lediglich den <u>Zuwachs</u> an Substanz erfassen sollen, von den von Mangold/Klein unterschiedenen und hier anwendbaren Formen einer Entziehung des Eigentums[6] folglich weder ein Substanzentzug noch eine Eigentumsumschichtung in grundgesetzwidriger Weise besteht[7]. Wenn aber der Geldwert der Grundstückssubstanz nicht angetastet wird, können die gegenwärtig diskutierten Formen einer BWSt auf unrealisierte Gewinne nicht grundsätzlich für verfassungswidrig erklärt werden[8], zumal die im steuerpolitischen Raum diskutierten BWSt-Regelungen für kleinere Bodeneigentümer entlastende Regelungen

---

[1] Vgl. z.B. das in diesem Zusammenhang bedeutsame sog. "Baulandsteuerurteil", (BFH, 19.4.1968, BStBl 1968 II, S. 620, in welchem das Gericht trotz klarer Dominanz des Steuerzwecks über den Einnahmeerzielungszweck den Steuercharakter bejaht hat. Vgl. Selmer, P., a.a.O., S. 93 f.

[2] Vgl. z.B. SPD-Kommission beim Parteivorstand der SPD, Vorschläge..., (1973), a.a.O., S. 24; s.a. Flach, K.H., u.a., Die Freiburger Thesen der Liberalen..., a.a.O., S. 78; vgl. zusammenfassend Bielenberg, W., Bodenrecht: Reformpläne..., a.a.O., S. 649 ff.

[3] Ebenda.

[4] Vgl. Selmer, P., a.a.O., S. 295 ff.

[5] Vgl. Troll, M., a.a.O., S. 96 f.

[6] Vgl. Mangold, H.v., Klein, F., Das Bonner Grundgesetz, 2. Aufl., Art. 14/ V 2 a, VI 2-5, 437 ff.

[7] Vgl. Rüfner, W., Bodenordnung und Eigentumsgarantie in: Juristische Schulung 13. Jg., Okt. 1973, Heft 10, S. 593-599, hier S. 598.

[8] Ebenda.

vorsehen und die Steuersätze sich in zumutbaren Grenzen halten[1].

Dieses Votum wird bestätigt, berücksichtigt man, daß die Bodenwertzuwächse eine Vermögenszuteilung darstellen, die mehr oder minder zufällig ist, als solche aber ebenso dem Gleichheitsgebot untersteht also keine willkürlichen Vermögensvorteile erbringen darf[2]. Die BWSt kann folglich als Instrument zur Herstellung einer verfassungskonformen Vorteilsverteilung interpretiert werden.

Auf die im Zusammenhang mit Sozialstaatsprinzip[3] und steuerlicher Gerechtigkeit[4] bedeutsamen verfassungsrechtlichen Fragen soll im Folgenden eingegangen werden :

Obwohl diese Verfassungsgrundsätze zu den extensiv interpretierbaren Normen des Grundgesetzes zu zählen sind[5], kann der Rechtsprechung des BVerfG folgend, das Anstreben umverteilungspolitischer Ziele mit einer Steuer als gerechtfertigt angesehen werden[6].

So führt das BVerfG zum Tarif einer Steuer (hier der ESt) aus, daß eine formelle Gleichbehandlung von Arm und Reich durch Anwendung eines proportionalen Steuersatzes dem Sozialstaatsprinzip widersprechen würde[7].

Indem der Gesetzgeber verpflichtet wird, tatbestandlich gleiches auch recht-

---

[1] Vgl. z.B. SPD-Kommission (1973), a.a.O., S. 26; Flach, K.H., (1972), a.a.O., S. 78: die Steuer auf unrealisierte Gewinne entfällt bei Bebauung innerhalb von 5 Jahren.

[2] Vgl. Böckenforde, E.W., Eigentum, Sozialbindung des Eigentums, Enteignung, in: Duden, K., u.a. (Hrsg.), Gerechtigkeit in der Industriegesellschaft. Karlsruhe, 1972, S. 215-231, hier S. 224 ff.

[3] Vgl. Art. 20 Abs. 1, Art. 28 Abs. 1, S. 1 GG.

[4] Vgl. Art. 3 Abs. 1 GG.

[5] Vgl. die ausführliche Behandlung bei: Sonnenschein, J., Steuerrecht und Sozialstaatsprinzip, in: Rehbinder, M., Recht im sozialen Rechtsstaat. Opladen 1973, S. 285-328, hier S. 286 f.

[6] Ebenda, S. 287; vgl. auch Benda, E., Verfassungsrechtliche Grenzen der Besteuerung, in: Deutsche Steuerzeitung, Ausgabe A Nr. 4 v. 15.2.1973, S. 49 ff.

[7] Sonnenschein, J., a.a.O., S. 289.

lich gleich, ungleiches demgegenüber verschieden zu behandeln[1][2], tritt hier folglich Art 3 Abs. 1 GG zurück.

Gegen die Sozialstaatsnorm würde allerdings eine Doppelbelastung verstoßen, von der bei der BWSt - nach dem was an anderer Stelle detaillierter nachgewiesen wurde - aber nicht ausgegangen werden kann, wenn der Einkommensbegriff der Reinvermögenszugangstheorie akzeptiert wird[3], und im Rahmen einer Veräußerungsgewinnbesteuerung eine Berücksichtigung bereits abgeführter Steuern auf nicht realisierte BWZ erfolgt.

Generell gilt, daß auch beim nichtrealisierten Wertzuwachs die im Einkommen meßbare Leistungsfähigkeit als in steuerlich relevanter Weise erhöht anzusehen ist[4][5].

Voraussetzung der verfassungsmäßigen Unbedenklichkeit ist aber auch hier das Vorsehen einer Reihe von Ausnahmeregelungen ausgehend vom Ziel, unerwünschte Nebenwirkungen zu verhindern[6].

Insbesondere im Verhältnis von Gerechtigkeitsziel und Steuerinterventionismus ergibt sich bei der BWSt zudem im Prinzip ein Spannungsverhältnis[7]: die Steuer kann, ausgehend vom Mobilisierungsziel, zu Ergebnissen führen, die gerechtigkeitspolitische Einwände zulassen. Auch hier ist folglich die Gewährung von Ausnahmeregelungen angebracht.

---

[1] Sonnenschein, J., a.a.O., S. 291.

[2] Hier ergibt sich ein wichtiger Bezug zur Debatte um den Einkommensbegriff (vgl. Haller/Gandenberger Kontroverse Kap. II.2). Wird der BWZ als Einkommen angesehen, so wäre er wie dieses zu behandeln, die Tarife folglich entsprechend progressiv anzuordnen. Vgl. dagegen: die im bereits zitierten Baulandsteuerurteil enthaltene Rechtfertigung des Objektsteuercharakters, vgl. Sonnenschein, J., a.a.O., S. 297.

[3] Vgl. z.B. Gandenberger, O., S. 129 ff.; zur näheren Darstellung vgl. Abschnitt 3.1 dieses Kapitels. Zum Problem des Einkommensbegriffs aus rechtspolitischer Sicht siehe auch Sonnenschein, J., a.a.O., S. 297 f.

[4] Vgl. Sonnenschein, J., a.a.O., S. 308.

[5] Zum Problem der Scheingewinnbesteuerung vgl. insbesondere Kap. VIII dieser Arbeit.

[6] Sonnenschein, J., a.a.O., S. 309.

[7] Vgl. Selmer, P., a.a.O., S. 356.

In Zusammenfassung der kurzen rechtspolitischen Betrachtung zeigt sich folgendes:

- Grundsätzlich ist die Besteuerung des Wertzuwachses durchaus als verfassungskonform anzusehen.

- Eine Besteuerung ist grundsätzlich nicht nur verfassungskonform, sie erscheint in mancher Hinsicht sogar geboten zu sein.

Bei hohen Steuersätzen und fehlenden Ausnahmeregelungen birgt die Abgabe allerdings in mehrfacher Hinsicht verfassungspolitischen Sprengstoff. Folglich müssen im Einzelfall bei der Beurteilung der konkreten steuerlichen Formen einer BWSt auch verfassungsrechtliche Erwägungen in die Analyse einbezogen werden.

Kapitel III: ALTERNATIVEN EINER UNTERSUCHUNG DER BODENWERTZUWACHSBESTEUERUNG

VERGLEICH DER STEUERZAHLLAST VON BODENWERTZUWACHSSTEUERN

1. Methodisches Vorgehen

Es würde den Rahmen einer vergleichenden Untersuchung von Bodenwertzuwachssteuern sprengen, wollte man alle möglichen Formen einer solchen Besteuerung[1] eingehender behandeln. Die folgende Analyse beschränkt sich deshalb darauf, die wichtigsten in der gegenwärtigen BWSt-Debatte diskutierten Vorschläge nach ihren wesentlichen Merkmalen in folgender Weise zu typisieren:

(1) Subjektsteuer auf realisierte Gewinne im Rahmen der Einkommensbesteuerung,

(2) Objektsteuer auf realisierte und nicht realisierte Gewinne,

(3) Subjektsteuer auf realisierte und unrealisierte Gewinne im Rahmen der ESt oder als Sondersteuer.

Im Rahmen dieses Rasters werden auch wichtige Modifizierungen der Erhebungsinstrumente behandelt, deren Wirkungen für eine Beurteilung ihrer Effekte bedeutsam sind. Dies gilt insbesondere für Fragen der Tarifform, für Freibetrags- und Freigrenzenregelungen sowie für sonstige Einzelheiten der Erhebungstechnik.

---

[1] Zu einem Überblick über die möglichen Formen einer BWSt vgl. Einleitung, Abschnitt 2.

2. Alternative Erhebungsinstrumente

2.1 Besteuerung realisierter Bodenwertzuwächse im Rahmen der Einkommensteuer

In der Diskussion um die BWSt stand in der Vergangenheit zumeist die Steuer auf realisierte Wertzuwächse im Mittelpunkt[1]. Es ist deshalb nicht verwunderlich, daß diese Steuerform bisweilen als einzig relevante Möglichkeit der Erfassung von Bodenwertsteigerungen angesehen wurde[2].

Diese Steuer erfaßt grundsätzlich die Wertdifferenz zwischen Ankaufs- und Verkaufszeitpunkt[3] und wird in der Literatur deshalb auch als Grundstücksgewinn- oder Veräußerungsgewinnsteuer bezeichnet[4].

Angesichts ungünstiger Erfahrungen mit Objektsteuerlösungen[5] wird allerdings gegenwärtig eine subjektive Variante in der Form einer Einbeziehung in die Einkommensteuer diskutiert. Die folgende Analyse kann sich deshalb auf die Behandlung dieser speziellen Ausgestaltung beschränken.

Hierbei wird der Veräußerungsgewinn - durch die Einbeziehung in die Bemessungsgrundlage der Einkommensteuer einem, je nach der Höhe von sonstigem Einkommen und Vermögen, progressiven Tarif unterworfen.

Eine steuerliche Erfassung des Veräußerungsgewinns erfolgt in Ansätzen und mit erheblichen Lücken bereits im gegenwärtigen Steuerrecht der Bundesre-

---

[1] Vor allem in der Diskussion um die Jahrhundertwende und in den 50er Jahren, vgl. die Darstellung im Anhang 1.
[2] Vgl. Müthling, H., (1965), a.a.O., S. 9, der feststellt: Es liegt "...im Wesen dieser Abgabe, (der Wertzuwachssteuer, B.L.) daß nur der realisierte Zuwachs (Hervorhebung i.O.),der Grundstücksgewinn,bei einer Veräußerung erfaßt wird."
[3] Im allgemeinen auch bei Entnahme, Schenkung etc.
[4] Zur Nomenklatur vgl. Einleitung, Abschnitt 2.
[5] Vgl. z.B. die Erfahrungen mit der Baulandsteuer im Jahre 1960, näheres Anhang 1 dieser Arbeit.

publik Deutschland[1] und findet in der Einkommensbesteuerung der meisten europäischen Länder Verwendung. Die hier diskutierten Vorschläge der Steuerreformkommission 1970 (Eberhard-Kommission)[2], der CDU[3] und der FDP[4] sehen ergänzend vor, die Kasuistik der steuerpflichtigen Veräußerungsvorgänge zu komplettieren und andererseits Modifikationen bei der Tarifgestaltung einzurichten: nachdem im Ergebnis der Analyse der bisherigen Steuerpolitik die Erfassung und Besteuerung von realisierten Wertzuwächsen des Grund und Bodens die Ausnahme bildet, soll damit eine umfassendere Erfassung und Besteuerung von Grundstücksgewinnen erreicht werden.

Bei der Veräußerungsgewinnsteuer lassen sich grundsätzlich zwei Formen unterscheiden. Zum einen kann an das gegenwärtige System in der BRD angeknüpft werden[5] oder aber eine Ausweitung im Sinne des US-Systems[6] erwogen werden.

---

[1] Zur näheren Darstellung vgl. Kap. I/2.3.

[2] Vgl. Steuerreformkommission 1971, Gutachten 1971, a.a.O., S. 68 ff.

[3] Der Wertzuwachs soll im Konzept der CDU im Jahr der Realisierung in die Bemessungsgrundlage eingehen und einem nach der Besitzdauer abnehmend gestaffelten Tarif unterworfen werden. Bei einer Veräußerung innerhalb von 8 Jahren ist der volle Steuersatz anzuwenden, danach ein degressiver Satz, je nach Dauer der Besitzzeit. Vgl. CDU/CSU-Fraktion, Grundsätze ..., (1972), a.a.O., S. 5.

[4] Demgegenüber mag die FDP eine generelle Besteuerung nur zum halben Einkommensteuersatz erwägen, empfiehlt daneben ergänzend aber eine Besteuerung der unrealisierten Gewinne bei unbebautem Grund und Boden. Eigengenutzte Eigenheime und Eigentumswohnungen bleiben ausgenommen, um die berufliche Mobilität nicht zu behindern, indem der Steuerpflichtige etwa einem Berufsortwechsel ausweicht, wenn sein Grundstück besteuert wird. Flach, K.H., u.a., Die Freiburger Thesen der Liberalen. a.a.O., S. 75 f.; FDP wünscht ein neues Bodenrecht, in: SZ Nr. 257 v. 27.10.71; s.a.: Der programmierte Konflikt. in: DIE ZEIT Nr. 47 v. 24.11.72, S. 33.

[5] Mit der ungleichgewichtigen Behandlung der Bodenwertzuwächse, grundsätzliche Besteuerung bei den betrieblichen, Steuerfreiheit bei den nichtspekulativen außerbetrieblichen Wertzuwächsen. Zu einem Überblick über die wichtigsten Einzelheiten der Besteuerung von Veräußerungsgewinnen in der Bundesrepublik Deutschland vgl. Kap. I, Abschnitt 2.3.

[6] Zu einem Überblick über die Besteuerung von 'Capital Gains' in den USA vgl. die Darstellung in Anhang 2, Abschnitt 2.8.

Dies würde bedeuten, daß betriebliche und außerbetriebliche Veräußerungsgewinne grundsätzlich gleich behandelt würden, aber Sondersteuersätzen unterlägen[1].

Der folgenden Analyse liegt zunächst der generelle Fall einer vollen Einbeziehung der Veräußerungsgewinne in die Bemessungsgrundlage der ESt zugrunde. Erst anschließend werden die Wirkungen einer steuerfreien Übertragung der Veräußerungsgewinne auf Ersatzwirtschaftsgüter und verschiedener Verfahren der zeitdegressiven Tarifgestaltung geprüft. Dabei werden zur Tarifabschwächung im Zeitablauf verschiedene Varianten diskutiert[2]:

- Im Rahmen der Methode der Durchschnittsbildung über die Besitzjahre (averaging)[3] wird der Gesamtveräußerungsgewinn durch die Anzahl der Besitzjahre dividiert und zum sonstigen Einkommen hinzugeschlagen. Der sich hierbei in der ESt ergebende Durchschnittssteuersatz wird auf den gesamten Veräußerungsgewinn angewendet[4]:

---

[1] Vgl. Wissenschaftlicher Beirat beim BMF, Gutachten (1967), a.a.O., S. 24 ff. Zu einer Gegenüberstellung der beiden Ansätze vgl. Steuerreformkommission 1970, Gutachten II/ESt/LSt, a.a.O., insbesondere Ziffer 43, S. 72. Sondersteuersätze können für Veräußerungsgewinne auf Antrag bereits nach gegenwärtigem Einkommensteuerrecht Anwendung finden.(§ 34 Abs. 1 EStG 1975), allerdings nur bei Betriebs- /Teilbetriebsveräußerungen. Vgl. näher Kap.I, Abschnitt 2.3.

[2] Vgl. David, M., Alternative Approaches..., a.a.O., S. 166 ff.; Seltzer,L., a.a.O., S. 295 ff.; Wissenschaftlicher Beirat beim BMF, Gutachten 1967, S. 44; Steuerreformkommission 1971, Gutachten 1971, a.a.O., S. 83 ff.

[3] David, M., Alternative Approaches..., a.a.O., S. 173.

[4] Ein ähnliches, aber sehr vereinfachtes Verfahren hat der Beirat für die Besteuerung natürlicher Personen und Personengesellschaften vorgeschlagen: Unabhängig von der Höhe des Wertzuwachses soll - in Anlehnung an die gegenwärtige Regelung in Abschnitt 35 EStR - der Durchschnittstarif der gewöhnlichen Einkünfte linear Anwendung finden, mindestens aber ein proportionaler Tarif von 25 % Platz greifen, algebraisch folgendermaßen darzustellen:

$$T^* = T(Y) + \frac{T(Y)}{Y} \cdot VG$$

$$= T(Y) + (t(Y))(VG) \quad , \quad t(Y) \geq 0,25$$

$$t(Y) = \text{Durchschnittssteuersatz}$$

Vgl. Wissenschaftlicher Beirat beim BMF, Gutachten 1967, a.a.O., S. 25 f.

algebraisch:

$$T^* = T(Y) + C\left[T(Y + \frac{1}{C}VG) - T(Y)\right]$$

T^* = Effektive Steuerzahllast

C = Besitzjahre

T(Y) = Tarif der Einkommensbesteuerung

VG = Veräußerungsgewinn

- Beim Verfahren der 'Proration'[1] geht nur ein Bruchteil des Veräußerungsgewinns in die ESt-Bemessungsgrundlage des betreffenden Jahres ein, bestimmt dadurch aber die Höhe eines Durchschnittssteuersatzes, der für den gesamten Veräußerungsgewinn verwendet wird. (A = Proration-Faktor).

algebraisch:

$$T^* = T(Y) + A\left[T(Y + \frac{1}{A}VG) - T(Y)\right]$$
$$A \geq 1$$

- Nach dem Vorschlag der Steuerreform-Kommission[2] sollen die in der Privatsphäre entstandenen Veräußerungsgewinne einem zeitdegressiv gestaffelten Steuersatz unterliegen; nach einer Frist von acht Jahren soll die Steuerpflicht entfallen. Folgende Staffelung ist vorgesehen:

Besitzzeitraum	% - Anteil (P)
bis 5 Jahre	100
6	75
7	50
8	25
danach	0

---

[1] Vgl. David, M., Alternative Approaches..., a.a.O., S. 166 f.
[2] Vgl. Steuerreformkommission 1971, Gutachten 1971, a.a.O., S. 83, Ziffer 96 ff.

Bezeichnet man den o.a. Prozentsatz mit P, so läßt sich das Verfahren unter Verwendung der oben erläuterten Symbole algebraisch wie folgt darstellen:

$$T^* = T(Y) + P\left[T(Y + VG) - T(Y)\right]$$

P = Anteilsatz, mit dem die Steuerzahllast des Veräußerungsgewinns von derjenigen bei voller Einbeziehung in die Einkommensteuer abweicht.

2.2 Besteuerung unrealisierter Bodenwertzuwächse im Rahmen von Objektsteuerlösungen

Im Rahmen der Objektsteuer auf unrealisierte Gewinne wird der zwischen zwei Bewertungsstichtagen am Grundstück entstandene Nettowertzuwachs in die Bemessungsgrundlage eingehen. Als objektive Steuer gilt diese Abgabe, da ohne Berücksichtigung der persönlichen Verhältnisse des Grundstückseigentümers das einzelne Grundstück steuerlicher Anknüpfungspunkt ist. Unabhängig von einem Realisierungsakt führt der Tatbestand der Werterhöhung eines Grundstücks zum Eintritt der Steuerpflicht. Die persönlichen Umstände des Steuerschuldners, also des Empfängers und Nutznießers des Wertzuwachses, sein übriger Grundbesitz, sein sonstiges Vermögen und seine Einkommensposition bleiben außer acht[1].

Andererseits ist es mit dem Objektcharakter dieser Steuerart vereinbar, wenn der Steuersatz mit zunehmendem absoluten oder relativen Wertzuwachs (Wertsteigerungsrate) ansteigt (Progressive Ausgestaltung). Folglich lassen sich in bezug auf die Tarifgestaltung folgende Formen einer Objektsteuerlösung unterscheiden:

- proportionale Objektsteuer (Steuersatz (t) = const.),
- Objektsteuer mit Progressionstarif in Abhängigkeit von der absoluten Wertzuwachshöhe (t = f (BWZ),
- Objektsteuer mit Progressionstarif in Abhängigkeit von der Wertzuwachsrate ($t = f\left(\frac{BWZ}{W}\right)$), W = Eingangswert).

---
[1] Zur Definition " objektiver Steuern" vgl. Kolms, H., Finanzwissenschaft, Bd. III. Berlin 1966, S. 58.

Die Objektsteuerlösung hatte insbesondere in der deutschen Bodensteuer-Geschichte einige Vorbilder[1], war allerdings auch in Dänemark und Italien eingeführt[2].

In der gegenwärtigen Diskussion wird diese Steuerform im Minderheitsmodell der Eppler-Kommission[3] gefordert. Der Vorschlag sieht Befreiungen für Wohn- und Geschäftshäuser bis zu einer gewissen Größe vor.

Die Bewertung für die Zwecke dieser Steuerform soll in den diskutierten Vorschlägen mit Hilfe einer modifizierten Einheitsbewertung erfolgen[4], was bedingt, daß sowohl Boden- als auch gegebenenfalls Gebäudewertzuwächse steuerlich erfaßt und besteuert werden.

---

[1] Die Objektsteuerlösungen knüpfen an Versuche im Deutschen Reich an, waren hier zumeist jedoch auf realisierte Bodenwertzuwächse beschränkt. Vgl. näher die Darstellung in Anhang 1.

[2] Vgl. Anhang 2.

[3] Vgl. Vorschläge der Steuerreformkommission beim Parteivorstand der SPD (Eppler-Kommission). Bonn 1969, S. 24 ff., Nr. 6.2 ff.

[4] Kopplung der Bewertung an diejenige nach dem Bewertungsgesetz 1965

2.3 Besteuerung unrealisierter Bodenwertzuwächse im Rahmen von Subjektsteuerlösungen

Im Rahmen subjektiv ausgestalteter BWSt wird eine möglichst vollständige Berücksichtigung der persönlichen Verhältnisse des Steuerpflichtigen, insbesondere seiner Einkommensposition angestrebt. Die verschiedenen Vorschläge unterscheiden sich in bezug auf die Konsequenz, mit der sie dieses Ziel realisieren wollen.

Bei der konsequenteren Form der Subjektbesteuerung geht der Wertzuwachs jedes Grundstücks in eine gegenüber dem heutigen Stand erweiterte Gesamtbemessungsgrundlage der Einkommensteuer ein. In anderen Vorschlägen wird zumindest angestrebt, analog zur Einkommensteuerlösung den Steuersatz um so höher festzusetzen, je größer Nicht-Wertzuwachseinkommen und je höher die Wertzuwächse sind.

Die Erhebungsform im Rahmen der ESt ist zunächst im Vorschlag von Pfeiffer/Müller enthalten[1], bestimmt aber mit partiellen Korrekturen die weitere Diskussion vor allem in der SPD: Sie entspricht dem Mehrheitsmodell der Eppler-Kommission[2], ist als analoge ESt-Regelung aber auch in den Vorschlä-

---

[1] Das Müller/Pfeiffer - Modell begründet die Wertsteigerungserfassung und -besteuerung explizit mit der Reinvermögenszugangstheorie, einer in der ESt-Theorie verwendeten Begründung (vgl. Kap. II dieser Arbeit): Die Wertzuwächse des Grundvermögens stellten danach Einkommen dar und sind somit gemäß der Einkommensbesteuerung zu erfassen. Bei dieser Lösung stellt sich indes das Problem einer zeitnahen, in manchen Vorschlägen sogar jährlichen Bewertung. Es wird deshalb der Vorschlag gemacht, die jährliche Werteinschätzung durch den Steuerpflichtigen selbst vornehmen zu lassen, dabei unterstützt durch veröffentlichte Marktdaten, die von neu einzurichtenden Bodenstellen bereitgestellt werden. Durch ein Gebotsrecht Dritter und die Orientierung der Enteignungsentschädigung an den veranlagten Werten sollen die Eigentümer zu "richtiger Bewertung" angeregt werden. Vgl. Müller, A., Pfeiffer, U., Ein Vorschlag zur Besteuerung der Wertsteigerungen bei Grundstücken, in: Stadtbauwelt 1968, Heft 17; Müller, A., (1969), a.a.O., S. 43 ff.; Pfeiffer, U., (1969), a.a.O., S. 29 ff.

[2] Das Mehrheitsvotum der Eppler-Kommission entspricht dem Vorschlag von Pfeiffer/Müller zwar in den Grundzügen, in diesem Modell ist indes eine subjektive Sondersteuer neben der ESt vorgesehen. Bestimmend dafür sind Bewertungserfordernisse: Der zu versteuernde Gewinn soll im Wege der Selbsteinschätzung durch den Eigentümer nur alle zwei Jahre ermittelt werden (= Feststellungsperiode), dieser Wert aber periodisch administrativ überprüft werden. Vgl. Vorschläge der Steuerreform-Kommission beim Parteivorstand der SPD, (1969),(Mehrheitsmodell), a.a.O., S. 24 ff.

gen des Stadtentwicklungsreferates München[1] und der SPD-Bodenordnungskommission vorgesehen[2]:

Diese Vorschläge sind als Zwischenlösung zwischen einer Subjekt- und einer Objektsteuer anzusehen, da Elemente beider Formen enthalten sind.

Die Steuer bezieht sich jeweils auf das einzelne Grundstück und den hier entstandenen Wertzuwachs und ist insofern eine Objektsteuer. Eine Anrechenbarkeit auf gezahlte Einkommensteuer, also etwa ein horizontaler oder vertikaler Verlustausgleich soll, außer mit den Veräußerungsverlusten, ausgeschlossen sein. Mit der Höhe der Wertsteigerung soll die zu zahlende Steuer progressiv steigen. Die Steuer ist andererseits jedoch subjektiv ausgestaltet, als z.B. für eigengenutzte Grundstücke persönliche Freibeträge vorgesehen sind, d.h. zur Bestimmung der Steuersumme sind Informationen und Kontrollen der persönlichen Verhältnisse des Steuerpflichtigen notwendig.

---

[1] Kommunalreferat der Landeshauptstadt München: Initiative..., a.a.O., S. 39 ff.

[2] Sozialdemokratische Partei Deutschland: Vorschläge (1973), a.a.O., S. 24 ff.

3. Vergleich der Steuerzahllast unterschiedlicher Bodenwertzuwachssteuerformen

Erste Hinweise auf Unterschiede in den Wirkungen verschiedener BWSt-formen lassen sich mit Hilfe des Steuerzahllast-Konzeptes[1] ('impact incidence') aufzeigen: Unter Vernachlässigung der Anpassungsreaktionen der steuerpflichtigen Grundstückseigentümer wird hierbei das Ausmaß der Verkürzung des Wertzuwachses um die Steuer verglichen. Betrachtet wird also die Verteilungsänderung, wenn sich die Einkommenslage des Steuerzahlers c.p. um die Steuerzahlung verschlechtern würde. Eine Analyse der effektiven Steuerwirkungen erfolgt im Anschluß.

3.1 Analyse der Subjektsteuer auf realisierte Bodenwertsteigerungen

Die in den Reformvorschlägen für diese Steuerform vorgesehene progressive Tarifstruktur deutet daraufhin, daß distributive Zielsetzungen angestrebt werden sollen: Veräußerer von Grundstücken mit niedrigem sonstigen Einkommen unterliegen c.p. einer geringeren Besteuerung als Steuerpflichtige mit hohem Einkommen. Ein Umverteilungseffekt erscheint denkbar.

Dies mag ein Vergleich der Steuerzahllast bei Steuerpflichtigen mit unterschiedlichem laufenden Einkommen deutlich machen[2]:

Verglichen werden zwei Steuerpflichtige A und B mit gleichem Wertzuwachseinkommen (50.000,--) aber unterschiedlichem laufenden Einkommen:

    A = DM 10.000,--
    B = DM 100.000,--

---

[1] Vgl. Musgrave, R.A., (1959), a.a.O., S. 230.
[2] Basis ist der gegenwärtige Einkommensteuertarif lt. ESt-Grundtabelle 1975, Anlage 1 zu § 32 a Abs. 4 des Einkommensteuergesetzes 1975, in der Fassung vom 5. September 1974 (BGBl I, S. 2165). Vorausgesetzt wird eine Besitzdauer bei den Grundstücken von einem Jahr.

Es ergibt sich folgende 'impact incidence':

	Steuerpflichtige	
	A	B
(1) Einkommen DM	10.000,--	100.000,--
(2) Veräußerungsgewinn DM	50.000,--	50.000,--
(3) Bemessungsgrundlage (1) + (2) DM	60.000,--	150.000,--
(4) T_G DM	22.174,--	71.324,--
(5) T_Y DM	1.537,--	43.396,--
(6) T_{VG} DM	20.637,--	27.928,--
(7) t_{VG} %	41,3	55,9

T_G = Steuerbetrag für laufendes Einkommen einschließlich Veräußerungsgewinn

T_Y = Steuerbetrag für laufendes Einkommen ohne Veräußerungsgewinn

T_{VG} = Steuerbetrag für Veräußerungsgewinn

t_{VG} = Durchschnittssteuersatz auf den Veräußerungsgewinn in %

Während der Wertzuwachs bei A um rd. 40 % verkürzt wird, hat B rd. 56 % der Wertzuwächse abzuführen. Der Veräußerungsgewinn unterliegt im betrachteten Tarifbereich der ESt damit c.p. einem um so höheren Durchschnittssteuersatz, je höher sich Einkommen und Veräußerungsgewinn gestalten. Damit wird vordergründig dem Umverteilungsziel Rechnung getragen.

Inwieweit diese unter Umverteilungsgesichtspunkten im Grundsatz positive Einschätzung auch für die 'effektiven Inzidenzwirkungen' aufrechterhalten werden kann, muß die weitere Analyse zeigen[1].

Mit zunehmender Besitzdauer, d.h. längerer Zeitspanne zwischen Ankaufs- und Verkaufszeitpunkt unterliegen bei einer progressiv ausgestalteten Veräußerungsgewinnsteuer längerfristig entstandene Wertzuwächse einem Tarif, der

---

[1] Vgl. Kap. IV ff. dieser Arbeit.

für die Erfassung und Besteuerung jährlicher Einkünfte konzipiert worden ist; es entsteht das Problem der in der Literatur vielfach so genannten 'Übersteuerung'[1]:

Die langfristigen Veräußerungsgewinne unterliegen, wenn sie uneingeschränkt in die Bemessungsgrundlage eingehen[2], einem höheren Durchschnittssteuersatz, als wenn sie laufend besteuert würden. Dies kann als Verstoß gegen das Gleichbehandlungsziel interpretiert werden.

Das Ausmaß der 'Übersteuerung' besonders der mittleren Einkommen unter der Voraussetzung eines kontinuierlichen Wertzuwachses zeigt sich an einem Beispiel der beiden Steuerpflichtigen A und B, die c.p. bei einem laufenden Einkommen in Höhe von A: DM 10.000,-- und B: DM 100.000,-- innerhalb eines Besitzzeitraumes von 10 Jahren einen Veräußerungsgewinn von jeweils DM 100.000,-- erzielt haben. (Vgl. die folgende Übersicht, alle Angaben in DM):

	T_Y	T_G	T_{VG}	t_{VG}
A	1.610	47.010	45.400	45,4 %
B	41.800	94.720	52.920	52,9 %

Wenn T_Y die Steuerzahlung für das laufende Einkommen, T_G die Gesamtsteuerzahlung und T_{VG} den auf den Veräußerungsgewinn entfallenden Anteil ausmacht[3], so beträgt der Durchschnittssteuersatz auch beim Bezieher des geringen Einkommens ein Mehrfaches des auf sein gewöhnliches Einkommen anzuwendenden Tarifs. Das Beispiel zeigt, daß die akkumulierten Bodenwertzuwächse die Bemessungsgrundlage möglicherweise in die obere Proportionalzone heben, während

---

[1] Unterstellt man, daß es sich um Einkünfte aus einer laufend fließenden Einkommensquelle, also um kontinuierlich entstandene Wertzuwächse handelt, so wird sich die Progression in ungerechtfertigtem Maße auswirken. Vgl. Wiss. Beirat beim BMF, Gutachten 1967, a.a.O., S. 25; s.a. Seltzer, L.A., a.a.O., S. 85 f.; Slitor, R.E., (1969), a.a.O., S. 67.

[2] Bereits gegenwärtig sind im deutschen und internationalen Steuerrecht eine Reihe von Ausnahmeregelungen für langfristige Kapitalgewinne gebräuchlich. Zu einer näheren Darstellung vgl. Anhang 2.

[3] Alles berechnet nach der ESt-Tabelle 1975.

bei Steuerpflichtigen aus höheren Einkommensschichten (oder bei Kapitalgesellschaften) geringere Nachteile zu erwarten sind: Der Veräußerungsgewinn des Beziehers des hohen Einkommens wird nur mit einem um ca. 7,5 %-punkte höheren Durchschnittssteuersatz erfaßt. Daraus ergibt sich, daß die Progression, Ausdruck des politischen Werturteils, eine andere als die Marktverteilung der Einkommen zu erzielen[1], hier pervertiert wird: Der Grad der Progression, der sich bestimmt durch die Bezugnahme auf die 1-Jahres-Periode wird verfälscht[2].

In diesem Zusammenhang sind die Verteilungsprobleme bei 'erzwungener Realisation' besonders gewichtig. Dem Eigentümer wird ein großer Anteil der in mehreren Jahren entstandenen Wertzuwächse weggesteuert.
Hiergegen kann in distributiver Sicht eingewendet werden, daß eine höhere Besteuerung von langfristigen Kapitalgewinnen als eine Art Zinsabgabe gerechtfertigt werden kann: "The taxpayer has enjoyed the free use of funds otherwise payable in taxes during the period he has postponed realizing the gains"[3]. Das würde jedoch voraussetzen, daß ein längerfristiger Wertzuwachs in jedem Fall stärker besteuert würde, daß also auch die Bezieher hoher Einkünfte[4] stärker belastet würden.

Gerade dies würde aber tarifmäßige Vorkehrungen erfordern, die im Rahmen einer Einbeziehung von Wertzuwächsen in die Bemessungsgrundlage der ESt nur schwerlich Berücksichtigung finden dürften.
Gleichzeitig lassen sich gegen ein solches Vorgehen Einwände aus der Sicht des Postulats einer Gewährleistung 'horizontaler Gerechtigkeit' anbringen: verletzt wird dieses Prinzip zunächst, vergleicht man den betreffenden Steuerpflichtigen mit denjenigen, die in früheren Jahren die Anlageform gewechselt

---

[1] David, M., Alternative Approaches..., a.a.O., S. 52.
[2] Vgl. ders., a.a.O., S. 53/4.
[3] Vgl. Seltzer, L.H., a.a.O., S. 286.
[4] deren Einkünfte im Rahmen des oberen Proportionalbereichs der ESt (von gegenwärtig 56 %) belastet werden, bei denen sich folglich durch einen zusätzlich erzielten Veräußerungsgewinn c.p. bei einer längeren Besitzdauer keine höhere Belastung ergibt als bei einem im Rahmen einer 1-Jahresperiode erzielten.

haben: Sie haben für die Periode einem relativ niedrigen Grenzsteuersatz unterlegen. Ebenso gilt dies gegenüber Steuerpflichtigen, die nicht realisiert haben (oder nicht brauchten, weil sie kapitalkräftig genug sind, um entsprechende Nutzungsänderungen selbst vorzunehmen!), oder gegenüber denjenigen, die Anlageformen mit laufendem (jährlichen) Einkommen besitzen. Auch diese haben einer geringeren Durchschnittssteuerbelastung unterlegen.

Die im Rahmen der deutschen und internationalen Steuerreformdiskussion entwickelten Verfahren zur Vermeidung einer 'Übersteuerung' eignen sich in unterschiedlichem Maße als Abhilfeinstrument:

- Im Rahmen der Methode der Durchschnittsbildung über die Besitzjahre ('averaging')[1] unterliegt der Veräußerungsgewinn einem um so höheren Durchschnittssteuersatz, je höher der Grenzsteuersatz, je höher der Veräußerungsgewinn und je kürzer der Besitzzeitraum waren. Da der Durchschnittssteuersatz des Veräußerungsgewinns mit zunehmender Besitzzeit c.p. abnimmt[2], entsteht der Anreiz für den Bodeneigentümer, eine Veräußerung hinauszuschieben. Aus diesem Grunde wurden Verfahren entwickelt, die diesen Mangel nicht enthalten.

- Im Rahmen der teilweisen Einbeziehung des Veräußerungsgewinns im Maße eines zeitunabhängigen Anteilsatzes ('proration')[3] wird die Progression der ESt die Steuerzahllast beim Veräußerungsgewinn um so stärker bestimmen, je höher der angefallene Wertzuwachs ist und je niedriger der 'Proration-Faktor' angesetzt wird.

- Beim Vorschlag der Steuerreformkommission, einen nach dem Besitzzeitraum zeitdegressiv gestaffelten Tarif zugrundezulegen, und den Veräußerungsgewinn nach 8 Jahren steuerfrei zu belassen, ergibt sich als prinzipieller Nachteil, daß auch die Bezieher geringer laufender Einkommen durch einen relativ hohen Veräußerungsgewinn sofort in die höchste Progressionsstufe

---

[1] Vgl. näher Abschnitt 2.1 dieses Kapitels
[2] Vgl. ebenda.
[3] Vgl. ebenda.

aufsteigen und der globale Anteilssatz sie auch mit den Beziehern höchster Einkommen gleichsetzt[1]. Darin kann ein Verstoß gegen die Distributionszielsetzung gesehen werden. Daneben können sich konkrete Verkaufsverhandlungen kurz- und mittelfristig verzögern, da die Tarifstaffelung zu einem Warten auf den nächstfolgenden (niedrigeren) Prozentanteilsfaktor anreizt[2].

---

[1] Beispiel: Zwei Steuerpflichtige A und B

$$A : Y = 10.000$$
$$B : Y = 100.000$$
$$VG_{A,B} = 100.000$$
$$T(Y) = \text{ESt-Grundtabelle (1975) gerundet}$$

(1) $T_A = T(10.000) + B\left[T(110.000) - T(10.000)\right]$
    $= 1540 + 47.400$
    $= 48.940$

$$t_{VG_A} = \frac{47.400}{100.000} = 47,4\ \%$$

(2) $T_B = T(100.000) + B\left[T(200.000) - T(100.000)\right]$
    $= 43.400 + 55.900$
    $= 99.300$

$$t_{VG_B} = \frac{55.900}{100.000} = 55,9\ \%$$

Das Beispiel zeigt, daß trotz eines Durchschnittssteuersatzes ohne VG von $t_A = 0,15$ und $t_B = 0,43$ der auf den Veräußerungsgewinn anzuwendende Durchschnittssteuersatz sich nur um rd. 8 % unterscheidet. In diesem Bereich hat sich die Erhöhung des Steuersatzes in der oberen Proportionalzone von 51 % auf 56 % ausgewirkt. Mit den Sätzen der ESt-Grundtabelle 1965 betrug der Unterschied lediglich 1,6 %.

[2] Dies erscheint vor allem im Zeitraum 4-8 Jahre sehr wahrscheinlich, da der Veräußerer auf eine weitere Verminderung des Steuersatzes jeweils nur ein weiteres Jahre zu warten braucht.

3.2 Analyse der Objektsteuer auf unrealisierte Gewinne

Die Steuerzahllast einer Objektsteuer auf unrealisierte Gewinne unterscheidet sich aus zwei Gründen von der Wirkung bei der Veräußerungsgewinnsteuer:

- Ausgehend von ihrem Objektcharakter ist der Steuersatz unabhängig von der Höhe der einkommensteuerrelevanten Einkünfte;

- die Eigenarten der Bemessungsgrundlage (unrealisierte Bodenwertzuwächse) bedingen, daß der Zeitpunkt der Steuerzahlung grundsätzlich von der individuellen Disposition des Eigentümers über sein Grundstück unabhängig sein wird.

Der Tarifaspekt bestimmt dabei grundsätzlich die Steuersumme, d.h. das Ausmaß der Abschöpfung, während die spezifische Bemessungsgrundlage Ausmaß und Zeitpunkt der Steuererhebung determiniert.
Die Steuerzahllast soll anhand alternativer Tarifgestaltungen dargestellt werden:

Zwei Steuerpflichtige A und B mit einem Jahreseinkommen von

$$A = 10.000,-- \text{ DM}$$
$$B = 100.000,-- \text{ DM}$$

hätten jeder an seinem Grundstück einen im Rahmen der Objektsteuer auf unrealisierte Gewinne steuerpflichtigen Wertzuwachs von 30.000,-- erzielt[1]. Der auf den Wertzuwachs zu entrichtende Steuersatz werde $t = 20\%$ betragen, das einkommensteuerpflichtige Einkommen anhand der geltenden ESt-Grundtabelle besteuert.
Auf dieser Basis können die zu entrichtenden Steuerbeträge berechnet und auf die fiktive Gesamtbemessungsgrundlage (laufende Einkünfte + Bodenwertzuwachs) bezogen werden[2]. Der sich ergebende Durchschnittssteuersatz gibt - im Vergleich zum Durchschnittssteuersatz beim laufenden Einkommen - Auskunft über

---

[1] Zur Sicherung der Vergleichbarkeit setzen wir voraus, daß dieser Wertzuwachs in einem Jahr entstanden ist. Das Ergebnis gilt aber auch, wenn die Veranlagungsperiode der BWSt größer als ein Jahr ist.

[2] Zunächst ohne Berücksichtigung der Progressionswirkung der ESt.

die Tarifveränderung durch Anwendung einer BWSt des genannten Typs. Die folgende Aufstellung faßt die Rechnungen zusammen (alle Angaben in DM)[1]:

Steuer-pflich-tige	Ein-kommen (Y)	Steuer-betrag T(Y)	Steuer-betrag T(W)	Steuer-betrag T(Y,W)	Steuer-satz $\frac{T(Y)}{Y}$	Steuer-satz $\frac{T(Y,W)}{Y+W}$
A	10.000	1.537	6.000	7.537	15,4 %	18,8 %
B	100.000	43.396	6.000	49.396	43,4 %	38,0 %

Der niedrige Objektsteuersatz von 20 % bewirkt somit beim Steuerpflichtigen A mit niedrigem Einkommen[2] eine Erhöhung des Durchschnittssteuersatzes, beim Steuerpflichtigen B mit hohem Einkommen aber eine Verminderung der Zahllast gegenüber der Belastung der laufenden einkommensteuerpflichtigen Einkünfte. Unter den vorgestellten Prämissen würde folglich die Progression um so stärker abgemildert

- je mehr der Objektsteuersatz unter dem jeweiligen ESt-Tarif liegt,
- je stärker Wertzuwachseinkünfte relativ zu den sonstigen (laufenden) Einkünften erzielt werden.

Dabei zeigt sich, daß die Erhöhung der Steuerzahllast bei voller Berücksichtigung des Progressionstarifs der ESt im Falle von A gemildert, im Falle des Steuerpflichtigen B die zu beobachtende Abmilderung aber noch verstärkt

---

[1] Dabei bedeuten: T = Steuerbetrag
W = Wertzuwachs
Y = Einkommen (lfd.)

[2] Sowie einem Durchschnittssteuersatz kleiner dem Proportionalsatz der BWSt.

wird[1].

Zu fragen ist nach den Veränderungen in den distributiven Wirkungen, wenn ein nach der Höhe des Wertzuwachses gestaffelter Tarif verwendet wird.

Ein entsprechendes Votum ist in wirtschaftspolitischer Sicht grundsätzlich[2] von der Korrelation zwischen dem Auftreten und der Höhe der Wertzuwächse und der Einkommenshöhe abhängig: steigt die Höhe des Wertzuwachses mit steigendem Einkommen, was nach den vorliegenden Befunden als plausibel gelten kann, so steigt der Tarif der Wertzuwachssteuer auch mit steigendem Einkommen[3]. Eine solcherart ausgestaltete Bodenwertzuwachssteuer würde somit der - prinzipiell als politisch gewünscht anzusehenden - Progression analog zur Einkommensteuer angepaßt sein und folglich distributiv vorteilhafter einzuschätzen sein, als eine Variante mit proportionalem Tarif.

Hierbei wäre eine an der absoluten Wertzuwachshöhe ausgerichtete Progression gegenüber der vom relativen Wertzuwachs determinierten Variante mit folgender Begründung zu befürworten[4]: Grundsätzlich stellt die absolute Höhe des Wertzuwachses[5] den Maßstab für die Bestimmung der relativen Einkommens-

---

[1] In diesem Falle würden die Steuerpflichtigen folgende Beträge zu versteuern haben (alles nach ESt-Grundtabelle 1975):

Steuer-pflichtige	Y	T(Y,W)	t
A	40.000	12.468	31,2 %
B	130.000	60.101	46,2 %

t = Durchschnittssteuersatz

Der Wertzuwachs bei A wird im Rahmen der dargestellten Objektsteuerlösung mit rd. 17 % höher, B aber mit einem um rd. 16 % niedrigeren Durchschnittssteuersatz eingestuft, was im 2. Fall, den man in distributiver Hinsicht für bedeutsamer halten kann, einer Steuerersparnis von rd. 10.700 DM entspricht.

[2] Unter den gemachten Annahmen in bezug auf eine Gesamtbemessungsgrundlage von laufendem Einkommen und Wertzuwächsen als distributionspolitisch anzustrebendem Maßstab.

[3] Die tatsächliche Steuerbelastung wird daneben durch das Verhältnis von Wertzuwachs zu laufenden Einkünften bestimmt.

[4] Zur näheren Charakterisierung s.o. Abschnitt 2.3 dieses Kapitels.

[5] Z.B. im Rahmen einer umfassenden Definition des Einkommens.

position dar, eine Ausrichtung, die mit Hilfe des Relativtarifs nur eingeschränkt erreicht wird[1]. Eine progressive Objektsteuer wäre in distributiver Hinsicht folglich u.a. um so positiver einzuschätzen, je stärker mit der Tarifierung eine Anpassung an den ESt-Satz erreicht wird[2].

Indes, bei hoher Korrelation zwischen Einkommens- und Wertzuwachshöhe ergibt sich eine wesentliche Einschränkung in bezug auf die distributve Eignung: Die Progressionswirkung ergibt sich anhand der absoluten Wertsteigerung des einzelnen Grundstücks. Besitzt ein Steuerpflichtiger aber mehrere Grundstücke an denen Wertzuwächse entstanden sind, so wird der Tarif nicht nach der Summe der an allen Grundstücken entstandenen Wertzuwächse, sondern anhand der am einzelnen Grundstück auftretenden positiven Wertänderungen berechnet. Die Gesamtbelastung wird folglich gerade dann den progressiven Charakter der Steuer nicht widerspiegeln, wenn dies - wie man bei Eigentümern mehrerer Grundstücke kraft deren relativer ökonomischer Position voraussetzen kann - in distributionspolitischer Sicht als angemessen angesehen werden dürfte[3].
Diesem distributiven Ziel dürfte eher gedient sein, wenn die an <u>allen</u> Grundstücken eines Bodeneigentümers entstandenen Wertzuwächse kumuliert in die Bemessungsgrundlage einer subjektiv ausgestalteten BWSt eingehen. Dies ist allerdings nur im Rahmen einer subjektiv ausgestalteten BWSt zu gewährleisten.

---

[1] So würde bei einem wertvollen Grundstück (hoher Ausgangswert) bereits eine relativ niedrige Wertsteigerungsrate zu einer bedeutsamen absoluten Wertsteigerung führen können, die u.E. unter Verteilungsgesichtspunkten im Rahmen der Tarifhöhe nicht vernachlässigt werden darf. Vgl. dagegen die Auffassung der SPD-Kommission..., (1973), a.a.O., S. 27:"Die Staffelung des Steuersatzes erlaubt eine Progression nach den Wertsteigerungsraten. Da hohe Wertsteigerungen häufig Ausdruck von großen öffentlichen Leistungen sind, wird mit einem progressiven Tarif vermehrt das abgeschöpft, was die Gemeinschaft bewirkt hat." Zum veränderten Votum unter allokativem Aspekt vgl.2.2.

[2] In makroökonomischer Sicht wird eine solche Angleichung um so mehr realisiert, wie der Zugang von Wertzuwächsen mit dem Zufluß laufenden Einkommens korreliert ist und die Progression der Objektsteuer nach der Wertzuwachshöhe dem Tarif der ESt angeglichen wird. Da nur letzterer politisch bestimmt werden kann, stellt die Gesamtverteilung der Steuerzahllast ein Überraschungsmoment dar.

[3] In bestimmten Fällen kann dieser Umstand zu einer Steuerminderung genutzt werden: Das Grundstück wird parzelliert, so daß die Steuerbelastung insgesamt abnimmt. (Zu den Anpassungsmöglichkeiten vgl. Kap. V, Abschnitt 2.1.)

3.3 **Analyse der Subjektsteuer auf unrealisierte Gewinne**

Die formale Struktur der Steuer - also ein mit steigendem Wertzuwachssteuereinkommen und steigendem Einkommen progressiv gestalteter Tarif - läßt bei dieser Alternative verteilungspolitisch vorteilhaftere Ergebnisse erwarten als bei der Objektsteuerlösung[1].

Zunächst zur Lösung einer vollen Einbeziehung des Bodenwertzuwachses in die ESt-Bemessungsgrundlage, deren Steuerzahllastwirkung sich aus folgendem Beispiel ergibt:

Zwei Steuerpflichtige mit gleichem Wertzuwachs aber unterschiedlichem sonstigen Einkommen werden gemäß ihrem Gesamteinkommen - als Maßstab ihrer steuerlichen 'Leistungsfähigkeit' - differenzierten Tarifen unterliegen[2]. Dies belegt eine kurze Modellrechnung anhand der gegenwärtigen ESt-Tarifstruktur[3]:

Steuer-pflichtiger	Einkommen (Y)	T(Y)	Bodenwertzuwachs (W)	T(Y+W)	T(W)[1]	$\frac{T(W)}{W}$
A	10.000	1.537	30.000	12.468	10.931	36,4 %
B	100.000	43.396	30.000	60.101	16.705	55,7 %

[1] $T(W) = T(Y+W) - T(Y)$

Es zeigt sich, daß der Steuerpflichtige A den Wertzuwachs mit einem Durchschnittssteuersatz von rd. 36 %, der Steuerpflichtige B mit rd. 56 % zu versteuern hat. Es ergibt sich eine Steuerzahllast, die den Wertzuwachs gemäß der Progression der ESt einstuft. Unter der Voraussetzung, daß dieser Tarif politisch gewünscht ist[4], wird hiermit eine in distributiver Hinsicht vor-

---

[1] Hier geht es zunächst nur darum, die Steuerform im Grundsatz zu kennzeichnen. Auf mögliche Variationen wird im Anschluß eingegangen.
[2] Zu den Annahmen dieser Rechnung vgl. Abschnitt 3.1.
[3] Vgl. Einkommensteuergrundtabelle 1975.
[4] Die Bedeutung, die der Tarifstruktur der ESt (vor allem dem Spitzensteuersatz) in der Steuerreformdiskussion zukommt, deutet darauf hin.

teilhafte Lösung geschaffen. Seltzer stellt mit Blick auf den horizontalen
Aspekt des Verteilungsziels fest:

"It would achieve a higher degree of uniformity of tax treatment of personal
incomes than appears to be possible under any alternative proposal. Individuals
who added to their wealth by capital gains would be taxed as fully as those
whose additions came from other kinds of income " [1].

Dabei würden Steuerpflichtige, die von Wertzuwächsen begünstigt werden und diese nicht realisieren, genauso gestellt wie jene, die aus laufendem Einkommen[2] sparen. Eine unter den heutigen steuerlichen Bedingungen ermöglichte Vermögensbildung insbesondere durch Bodenwertzuwächse "um die Einkommensbesteuerung herum" würde unmöglich gemacht. Es würde nicht länger - wie bei den verschiedenen Formen der Sonderbehandlung - profitabel sein, Vermögen in wertzuwachsträchtigen Bereichen anzulegen, um die Gesamtsteuerzahlung zu vermindern.

Der vollen Einbeziehung in die ESt am nächsten kommen Vorschläge, die im
Rahmen der Bodenwertzuwachsbesteuerung die Anwendung der im Besteuerungsjahr
auf die laufenden Einkünfte zu entrichtenden Durchschnittssteuersätze der
ESt[3] vorsehen[4].

In dem verwendeten Beispiel zweier Steuerpflichtiger mit unterschiedlichen
steuerbaren Einkünften, A: DM 10.000, B: DM 100.000, würden die Bodenwertzuwächse folglich unabhängig von ihrer absoluten oder (bezogen auf den
Ausgangswert) relativen Höhe einem Steuersatz von rd. 15 % (A) und 43 % (B)
unterliegen, womit der in verteilungspolitischer Sicht prinzipiell gewünschten Progressivität der Bodenwertzuwachsbesteuerung Rechnung getragen wird,
wenn auch gegenüber der vollen Einbeziehung in die ESt abgeschwächt.

Die gegenwärtige Diskussion um die BWSt in der BRD ist von einem weiteren
Vorschlag bestimmt[5], ausgehend von der Gestaltung als eine mit subjektiven

---

[1] Vgl. Seltzer, L.H., a.a.O., S. 290.
[2] Vgl. Kap. II, Abschnitt 2.1.
[3] Es handelt sich um die Durchschnittssteuersätze, berechnet analog zu § 34 ESt 6.
[4] Vgl. auch den Vorschlag der FDP (in: Flach, K.H.,u.a., Die Freiburger Thesen der Liberalen..., a.a.O., S. 76) den halben ESt-Satz anzuwenden. Dieser Vorschlag wird allerdings mit allokationspolitischen Motiven gerechtfertigt.
[5] Vgl. SPD-Kommission zur Reform der Bodenordnung, (1973), a.a.O., S. 24 ff.

Elementen modifizierte Objektsteuer einzustufen ist, da ergänzend persönliche Freibeträge und/oder Freigrenzen vorgesehen werden. Die Steuerzahllast dieses Vorschlags unterscheidet sich von der 'reinen' Objektsteuer erheblich:

Verteilungspolitisch motivierte persönliche Freibetrags- und Freigrenzenregelungen senken die Steuerbelastung bei jenen Steuerpflichtigen, die nur geringe Einkünfte aufweisen können, bei denen aber dennoch im Rahmen einer BWSt mit einem generellen objektorientierten Tarif eine Abschöpfung mindestens zum Proportionaltarif oder Eingangssatz des Progressionstarifs erfolgt.

Beide Regelungen, also Freibetrags- und Freigrenzenregelung haben allerdings in verteilungspolitischer Sicht z.T. erhebliche Mängel aufzuweisen. Während bei Freigrenzenregelungen die effektive Steuerbelastung mit Überschreiten des Betrages der Freigrenze sprunghaft ansteigt, können Freibeträge von der Bemessungsgrundlage, ausgehend von einem progressiven Tarifverlauf, in höheren Einkommensklassen auch zu einer höheren Steuerentlastung führen, was in verteilungspolitischer Sicht schwerlich zu rechtfertigen ist.

Bei der Form der Berücksichtigung subjektiver Merkmale im Rahmen einer nach objektiven Kriterien (Wertzuwachshöhe) tarifierten BWSt sollte deshalb erwogen werden, einen Abzug von der Steuersumme vorzusehen, der Unterschiede in der Steuerentlastung je nach Wertzuwachshöhe verhindern dürfte[1].

---

[1] Eine analog zum Effekt der Freibeträge bei der ESt einzustufende mit steigendem Grenzsteuersatz zunehmende Entlastungswirkung wäre allerdings nur dann anzunehmen, wenn die Wertzuwachshöhe mit der Einkommenshöhe korreliert. Unter distributionspolitischen Gesichtspunkten z.T. unerwünschte Entlastungseffekte zeigt die Kombination einer Freibetragsregelung mit einem an die Wertsteigerungsrate gekoppelten Progressionstarif (vgl. SPD-Kommission zur Reform der Bodenordnung, (1973), a.a.O., S. 26 f.): Die Entlastungswirkung steigt mit steigendem relativen Wertzuwachs, bezogen auf den Ausgangswert. Dies würde in verteilungspolitischer Sicht nur dann vorteilhaft sein, wenn entsprechend der relativen Wertzuwachsentwicklung auch ein steigendes Schutz- und Entlastungsbedürfnis auch für Steuerpflichtige aus oberen Einkommensklassen bestehen würde. Da dies schwerlich behauptet werden kann, wären absolut höhere Steuerentlastungen gerade dort die Folge, wo dies in verteilungspolitischer Sicht nicht begründbar erscheint. Tatsächlich würde dadurch die Progressionswirkung des Tarifs, die mit Hilfe der Freibeträge gerade angestrebt wird, eingeschränkt.

3.4 Zusammenfassung der Ergebnisse

Im Ergebnis des Vergleichs der Steuerzahllast der unterschiedlichen BWSt-formen läßt sich folgendes festhalten:

- Vordergründig kann für die Veräußerungsgewinnsteuer eine positive Bilanz aufgemacht werden: Der <u>Veräußerungsgewinn</u> wird entsprechend dem Tarif der ESt um so stärker besteuert, je höher der Gesamtbetrag von laufendem und (realisiertem) Wertzuwachs sein wird. Dies hat allerdings nur vordergründig Distributionseffekte, die als positiv einzuschätzen sind: da <u>nicht-realisierte Wertzuwächse</u> steuerlich unberücksichtigt bleiben, sind nämlich große Teile des an Grund und Boden entstandenen Vermögenszugangs überhaupt vom staatlichen Umverteilungsvorgang ausgenommen. Dies mindert mithin die distributiven Vorteile von Veräußerungsgewinnsteuern erheblich.

- Die Verteilung der Steuerzahllast bei der Objektsteuer auf nicht realisierte Gewinne dürfte wegen der breiteren Bemessungsgrundlage als grundsätzlich vorteilhafter resp. erwünschter angesehen werden als bei der Veräußerungsgewinnsteuer. Gleichwohl lassen sich Defizite in bezug auf die Zielerreichung festhalten: Während sich die Steuerzahllast bei der proportional tarifierten Variante entgegen der im politischen Prozeß als wünschbar angesehene Progressivität unabhängig von der persönlichen Leistungsfähigkeit des Bodeneigentümers bemißt, ist den der absoluten oder relativen Wertzuwachshöhe angepaßten Typen in dieser Sicht zwar ein höherer Grad distributionspolitischer Vorteile zu eigen, ohne daß auch diese Lösung indes voll zu befriedigen weiß: Die Progression bestimmt sich unter den steuertechnischen Notwendigkeiten dieser Steuerform nach dem Wertzuwachs des <u>einzelnen</u> Grundstücks, und mündet somit in eine Begünstigung von Eigentümern mehrerer Grundstücke mit Wertzuwachs ein, unterwirft daneben aber Grundstückszuwächse auch dann einer höheren Zahllast, wenn die ökonomische Gesamtposition des Eigentümers eine relative Entlastung (im Sinne der Zumessung einer relativ geringeren Steuerzahllast) rechtfertigen würde.
Gleichwohl ist in distributionspolitischer Sicht ein an der absoluten Wertzuwachshöhe orientierter Tarif der relativen Variante vorzuziehen:

- Explizite Berücksichtigung findet die ökonomische Position des Bodeneigentümers im Rahmen von subjektiv ausgestalteten Steuervarianten. Je nach Ausgestaltung ergibt sich allerdings eine unterschiedliche Verteilung der Steuerzahllast: Während bei voller Einbeziehung in die Bemessungsgrundlage eine Verteilung der Steuerzahllast gemäß der ESt-Tarifstruktur und der Summe von laufendem Einkommen und Wertzuwächsen erreicht wird, bemißt sich die 'impact incidence' bei der Sondersteuer mit ESt-Tarif unabhängig von der Wertzuwachshöhe nach dem Durchschnittssteuersatz auf das laufende Einkommen.
Erfolgt die Berücksichtigung subjektiver Elemente im Rahmen der Bemessung der Steuerzahllast ausschließlich durch Freibetrags-/Freigrenzenregelungen, bleiben Tarifbrüche und distributionspolitische Widersprüche zu beachten, die insbesondere bei Koppelung an Tarifgestaltungen entstehen, die eine mit steigender absoluter Wertzuwachshöhe zunehmende Steuerzahllast vorsehen.

Ein Vergleich der Steuerzahllast unterschiedlicher BWSt-formen läßt allerdings nur eingeschränkte Aussagen über die distributionspolitische Vorteilhaftigkeit zu. Eine umfassende Wirkungsanalyse hat darüber hinaus die Veränderungen zu betrachten, die sich aus den Anpassungsreaktionen der Bodeneigentümer und -nachfrager ergeben. Diese Anpassungsreaktionen werden bestimmt (aber auch eingegrenzt) von den institutionellen und marktpolitischen Gelegenheiten, lassen sich aber auch für die Steuervarianten differenzieren. Die folgende Analyse bezieht diese Aspekte in den Wirkungsvergleich ein.

Kapitel IV: ANSATZPUNKTE ZU EINER BEURTEILUNG DER EFFEKTIVEN WIRKUNGEN EINER BODENWERTZUWACHSSTEUER AUF UNBEBAUTEN GRUND UND BODEN

1. Allgemeines zur Frage der effektiven Wirkungen alternativer Ausgestaltungen der Bodenwertzuwachssteuer

1.1 Vorbemerkung

In einer als rational begriffenen Steuerpolitik bleibt zu klären, ob die von den politischen Entscheidungsträgern mit dem Einsatz steuerlicher Instrumente verfolgten Ziele tatsächlich erreichbar sind, inwieweit also die Zielvariablen in gewünschter Weise beeinflußt werden[1]. Dazu reichen selbst in distributiver Sicht die Ergebnisse des Vergleichs der Steuerzahllast unterschiedlicher Steuerformen allerdings nicht aus.

Das generell auftretende Problem lautet: Wie reagiert der Markt auf die verschiedenen Abgabeformen: Nur wenn die Reaktionen der Marktteilnehmer zutreffend vorausgesagt (und bei der Instrumentenwahl berücksichtigt) werden, kann insgesamt die Zielverwirklichung gesichert erscheinen.

Im Rahmen der Diskussion um die BWSt in der Bundesrepublik Deutschland werden deshalb Überlegungen angestellt und Vermutungen geäußert, welche Reaktionen auf eine solche Steuer zu erwarten sind. Gleichwohl ist eine abschlie-

---

[1] Vgl. zu diesem Ansatz grundlegend die Bemerkungen in der Einleitung, Abschnitt 3. Allgemein zu dieser Fragestellung und zu dieser Ausrichtung der Wirkungsanalyse vgl. Gäfgen, G., (1968), a.a.O., S. 97; Recktenwald, H.C., Artikel Steuerwirkungen, in: HdSW Bd. 10. Stuttgart, Tübingen usw., 1959, S. 182; ders., Steuerüberwälzungslehre. Theoretische und empirische Verteilung von Angaben und Kosten, 2. Aufl. Berlin 1966, S. 193; Musgrave, R.A. (1959), a.a.O., S. 205.

ßende Klärung bisher nicht erfolgt[1].

Im Folgenden wird deshalb nach einer allgemeinen Darstellung von Problemen und Hypothesen ein Vergleich der in der Diskussion befindlichen Vorschläge unter Wirkungsaspekten unternommen. Von Interesse sind dabei die Wirkungen auf die in Kap. II näher konkretisierten distributiven und allokativen Zielsachverhalte. Zunächst wird untersucht, welchen Beitrag die traditionelle Wirkungsanalyse von Bodenwertzuwachssteuern zu leisten vermag.

---

[1] Vgl. z.B. den von H. Timm seinen eigenen Überlegungen vorangestellten Überblick über Literatur und seinerzeitigen Diskussionsstand, Timm, H., Überwälzbarkeit und Wirkungen der Bodenwertzuwachssteuer auf Bodenpreise und Preise von Bodennutzungen, in: Sozialwissenschaft im Dienste der Wirtschaftspolitik, W. Bickel zum 70. Geburtstag, Tübingen 1973 S. 123 ff.; vgl. auch die dem Bericht der SPD-Kommission...,(1973), a.a.O, im Anhang F/3 beigegebenen Überlegungen bzw. Kapitalisierbarkeit von Abgaben auf Grund und Boden, vgl.S. 47 ff.; aus der Sicht der Grundeigentümer vgl. Paul, Th., (1972), (SPD-Vorschläge zur Bodenreform: Keine Lösung des Bodenproblems), a.a.O., der feststellt: "(die BWSt)... würde vorwiegend solche nicht spekulierenden Bodeneigentümer treffen, die vor allem über keine Abwälzungsmöglichkeiten verfügen", scheint also die generelle Überwälzbarkeit bei den spekulierenden Bodeneigentümern vorauszusetzen. Differenzierter vgl. die dreiteilige Dokumentation, Barbier, H.D., Das neue Bodenrechtsprogramm der Sozialdemokraten, insbes. (I): Eine gute Steuer, wenn sie dem Fiskus nichts einbringt, in: FAZ Nr. 170 v. 26.7.1972; (II): Auf einem völlig verklemmten Markt, in: FAZ Nr. 171, v. 27.7.1972.

1.2 Traditionelle Analyse der Wirkungen von BWSt, Überblick und Kritik

Die Frage der Wirkungen der BWSt hat insbesondere um die Jahrhundertwende einer ausführlichen wirtschafts- und finanzpolitischen Diskussion unterlegen[1], wobei allerdings Ausrichtung, Analysemethode und Theoriestand eine Übertragbarkeit der Ergebnisse auf die heutige Situation problematisch erscheinen lassen: Im Mittelpunkt steht hierbei ein Teilaspekt des Problems der Distributionseffekte, die sogenannte Überwälzung; weitere distributionspolitisch bedeutsame Effekte und allokative Gesichtspunkte werden nur am Rande betrachtet.

Im Rahmen der klassischen Analyse der Distributionseffekte von BWSt wird der Versuch unternommen, die Inzidenz zu bestimmen, worunter der 'Ruhepunkt der Steuerauflage' verstanden wird. Als Überwälzung wird entsprechend die Weitergabe der vom Steueranstoß ausgehenden direkten monetären Belastung (Steuerzahllast) durch Preisanpassungen bis zu diesem "Ruhepunkt" bezeichnet[2].

---

[1] Vgl. z.B. Bräuer, K., Wertzuwachssteuer (Grundstücksgewinnsteuer),(1928), a.a.O., S. 1027 f.; Köppe, H., Ist die Wertzuwachssteuer überwälzbar? in: FA, 23. Jg. (1906), Bd. 1, S. 1 ff.; Mann, F.K., Die Überwälzbarkeit der Einkommens-, Vermögens-, Vermögenszuwachs- und Erbschaftssteuern, in: Colm, G., Neisser, H. (Hrsg.), Kapitalbildung und Steuersystem, Verhandlungen und Gutachten der Konferenz von Eilsen, Bd. 2 Berlin 1930, S. 324 ff.; Mehring, O.v., Die Steuerüberwälzung. Jena 1928, Müthling, H., (1965), a.a.O., S. 11 f.; Strutz, G., Betrachtungen zur Reichszuwachssteuer. Berlin 1910; Seligman, E.R.A., Die Lehre von der Steuerüberwälzung. Deutsche Übersetzung von: The Shifting and the Incidence of Taxation, nach der 5. Aufl., Hrsg.: Bräuer, K., Jena 1927; ders., Introduction to the Shifting and Incidence of Taxation, in: Musgrave, R.A., C.S. Shoup, (Ed.), Readings in the Economics of Taxation. London 1959, S. 202 ff.

[2] Zu diesen Begriffen vgl. Seligman, R.A., 1959, a.a.O., S. 202. Eine Analyse von Wirkungen auf dieses Verteilungsergebnis schließt sich an, wobei deren Rückwirkungen auf das Verteilungsergebnis in der Regel aber nicht betrachtet werden. Die Analyse bleibt, was die Allokations- und Distributionseffekte betrifft, unverbunden, trägt folglich den hier bestehenden Interpendenzen nicht Rechnung. Zur Verwendung in der Bodensteuertheorie vgl. Damaschke, A., Die Bodenreform. Grundsätzliches und Geschichtliches zur Erkenntnis und Überwindung der sozialen Not. 14. Aufl. Jena 1917, S. 98; Köppe, H., a.a.O., S. 1 ff; Mehring, O.v., a.a.O., S. 75; Seligman, R.A. (1927), a.a.O., S. 273.

Die BWSt gilt - mit unterschiedlicher Begründung[1] - allgemein als nicht überwälzbar[2][3][4]. Sie wird vom Bodeneigentümer getragen, die Inzidenzwirkungen werden deshalb zumeist als 'erwünscht' angesehen.

Da ein Teil der Argumente und Begründungen auch in der gegenwärtigen Diskussion angeführt wird[5], ist es erforderlich, Analyseform und Annahmen dieser Ergebnisse einer Kritik zu unterwerfen, um daraus Ansatzpunkte für

---

[1] In einer Klassifizierung nach der theoretischen Bezugsgrundlage lassen sich rententheoretisch gestützte, Kapitalisierungs- und auf dem Elastizitätenkonzept beruhende Begründungen unterscheiden.

[2] Zur rententheoretisch gestützten Analyse vgl. Ricardo, D., Grundsätze der politischen Ökonomie, Berlin 1969, S. 162; Thünen, J.H.v., Der isolierte Staat in Beziehung auf Landwirtschaft und Nationalökonomie. Neudruck nach der Ausgabe letzter Hand, 4. Auflage, Stuttgart 1966, S. 346 f.; Damaschke, A., Bodenreform..., a.a.O., S. 95 f. Zwar sind die Hypothesen über die Annahme, daß der kapitalisierte Wert der Grundrente den Bodenwert, deren positive Veränderung den Bodenwertzuwachs darstellt, auf die Kategorie der Grundrente bezogen; eine Verbindung zur Theorie der Bodenwertzuwachssteuer ist jedoch herzustellen.

[3] Zur Kapitalisierungshypothese, die zu den ältesten Theorieansätzen der Steuerwirkungslehre zählt und in der Literatur in Abgrenzung von der Überwälzung auch als Steueramortisation bezeichnet wird, vgl. Einaudi, L., Capitalisation and Amortisation of Taxes, in: Musgrave, R.A., Shoup, C.S., (Ed.) (1959), a.a.O., S. 389-392; Marshall, A., Principles of Economics. 8. Aufl. London 1964, S. 794 ff. (App. 6); Mehring, O.v., (1928), a.a.O., S. 90 f.; Seligman, E.R.A., (1927), a.a.O., S. 162 ff.; vgl. näher Abschnitt 2 dieses Kapitels.

[4] Zu den Ansätzen auf der Basis des Elastizitätenkonzepts vgl. Seligman, E.R.A., (1927), a.a.O., S. 162 ff.; Boldt, W., Die Grundstückszuwachssteuer. Ihre Wiedereinführung und Neugestaltung. Berlin 1928; Kahn, G.D., Die Besteuerung des Kapitalgewinns, a.a.O.

[5] Zur Verwendung dieser (und anderer) Hypothesen in der neueren Diskussion vgl. Timm, H., Überwälzbarkeit und Wirkung..., a.a.O., S. 123 ff.; SPD-Kommission..., (1972), a.a.O., S. 48; Netzer, D., The Economics of the Property Tax Washington D.C. 1966, S. 46; Nowotny, E., On the Incidence of Real Estate Taxation, in: Zeitschrift für Nationalökonomie 33 (1973), S. 133-160; Pfannschmidt, M., Vergessener Faktor Boden, in: Band 79 der Schriften des Deutschen Verbandes für Wohnungswesen, Städtebau und Raumplanung. Bonn 1972; Barbier, D., Das neue (?) Bodenrechtsprogramm der Sozialdemokraten, a.a.O.

eine Problematisierung der Wirkungsanalyse zu gewinnen. Dabei wird z.T. auf die generelle Kritik an partialanalytischer Wirkungsanalyse zurückgegriffen.

Inzidenzbegriff und damit auch Inzidenzergebnisse - entwickelt auf der Basis der traditionellen Theorie - sind in einer Reihe von Beschränkungen kritisierbar[1]: die wichtigste Einschränkung ergibt sich aus der partialanalytischen Ableitung. Indem die Substitutionsbeziehungen zu anderen Bodenmärkten vernachlässigt, die Konstellationen auf den hier eng verbundenen Gütermärkten konstant gehalten werden, können die Ergebnisse generell auch nur beschränkte Gültigkeit beanspruchen.

Daneben sind die der Analyse zugrundeliegenden Annahmen in bezug auf Verhaltensweisen und Zielsetzungen der Marktteilnehmergruppen vielfach von zweifelhaftem Realitätsgehalt. Erforderlich ist deshalb eine Überprüfung anhand von vorliegenden Ergebnissen verhaltenswissenschaftlicher Befunde.

Wesentliche Einwände gelten auch dem der klassischen Analyse zugrundeliegenden Inzidenzbegriff[2][3], hier gesondert aufgeführt, obwohl grundsätzlich mit dem partialanalytischen Charakter der Analyse verbunden. Nach dieser Kritik

- erfolgt eine willkürliche Trennung zwischen direkten und indirekten Effekten, also die Inzidenz determinierenden und an sie anknüpfenden Effekten[4],

- wird die Auffassung vertreten, daß bei einer Steuer der 'ultimate burden'

---

[1] Vgl. die Kritik bei Musgrave (1959) a.a.O., S. 276 ff.; Hicks, U., The Terminology of Tax Analysis, in: EJ 1946; wiederabgedruckt,in: Musgrave, R.A., Shoup, C.S. (Ed.), (1959), a.a.O., S. 214-226.

[2] Zur Inzidenz als Ergebnis des Prozesses der Überwälzung vgl. Seligman, E. R. A., (1959), a.a.O., S. 202.

[3] Musgrave, R.A., a.a.O., (1959), S. 228 f.; vgl. hierzu auch die methodologische Diskussion bei Recktenwald, H.C., (1966), a.a.O., S. 22 ff.

[4] "The traditional" distinction between direct incidence and indirect effects involves an arbitrary separation between various elements of the total change that are neither separately identifiable nor of separate significance as matter of policy (...). The changes must all be considered as interdependent parts of the adjustment, proceeding in one and the same system of general equilibrium". Musgrave, R.A. (1959), S. 228.

lokalisiert werden könne, ohne die Anpassungsreaktionen der Steuerträger einzubeziehen,

- werden die beeinflußten Kreislaufströme vernachlässigt, indem <u>entweder</u> Änderungen auf der Einkommensverwendungs- <u>oder</u> auf der -entstehungsseite betrachtet werden,

- werden zumeist die Verausgabungswirkungen der BWSt[1] vernachlässigt.

Den Mängeln der Analyse von Distributionseffekten steht zumindest in der klassischen Wirkungsanalyse die weitgehende Vernachlässigung der allokativen Wirkungen einer Bodenwertzuwachssteuer gegenüber: Die Wirkungen der BWSt auf das Bodenangebot waren zumeist nur als Nebenaspekt der Verteilungsbetrachtung relevant.
Eine Steuer auf die Grundrente, als die man jede BWSt auffassen kann, konnte nach Meinung der Theoretiker keinen Einfluß auf das Bodenangebot nehmen, weil die Angebotselastizität gleich Null angesehen wurde, das Angebot mithin als vom Bodeneigentümer nicht beschränkbar galt.

Die BWSt ist daher auch noch in neuerer Zeit als unter praktischen Gesichtspunkten 'gute Gemeindesteuer' bezeichnet worden[2]. Dies vor allem deshalb, da sie - sieht man den Bodenwertzuwachs als örtlich bedingt an, keinerlei räumliche Wirkungen habe[3].
Die Kritik hat analog zu den Ansätzen im Rahmen der Distributionsanalyse zu erfolgen:

- über die (kurzfristigen) Primäreffekte der BWSt-formen hinaus sind die längerfristigen Effekte auf die Bodenanlage einzubeziehen,

- daneben sind die Verausgabungswirkungen einzubeziehen,

- generell ist über die Grenzen der Partialanalyse hinweg die Verbindung

---

[1] Zur Kritik vgl. u.a. Zink, G., in: StuW (1973), a.a.O., S. 155.
[2] Vgl. Timm, H., Artikel Gemeindefinanzen, in: HdSW 2. Auflage Bd. 10, Stuttgart usw., 1959, S. 302-304, hier S. 303.
[3] Vgl. Kloten, M., Steuerpolitik als regionale Strukturpolitik, in: Archiv für Kommunalwissenschaften, 3. Jg., Heft 1, 1964, S. 41 ff., hier S. 44.

mit den Distributionswirkungen zu betrachten.

Allgemein ist es unrealistisch (wie in der klassischen Analyse) dem besteuerten Bodeneigentümer nicht zumindest den Versuch einer Weitergabe der Steuer im Preis zu unterstellen. In solchen Fällen ergeben sich in enger Verbindung mit dem Steuervermeidungsmotiv auch substitutive Anpassungen, die allokativ bedeutsam werden können.
Dieser engen Verbindung der allokativen Effekte mit der Distributionsbetrachtung wird im Folgenden Rechnung getragen.

1.3 Ansatzpunkte zu einer Wirkungsanalyse im Rahmen der Untersuchung

In Abwägung von Analyseziel und Stand der Theorie wird im Folgenden ein pragmatischer Ansatz der Wirkungsanalyse verwendet:
Ausgehend von der örtlichen Bedingtheit der Bodenwertzuwächse erfolgt eine Wirkungsbetrachtung unter Bezugnahme auf den einzelnen Markt im Rahmen einer mikroökonomischen Analyse. Zur Vermeidung der Mängel dieser Beschränkung erfolgt für ausgewählte Anpassungsmöglichkeiten der Marktteilnehmer allerdings eine Ausweitung in Richtung auf verbundene Märkte.

Wichtige Fortentwicklungen ergeben sich hinsichtlich der Berücksichtigung unterschiedlicher Verhaltensweisen der Marktteilnehmer: Die Reaktionen auf den Steueranstoß werden für Typen von Anbietern und Nachfragern bestimmt.

Für die Zwecke der vorliegenden Untersuchung werden die distributiven Einzelwirkungen der Steuer umfassender definiert. Bezogen auf das Ziel, die Verteilungseffekte zu bestimmen, gilt als effektive Inzidenz die aktuelle Verteilungsänderung der steuerpolitischen Maßnahme. Hierin sind die Verteilungseffekte der relevanten Anpassungsreaktionen (z.B. Steuervermeidung, Steuerausweichung) einzubeziehen.

Das Umverteilungsergebnis der Steuer stellt dabei allerdings nur einen Aspekt dar, unter dem Steuerwirkungen betrachtet werden können. Ebenso sind allokative Gesichtspunkte zu betrachten. In mikroökonomischer Sicht ergeben sich im Anpassungsprozeß - ausgelöst durch den 'tax impact' - auch Änderungen in bezug auf die Verfügung über Grundstücke, die auf ihre Übereinstimmung mit dem Allokationsziel hin zu untersuchen sind. Im Anschluß an eine distributionspolitische Würdigung der Anpassungsreaktionen auf eine BWSt werden deshalb die relevanten allokativen Ergebnisse betrachtet und für die einzelnen Steuerformen gegenübergestellt.

2. Verhaltensweisen der Marktteilnehmer auf den Bodenmärkten und Hypothesen zu den Wirkungen von Bodenwertzuwachssteuern

Die in der Diskussion aufgebotenen Hypothesen zu den Wirkungen von Bodenwertzuwachssteuern sind implizit oder explizit mit Annahmen über Marktformen und Verhaltensweisen auf den Bodenmärkten verbunden. Die folgende Darstellung will diese Zusammenhänge aufzeigen, indem Typen von Anbietern und Nachfragern Erklärungsansätze zu den voraussichtlichen Wirkungen zugeordnet und in diesem Rahmen einer eingehenden Analyse unterworfen werden. Hieraus werden Ansatzpunkte und Kriterien für eine Herausarbeitung von Wirkungsunterschieden bei den einzelnen Steuerformen abgeleitet. Zunächst wird unbebauter Grund und Boden mit - darauf entstandenem - nicht inflationärem Wertzuwachs betrachtet.

Fall 1: Spekulativ orientierte Bodenanbieter und -nachfrager

Nehmen wir an, die Marktteilnehmer auf den Märkten für Grund und Boden seien Vermögensanleger[1]. Sie halten Grund und Boden (oder fragen ihn nach) wegen

---

[1] Diese Voraussetzung charakterisiert idealtypisch die sog. spekulativen Marktteilnehmer im Bodenmarkt, die den Boden wegen seiner Eigenschaft halten, Wertzuwächse zu erbringen, nicht um ihn zu nutzen. Zum Begriff vgl. Stucken, R., a.a.O., S. 692; Steinmann, G., a.a.O., S. 3 ff.; zur Abgrenzung insbesondere zur sichernden Vorratsnachfrage vgl. Risse, W.K., a.a.O., S. 81.

seiner Eigenschaft, Wertsteigerungen zu erbringen[1], nicht aber, um ihn - in Kombination mit anderen Produktionsfaktoren - zu nutzen. Diese Vermögensanleger mögen zudem vor Steuereinführung ihre optimale Vermögensstruktur realisiert haben, was bedeutet, daß c.p. keine Transaktionen erfolgen[2], es sei denn zu Zwecken der Mitnahme (Realisierung) von Wertzuwächsen.

Unter diesen Annahmen liegt es zunächst nahe, bei der Wirkungsanalyse die Kapitalisierungstheorie[3] zu verwenden. Der Wertzuwachs der Anlage in Grund und Boden kann nämlich als Gegenwartswert zukünftig erwarteter Ertragssteigerungen interpretiert werden. Wird er mit einer Steuer belegt, so vermindert sich die Profitabilität der betreffenden Bodenanlage: Indem die zukünftigen Gewinnmöglichkeiten geschmälert werden, führt die BWSt zu einem allgemeinen Sinken des Ertragswertes der Nutzung und wird somit bei einer späteren Veräußerung vom Kaufpreis abgezogen. Der Bodeneigentümer wird deshalb soviel Boden veräußern, bis der Ertrag der zuletzt verkauften Bodeneinheit gerade dem Ertrag der nächstprofitablen Anlageform entspricht[4][5].

---

[1] Wertsteigerungen seien die einzige Form der Rendite. Laufende Erträge in nennenswertem Umfang fallen beim - voraussetzungsgemäß - unbebauten Grund und Boden nicht an, da vielfach die vorherige (landwirtschaftliche) Nutzung nicht (mehr) erfolgt. Zu dieser Voraussetzung vgl. auch: Timm, H., (1973), a.a.O., S. 123 ff.

[2] Angesichts der Dynamik der Bodenmärkte und der Notwendigkeit, die angestiegenen Bodenpreise langfristig in einer angemessenen Nutzung zu realisieren vgl. Hofmann, W., (1969), a.a.O., S. 21; vgl. auch Diskussionsergebnisse S. 41. Daraus ergibt sich in der Realität dann die Notwendigkeit zu einer Veräußerung (Transaktion), wenn die Wertdifferenz zur intensiveren Nutzung überbrückt ist. Das Wechselverhalten von wertsteigerungsorientiertem Angebot und nutzungsorientierter Nachfrage soll jedoch hier zunächst vernachlässigt werden.

[3] Vgl. Einaudi, L., a.a.O., S. 389 ff.; Netzer, D., (1966), a.a.O., S. 32 ff.; Recktenwald, H.C., Artikel Steuerwirkungen, in: HdSW Bd. 10, 2. Aufl., Stuttgart usw. 1959, S. 182 ff.; Seligman, E.R.A., (1959), a.a.O., S. 209 f.; Timm, H., (1973), a.a.O., S. 123 ff.

[4] Hierbei wird unterstellt, daß der Boden ausreichende Teilbarkeit aufweist, was zumeist allerdings durch Bebauungsplanvorschriften begrenzt ist. Lediglich bei Eigentümern großer Flächen stellt der beschriebene Anpassungsprozeß deshalb eine befriedigende Approximation an in der Realität mögliche Verhaltensweisen dar.

[5] Würde er den gesamten Boden veräußern, so würde er die Steuer voll tragen. Die teilweise Anpassung stellt also eine Steuervermeidungsstrategie dar.

Deshalb - so die Meinung der älteren Theorie[1] zum Problem der distributiven Wirkungen - "kann es keinem Zweifel unterliegen, daß eine solche Bodenwertzuwachssteuer vom Eigentümer getragen werden muß"[2].
Allokativ bedeutsam ist hierbei, daß die Steuer das vor Steuer bestehende Gleichgewicht der individuellen Vermögensanlagestruktur aufheben und zu einem Vermögensstruktureffekt führen wird.

Da die BWSt bei dem im Portefeuille befindlichen Grund und Boden eine Änderung des zukünftig zu erwartenden Ertrages erbringt, wird die Attraktivität dieser Vermögensanlage entsprechend herabgesetzt. Mithin kann vorausgesetzt werden, daß hierdurch in einer bestehenden Rangfolge der Vermögensanlagen nach ihrer Rendite andere Vermögensanlagen an Bedeutung gewinnen[3].

Folge der BWZ-Besteuerung ist daher eine Veräußerung des Grund und Bodens, eine Erhöhung des Angebotes[4] und damit eine allokativ durchaus erwünschte Steuerwirkung[5][6]. Diese Mobilisierungswirkung wird insbesondere bei Steuern auf unrealisierte Gewinne durch den Liquiditätseffekt - je nach Kapitalkraft und anderweitigem Einkommen der Anbieter unterschiedlich - noch verstärkt[7].

---

[1] Vgl. Einaudi, L., a.a.O., S. 389 ff.; Seligman, E.R.A., (1959), a.a.O., S. 209 ff.

[2] Seligman, E.R.A., (1928), a.a.O., S. 273.

[3] Die Steuerzahlung (Wertzuwachs x Steuersatz) muß dabei die Renditeerwartung in einem Umfang einschränken, daß andere Vermögensanlagen ins Kalkül gezogen werden.

[4] Dies erbringt einen Kapitaltransfer in andere Bereiche der Vermögenslage, als Wirkung von Bailey - wegen der Vieldeutigkeit begrifflich wenig überzeugend - als 'announcement effect' bezeichnet; vgl. ders., Capital Gains and Income Taxation, in: Harberger, A.C., Bailey, M.J., (Ed.), The Taxation of Income from Capital. Washington D.C. 1969, S. 11 ff., hier S. 12.

[5] Zu dieser Wirkungskette vgl. Angelini, T., Möglichkeiten zur Verbesserung der Funktionsfähigkeit des Bodenmarktes, in: Wirtschaft und Recht. Zeitschrift für Wirtschaftspolitik und Wirtschaftsrecht. Zürich 24. Jg., 1972, S. 281; SPD-Kommission. (1973), a.a.O., S. 23 ff.

[6] Gegenwärtig bestehende steuerliche Bevorzugungen des Bodens (vgl. zu einem Überblick Kap. 1 Abschnitt 2.3 dieser Arbeit) werden folglich eingegrenzt. Vgl. Pfeiffer, U., (1969), a.a.O., S. 39.

[7] Da die Höhe des Liquiditätseffektes von der Ausgestaltung des Erhebungsinstrumentes abhängt, wird hierauf in Kap. V näher eingegangen.

Die Kapitalisierungstheorie kann neben einer Beschreibung der Wirkungen auf das Bodenangebot auch zur Bestimmung der Wirkungen auf die Bodennachfrage genutzt werden:

Im Rahmen der Theorie übernehmen die anlageorientierten Nachfrager den veräußerten Boden zwar in ihr Portefeuille, allerdings zum "herunter"-kapitalisierten Wert. Der Boden hat unter den gesetzten Bedingungen seine (ohne Steuer) zumeist aufzuweisende Attraktivität eingebüßt, der spekulative Kreislauf wird somit zumindest zum Teil unterbrochen.

Zum Wesen anlageorientierter Nachfrage nach Grund und Boden gehörte es nämlich, zu kaufen um (mit Gewinn später) zu verkaufen[1]. Daraus leitete sich das Bestreben ab, die Grundstücke bereits im Stadium der landwirtschaftlichen Nutzung einzukaufen, um den beim Übergang zu Bauland entstehenden Preissprung voll abzuschöpfen.

Einer Zunahme des Bodenangebotes als Wirkung der BWSt entspricht somit eine Abnahme der Nachfrage - nicht zuletzt, weil der Nachfrager von heute der Anbieter von morgen ist. Damit ist eine Verminderung der Preise als Steuerfolge nicht unwahrscheinlich. Dies ist allokativ insofern von Bedeutung, als Bodenverwendungen, bei denen hohe Bodenpreise z.T. zu einem Ausweichen auf andere, weniger geeignete Standorte geführt haben[2], nunmehr zahlungsfähig genug werden, die gewünschten Standorte zu realisieren.

Die Ableitung allgemeiner Schlußfolgerungen zu den allokativen und distributiven Effekten von BWSt wird durch die Kapitalisierungsthese aber nur eingeschränkt möglich. In der gegenwärtigen Diskussion wird zwar eine generelle Gültigkeit nicht behauptet, die Problematisierung ist jedoch z.T. unvollständig[3].

---

[1] Zum Begriff des hierauf gemünzten Spekulationsvorwurfs vgl. Steinmann, a.a.O., S. 1 ff.; Stucken, R., a.a.O., S. 690 ff. Zur Funktion auf den Bodenmärkten, zu Verhaltensweisen und Ansatzmöglichkeiten einer Beeinflussung durch steuerliche Maßnahmen vgl. Müller, A., (1969), a.a.O., S. 51; Angelini, T., a.a.O., S. 281.

[2] Vgl. zu den Folgen steigender Bodenpreise unter den gegenwärtigen Bodenmarktbedingungen Kap. I, Abschnitt 3.

[3] Vgl. Netzer, D., (1966), a.a.O., S. 32 ff. und Pfeiffer, U., (1972), a.a.O., S. 67 ff., zu einer analogen Anwendung im Rahmen der Wertsteueranalyse; vgl. auch Timm, H., (1973), a.a.O., S. 123 ff.

Uneingeschränkte Gültigkeit - im Sinne einer empirisch ausgerichteten Theorie - kann diese Theorie grundsätzlich nur in dem Maße beanspruchen, wie der Idealtypus 'spekulativ orientierter rationaler Vermögensanleger' in der Realität auffindbare Verhaltensweisen befriedigend abbildet[1]. Daneben sind weitere Einwände zu betrachten.

Der Realitätsgehalt der Verhaltensannahmen kann unter mehreren Gesichtspunkten begründet in Zweifel gezogen werden, zunächst mit generellen Einwänden: Die Evidenz der zugrundegelegten Verhaltensannahme beschränkt sich auf einen Teil der Marktteilnehmer[2][3], muß aber auch hier auf Fälle begrenzt bleiben, in denen wettbewerbliche Marktverhältnisse vorliegen, der gehaltene Grund und Boden u.a. also mit anderen Grundstücken substituiert werden kann[4].

---

[1] So sprechen u.a. Netzer und Pfeiffer, ebenda, von der modellmäßigen Verhaltensweise des rationalen Vermögensanlegers als einer plausiblen Verhaltensannahme.

[2] Die hier betrachteten Vermögensanleger halten den Grund und Boden nur zeitweilig, da der Boden irgendwann durch eine 'bebauende' Nutzung 'realisiert' werden muß. Nachfrager wäre dann schließlich ein nutzungsorientierter Anleger, der durch andere Verhaltensweisen gekennzeichnet sein wird. Für eine solche Verhaltensweise wären also ergänzende Überlegungen anzustellen. (Vgl. Fall 2).

[3] Wendet man Schätzungen zum Umfang der (analog definierten) Spekulation im Baubodenmarkt an, so bleibt die Anwendung dieses Theorems auf 5 % der Bodenhaltung beschränkt; vgl. Schreiber, F., Bodenordnung?..., a.a.O., S. 41. Diese Zahl wurde in einer Reihe von Beiträgen übernommen, um die mindere Bedeutung für das Bodenmarktgeschehen zu kennzeichnen. Es fehlen allerdings Angaben zu den Schätzgrundlagen. Insbesondere muß angemerkt werden, daß anlageorientierte Verhaltensweisen nur auf den räumlichen Teilmärkten mit entsprechenden Gewinnaussichten vorzufinden sein dürften.
Darüber hinaus bleiben zudem im Einzelfall die Ausstrahlungseffekte über Preisführerschaft etc. zu betrachten. Gerade auf den Märkten für (unbebauten) Grund und Boden muß generell von einem auch zahlenmäßig größeren Einfluß ausgegangen werden, wenn man berücksichtigt, daß auch Landwirte z.T. entsprechende Verhaltensweisen zeigen. So haben Untersuchungen zum bodenbezogenen Verhalten bei Landwirten durchaus eine Beteiligung an der "realistischen Spekulation" erbracht. Vgl. Krysmanski, R., Bodenbezogenes Verhalten in der Industriegesellschaft. Münster 1967, S. 28.

[4] Die gehaltenen (gehandelten) Flächen müssen homogen sein, dürfen im Urteil der Marktteilnehmer also keine physischen, psychischen, zeitlichen oder räumlichen Vorteile aufweisen, da sonst die Unabhängigkeit des Marktpreises von der Steuer nicht begründet vorausgesetzt werden kann.

Im solcherart eingegrenzten Bereich bleiben weitere Voraussetzungen zu betrachten:

- Die gleiche Kapitalisierungstheorie setzt vollständige, d.h. implizit, zumindest gleiche Information bei den Marktteilnehmern voraus.

- Die Kapitalisierungstheorie vernachlässigt die Wirkungen der Steuer auf das Risiko[1].

- Es liegt beschränkte Teilbarkeit des Grund und Bodens vor.

- Der Bodenpreis ist unabhängig von der Steuer, d.h. u.a. es liegt eine wettbewerbliche Marktstruktur vor.

- Es sind Alternativanlagen verfügbar.

Wenn wir die strenge Annahme vollständiger Information aus naheliegenden Gründen zugunsten der Annahme gleicher Information fallen lassen[2], so wäre für verschiedene Marktteilnehmergruppen eine Prüfung vorzunehmen. Da entsprechende Untersuchungen nicht vorliegen, sollen Plausibilitätsüberlegungen angestellt werden:

Während zwischen Bodenhändlern und Grundstücksgesellschaften geringe Informationsunterschiede auftreten dürften, wäre das Auftreten eines Informationsgefälles gegenüber Landwirten und fallweise in unbebauten Boden investierenden Anlegern zunächst durchaus einsichtig. Zunehmend dürfte jedoch die Nutzung von Preisinformationen[3] verbreitet sein, das Gefälle also tendenziell abgebaut werden. Demnach bleiben zwar dem Grundstücksmarkt arteigene Infor-

---

[1] Der rationale Vermögensanleger wird in der Struktur seines Portefeuilles Risikounterschiede zwischen den verschiedenen Anlageformen berücksichtigt haben, so daß vor Steuer das Bestehen eines Gleichgewichts vorausgesetzt werden kann.

[2] Gegen die Voraussetzung 'vollständige Information' ist einzuwenden, daß nur in wenigen Fällen sämtliche Einflußfaktoren vollständig überblickt werden können. Zur Kritik vgl. z.B. Kade, G., Die Grundannahmen der Preistheorie. Berlin, Frankfurt/M., 1962; Gerdsmeier, G., Grundlagenkritik preistheoretischer Modelle. Berlin 1972. Hier reicht es deshalb aus, den differentiellen Aspekt "gleicher Information" als notwendiger Voraussetzung zu prüfen.

[3] Hierbei ist an die Einschaltung von Maklern oder an eine Einsichtnahme in Unterlagen der Gutachterausschüsse (Richtwertkarten) zu denken. Der Ring Deutscher Makler (RDM) veröffentlicht zudem jährliche Preislisten für eine Auswahl von Städten, die in der Vergangenheit häufig zu Richtzwecken genutzt wurden.

mationsdefizite bestehen[1], ohne jedoch grundsätzlich die Gültigkeit der Kapitalisierungstheorie infrage zu stellen.

Bedeutsamer muß die Vernachlässigung der steuerlichen Einflüsse auf das Risiko der Bodenanlage erscheinen. Keine Risikoänderung ist unter bestimmten Annahmen allgemein nur bei Installation eines vollständigen Verlustausgleichs zu erwarten. Wird kein Verlustausgleich oder nur ein eingeschränkter Ausgleich zugelassen, so beschneidet die Steuer die Gewinne, ohne gleichzeitig das Verlustrisiko zu vermindern[2]. Findet diese Risikoänderung im Kalkül der Anleger Berücksichtigung, so wird die Bodenanlage über den reinen Entzugs- bzw. Rentabilitätseffekt hinaus in ihrer Attraktivität Einschränkungen erfahren.

Ohne Installation eines vollständigen Verlustausgleichs wird somit der Vermögensstruktureffekt stärker ausfallen. Die Anleger werden den Grund und Boden mit anderen Anlagemöglichkeiten, die ein günstigeres Ertrags- Risiko- Verhältnis aufweisen, substituieren.

Die beschränkte Teilbarkeit des Grund und Bodens verhindert eine kontinuierliche Anpassung an die Steuer durch Teilveräußerung. Dies kann die im Kapitalisierungstheorem postulierte Anpassungsreaktion der Bodenanleger wenn nicht gänzlich verhindern, so doch verzögern: Die Steuer muß ein solches Ausmaß erreichen, daß die weitere Haltung des gesamten Grundstücks unter Anlagegesichtspunkten an Attraktivität verliert. Nicht zuletzt diese Eigenschaft dürfte bedingen, daß empirische Beweise der Evidenz einer Kapitalisierung von Bodensteuern[3] selbst bei einfacherer Kalkulierbarkeit bisher gescheitert sind[4].

---

[1] In vielen Fällen ist es notwendig, die Nutzungsmöglichkeiten eines Grundstücks, seine Lageeigenschaften zu übersehen. Hierbei dürften "professionelle Anleger" regelmäßig Vorteile aufzuweisen haben.

[2] Die Bodenanlage hat, was die erwarteten Gewinne betrifft, eine bestimmte Streuung aufzuweisen. Die Wertzuwächse können dabei, wenn plausiblerweise nicht gegenüber den Ausgangswerten, so doch gegenüber Werten des jeweils vorhergehenden Bewertungsstichtages auch negative Werte aufweisen.

[3] Von einigen Versuchen, die US-Property-Tax betreffend, berichtet Netzer aus der Warte der Wertsteueranalyse; vgl. Netzer, D., (1966), a.a.O., S. 34.

[4] Die Anforderungen an Datenmaterial und Analyseinstrumente dürfen folglich beim Versuch die Verhaltensweise der Kapitalisierung für die BWSt zu erweisen, eher noch größer sein.

Verbindungen zur Möglichkeit einer Weitergabe der Steuer im Preis - also
der klassischen Überwälzbarkeit - weist eine weitere Voraussetzung auf:
Die Annahme der Kapitalisierungstheorie schließt aus, daß die Marktteilnehmer
die Steuer im Preis weitergeben können[1]. Folglich ist Kapitalisierung nur
annehmbar, wenn Überwälzung ausgeschlossen ist[2].

Besondere Bedeutung in Zeiten der Rezession gewinnt eine weitere Annahme. Der
Kapitalisierungseffekt der BWSt muß eine Höhe erreichen, die Rendite folglich
derart abgesenkt werden, daß andere Vermögensanlagen ins Kalkül gezogen, oder
- in Zeiten ansteigender Zinsen - zeitweilig liquide Mittel gehalten werden.
Ist der Abstand zur Rendite alternativer Vermögensanlagen zu groß (die
Steuerbelastung zu niedrig), so werden die Anlagemöglichkeiten in Grund und
Boden beibehalten, ein Vermögensstruktureffekt mit den gewünschten Verteilungswirkungen tritt nicht ein.

Zusammenfassend ergibt sich unter den getroffenen Annahmen[3] dennoch eine,
wenn auch eingeschränkt, positive Beurteilung der Kapitalisierungstheorie:
Für diejenigen Bodenanleger, deren Verhalten mit Hilfe der genannten Verhaltensannahmen annähernd beschrieben werden kann, ergibt sich aufgrund der
Steuereinführung eine Verminderung der erwarteten Rendite. Darauf reagieren
sie mit Anpassungen in bezug auf den Anteil des Grund und Bodens am Gesamtportefeuille in der Weise, daß diese Anlageform durch andere substituiert
wird[4]. Generelle Voraussetzung ist allerdings die Unabhängigkeit des Marktpreises von der Steuereinführung.

Dieses Urteil kann allerdings nicht auf Marktprozesse übertragen werden, an
denen nutzungsorientierte Nachfrage oder entsprechendes Angebot beteiligt
ist. Auf diese Fälle soll im Folgenden eingegangen werden.

---

[1] Vgl. zu Hinweisen auf diese Voraussetzung Pfeiffer, U., (1972), a.a.O.,
S. 69 ff.

[2] Dies erscheint nur dann plausibel, wenn die Nachfrage nicht an bestimmte
Standorte gebunden ist, die Substitution mit anderen Grundstücken also nicht
beschränkt ist.

[3] Weitere Einschränkungen ergeben sich im Zusammenhang mit der Bebauung und
der Verausgabung; vgl. Netzer, D., (1966), a.a.O., S. 34 f. Zur näheren
Analyse siehe Kap. VI und VII.

[4] Weitere Anpassungsmöglichkeiten ergeben sich für spekulative wie nicht
spekulative Marktteilnehmer durch Steuerumgehung, Steuervermeidung und
Steuerausweichung. Da diese Verhaltensweisen indes von der konkreten Ausgestaltung der Erhebungsinstrumente bestimmt werden, wird darauf in Kap. V
eingegangen.

Fall 2: **Nutzungsorientierte Bodennachfrager**

Im Kalkül der als nutzungsorientiert zu charakterisierenden Bodenfrage[1] spielen die erwarteten Bodenwertzuwächse eine geringe Rolle. Die Nachfrage erfolgt, weil der unbebaute Grund und Boden z.B. von Privaten als Input für die Errichtung von Wohngebäuden oder von Produzenten als Betriebsstandort benötigt wird. Diese Nachfrager reagieren auf die Steuereinführung nicht in jedem Fall mit einer Verminderung ihres Nachfragepreises und Mengeneinschränkungen.

Die Nachfrage wird (kurzfristig) bestimmt durch Menge und Zahlungsfähigkeit der mit der Bodennachfrage verknüpften Nachfrage auf den Gütermärkten. Die Nachfrage nach Boden ist insofern eine abgeleitete Nachfrage. Daraus ergibt sich, daß die Kapitalisierungshypothese mit ihren allokativen und distributiven Implikationen nicht mehr länger angewendet werden kann.

Auch für diesen Fall wird von der Theorie aber vielfach - wenn auch mit anderer Begründung - die zumindet kurzfristige Nicht-Überwälzbarkeit behauptet:

Interpretieren wir die BWSt als Gewinnsteuer[2], so hat der Anbieter unter den Annahmen der Überwälzungshypothese der Preistheorie bereits vor der Steuereinführung sein Gewinnmaximum realisiert, so daß die Steuer durch eine Preisanpassung nicht ohne Gewinnverlust weitergegeben werden kann. Dies gilt, wie Häuser formal nachzuweisen sucht[3], auch für den Monopolisten.

Diese These von der Nichtüberwälzbarkeit der BWSt beruht in der Preistheorie auf einer Reihe von nicht immer bewußt gemachten Modellprämissen[4], deren

---

[1] Die Typisierung der Verhaltensweisen der Nachfrager nach "nutzungs-" und "anlageorientiert" ist sowohl in räumlicher als auch in zeitlicher Hinsicht nicht als trennscharf anzusehen. Lediglich zu einem gegebenen Zeitpunkt und bezogen auf ein bestimmtes Grundstück lassen sich Unterschiede aufweisen. Eine nähere empirische Ausfüllung und Verallgemeinerung bleibt folglich zu leisten.

[2] Vgl. Timm, H., (1973), a.a.O., S. 124.

[3] Vgl. Häuser, K., Die Unüberwälzbarkeit der ESt und KSt bei Gewinnmaximierung, in: FA (NF) Bd. 20, 1961, S. 422 ff. Zur Kritik vgl. Arndt, H., Zur mikroökonomischen Analyse der Überwälzbarkeit der Einkommensteuer und zur Frage der Übertragung von Modellergebnissen auf historische Tatbestände, in: FA, (NF), Bd. 21 (1961), S. 47-59.

[4] Vgl. zur Systematisierung und generellen Kritik an der mikroökonomischen Partialanalyse Kade, G., (1962), a.a.O., S. 84 ff.

wichtigste hier kurz aufgeführt werden sollen:

- Verhaltensweise der kurzfristigen Gewinnmaximierung,
- Annahme vollständiger Information,
- Konstanz der verhaltensbestimmenden Faktoren,
- kurze Reaktionszeit,
- Substitutionsmöglichkeiten mit anderen Grundstücken,
- Preisbestimmung auf der Basis der Zahlungsbereitschaft der Nachfrager.

In den Denkmodellen der Preistheorie muß die Steuer nichtüberwälzbar bleiben, da annahmegemäß die Anbieter ihr Gewinnmaximum realisiert haben, die Preise schon vor Steuereinführung eine für die Nachfrager äußerstenfalls tragbare Höhe erreicht haben[1]. Da die Steuer kurzfristig die Machtverhältnisse nicht verändert, behält der Käufer seine Position. Auch ohne Steuer wird der Verkäufer den höchsten erzielbaren Preis fordern; der Käufer übt also eine Kontrollfunktion aus, indem seine Zahlungsfähigkeit als unverändert vorausgesetzt wird.

Indem aber der Käufer seinen Nachfragepreis am Wert der Nutzung und an seiner eigenen Zahlungsfähigkeit orientiert, ist die Steuer nicht überwälzbar[2]:

"... andernfalls hat es ja der Verkäufer in der Hand, seine Position durch fortgesetzte beliebige Preiserhöhungen unausgesetzt zu verstärken und solchergestalt nur zu steigenden Preisen Verkäufe abzuschließen. Er würde den Preis einfach diktieren können[3]".

Da demgegenüber der Verkäufer nach Ansicht von Köppe kein absolutes Monopol der Preisbestimmung innehat, die Preise gehandelt, nicht oktroyiert werden[4], ist die Weitergabe der Steuer nicht möglich.

Die von der Preistheorie vorgenommene Beschreibung der Preisbildung auf den

---

[1] Vgl. Mehring, O.v., (1928), a.a.O., S. 52; Kahn, C.D., a.a.O., S. 92 ff.
[2] Vgl. Köppe, H. (1906), a.a.O., S. 1 ff.; Mehring, O.v., (1928), a.a.O., S. 75 ff.
[3] Köppe, H.,(1906),a.a.O., S. 7.
[4] Ebenda.

Bodenmärkten entspricht indes nicht in allen Punkten den tatsächlichen Verhältnissen: Zwar wird die Zahlungsbereitschaft der Nachfrager bei konstanten Wettbewerbsverhältnissen und Substitutionsmöglichkeiten mit anderen (unbesteuerten) Grundstücken kurzfristig als konstant angesehen werden können, so daß eine Preisobergrenze bestehen bleibt. Im Zeitablauf betrachtet hat der Anbieter aber die Möglichkeit - ausgehend von Verknappungen am Grundstücksmarkt - eine Preisanpassung vorzunehmen[1].

Daneben müssen Einwände gegen die Verhaltensannahmen geltend gemacht werden: Kennt der Verkäufer die Marktverhältnisse nicht (völlig) - wie mit der Annahme der vollständigen Information vorausgesetzt -, oder strebt er statt des kurzfristigen Gewinnmaximums lediglich einen 'befriedigenden' Gewinn an[2], so wird die Steuer einen Suchprozeß einleiten im Rahmen dessen versucht wird, die Steuer weiterzugeben. Diese Hypothese, in der Literatur als Begriff des Vollkostenprinzips oder 'Blinde Überwälzung' bezeichnt[3], wäre von daher als eine realistischere Erklärung für das wahrscheinliche Distributionsergebnis nach Steuereinführung anzusehen.

Zur modellmäßigen Bestimmung der Marktergebnisse wird vielfach ohne ausreichende Differenzierung[4] das zur Analyse der Mengensteuer eingeführte

---

[1] Dies hätte zwar den Effekt, daß die Steuerbelastung weitergeben wird, würde von der älteren Theorie aber als legitime Wahrnehmung verfügbarer Preissetzungsspielräume angesehen werden, die sich auch ohne Steuer ergeben hätten.

[2] Womit die bewußte Abkehr vom traditionellen Verhaltenskonzept markiert wird, bei dem die Rechenvorschrift "Maximiere!" vielfach nicht genügend hinterfragt wurde. Empirische Untersuchungen zum Unternehmerverhalten - hier wegen der z.T. vorliegenden Kapitalqualität des Bodens analog auf das Verhalten der Bodeneigentümer übertragen - deuten jedoch darauf hin, daß realistischere Verhaltensfunktionen erforderlich sind. Zur Kritik der Verhaltensweise der Gewinnmaximierung vgl. die grundlegende Arbeit von Hall, R.L., Hitsch, C.J., Price Theory and Business Behaviour, in: Oxford Economic Papers, Vol. 2 (1939), No. 2, S. 12-45. Untersuchungen zum Marktverhalten von Bodenanbietern liegen nicht vor.

[3] Vgl. die wegen der nicht mehr steuerspezifischen Aussagen skeptische Behandlung bei Timm, H., (1973), a.a.O., S. 123 ff.

[4] Die Übertragung impliziert eine für alle Grundstücke des Teilmarktes gleiche Wertsteigerung sowie einen gleichen Ausgangswert, so daß der Steuerbetrag als Steuer auf die Bodenmenge erscheint.

Instrumentarium verwendet[1]. Der Effekt der BWSt besteht in einer Linksverschiebung der Angebotsfunktion (bei konstanter Nachfragefunktion), die distributiven Konsequenzen werden folglich determiniert von der Preiselastizität des Angebots und der Nachfrage[2].
In der klassischen Analyse stand ein Extrem im Mittelpunkt: Ausgehend von der Unvermehrbarkeit des Grund und Bodens wurde die Angebotselastizität gleich Null gesetzt, woraus folgt, daß die BWSt nicht überwälzt werden kann. Die Elastizität der Nachfrage (El_N) ist dann (selbst bei $El_N = 0$) ohne Belang[3].

Nun ist entgegen den Annahmen der älteren Theorie wohl die gesamte Bodenmenge einer Volkswirtschaft, nicht jedoch das Angebot an unbebautem Bauboden völlig unelastisch[4], so daß im Rahmen dieses Modells das Verhältnis der Elastizitäten von Angebot und Nachfrage als Determinante des Aufteilungsverhältnisses der Steuer in den Mittelpunkt rückt: Je kleiner die Angebotselastizität im Verhältnis zur Nachfrageelastizität sein wird, um so stärker wird

---

[1] Zu dieser Übertragung vgl. Kahn, Ch.D., a.a.O., S. 92 ff. (der-allerdings methodisch unsauber - Ungleichgewichtszustände zu interpretieren sucht); Nowotny, E. (1973), a.a.O., S. 133-160, insbes. S. 154 f.; Somers, H.M., (1948), a.a.O., S. 226-232. Somers berücksichtigt die Wirkungen allerdings zweimal, zunächst als Anpassung an die Preisheraufsetzung durch die Anbieter, zum anderen, indem er auch die Nachfragekurve um den Steuerbetrag nach links verschiebt. Bei Recktenwald finden sich diese Abteilungen als "allgemeine Steuerüberwälzungsregel", ohne daß allerdings Voraussetzungen für die Übertragung auf konkrete Steuerformen angegeben werden; vgl. Recktenwald, H.C., (1966), a.a.O., S. 130 ff.

[2] Als formaler Ausdruck für das Ausmaß in welchem relative Preisänderungen relative Mengenänderungen hervorrufen.

[3] Da es hier nur um die Gewinnung allgemeiner Tendenzaussagen gehen soll, kann auf die Reproduktion der formalen bzw. graphischen Ableitung verzichtet werden. Vgl. hierzu die ausführliche Behandlung der formallogischen Ableitung bei Nowotny, E.,(1973), a.a.O., S. 133 ff.; der graphischen Ableitung bei Recktenwald, H.C., (1966), a.a.O., S. 130 ff.

[4] Es wäre allerdings unrealistisch davon auszugehen, daß Bauboden auch teilweise in Boden zu landwirtschaftlicher Nutzung zurückverwandelt wird. So etwa die Annahme bei Becker, A.P., (1969), S. 11-47, hier S. 19 f.

die Steuerbelastung die Eigentümer treffen (und vice versa)[1].

Aussagen zur tatsächlichen Höhe der Elastizitäten, von denen ja das Distributionsergebnis abhängen wird, lassen sich allerdings in der Empirie nur indirekt gewinnen, was nicht zuletzt auf die Schwierigkeiten zurückzuführen ist, die Preiselastizitäten überhaupt zu messen[2].
Was die Preiselastizität des Angebots betrifft, so deuten verschiedene Indizien dann auf eine begrenzte Mengenreduktion als Folge der Steuereinführung hin, was einer Elastizität des Angebots von $EL_N < |1|$ entsprechen würde, wenn der unrealisierte Wertzuwachs einer Besteuerung unterliegt: Die Steuer wird sofort fällig und erfordert entsprechende liquide Mittel. Die Finanzierungskosten der Steuerzahlung (Zinsen oder entgangene Gewinne einer anderweitigen Vermögensanlage) senken zudem den Barwert der zukünftigen Ertragszuwächse.
Anders bei der Veräußerungsgewinnsteuer, bei der dem Eigentümer nach wie vor die uneingeschränkte Zeitwahl der Veräußerung verbleibt[3].

Vorliegende Befunde zur Elastizität der Nachfrage aus unterschiedlichen Bereichen scheinen gerade in Sektoren mit wichtiger sozialpolitischer Funktion auf eine geringe Preiselastizität der Nachfrage hinzudeuten, während nach allem was man weiß, die Bodennachfrage für produktive Zwecke als sehr elastisch gelten kann:

- Die Analyse des Bodenmarktgeschehens in der BRD hat in den vergangenen Jahren bei den Bauträgergesellschaften als wichtiger Nachfragegruppe ein

---

[1] Vgl. Nowotny, E., (1973), a.a.O., S. 143 und 158 f.

[2] In einem dynamischen Modell muß beispielsweise bei der Bestimmung der Preiselastizität der Nachfrage das Einkommen der Bodennachfrager konstant gehalten werden, was bei Zeitreihenstudien die Ausschaltung von Einkommensänderungen einschließt. Dies würde jedoch eingehendere Informationen über die Einkommenselastizitäten der Nachfrage voraussetzen, und zwar wegen der Geldillusion auch dann, wenn es sich lediglich um nominale Einkommensänderungen handelt.

[3] Auf die Bedeutung dieser Unterschiede für die Beurteilung der konkreten Steuerform vgl. die Darstellung in Kap. V.

wenig preiselastisches Verhalten aufweisen können[1], so daß davon ausgegangen werden muß, daß hieraus mittelfristig Mietpreiseffekte entstanden sind.

- Die staatliche Bodennachfrage ist vielfach an bestimmte Standorte gebunden, was ihre Preisreagibilität erheblich einschränkt.

- Auch die Nachfrage nach Mietwohnungen wird von Spiethoff in einigen Bereichen als preisunelastisch qualifiziert[2].

- Die Preisreagibilität bestimmter (höherer) Einkommens- und Sozialschichten wird tendenziell durch das Bestreben eingeschränkt, Wohnungsausgaben und Wohnlage am Standard der betreffenden Gesellschaftsschicht auszurichten[3]. Preisänderungen können wegen dieses 'Demonstrationseffektes' somit zu geringen Mengenänderungen führen.

Von grundsätzlicher Bedeutung insbesondere für die Bereitstellung der gesellschaftlich gewünschten Infrastruktur ist die staatliche Bodennachfrage. Da die marktmäßige Allokation hier versagt, sind ergänzende Schutzmaßnahmen er-

---

[1] Wie aus Untersuchungen des Deutschen Städtetages hervorgeht, haben insbesondere die Wohnungsbaugesellschaften in der Vergangenheit häufig einen preistreibenden Einfluß ausgeübt, was sich darin ausdrückte, daß sie über dem Durchschnitt liegende Bodenpreise gezahlt haben. Vgl. DIE ZEIT, Nr. 14 v. 30.3.1973, S. 4: Wohnen bald ein Luxus? Dabei könnte neben den angeführten Gründen das Bestreben von Bedeutung gewesen sein, über die Beibehaltung einer bestimmten Betriebsgröße einen bestimmten Marktanteil zu halten.

[2] Spiethoff geht insoweit von einer gestaffelten Bodennachfrage aus, als nach seiner Ansicht die kleinste variable Mengeneinheit ein Raum darstellt. Allgemein müßte daher die Preisänderung sehr hoch sein (bei gegebener Wohnung = Miethöhe/Zimmerzahl) ehe sie eine Mengenänderung (den Verzicht auf einen Raum) auslöst, zumal hohe Mobilitätskosten ein Ausweichen auf andere Wohnungen behindern. Vgl. Spiethoff, A., a.a.O., S. 147. Folgt man der Argumentation von Spiethoff, so zeigt sich unter heutigen Bedingungen zunächst ein weit drastischeres Ergebnis: Der Verzicht auf ein Zimmer (bei entsprechender Preiserhöhung) setzt c.p. die anderweitige Verwertung - zumeist eine Untervermietmöglichkeit - voraus. Angesichts des allgemeinen Rückgangs der Untermiethaushalte heute eine unrealistische Voraussetzung.

[3] Für Krysmanski ist dieser Effekt um so stärker, je eindeutiger der Status einer Bevölkerungsschicht bestimmt ist. Auch Spiethoff betont die "gehobene gesellschaftliche Einheitlichkeit der Bewohner" als Lage- und damit Differenzierungsfaktor. Vgl. Krysmanski, R., Bodenbezogenes Verhalten..., a.a.O., S. 92; Spiethoff, A., a.a.O., S. 47 ff.

forderlich, die die Erreichung der vorgenannten Ziele sichern helfen. Diese
Nachfrageart wird im Folgenden deshalb auszuklammern sein. Die Problematik
der durch einen 'demonstration effect' eingeschränkten Wohnungsnachfrage
von Haushalten aus höheren Einkommens- und Sozialschichten kann in verteilungspolitischer Sich vernachlässigt werden[1].

Nähere Aufmerksamkeit ist den übrigen Befunden zu widmen. Hierbei erbringt
die Notwendigkeit, die Modellerfordernisse mit empirischen Tatbeständen zu
illustrieren, eine gegenüber den vorstehenden Thesen modifizierte Einschränkung. So war in der Vergangenheit die Preiselastizität der Bauträgergesellschaften wohl deshalb so gering, weil sie wegen bestehender Wohnungsdefizite und laufender Einkommensteigerungen davon ausgehen konnten, daß die
Preiselastizität von den Effekten der Einkommenselastizität überkompensiert
wird. Diese Erwartungen haben sich dann allerdings zum Teil nicht erfüllt
und treffen wegen der mittlerweile eingetretenen Befriedigung des Grundbedarfs an Wohnungen und der zu erwartenden Abschwächung, wenn nicht des Stops
der realen Einkommensentwicklung auch für die Zukunft auf ungünstige Rahmendaten.

Auch Spiethoffs These von der in weiten Bereichen unelastischen Nachfrage
kann nicht gefolgt werden. Die Wohnungsgrößenstruktur ist in einer Weise
durchmischt, daß zumeist[2] durchaus auch ohne Inkaufnahme einer nach Räumen
kleineren Wohnung Anpassungen erfolgen können[3], wenn dies auch in einigen

---

[1] Würde eine Weitergabe im Preis die meist ebenfalls in höheren Einkommensschichten einzuordnenden Bodeneigentümer begünstigen, so bliebe die personelle Einkommensverteilung gemessen etwa durch den Ginikoeffizienten unverändert.

[2] Eindeutig ohne diese Möglichkeit sind Haushalte mit geringem Einkommen, die ohnehin z.T. in Wohnungen unterhalb des gesellschaftlichen Standards leben. Diese Haushalte gehören wohl auch deshalb zu den am wenigsten mobilen Gruppen, weil sie in älteren, schlecht ausgestatteten Bestandswohnungen leben. Anpassungen, was die Ausstattung betrifft, stehen ihnen folglich nicht offen. Würden diese Haushalte ihre ohnehin unterdurchschnittliche Wohnungsgröße weiter einschränken, so muß dies in hohem Maße als sozial unerwünscht gelten. Es zeigt sich, daß die Nachfragereaktionen z.T. selbst wieder nur theoretisch realisierbar sind.

[3] Insbesondere der Neubaunachfrage, bei Betrachtung der Folgen einer Besteuerung unbebauten Grund und Bodens von Belang, stehen eine Reihe von Ausweichstrategien offen: z.B.: Ausweichen auf eine kleinere oder auf eine qualitativ schlechtere Wohnung des Bestandes. Damit würde sich in dem betreffenden Teilmarkt die Wohnungsnachfrage vermindern. Vgl. Walti, H., Die Bestimmungsfaktoren des Mietpreises unter besonderer Berücksichtigung der schweizerischen Verhältnisse. Diss. St. Gallen. Winterthur 1961, S. 126.

Fällen erhebliche soziale Härten bringen wird.
Vielfach läßt sich bei der Eigenheimnachfrage nach Boden eine Anpassung in Richtung auf ein räumliches Ausweichen beobachten. Hält diese Reaktion an, so wird auch auf bestimmten Teilmärkten eine erhebliche Nachfrageelastizität auftreten.

Damit haben sich Argumente auffinden lassen, die das Bestreben einer elastischen Nachfrage belegen, die allerdings erst oberhalb eines Schwellenwertes wirksam sein dürfte: selbst der rational handelnde Haushalt wird die diskontierte Preiserhöhung gegen die Mobilitätskosten abwägen.
Was darüberhinaus die Preiselastizität betrifft, so deuten die Untersuchungen von Muth für die Wohnungsnachfrage auf einen Wert von $|1|$ hin[1], was insbesondere bei Wohnungswechslern auch in der Bundesrepublik Deutschland gelten dürfte. Damit führen Änderungen der relativen Preise also zu einer proportionalen Änderung der mengenmäßigen Nachfrage. Im Ergebnis läßt sich somit ein schwach elastisches Angebot einer - bei nennenswerter Steuertarifhöhe - elastischen Nachfrage gegenüberstellen, woraus folgt, daß die BWSt zum Großteil von den Bodenanbietern zu tragen ist, die distributiven Ergebnisse somit im Sinne der vorgestellten Zielvorstellungen als erwünscht einzuschätzen wären.

Dieses Ergebnis gilt ohne Frage nicht bei Grund und Boden mit begrenzter Austauschbarkeit, oder wenn die Nachfrager auf bestimmte Grundstücke rekurrieren[2]. In solchen Fällen werden ergänzende Maßnahmen zu ergreifen sein. Zu denken ist bei Bodenbedarf für öffentliche Zwecke an Enteignungen, in anderen Fällen an preislimitierende Eingriffe[3].

---

[1] Vgl. Muth, R., Cities and Housing. The Special Pattern of Urban Land Use. Chicago 1969.
[2] Gehen wir im Grenzfall von einem (oder wenigen) Anbietern und einem relevanten Nachfrager aus, so wird sich die Marktform des bilateralen Monopols (oder engen Oligopols) bei Ausbeutungsposition des Anbieters auffinden lassen. Hier beeinflussen verschiedene Verhaltensweisen und Arten von Verhandlungsstrategien die endgültige Preisfindung. Vgl. Schneider, E., Einführung in die Wirtschaftstheorie. Teil II, 11.Aufl. Tübingen 1967, S. 384. Eine Steuer würde hier sowohl die Preisuntergrenze der (des) Anbieter(s) als auch die Obergrenze der (des) Nachfrager(s) beeinflussen und somit das Unbestimmtheitsintervall vergrößern. S.a. Fechner, H., Votum, in: Kommunalreferat der Landeshauptstadt München, Initiative ..., a.a.O. S. 104 ff.
[3] Vgl. Barnickel, H.H., Kartellgesetz und Bodenspekulation, in: Wirtschaft und Wettbewerb. 22. Jg., 1972, Heft 10, S. 624 ff.

Fall 3: **Nutzungsorientierte Bodeneigentümer**

Bodenwertzuwachssteuern können auch Bodeneigentümer treffen, die den Grund und Boden erworben haben (und ihn unbebaut vorhalten), um ihn selbst in Kombination mit anderen Produktionsfaktoren zu nutzen. Auch deren Kalkül kann durch die Steuer beeinflußt werden, so daß ihr Verhalten hier zu betrachten ist.
Insbesondere gilt diese Typisierung für

- Wohnungsbaugesellschaften, die im Interesse einer kontinuierlichen Bautätigkeit, aber auch zur Verbilligung ihres Grundstücksinput z.T. Grund und Boden bereits im Stadium der Bauerwartung erwerben, nicht zuletzt, um dabei Bodenwertzuwächse zu erzielen,
- Produktionsunternehmen, die zur Produktionserweiterung oder Verlagerung zusätzlich zur tatsächlich genutzten Betriebsfläche Grund und Boden halten.

Steigt der Grundstückspreis in steuerlich relevantem Maße, so kann dies aus mehreren Gründen zu einer Überprüfung der Investitionsentscheidung führen :

- Die zur Steuerzahlung erforderliche Liquidität kann aus Eigen- oder Fremdmitteln nicht gedeckt werden. Die Steuer beschleunigt deshalb u.U. die Bebauung der Grundstücke oder führt zu einer Veräußerung.
- Die zur (weiteren) Bodenhaltung erforderlichen Kosten (Kreditkosten, Eigenkapitalbindung, Steuern) lassen die weitere Grundstücksvorhaltung unrentabel erscheinen.

Wird das Unternehmen aber am Markt als Anbieter aktiv, so ist zu erwarten, daß es sich in seinem Verhalten an vermögensanlageorientierte Anbieter anlehnt. Deren Aussichten, den distributiven Effekten des Steuerentzugs ganz oder teilweise zu entgehen, wurden an anderer Stelle behandelt[1], sind hier also nicht erneut zu betrachten.

---

[1] Vgl. Fall 1 dieses Abschnitts.

Kapitel V: VERGLEICH DER WIRKUNGEN UNTERSCHIEDLICHER BODENWERTZUWACHS-
STEUER-FORMEN

In der Literatur wird in den Wirkungen unterschiedlicher Wertzuwachssteuern, insbesondere derjenigen auf realisierte und nichtrealisierte Gewinne, oftmals kein Unterschied gesehen[1]. Diese Folgerung basiert allerdings auf Analysen, die sich der Methode der komparativen Statik bedienen: Zwei Gleichgewichtszustände, derjenige vor und nach Steuerauflage werden unter Konstantsetzung aller nicht betrachteten Einflußgrößen verglichen. Methode und Ergebnisse wurden im Rahmen der allgemeinen Analyse dargestellt und analysiert[2].

Im Rahmen der komparativen Statik können Unterschiede in den Wirkungen von Steuern auf realisierte und solchen auf unrealisierte Bodenwertzuwächse auch vernachlässigt werden: hier wird angenommen, daß die Verhaltensweisen der Marktteilnehmer sich durch die Steuern nicht ändern. Mithin wird der Verkäufer bereits vor Einführung der Steuer den höchstmöglichen Gewinn zu erzielen suchen, so daß unter der Annahme gleicher Marktkonstellationen auch die Wirkungen c.p. als gleich anzusehen sein werden.

Eine bestimmte Analysemethode sollte aber nicht zu vorschneller Gleichsetzung der Wirkungen ganz unterschiedlicher Steuerformen führen. Differenzen in der Ausgestaltung von Bemessungsgrundlage, Häufigkeit der Erhebung und Tarif beeinflussen auch die Anpassungsreaktionen der Pflichtigen und sind daher differenziert zu analysieren.

Um Aussagen zu den unterschiedlichen Verteilungswirkungen der im Rahmen dieser Untersuchung näher betrachteten Steuerformen zu gewinnen, werden im folgenden die Ergebnisse von 'Impact - Incidence' - Analyse[3] und allgemeiner Analyse der effektiven Wirkungen[4] verknüpft. Unter Einbeziehung der Reaktionen der Marktteilnehmer können Unterschiede in der Steuerzahllast reformuliert zu einer Differenzierung der effektiven Wirkungen genutzt werden. Dabei erfolgt generell eine Unterscheidung nach Veräußerungsgewinnsteuern und Steuern auf nicht realisierte Gewinne.

---

[1] Vgl. Köppe, H., (1906), a.a.O., S. 3; Müthling,H.,(1965),a.a.O.,S. 9.
[2] Vgl. Kapitel IV dieser Arbeit.
[3] Vgl. Kapitel III, Abschnitt 3 dieser Arbeit.
[4] Vgl. Kapitel IV dieser Arbeit.

1. Subjektsteuer auf realisierte Gewinne im Rahmen der ESt

Die Beurteilung der Veräußerungsgewinnsteuer unter Wirkungsaspekten hat davon auszugehen, daß dem Steuerzahler in bezug auf den Veräußerungszeitpunkt c.p. das volle Gestaltungsrecht verbleibt, da die Besteuerung an die Liquiditätszuflüsse aus einem im Zeitpunkt variablen, vom Eigentümer gestaltbaren Veräußerungsakt anknüpft. Dieser Tatbestand beeinflußt distributive wie allokative Wirkungen.

1.1 Distributionseffekte

Die Verteilungswirkungen dieser Steuerform sind grundsätzlich unter den Einschränkungen der auf realisierte BWZ begrenzten Bemessungsgrundlage zu betrachten. In dieser Sicht bleibt der Umverteilungseffekt auf einen Teil der Wertzuwächse beschränkt. Jenen Bodeneigentümern, deren Grundstücke nicht "realisiert" werden, verbleibt der BWZ steuerfrei; entstandene, aber (noch) nicht realisierte BWZ können bis zum Realisierungszeitpunkt steuerfrei mobilisiert werden.

Für das Teilaggregat der aktuell realisierten Bodenwertzuwächse erschien ein Ergebnis der 'Impact - Incidence - Analyse' angesichts progressiver Tarifstruktur aber dann ein Umverteilungseffekt denkbar, wenn von den Ausnahmen der Steuerbemessung abgesehen wird[1]. Zu prüfen ist, ob dieses Urteil beibehalten werden kann, wenn die Anpassungsreaktionen der Bodeneigentümer einbezogen werden.

Grundsätzlich begünstigt die Veräußerungsgewinnsteuer eine Weitergabe im Preis des veräußerten Grund und Bodens:

- Da dem Eigentümer zumindest mittelfristig in der Regel die Möglichkeit verbleibt, den zeitlichen Anfall der Steuerzahllast zu bestimmen, kann eine günstige Marktsituation abgewartet werden, ohne daß ein die Dis-

---
[1] Vgl. Kapitel III, Abschnitt 3.1 dieser Arbeit.

positionen einschränkender Liquiditätseffekt befürchtet werden muß.

- Die Veräußerungsgewinnsteuer ist - zumindest bei Beziehern von abschätzbaren Einkünften - kalkulierbar. Somit kann die Steuerbelastung konkret bestimmt und bei der Preispolitik berücksichtigt werden.

Die zu erwartende Gesamtwirkung wird deutlich, legt man der Abschätzung die Hypothese der im Grundstücksmarkt oftmals anzutreffenden Verhaltensweise der Kaufpreisoption[1] zugrunde.
Hierbei setzt der Verkäufer einen bestimmten Preis (in dem die Veräußerungsgewinnsteuer berücksichtigt ist) fest. Der Käufer kann den Preis nicht beeinflussen, er kann nur zustimmen (zum Angebotspreis kaufen) oder ablehnen (nicht kaufen).
Das im Zeitablauf eher ansteigende Anspruchsanpassungsniveau der Bodennachfrage und die bei der Veräußerungsgewinnsteuer zu diagnostizierende Gesamttendenz einer Zurückbehaltung der Grundstücke durch den Eigentümer (mit Verknappungs- und damit Preisauftriebstendenz) läßt den Schluß zu, daß "verkäuferfreundliche" Marktkonstellationen aufzufinden sind. Damit spricht einiges dafür, daß es bei der Veräußerungsgewinnsteuer dem Eigentümer gelingen wird, die Steuerzahllast im Preis weiterzugeben.

Ein weiteres Indiz für eine Beeinträchtigung des Umverteilungszieles im Rahmen der Veräußerungsgewinnsteuer kann in der Begünstigung des kapitalstarken Urbesitzers gesehen werden: Wenn Bodeneigentümer in der Lage sind, die baureife Erschließung und Bebauung selbst vorzunehmen, können sie den zugewachsenen Bodenwert in eigener Regie "realisieren", ohne steuerpflichtig zu werden. Auf diese Weise erhöht sich der Vermögensbestand steuerfrei. Der Vermögendere wird in die Lage versetzt, Vermögensbildung aus unversteuertem Einkommen zu betreiben. Die Beschränkung der steuerlichen Erfassung der unrealisierten Gewinne versetzt also den ohnehin bereits Vermögenden in die Lage, weiterhin steuerfrei Vermögenswerte anzuhäufen.

Sehen wir von der in bestimmten Fällen vorgesehenen 'Übertragbarkeit stiller Reserven' (Roll-over) ab, so führt eine Besteuerung realisierter Gewinne auch bei weniger vermögenden Bodeneigentümern im Falle erzwungener Realisierung

---

[1] Vgl. näher: Kapitel IV, Abschnitt 2, Fall 2

zu distributionspolitisch tendenziell nachteilig einzustufenden Effekten. Eine Besteuerung entzieht Liquidität, so daß der Erwerb gleichartiger Objekte beeinträchtigt werden kann. Dieses Problem wird sich verschärfen, wenn die Veräußerungsgewinne auch inflationär bedingte Bestandteile enthalten.

Verteilungspolitisch unerwünschte Wirkungen können sich auch aus den Steuerumgehungsmöglichkeiten der Veräußerungsgewinnsteuer ergeben:

- Grundstücke, an denen in der Zukunft hohe Wertzuwächse erwartet werden, können (zu einem erhöhten Wert) in Kapitalgesellschaften eingebracht (oder im Ringtausch zwischen natürlichen Personen oder Personengesellschaften veräußert) werden. Bei einer späteren Veräußerung wird somit ein geringerer Wertzuwachs steuerpflichtig, als wenn das Grundstück im Eigentum des bisherigen Eigentümers verbleibt.

- Der Veräußerungsfall wird durch Nutzungsüberlassung umgangen.

- Möglichkeiten der Verminderung der Steuerbelastung und damit zu massiven Steuerumgehungen ergeben sich für Steuerpflichtige mit variablen Einkünften (insbesondere von Gewinneinkünften), die die Möglichkeit haben, den zeitlichen Anfall ihrer Einkünfte in gewissen Grenzen zu steuern. Da die Steuerbelastung des Veräußerungsgewinns vom ESt-Grenzsteuersatz des Realisierungsjahres abhängt, können für eine Realisierung entweder Veranlagungsjahre mit niedrigem Gesamteinkommen gewählt oder gezielt Einkünfte in andere Veranlagungszeiträume verschoben werden. Die Realisierung erfolgt dann in Veranlagungszeiträumen mit geringen sonstigen Einkommen, mit entsprechend niedrigem Grenzsteuersatz. Gehen wir davon aus, daß Steuerverschiebungen vor allem den Höherverdienenden möglich sein werden, so entstehen damit Steuerschlupflöcher, die unter distributiven Gesichtspunkten nicht tolerierbar sind.

Insgesamt zeigt sich, daß eine umfassende Besteuerung realisierter Gewinne die Bodenwerte allgemein zwar weitgehender als bisher in die Besteuerung einbezieht und daß auch die Steuerbelastungswirkung begrenzte Umverteilungswirkungen nicht ausschließt. Da andererseits aber die Angebotsbeschränkungen aufrecht erhalten werden, muß weiterhin von einem Verkäufermarkt ausgegangen werden. Die sich ergebenden Überwälzungsmöglichkeiten begünstigen mithin den jetzigen Eigentümer. Da sich auch die Steuerausweichung weit einfacher als bei der BWSt auf unrealisierte Gewinne gestaltet, sind die Verteilungseffekte insgesamt somit als nicht zielkonform anzusehen.

1.2 Allokationseffekte

Da bei einer Veräußerungsgewinnsteuer dem Eigentümer im Grundsatz das volle Gestaltungsrecht in bezug auf den Veräußerungszeitpunkt verbleibt[1], sind Wirkungen in Richtung auf eine Verflüssigung des Angebotes nicht zu erwarten. Andererseits besteht in der Literatur aber die weitgehend einhellige Auffassung, daß die Realisierung infolge des Steueranfalls hinausgeschoben wird und somit die Gefahr eines 'Boden-Locking-in' besteht[2].

Diese Einschätzung erfährt eine nähere Begründung und Bestätigung, bezieht man die Verhaltensweisen der Anbieter mit ein. Unter Zugrundelegung der wahrscheinlichen individuellen Zielsetzung, nämlich zu versuchen, einer Vermögenseinbuße durch die Besteuerung weitgehend zu entgehen, verstärkt sich die Zurückbehaltungstendenz: Der im Rahmen dieser Strategie günstigste Verkaufszeitpunkt liegt dann vor, wenn mit einiger Sicherheit davon ausgegangen werden kann, daß eine Weitergabe der Steuer im Preis möglich wird.
Dies rechtfertigt ein Vorgehen, durch Abwarten eines günstigen Realisationszeitpunktes eine Weitergabe der dann zu erwartenden Steuer im Preis zu ermöglichen[3].

---

[1] Dies gilt im Grundsatz auch für die Modifizierungen durch "Roll-over", Vorzugsbehandlung und Averaging.

[2] Vgl. aus der umfangreichen Literatur Seltzer, L.H., a.a.O., S. 103 u. 284; David, M., Alternative Approaches..., a.a.O., S. 198 ff.; Holt, C., Shelton, J.P., The Lock-in Effect of the Capital Gains Tax, in: NTJ 1962, S.337-352; Brown, J.A., The Locked-in Problem, in: Joint Committee on the Economic Report, Federal Tax Policy for Economic Growth and Stability. 84 th Cong., 1st Sess. (1959), S. 367-381; Royal Commission on Taxation of Canada (Carter Commission), a.a.O., Bd.3, S.341 ff. Vgl. neuerdings: Wissenschaftlicher Beirat beim BMF, Gutachten Bodenwertzuwachsbesteuerung..., a.a.O., S.74 ff.

[3] Das durch die Wahl der Bemessungsgrundlage 'Veräußerungsgewinn' vorgegebene Gestaltungsrecht erleichtert die Weitergabe im (späteren) Verkaufspreis. Gerade dies bedingt eine allokativ bedeutsame Zurückbehaltung als wahrscheinliche Strategie; vgl. Pfeiffer, U., (1972), a.a.O., S. 81.

Ein Beispiel mag dieses wahrscheinliche Verhalten verdeutlichen:

Ein Grundstückseigentümer, der z.B. nicht kapitalkräftig genug ist, um selbst die Nutzungsänderung vorzunehmen, gehe von der Zielsetzung aus, einen bestimmten Grundstücksgewinn nach Steuern zu erzielen. Dies schließt ein, daß der nicht nur alle ihm möglichen Steuerumgehungsmöglichkeiten ausschöpft, sondern sich auch den für ihn günstigsten Verkaufszeitpunkt auswählen wird. Dies bedeutet aber, daß die für ihn vorteilhafteste Verhaltensweise in einer Zurückbehaltung des Grundstücks besteht, so daß folglich die Mobilitätszielsetzung verletzt wird.

In Anlehnung an übliche Praktiken setzt der Verkäufer den für ihn angemessenen Preis aufgrund der Informationen etwa von Maklern fest, schlägt seine Steuer auf den Preis auf und wartet ab, bis sich etwa die Verhältnisse auf dem Grundstücksteilmarkt für ihn so günstig entwickeln, daß er einen möglichst großen Teil seiner Steuern überwälzen kann[1]. Die sich ergebende Zurückhaltung des Grund und Bodens wird das Bodenangebot tendenziell vermindern. Weil auf diese Weise gesamtwirtschaftlich an sich notwendige Anpassungen unterbleiben, kann gefolgert werden, daß 'the optimum use of capital assets' verhindert wird[2]. Damit ergibt sich ein der allokativen Zielsetzung der Besteuerung entgegengesetzter Effekt.

Daraus muß der Schluß gezogen werden, daß keineswegs nur im Wege einer Veräußerung realisierte Änderungen der Bodenwerte in die Besteuerung einbezogen werden dürfen, "... weil sonst Böden, (...) deren Wert stark gestiegen ist[3], zwecks Steuervermeidung auch dann nicht verkauft werden, wenn andere sie günstiger nutzen könnten und einen hohen Preis dafür böten[4]".

Es ist leicht einzusehen, daß eine solche Folge nicht nur bodenpolitisch fatal wäre: regionale und strukturelle Anpassungen würden unterbleiben[5].

---

[1] Der Verwirklichung dieser Verhaltensweise stehen auch keine nennenswerten Einschränkungen der Liquiditätserfordernisse entgegen, da in vielen Fällen mit höheren Wertsteigerungen gerechnet werden kann, die die Opportunitätskosten der entgangenen laufenden Verzinsung ausgleichen können.

[2] Vgl. Seltzer, L.H., a.a.O., S. 105.

[3] Die somit, da Bodenpreisänderungen in der Regel als Index von erwünschten Nutzungsintensivierungen bzw. Nutzungsänderungen gelten können, auch bodenpolitisch von besonderem Interesse sind.

[4] Vgl. Möller, H., a.a.O., S. 46.

[5] Unterbleiben werden z.B. auch Anpassungen der Grundstückseigentümer an veränderte Nutzungsmöglichkeiten der Grundstücke - soweit diese nicht ohne Realisation vorgenommen werden können. Denn häufig erfordert dies eine Zusammenfassung vorhandener Grundstücke zu größeren Einheiten, also Transaktionen wegen der Zersplitterung des Grundeigentums. S.a. Möller, H., a.a.O., S. 46.

In der steuerpolitischen Diskussion werden deshalb Maßnahmen aufgeboten, die diese Nebenwirkungen verhindern, die Besteuerung auf der Basis des Realisierungskonzeptes somit retten sollen. Zwei Arten von Maßnahmen werden diskutiert:

(1) Die Möglichkeit einer steuerfreien Übertragung stiller Reserven (Roll-over) und

(2) die Steuerermäßigung.

Auf die Problematik dieser Maßnahmen soll im Folgenden eingegangen werden.

1.3 Zur Problematik von Maßnahmen zur Beseitigung eines 'Locking-in' des Bodenangebotes

1.3.1 Zur Problematik von Roll-Over - Regelungen

Regelungen, die zur 'Entblockung' des Bodenangebotes eine steuerneutrale Übertragung realisierter Wertzuwächse vorsehen, sind zuletzt von der Steuerreformkommission 1970 umfassend gewürdigt worden. Das Gremium gutachtet:

"Die Verlagerung der Besteuerung der stillen Reserven bei Übertragung auf ein anderes Investitionsgut ist der sachgerechteste und zugleich wirksamste und sparsamste Weg um die gewünschten Wirkungen zu erzielen[1]".

Eine Etikettierung als 'sachgerecht' und 'sparsam' müßte sich allerdings ausgehend von konkreten wirtschaftspolitischen Zielen ergeben; die "Wirksamkeit" hängt vom Kriterium ab. Dies aber wird von der Kommission im einzelnen gar nicht oder nur unzureichend überprüft[2]: So finden etwa die Verteilungswirkungen keine Berücksichtigung[3], was Kritiker des Kommissionsbe-

---

[1] Vgl. Steuerreformkommission 1971, Gutachten 1971...,a.a.O.,S. 76.

[2] Da die Vorschläge der Steuerreformkommission auf eine Ausweitung der bisherigen Regelungen hinauslaufen, kann die Kritik am Istzustand analog Anwendung finden.

[3] Vgl. Albers, W., Das deutsche Einkommensteuersystem in der Diskussion, in: Wirtschaftswoche Nr. 27 v. 2.7.1971, S. 34.

richts als "allgemeine Tendenz" des Gutachtens ansehen[1].
Folgende Fragen sind also zu beantworten: Werden die angestrebten allokativen Ziele tatsächlich erreicht, welche Verteilungswirkungen ergeben sich; wie steht es mit der Verwirklichung des Gleichbehandlungsgebotes?

(1) Die allokative Problematik

Wird das Allokationsziel mit dem Operationsziel, die Mobilisierung des Grundstücksangebotes, wenn nicht zu steigern, so doch nicht zu beeinträchtigen, identifiziert, so könnte man vordergründig zu dem Ergebnis gelangen, daß eine Roll-over-Regelung folgendem Allokationsziel dient. Durch die steuerliche Neutralisierung der Bodengewinne wird ein 'Locking-in' vermieden, das Angebot somit gegenüber der reinen Veräußerungsgewinnsteuer erhöht werden. Durch die Möglichkeit der steuerneutralen Übertragung auf Ersatzwirtschaftsgüter entfällt der Anreiz zu einer Zurückbehaltung des Grundstücks.

Eine differenziertere Analyse müßte jedoch der Frage nachgehen, ob das betrachtete Instrument zu einer gewünschten Bodennutzung führt, also welche Grundstücksnutzung wo aufgegeben, welche Flächen als Ersatzland erworben werden. Die Frage ist dann jeweils, ob die Handlungen mit den herrschenden Stadtentwicklungs- und regionalpolitischen Zielen übereinstimmen[2].
Erste Indizien für eine allokationspolitische Fragwürdigkeit des Instruments bietet die Tatsache, daß die Inanspruchnahme der Roll-over-Regelung - sollen ihre praktischen Vorteile zum Tragen kommen - grundsätzlich unabhängig vom Nachweis der <u>Notwendigkeit</u> der Veräußerung (also z.B. der Standortverlagerung) möglich ist. Der Zweck der Veräußerung ist steuerlich unerheblich; er kann z. B. ausschließlich darin bestehen, die angesammelten Bodengewinne

---

[1] W. Albers kritisiert die insoweit "einseitige Betrachtungsweise" der Kommission; vgl. ebenda, S. 34. Interessant ist in diesem Zusammenhang auch die Bemerkung von Eberhard Littmann, der die betreffende ESt-Vorschrift als "Kapitulation des Gesetzgebers vor den Lobbyisten" bezeichnet hat. Littmann, E., Kommentar zum Einkommensteuergesetz, 8.Auflage, Stuttgart 1968.

[2] Die Betrachtung greift über die in Kap. II formulierte vorläufige Fassung des Allokationsziels hinaus, um die Wechselbeziehungen mit den über Planungsprozesse vermittelten Bodennutzungsentscheidungen aufzuzeigen.

steuerfrei zu mobilisieren[1]. In einem engen Zusammenhang hiermit stehen die Abgrenzungsprobleme zu den Geschäften von Grundstücksgesellschaften, die die Grundstücke als Kapitalanlagegüter halten[2].

Damit kann die Regelung zu einer Verstärkung der 'Entmischung' der Stadtfunktionen führen. Auch Unternehmen, deren Verbleib im Stadtgebiet z.B. aus verkehrspolitischen oder städtebaulichen Erwägungen (Mischung der Stadtfunktionen) erwünscht ist[3], werden angereizt, ihren Standort zu verlagern, um dabei zusätzliche Finanzmittel zu mobilisieren.
Diese stadtpolitischen Einwände werden ergänzt von Ansatzpunkten der Kritik, die sich aus den raumordnerischen Zielen ergeben:
Wie ein Beispiel zeigt, werden die Unternehmen durch die Roll-over-Regelung angereizt, als Ersatzland mehr Boden anzukaufen, als sie an sich benötigen würden[4].
Nehmen wir an, ein Industrieunternehmen, das bisher im Stadtgebiet residiert, plane eine auch betriebswirtschaftlich erwünschte Umsiedlung ins Umland. Das bisherige Betriebsgrundstück kann, wenn es im Stadtgebiet für Wohnbauzwecke geeignet ist, für ca. 110,- DM/qm veräußert werden (bei 5.000 qm somit ein Veräußerungserlös von DM 550.000,-). Es hat aber nur einen Buchwert von DM 20.-/qm. Somit ergibt sich ein Veräußerungsgewinn von 450.000,-- DM. Demgegenüber sind die Grundstückspreise im Stadtumland erheblich niedriger, sie betragen 10 - 20 DM/ qm[5]. Ausgehend davon, daß eine im Vergleich zur alten

---

[1] Vgl. Littmann,E., a.a.O., S. 757.

[2] Vgl. Wissenschaftlicher Beirat beim BMF, Gutachten 1967..., a.a.O., S. 26. Damit werden Investitionen weiterhin disproportional in Bereiche gelenkt, die besondere Wertsteigerungen erbringen. Diese Auffassung steht im Gegensatz zu Sandford, C.T., Taxing Personal Wealth. London 1971, S. 230.

[3] Das Verbleiben im Stadtgebiet kann bei "nicht störendem Gewerbe" zur Erhaltung einer Nutzungsmischung erwünscht sein, steht jedoch im Gegensatz zu einem der gegenwärtigen Bodenordnung zuzuschreibenden "Entmischungsprozeß". Dieser Entmischungsprozeß wird tendenziell verstärkt. Grundsätzlich kann die BWSt allerdings nur die Marktallokation beeinflussen. Soweit nicht marktmäßige Faktoren und Zielsetzungen von Belang sind, sollten andere Instrumente eingesetzt werden. Vgl. dazu Kap X, Abschnitt 3.

[4] Vgl. u.a. Nell-Breuning, O.v., (1972), a.a.O., S. 12.

[5] Der folgenden Berechnung werden DM 15,-- zugrundegelegt.

Betriebsstätte extensivere Nutzung vorgenommen werde (Flachbauweise statt 2-geschossig), und eine Expansion der Nutzfläche um 100 % angestrebt oder als Wachstumsreserve vorgesehen sei, so ergibt sich ein Bedarf von 20.000 qm, multipliziert mit dem qm-Preis somit 300.000,-. In diesem Fall müßten DM 150.000 versteuert werden, bei einem Steuersatz von 56 %, somit DM 84.000,-.

Durch die Roll-over-Regelung wird das Unternehmen indes angereizt, auch den restlichen Betrag in Grundstücken anzulegen. Sie kauft somit an sich gar nicht benötigte zusätzliche Grundstücke, was als Verschwendung von Grundflächen im Randbereich der Städte interpretiert werden kann. Die Mehrnachfrage führt zur Bildung von Baulanderwartungswerten[1] und vermindert tendenziell die Preiselastizität der Nachfrage.

Für Nell-Breuning ist es deshalb begreiflich, daß die Landesplaner die Roll-over-Regelung verwünschen[2]. Die nähere Behandlung ergab aber auch stadtplanerische Kritik.

Es zeigt sich, daß die Roll-over-Regelung ihrem Anspruch, die allokativen Mängel der Besteuerung von Wertzuwächsen auf der Basis des VG-Konzepts zu beseitigen, nicht gerecht wird.

(2) Distributive Problematik

Auch aus verteilungspolitischer Sicht sind erhebliche Einwände gegen die 'Roll-over-Regelung' anzubringen. Beim Grund und Boden führt ein Roll-over zu langfristigen Gewinnverlagerungsmöglichkeiten, die um so ausgedehnter ermöglicht werden, je finanzkräftiger das jeweilige Unternehmen bzw. der Steuerzahler ist. Steuerzahler (Betriebe), die aufgrund anderweitiger Einkünfte oder Finanzierungsmittel in der Lage sind, die beim Verkauf erlösten Mittel erneut in Grund und Boden anzulegen, erhalten einen Steuerkredit bis zum ökonomischen Horizont des Unternehmens. Die Steuer wird erst fällig bei einer späteren Auflösung des Betriebes, vorausgesetzt, daß nicht erneut eine Ge-

---

[1] Nell-Breuning, O.v., (1972), a.a.O., S. 12.
[2] Nell-Breuning vertritt die Auffassung, daß im Gegensatz zu den Landesplanern die Stadtplaner die Vorschrift rühmen würden- vgl. ders. (1972), a.a.O., S. 12 - die Analyse ergab jedoch auch stadtplanerische Probleme.

winnverlagerung vorgenommen wird. Damit kann - abgesehen von den erheblichen
Zinsgewinnen - eine von der Besteuerung auf unabsehbare Zeit nicht zu beeinträchtigende Vermögensakkumulation betrieben werden. Denjenigen Bodeneigentümern, die in der Lage sind, ihren Betrieb fortzuführen, wird ein
Steuerkredit bis zum ökonomischen Horizont des Unternehmens verschafft, was
in vielen Fällen einseitig die Vermögensbildung und Vermögenskonzentration
in den Händen von wirtschaftlich leistungsfähigen Unternehmen begünstigen
wird[1].

Werden die Mittel demgegenüber für den Erwerb anderer Wirtschaftsgüter benötigt, so wird der Veräußerungsgewinn sukzessive über die im Zeitraum der
Lebensdauer des Wirtschaftsgutes verminderten Abschreibungen steuerlich erfaßt[2]. Die Roll-over-Regelung stellt also hier nur einen zinslosen - je
nach AfA-Dauer - zeitlich begrenzten Steuerkredit bereit. Am ungünstigsten
sind die Wirkungen für den Unbemittelten, der den Veräußerungserlös zur Bestreitung seines Konsums benötigt und somit zu einer Realisierung ohne gleichzeitigen Erwerb von übertragungsfähigen Ersatzwirtschaftsgütern gezwungen
wird: Hier wird der Veräußerungsgewinn sofort steuerlich relevant, da die
Roll-over-Regelung aus wirtschaftlichen Gründen nicht angewendet werden kann.

Hat der Steuerpflichtige aber die Möglichkeit, Ersatzwirtschaftsgüter anzuschaffen und hat er die Wahl zwischen verschiedenen Reinvestitionsgütern, so
bietet ihm die Wiederanlage in Grund und Boden das umfassendste Steuerschlupfloch.

Eine Konsequenz besteht bei Verfolgung des Einkommensverteilungsziels deshalb
in der Notwendigkeit, diese Vermögensakkumulation durch ergänzende Maßnahmen
zu begrenzen[3]: Neben Erbschaftssteuern auf der Basis der Marktpreise generell,

---

[1] Vgl. Littmann, E., a.a.O., S. 747.

[2] Hierbei sind kontinuierlich investierende (also in der Regel große) Unternehmen, die laufend Gewinne machen, im Vorteil. Vgl. z.B.,Giersch,H.,Strategien der Wachstumspolitik,in:ZfgSW Bd.119 (1963),S.239-262,hier S.258.

[3] "If gains were not recognized at death, roll-over would mean zero taxation of capital gains...".David,M.,Alternative Approaches...,a.a.O.,S.205. In der angelsächsischen Diskussion wird eine "presumptive realisation", eine in Abständen zu erfolgende Besteuerung der in der Zwischenzeit entstandenen Wertzuwächse diskutiert. Eine solche Regelung hat gegenüber der Erbschaftssteuer den Vorteil, auch direkt die Kapitalgesellschaften zu erfassen und so deren Wettbewerbsvorteile abzubauen. Zu einer Diskussion dieser Problematik und der Möglichkeit mit Hilfe der Erbschaftssteuer Einfluß zu nehmen, vgl. auch Wissenschaftlicher Beirat beim BMF, Gutachten 1967..., a.a.O., S. 76 ff.

kommen im Fall der Grundstücksgewinne auch periodische Wertzuwachssteuern in Frage, wobei allein Maßnahmen zielgerechte Ergebnisse liefern, die ein Anknüpfen an die nicht realisierten Werte implizieren[1]. Ohne diese Ergänzung sind schwere Beeinträchtigungen der Umverteilungsziele zu erwarten.

In welchem Ausmaß die Roll-over-Regelung den herrschenden verteilungspolitischen Zielen widerspricht zeigt sich darin, daß auch derjenige Grundstückseigentümer, der den Erlös erneut in Grundstücken investiert hat, die Veräußerungsgewinne dennoch finanztechnisch für investive oder konsumptive Zwecke mobilisieren kann: Es bietet sich die Möglichkeit, Kredite aufzunehmen.

Es wird somit auch dann keine Besteuerung vorgenommen, wenn das Netto-Vermögen des Steuerzahlers sich vermindert[2]. Unter verteilungspolitischem Aspekt ist der Frage nachzugehen, ob eine Besteuerung des Veräußerungsgewinns die Substanz des Unternehmens vermindert[3], einem Argument, das vor allem von einzelwirtschaftlich orientierten Autoren verwendet wird: Von einem Substanzverlust wird im konkreten Fall ausgegangen, wenn der Steuerpflichtige nach Besteuerung außerstande ist, gleichwertige Ersatzgrundstücke zu erwerben. Ein Beispiel mag die Argumentation illustrieren:

Ein Unternehmen veräußere ein Betriebsgrundstück, wobei das Verhältnis von Buchwert zu Marktpreis 1/5 betrage, so daß die Veräußerung einen Gewinn von 80 % des Marktwertes erbringt. Bei einem Durchschnittstarif von 53 % werden somit 42,4 % des gegenwärtigen Marktwertes als Steuer abzuführen sein.

Verliert das Unternehmen - wie das behauptet wird - tatsächlich rd. 40 % seiner Substanz[4]?

---

[1] Sieht man eine solche Maßnahme als notwendig an, so wäre, wie schon angeführt, bei allen Alternativen gegenüber dem Ist-Zustand eine Verbesserung der Bewertung des Grund und Bodens notwendig, vor allem, da gegenwärtig vor allem die Bewertungsvorschriften beim Grund und Boden Disparitäten innerhalb der verschiedenen Grundstücksarten und eine erhebliche Bevorzugung gegenüber anderen Vermögensarten erkennen lassen. Entgeht man also bei der Realisationssteuer zunächst der Crux des Bewertungsproblems, so erscheint zur Erzielung einer gerechten Besteuerung eine Verbesserung der Bewertung unabdingbar. Vgl. dazu Kap. IX dieser Arbeit.

[2] Vgl. David, M., Alternative Approaches...,a.a.O., S. 205.

[3] Vgl. Steuerreformkommission 1971, Gutachten 1971,a.a.O., S. 68 f.

[4] Vgl. Lainer, D., a.a.O., S. 18.

Dem Argument könnte im Sinne einer realen Interpretation der Substanzerhaltung[1] nur dann gefolgt werden, wenn die vergleichbaren Ersatzgrundstücke auf einem vergleichbaren Preisniveau gehandelt würden und ähnliche Preissteigerungsraten aufgewiesen hätten, der Veräußerungsgewinn, der am bisherigen Betriebsgrundstück erzielt wurde, somit für den Ankauf eines Ersatzgrundstückes be- benötigt wird.

Tatsächlich realisieren die Unternehmen jedoch weit höhere Preise für alte Grundstücke (die meist in den Zentren liegen) als sie aufwenden müssen, um die in der Regel am Stadtrand gelegenen Ersatzgrundstücke zu erwerben. Nur wenn die Standortverlagerung in Bereiche mit vergleichbarem Preisniveau erfolgt, oder wenn die aufgedeckten stillen Reserven ausschließlich inflationär bedingt sind[2], kann somit von einem Substanzverlust gesprochen werden[3].

Verstöße gegen das Gleichbehandlungsgebot können zunächst in der bereits angeführten steuerlichen Differenzierung nach der Art der Wiederanlage/Verwendung des Veräußerungsgewinns gesehen werden.
Derjenige Steuerpflichtige, der seinen Veräußerungsgewinn erneut in Grund und Boden anlegt, wird eindeutig bevorzugt. Die Vermögensbildung aus Kapitalgewinnen wird weiterhin begünstigt.

Während bei den Steuerzahlern, die gewöhnliche Einkommen beziehen, das Einkommen unabhängig von der Verwendung besteuert wird[4], ist der nicht konsumierte Einkommensbestandteil bei den Veräußerungsgewinnen steuerfrei. Ähnliches gilt für die Desinvestition: Verkauft der Steuerpflichtige ein Grundstück bei Betriebsaufgabe und transferiert die Mittel in sein Privatvermögen, so kann er allenfalls einem ermäßigten Steuersatz unterliegen, der die Progressionswirkung ausschaltet, der Gewinn wird indes steuerlich vollständig erfaßt.

---

[1] Eine reale Interpretation des Prinzips der Substanzerhaltung muß sich auf ein real gleichbleibendes Güterbündel beziehen: Für Grundstücke bedeutet dies, daß das Unternehmen in der Lage sein muß, ein dem Betriebszweck angemessenes gleichartiges Grundstück zu erwerben.

[2] Vgl. zu diesem besonderen Problem die Darstellung in Kap. VIII dieser Arbeit.

[3] Wie schon angeführt ist es fast die Regel, daß die Grundstücke für neu angesiedelte Unternehmen eine Subventionierung durch die Gemeinden erfahren.

[4] Vgl. Goode, R., (1964), a.a.O., S. 217 f.

1.3.2 Steuerermäßigungen und ihre Problematik als Instrument zur Bekämpfung eines 'Locking-in' des Bodenangebotes

Statt eines Roll-over zur Bekämpfung des Locking-in Effekts einer Realisationsbesteuerung schlägt u.a. der Beirat eine Besteuerung der langfristigen sonstigen Veräußerungsgewinne mit dem Durchschnittssteuersatz der gewöhnlichen Einkünfte des entsprechenden Jahres vor[1]. International ist auch diese steuerliche Ausgestaltung bereits heute gebräuchlich[2]. Neben einer Verhinderung der Übersteuerung kann die Steuerermäßigung hier somit auch in allokativer Hinsicht von Bedeutung sein.

Wegen der nur unzureichenden Abgrenzbarkeit der Kapitalgewinne erbringt jede Steuerermäßigung das Problem von Ungleichbehandlung der Pflichtigen. Gewöhnliche Einkünfte werden durch entsprechende Manipulationen als allgemeine Kapitalgewinne oder als Bodenwertzuwächse anfallen und so einer niedrigen Besteuerung unterliegen. Da sowohl der Anreiz als auch die Möglichkeit, solche Manipulationen vorzunehmen, mit zunehmendem Einkommen, steigendem Anteil der Kapitaleinkünfte und steigendem Steuersatz zunehmen, werden die Vorteile einer solchen Regelung mithin von Beziehern hoher und höchster Einkommen in weit stärkerem Maße steuermindernd nutzbar gemacht werden können, als von Beziehern von Durchschnittseinkünften, zumal die beschriebenen Umwandlungsvorgänge bei den Einkünften in der Regel bestimmte Mindestkapitale erfordern[3].

Nach dem Vorschlag des Beirats führt diese Manipulation indes nur zu geringen Ergebnissen. Durch die Koppelung an den Durchschnittssteuersatz der 'gewöhnlichen' Einkünfte kann aber insbesondere der Gewinneinkommensbezieher entsprechende Verschiebungen vornehmen und die steuerliche Erfassung auf den Mindestsatz von 25 % beschränken[4].
Indem aber die Höherverdienenden in besonders starkem Maße von der Regelung

---

[1] Vgl. Wissenschaftlicher Beirat beim BMF, Gutachen 1967, a.a.O., S. 25; in der US-Literatur werden andere Steuersätze vorgesehen. Vgl. zur Darstellung und Kritik der Sonderbehandlung allgemein, David, M., Alternative Approaches..., a.a.O., S. 38 ff.

[2] Vgl. die Regelungen in Frankreich, Dänemark, Niederlande, Belgien. Näheres Anhang 2 dieser Arbeit.

[3] Vgl. Seltzer, L.H., a.a.O., S. 122; Goode, R., (1964), a.a.O., S. 195.

[4] Wissenschaftlicher Beirat beim BMF, Gutachen 1967, a.a.O., S. 25.

profitieren, wird der Durchschnittssteuersatz auf das Gesamteinkommen der
Bezieher höherer Einkommen vermutlich sinken, so daß die tendenziell politisch gewünschte Progression der Einkommensteuer verfälscht wird.
Außer in distributiver ergeben sich auch in allokativer Hinsicht Einwände
gegen die Regelung: Die vorgestellte Ermäßigung würde die Bodenanlage oder -
bei allgemeiner Einbeziehung von Kapitalgewinnen in die Einkommensteuer -
die wertzuwachsorientierten Anlagen allgemein bevorzugen. Für die Bodenanlage
würde dies bedeuten, daß es weiterhin besonders profitabel wäre, Boden zu
halten, die Steuer würde weiterhin den Bodenmarkt verzerren. Eine Entspannung
des Bodenmarktes würde mithin nicht eintreten.

Allgemein läßt sich mit M. David feststellen, daß eine Vorzugsbehandlung der
Kapitalgewinne zu einer zunehmenden Umlenkung von Investment-Aktivitäten in
steuerlich begünstigte Bereiche und zu einer abnehmenden Gleichbehandlung
im Steuersystem führen wird[1]. Dabei räumt David aber ein, daß Grundstückstransaktionen weniger stark von steuerlichen Überlegungen beeinflußt würden
als andere Vermögenstransaktionen, da sie häufig mehr zur Erzielung laufender
Einkommen dienen[2].
Dieser Vorbehalt kann für die Situation der BRD nicht unbedingt übernommen
werden, seine Einräumung gilt für 'real estate', also allgemein für unbebaute
und bebaute Grundstücke, wobei nicht ganz klar wird, inwieweit aus erworbenen unbebauten Grundstücken laufendes Einkommen gezogen werden kann, sieht
man von der landwirtschaftlichen Nutzung ab.

---

[1] Vgl. David, M., Alternative Approaches..., a.a.O., S. 200.
[2] Ebenda.

2. Wirkungen von Bodenwertzuwachssteuern auf unrealisierte Gewinne - Vergleich von Objekt- und Subjektsteuerlösung

2.1 Distributionseffekte

Die BWSt auf unrealisierte Gewinne zeichnet sich durch die Unabhängigkeit der Steuerfälligkeit von den Dispositionen der Bodenanbieter aus, was in zweifacher Hinsicht distributiv als vorteilhaft einzuschätzen ist:

1. Zunächst wird durch den in der Regel[1] sofortigen Liquiditätsentzug die Möglichkeit des Steuerpflichtigen eingegrenzt, ohne nennenswertes Risiko[2] eine für ihn als Bodenanbieter vorteilhafte Marktkonstellation abzuwarten. Auf einzelnen Teilmärkten ist es durchaus möglich, daß zeitweilige Knappheit besteht, die dem Anbieter Preissetzungsspielräume eröffnet[3];

2. gleichzeitig entsteht auch nicht die Gefahr, daß der Steuerpflichtige[4] den zeitlichen Anfall des Einkommens und der Steuerpflicht des Wertzuwachses so koordiniert, daß die Steuerpflicht in Steuerabschnitten mit niedrigem normalen Einkommen erfolgt: denn bei der BWSt auf unrealisierte Gewinne hat der Steuerpflichtige naturgemäß keinen Einfluß auf den zeitlichen Anfall der Abgabe[5].

Unterschiede in bezug auf die effektiven Wirkungen ergeben sich ausgehend von Unterschieden bei Tarifverlauf und Frequenz der Erhebung[6]:

---

[1] Vorausgesetzt, es besteht keine Steuerstundung.

[2] Das Risiko wird in bezug auf die zu entrichtenden Steuerbeträge und die dadurch ausgelöste Minderung der zukünftigen Erträge u.a. um so mehr zunehmen, je höher der BWZ besteuert wird.

[3] Vgl. zu dieser Problematik Kap. I, Abschnitt 2.1; Kap. IV, Abschnitt 2.

[4] Wie dies bei der Verkaufssteuerlösung im Grundsatz möglich ist, vgl. Abschnitt 1.

[5] Auf die Möglichkeit, den Bezugssteuersatz im Rahmen der ESt zu senken, wurde in Kap. III, Abschnitt 3.1, 3.3 eingegangen.

[6] Bei den in die Diskussion eingebrachten Objektsteuern wird ein größerer Abstand zwischen den Bewertungsstichtagen vorgesehen.

Die Höhe der steuerlichen Abschöpfung hat generell Bedeutung für den Liquiditätseffekt: Je stärker c.p. der Tarif greifen wird, um so mehr ergeben sich Tendenzen für eine verstärkte Mobilisierung und dabei Preissenkungen auf den Grundstücksmärkten.

Setzen wir voraus, der Bodeneigentümer wird bei Einführung der BWSt versuchen, der steuerbedingten Liquiditätsklemme durch die Inanspruchnahme anderer Einkünfte, Liquidisierung andersartiger Ersparnisse oder durch Kreditaufnahme auszuweichen, so wird der Vermögendere grundsätzlich dazu eher in der Lage sein.

Indem im Rahmen der Objektsteuerlösung der Leistungsfähigere nicht stärker besteuert wird[1], hat er bei besseren Finanzierungsmöglichkeiten auch relativ bessere Möglichkeiten, um eine für ihn günstige Marktlage abzuwarten, die Distributionsergebnisse folglich für sich zu verbessern.

Durch eine progressive Gestaltung der BWSt wird der Vermögendere im Rahmen der Subjektsteuer demgegenüber stärker besteuert. Er wird also in seinem Bestreben, den Boden trotz der Steuer solange zu halten, bis eine günstige Marktkonstellation eine Abwälzung erlaubt, auch relativ stärker beeinträchtigt. Aus distributiver Sicht empfiehlt es sich deshalb, einen progressiven Tarif zu verwenden.

Auch wenn die Kapitalisierungstheorie zur Argumentation herangezogen wird, ergibt sich bei der Subjektsteuerlösung in bezug auf die Distributionseffekte gegenüber der Objektsteuer ein günstigerer Effekt:
Durch die geplante persönliche Ausgestaltung und die progressive Tarifstruktur wird der Kapitalisierungseffekt nicht - wie in der Modellvorstellung vorausgesetzt - einfach kalkulierbar sein, so daß der Hypothese der Nichtüberwälzbarkeit zwar nicht generell gefolgt werden kann, ergänzende Überlegungen aber auch keine ungünstigen Befunde ergeben: Kalkulieren Anbieter und Nachfrager mit unterschiedlichen Steuersätzen, etwa, weil sie über unterschiedliche sonstige Einkünfte verfügen, so wird die Linksverschiebung der Nachfragekurve geringer oder stärker sein, als die der Angebotskurve:

---

[1] Beim nach der Wertzuwachshöhe progressiv gestalteten Tarif kann sich bei hoher Korrelation von Einkommen und absoluter (oder relativer) Wertzuwachshöhe eine Progressivität auch nach dem Einkommen ergeben. Vgl. Kap. III, Abschnitt 3.3 dieser Arbeit.

Ist der Nachfrager niedrig besteuert, so ist die Verschiebung geringer; folglich ist eine Teilüberwälzung geringer. Ist der Anbieter also ein niedrig besteuerter Pflichtiger, so kann er eher überwälzen.

Der im Rahmen der Kapitalisierungstheorie unter bestimmten Annahmen abgeleitete Vermögensstruktureffekt einer BWSt setzt plausiblerweise voraus, daß der Tarif der BWSt die erwarteten Wertsteigerungen in einem Ausmaß abschöpft, daß die Rendite der Vermögensanlage in Grund und Boden so stark gesenkt wird, daß andere Vermögensanlagen ins Kalkül gezogen werden.
Erste Voraussetzung für eine Plausibilität des Eintretens des Kapitalisierungseffektes ist somit die Höhe des Steuersatzes, der nicht in allen bisher vorgebrachten Vorschlägen ausreichend hoch bemessen sein dürfte.
So kann nicht ausgeschlossen werden, daß der Anbieter mit zunehmender Differenz zwischen dem Durchschnittssteuersatz der gewöhnlichen Einkünfte und dem Steuersatz der Objektsteuer angereizt wird, Umstellungen in seiner Vermögensstruktur in der Weise vorzunehmen, daß ein größerer Teil der Einkünfte sich in Wertsteigerungen ergibt.

Diese Substitution, die die distributiven Wirkungen der BWSt infrage stellt, ergibt sich bei einer subjektiv ausgestalteten Steuer naturgemäß in geringerem Maße, da der Steuersatz sich an demjenigen der Einkommensteuer orientiert oder ihm zumeist angenähert sein wird.

Auch in bezug auf nicht spekulativ orientierte Anbieter lassen sich Anhaltspunkte dafür aufzeigen, daß die effektiven Verteilungswirkungen einer Subjektsteuerlösung positiver einzuschätzen sind als bei einer objektiv ausgerichteten Steuerform:
Die Abwälzung wird bei einer progressiven Steuer grundsätzlich dadurch erschwert, daß verschieden besteuerte Grundstücke miteinander konkurrieren. Es konkurrieren dabei nicht nur die besteuerten mit den unbesteuerten Grundstücken, sondern auch die hoch besteuerten mit denen, die einem niedrigen Tarif unterliegen.

Die Unterschiede werden bei einem Anknüpfen an die Theorie der 'blinden Überwälzung' deutlich:
Schlagen alle Steuerpflichtigen die Steuer auf die Angebotspreise vor BWSt auf, so ergeben sich erhebliche Unterschiede in den Preisen. Nehmen wir an,

die beiden Steuerpflichtigen A und B aus unserem Beispiel hätten nahe beieinanderliegende Grundstücke, daneben befinde sich aber ein Grundstück des C, der der Steuer überhaupt nicht unterliegt, weil das Grundstück etwa vorher (vor Steuereinführung) im Wert gestiegen ist. Bei einem Ausgangswert von DM 100.000 ergeben sich unter der Annahme, die Eigentümer würden die Steuer auf die Preise aufschlagen, für drei vergleichbare Grundstücke drei verschiedene Preise.

	Anfangswert	Wertzuwachs	T_{VG}	Endwert einschl. T_{VG}
P_A	100.000	30.000	15.800	145.800
P_B	100.000	30.000	8.800	138.800
P_C	130.000			130.000

Die Nachfrager sehen sich folglich bei vorausgesetzt als gleich eingeschätzten Grundstücken in die Lage versetzt, auf die billigeren Grundstücke auszuweichen. Daraus folgt, daß bereits bei einer nur mäßig hohen Elastizität der Nachfrage nur ein Teil der Steuern überwälzbar sein wird.

Zusammenfassend läßt sich feststellen, daß in verteilungspolitischer Sicht eine Subjektsteuerlösung generell positiver einzuschätzen ist als die objektive Variante.

2.2 Allokationseffekte

2.2.1 Allgemeines zu den Allokationseffekten von Bodenwertzuwachssteuern auf unrealisierte Gewinne

Die im Rahmen der Behandlung der BWSt auf realisierte Bodenwertzuwächse aufgezeigten allokativen Mängel sind nicht notwendig mit der BWSt als solcher, sondern vielmehr mit der Wahl der Bemessungsgrundlage verknüpft. Die allokativen Wirkungen einer Steuer auf unrealisierte Gewinne sind, wie Seltzer feststellt, grundsätzlich positiver einzuschätzen:

"Strictly speaking the adverse effects of a capital gains tax upon the mobility of property and enterprise do not arise from the tax as such, but from the fact, that it is confined to realized gains. If an equal tax were annually imposed upon unrealized gains, the motive for retaining appreciated property in order to defer or avoid taxes would be removed"[1].

Diese Wirkung ergibt sich ausgehend von einer Besteuerung, die nicht an den vom Eigentümer selbst zu wählenden Realisationszeitpunkt anknüpft, sondern unabhängig davon und damit außerhalb der Kontrolle des Steuerzahlers erfolgt[2].

In allokativer Hinsicht ist dabei bedeutsam, daß nicht nur der Impuls zu einer Bodenzurückhaltung abgeschwächt wird, sondern vielmehr sogar mit einer Mobilisierung des Bodenangebotes zu rechnen ist.

Dieser Effekt auf die Bodenbesitzentscheidung kann bereits kurzfristig aufgrund des aus der Steuerzahlung resultierenden Liquiditätserfordernisses[3] eintreten[4].

---

[1] Seltzer, L.H., a.a.O., S. 106.

[2] David, M., Alternative Approaches..., a.a.O., S. 190.

[3] Zu einer Darstellung von Einflußgrößen anhand von Fallbeispielen vgl. Kaiser, H., Liquidität und Besteuerung. Köln, Berlin, Bonn, München 1971, insbes. S. 133 ff.

[4] Die Liquiditätswirkung ist nicht nur verstärkendes Element der effektiven Steuerwirkungen - wie von Timm herausgestellt (vgl. ders., Überwälzbarkeit ..., (1973), a.a.O., S. 123 ff.) - sondern auch deren wesentliche Voraussetzung.

Vorausgesetzt, der Grundstückseigentümer beabsichtige einen vor Steuer gewählten, für die eigene Grundstücksverwertung optimalen Veräußerungszeitpunkt trotz Erhebung einer Bodenwertzuwachssteuer beizubehalten[1].
Dafür wird notwendig sein, daß der durch die Steuerzahlung entstehende Liquiditätsentzug überbrückt werden kann.
Die Steuer[2] führt zu einem Abfluß an Zahlungsmitteln, ohne daß über einen vorangegangenen Austauschvorgang Boden veräußert wurde[3]. Wollte der Bodeneigentümer einer Veräußerung entgehen, so ist daher das Vorhandensein bzw. die anderweitige Beschaffung entsprechender Eigen- oder Fremdmittel erforderlich.

Für den Eintritt der angebotserhöhenden Wirkung des Liquiditätseffektes läßt sich folglich ein Katalog von Bedingungen aufstellen. Danach wird die Fähigkeit und Bereitschaft zu einer anderweitigen Finanzierung unter anderem um so größer sein[4],

- je größer die in der Zukunft zu erwartenden Wertsteigerungen sind[5],
- je mehr Chancen zu einer Weitergabe im Preis bestehen,
- je höher die anderweitigen Einkünfte sind,
- je niedriger der Kreditkostensatz ist,
- je mehr die Bewertungszeitpunkte zeitlich auseinanderliegen[6].

---

[1] Etwa weil der Grundstückseigentümer mit der späteren Möglichkeit einer Weitergabe im Veräußerungspreis rechnet. In einem solchen Fall muß folglich die Steuerzahlung einschließlich der Zinsen (bzw. Opportunitätskosten) für den Zwischenraum finanziert werden können.

[2] Vorausgesetzt, es erfolgt keine Steuerstundung.

[3] Woran die Steuer also - wie bei der Besteuerung des Veräußerungsgewinns - lediglich partizipiert.

[4] Zu dieser Aufzählung vgl. Timm, H., Überwälzbarkeit..., (1972),a.a.O.,S.14.

[5] Eine zeitliche Überbrückung im Sinne eines 'Abwarten können' ist dann um so länger möglich, je niedriger das Grundstück in t_o hypothekarisch belastet ist, oder je höher die Deckungsmöglichkeiten aus anderen Einkommen und Vermögen sind. Daraus folgt, daß in den Fällen, in denen trotz Kreditfinanzierung eine höhere Verzinsung zu erwarten ist als in anderen Vermögensanlagen, der Vermögendere resp. Kapitalkräftigere länger durchhalten kann, da ja auch die Höhe der Hypotheken ein indirekter Index für die Vermögensposition des Grundstückseigentümers sein kann.

[6] Vgl. David, M., Alternative Approaches..., a.a.O.,S.184. Die formalen Wirkungen werden damit von den Eigenarten des Bewertungsverfahrens mitbestimmt. Vgl. dazu Kap. IX dieser Arbeit.

Die Stärke des Impulses hängt damit i.W. von der Wertzuwachshöhe, der Tarifgestaltung, der persönlichen Leistungsfähigkeit des Besteuerten und von den Marktverhältnissen ab: c.p. wird der steuerlich induzierte Anreiz zu einer Mobilisierung um so größer sein, je höher mit steigendem Wertzuwachs der Steuersatz gestaltet wird und je weniger Chancen zu einer Abwendung der Überwälzung bestehen.

2.2.2 Vergleich der allokativen Wirkungen von Objekt- und Subjektsteuerlösungen

Die Stärke des von einer Objektsteuer auf unrealisierte Gewinne ausgelösten Mobilisierungsimpulses wird grundsätzlich von der Finanzierbarkeit der für die Steuerzahlung notwendigen Liquidität bestimmt.

Nur wenn eine Eigen- bzw. Fremdfinanzierung ohne Grundstücksveräußerung nicht möglich ist, ergibt sich ein Zwang zur Mobilisierung.
Der Mobilisierungsimpuls ist damit c.p. beim kapitalstarken und vermögenden Eigentümer weniger stark als beim Eigentümer, dessen Vermögen im wesentlichen nur aus dem im Wert gestiegenen Grundstück besteht[1].

Wesentliche Determinante der Beleihbarkeit und der Bereitschaft zum "Nachschuß" liquider Eigenmittel wird allerdings die zukünftige Gewinnerwartung, werden somit Rentabilitätsgesichtspunkte sein.

Hierbei wird es für die angestrebten allokativen Wirkungen darauf ankommen, inwieweit die Steuer zu einer Verminderung der Attraktivität der Anlage im Grund und Boden führt, die die Anleger auch andere Anlagemöglichkeiten in Erwägung ziehen läßt.

---

[1] Hier wird die Mittelbereitstellung durch die Beleihungsgrenzen beschränkt werden, sowie von der Beleihung vor der Steuer beeinflußt sein. Handelt es sich um eine Marktpreiserhöhung, so kann bei elastischem Kreditangebot theoretisch jede Steuerzahlung bei $t < 100\%$ finanziert werden, da die Beleihungsgrenze sich absolut als Marktpreis x Beleihungssatz ergibt. Durch die notwendigen Zinszahlungen ergeben sich jedoch im Zeitablauf Kumulierungseffekte, so daß die angeführte Reaktion nur mittelfristig relevant sein dürfte.

Grundsätzlich kann davon ausgegangen werden, daß eine BWSt auf unrealisierte Gewinne Umschichtungen in den Portefeuilles einer Reihe von Investoren hervorgerufen wird.

" ... assets that promise to yield most of their total return in the form of capital gains would tend to become relatively less attractive, other things being equal, than assets yielding most of their return in the form of current income[1]."

Die in der Vergangenheit z.T. auf steuerlichen Überlegungen basierende bevorzugte Vermögensanlage in Grund und Boden würde sich im Grundsatz nicht mehr als attraktiv erweisen.
Auch hier steht jedoch als strategische Größe für die Bestimmung des Gesamteffekts die Höhe des Steuersatzes im Vordergrund: je höher der Steuersatz, um so mehr werden auch die langfristigen Gewinnerwartungen der Anlage in Grund und Boden beeinflußt, um so mehr werden also auch Vermögensstruktureffekte induziert.

Von Bedeutung für den Allokationseffekt ist daneben aber auch die Tarifform. Zu betrachten ist die Modifikation der Wirkung bei Installation eines nach der relativen Wertzuwachshöhe progressiv gestalteten Tarifs.
Prinzipiell kann davon ausgegangen werden, daß die allokationspolitische Bedeutung von Bodenwertzuwächsen um so größer ist, je höher die relative Steigerung ist: indem stark im Wert gestiegene Grundstücke einer schärferen Abschöpfung unterliegen, wird dem Steuerungsimpuls der Bodenpreise stärkeres Gewicht beigemessen. Gebiete, bei denen Veränderungen (allokative Anpassungen) trotz leicht ansteigender Bodenpreise nicht erwünscht sind, können entsprechend geringer eingestuft werden[2].

Einzugehen ist daneben unter allokativem Aspekt auf die Wirkungen einer BWSt auf Boden- Teilgesamtheiten, wie sie im Grundsatz in der FDP-Lösung für unbebautes Bauland vorgeschlagen wird[3]. Hiermit wird folgende

---
[1] Seltzer, L.H., a.a.O., S. 291; vgl. auch David,M., Alternative Approaches..., a.a.O., S. 214.

[2] Damit zeigt sich, daß eine Kopplung an die absolute Wertzuwachshöhe den Steuerungserfordernissen in allokativer Hinsicht in geringerem Maße gerecht wird.

[3] Vgl. Flach, K.H., u.a., Die Freiburger Thesen der Liberalen...,a.a.O., S. 76 f.

Wirkungsvermutung verbunden:

"Eine solche Besteuerung erschwert die Grundstücksspekulation insoweit, als sich das Angebot vergrößert, die Nachfrage gedämpft wird und so eine Entspannung am Grundstücksmarkt eintritt[1]."

Ohne Zweifel ist eine Entspannung der Marktsituation in vordringlicher Weise bei Bauland erwünscht. Die hier zugrundegelegte Definition und Abgrenzung nach §§ 8 ff. BBauG erfaßt die betrachtete Bodenteilgesamtheit aber erst zum Zeitpunkt der Aufnahme in den Bebauungsplan.

Tatsächlich beginnt die Bodenproblematik im Falle eines Baulandes aber bereits früher, zu dem Zeitpunkt nämlich, wo begründet eine spätere Bebauung erwartet werden kann. Hier gibt es aber bisher keine operable Abgrenzung, so daß eine Bezugnahme lediglich auf Bauland oder auf andere Brennpunkte der Bodenproblematik[2] zu Abgrenzungsproblemen Anlaß geben kann[3].

Bedeutsam für die allokativen Konsequenzen wird daneben die Häufigkeit der Erhebung sein[4]. Durch die Wahl kurzer Zeitabstände kann den teilweise raschen Veränderungen auf den Bodenmärkten Rechnung getragen werden. Zugleich kann so der zeitliche Abstand zwischen Bodenwertänderung und Nutzungsanpassung gesteuert und damit eine kontinuierliche Mobilisierung des Bodenangebotes erreicht werden.

Wird der zeitliche Abstand nämlich relativ groß gewählt, so können die Bodeneigentümer zwischen den Bewertungs- und Besteuerungsstichtagen im Prinzip dieselben Überwälzungs- und Zurückbehaltungschancen wahrnehmen, wie wir sie bei der Realisationssteuer für möglich erachtet haben[5].

---

[1] Ebenda, S. 76.

[2] Zu einer kurzen Kritik der regionalen Abgrenzungsversuche vgl.: SPD-Kommission, (1973), a.a.O., S. 26.

[3] Vgl. hierzu insbesondere die Erfahrungen mit der Baulandsteuer, Troll, M., a.a.O., S. 158 ff.; sowie die Probleme und Umgehungsmöglichkeiten, die nach § 51 Bewertungsgesetz 1965 für die Abgrenzung von land- und forstwirtschaftlich genutzten Grundstücken und unbebauten Grundstücken bestehen bzw. eröffnet werden. Hierzu im Überblick: Pohl, W., (1969), a.a.O., S. 62 ff.; Troll, M., a.a.O., S. 176 ff.; vgl hierzu auch Kap. I, Abschnitt 2.3

[4] Zu den hierbei anzustellenden Praktikabilitätsüberlegungen vgl. Kap. IX dieser Arbeit.

[5] Vgl. Abschnitt 1 dieses Kapitels.

Folglich kann eine Objektsteuer auf unrealisierte Gewinne nur dann als in allokativer Hinsicht zielgerecht angesehen werden, wenn der Tarif eine merkliche Steuerbelastung erbringt, und wenn die Bewertungs- und Besteuerungsfristen nicht zu lang sind.

Bei den subjektiven Varianten der BWSt[1] kann grundsätzlich vermutet werden, daß ausgehend von den Wirkungen des Steueranstoßes der Grad der Zielerreichung in allokativer Hinsicht geringer einzustufen sein wird als bei der objektiven Lösung:
Durch Steuerermäßigung und nach dem Einkommen bemessenem progressiven Tarifverlauf wird der Zusammenhang von Wertzuwachsentstehung, Steueranstoß und Mobilisierung des Bodenangebotes mithin vor allem in den unteren Tarifbereichen weniger strikt sein.
Mit dem Einkommen ansteigende Steuersätze dürften dabei generell der mit steigendem Einkommen ebenfalls ansteigenden Kredit- und Eigenkapitalfinanzierung Rechnung tragen: Die Steuer führt zu einer Senkung der erwartbaren Rendite, so daß eine liquiditätsmäßige Überbrückung auch bei Bodeneigentümern mit hohen sonstigen Finanzmitteln in vielen Fällen als nicht mehr lohnend angesehen werden dürfte.
Diese Wirkungen zeigen sich allerdings bei den einzelnen Formen in unterschiedlichem Ausmaß:

Im Rahmen einer Einbeziehung der Bodenwertzuwächse in eine erweiterte ESt-Bemessungsgrundlage werden zunächst generell die bestehenden steuerlichen Anreize beseitigt, Vermögen bevorzugt in Grund und Boden anzulegen[2]. Es würde nicht länger mit erheblichen Steuereinsparungen verbunden sein, Wertzuwachseinkünfte zu erzielen.
Damit würde folgender allokativer Effekt erzielt:

"when prices were rising, investors with large unrealized capital gains would no longer be 'frozen' in their assets by their desire to avoid capital gains taxes [3]."

---

[1] Vgl. zur näheren Charakterisierung und zur Bedeutung der Vorschläge in der Diskussion Kap. III, Abschnitt 2.
[2] Vgl. Seltzer, L.H., a.a.O., S. 290.
[3] Ebenda, S. 240.

Auf den Kapitalanlagemärkten würden damit heute bestehende Ungleichgewichte[1] abgebaut[2].

Daneben kann allerdings a priori nicht ausgeschlossen werden, daß in einer auf das einzelne Grundstück abgestellten Betrachtung der Steuersatz zu niedrig ist, um einen Mobilisierungsimpuls auszuüben.

Dieser Effekt kann bei einem auf die Gesamtbemessungsgrundlage (laufendes Einkommen plus Wertzuwachs) bezogenen Tarif allerdings nur dann eintreten, wenn Einkommen und Wertzuwachs niedrig sind. Hat der Besteuerte ein laufendes Einkommen von Null, so würde immer noch der Wertzuwachs eine progressive Besteuerung auslösen. Daraus folgt aber, wenn lediglich ein Wertzuwachs in nennenswerter Höhe allokativ relevant ist, daß in der Regel im Wert gestiegene Grundstücke auch einer Besteuerung unterliegen, der Mobilisierungsimpuls also ausgelöst wird[3].

Im Einzelfall kann der Progressionseffekt noch dadurch verstärkt werden, daß im Rahmen der konsequenten ESt-Lösung Wertsteigerungen an mehreren Grundstücken zusammengefaßt werden und c.p. die Steuerbelastung zunimmt. Dies wird den Steuerzugriff bei Eigentümern mehrerer Grundstücke dann verstärken, wenn sie noch nicht das obere proportionale Plateau des ESt-Tarifs[4] erreicht haben.

Dieser im Grundsatz positiven Einschätzung bei voller Einbeziehung der Bodenwertzuwächse in die ESt-Bemessungsgrundlage sind allokative Mängel bei den anderen Formen gegenüberzustellen:
Mit einer Übertragung des Durchschnittssteuersatzes der ESt auf eine BWSt, ist zwar im Grundsatz ebenfalls eine Abmilderung der Sonderbehandlung von

---

[1] Vgl. die Darstellung in Kap. I, Abschnitt 2.

[2] "In consequence, assets that promise to yield most of their total return in the form of capital gains would tend to become relatively less attractive, other things being equal, than assets yielding most of their return in the form of current income", Seltzer, L.H., a.a.O., S. 291.

[3] Das Ergebnis wird davon abhängen, in welchem Maße Freibeträge gewährt werden. Grundsätzlich von Bedeutung ist daneben die korrekte Bewertung. Zu den dabei auftretenden Problemen vgl. Kap. IX dieser Arbeit.

[4] Zur Zeit 56 %.

BWZ und damit ein in allokativer Hinsicht positiver Gesamteffekt verbunden, bezogen auf das einzelne Grundstück wird z.T. aber gerade dann ein Mobilisierung verfehlt, wenn dies erwünscht ist: Bei Grundstücken mit hohen Wertsteigerungsraten. Wertzuwachsbegünstigte mit niedrigen, der Einkommensteuer unterliegenden laufenden Einkünften werden im Rahmen der BWSt nicht oder zu gering tariflich eingestuft. Der Mobilitätseffekt wird so z.B. bei einem Teil der Landwirte dadurch abgeschwächt, daß nach der herrschenden ESt-Regelung eine Besteuerung nach Durchschnittssätzen mit z.T. niedriger Tarifierung erfolgt[1].

Daneben ist auch in allokativer Hinsicht das Problem der Steuerverschiebung relevant[2], in deren Rahmen aus dem für die BWSt relevanten ESt-Veranlagungszeitraum Einkünfte in spätere Steuerabschnitte verschoben werden, wodurch die Belastung der Bodenwertzuwächse abnimmt.
Dies aber kann bedeuten, daß in solchen Fällen eine Mobilisierung des Bodenangebotes gerade nicht erreicht wird, es sei denn, man bezieht sich auf Durchschnitte mehrerer Veranlagungszeiträume.

Geht man davon aus, daß aus verteilungspolitischen Erwägungen die Besteuerung von Grundstücken mit hohen Wertzuwächsen, soweit sie Kleineigentümern gehören, durch Freibeträge entlastet werden soll, so ergibt sich auch hieraus eine gewisse Beeinträchtigung des allokativen Ziels einer Mobilisierung des Grundeigentums.

---

[1] Vgl. § 4 Abs. 3, EStG 1975.
[2] Zu einer distributiven Einschätzung vgl. Abschnitt 2.1 dieses Kapitels.

Kapitel VI: PROBLEME EINER BESTEUERUNG BEBAUTER GRUNDSTÜCKE ke

1. Wirkungen einer reinen Bodenwertzuwachssteuer auf bebaute Grundstücke

In der Diskussion um die BWSt werden einer Steuer auf die am Grund und Boden bebauter Grundstücke entstandenen Wertzuwächse häufig andere, von einer Besteuerung unbebauter Grundstücke abweichende Wirkungen beigelegt: Es zeigt sich, daß die Effekte unter distributions- und allokationspolitischen Gesichtspunkten zumeist ungünstiger eingeschätzt werden[1] als bei unbebauten Grundstücken[2]. Die aus einer solchen Wirkungsanalyse z.T. gezogenen Schlußfolgerungen, die BWSt auf die Gruppe der unbebauten Grundstücke zu beschränken[3], hat sich allerdings als nicht operabel erwiesen[4], zumal eine Umlenkung der anlageorientierten Nachfrage gerade in jene Bereiche befürchtet werden muß, aus denen man sie heraushalten möchte.

Wesentlich für die von einer Besteuerung unbebauten Grund und Bodens abweichenden Effekte dürften generell die durch eine Bebauung einerseits eingeschränkten, andererseits aber erweiterten Reaktionsmuster der Wirtschaftssubjekte sein[5], die eine Analyse erheblich komplizieren. Hier soll deshalb nur auf einige Aspekte besonderer BWSt-Wirkungen bei bebautem Grund und Boden eingegangen werden. Dabei wird vorausgesetzt, daß sich im Rahmen der Bewer-

---

[1] Vgl. z.B. Haller, H., 1973, a.a.O., insbes. S. 255 ff.; Troll, M., a.a.O., S. 93; Karl-Bräuer-Institut..., Bodenbesteuerung, a.a.O.

[2] Betrachtet werden die Wirkungen einer Steuer auf den Bodenwertzuwachs bei bebautem Grund und Boden.

[3] Vgl. etwa die in der BRD zwischen 1960 und 1964 praktizierte sog. Baulandsteuer (Grundsteuer C) auf baureifes Land. Näheres siehe Anhang 1.
In der Diskussion wird von der FDP eine Beschränkung auf die Teilmenge der unbebauten Grundstücke vorgeschlagen. Vgl. Flach, K.H., u.a., Die Freiburger Thesen..., a.a.O., S. 76.

[4] Neben dem Problem der Abgrenzung vom land- und forstwirtschaftlich genutzten Grund und Boden würde das Kriterium der Nicht-Bebauung operationalisiert werden müssen: Hier ergeben sich Probleme bei geringer Ausnutzung des Grundstücks durch eine (marginale) Bebauung, mit der Möglichkeit zu erheblichen Steuerumgehungen.

[5] Zu der Katalogisierung einiger Unterschiede ausgehend von den Differenzen zwischen "land" und "improvements" vgl. Becker, A.P., (1969),a.a.O.,S. 15 ff.

tungsverfahren Grundstücks- von Gebäudewertzuwächsen trennen lassen[1][2].

1.1 Distributionseffekte

Im Rahmen der Diskussion um die BWSt wird z.T. auf die Gefahr einer davon ausgelösten Mietpreissteigerung verwiesen, wodurch eine Steuer auf diese Grundstücksteilmenge vermutlich in ihren verteilungspolitischen Wirkungen unerwünscht sein würde[3].
Tatsächlich lassen sich bei bebautem Grund und Boden generell Indizien dafür aufzeigen, daß die Distributionsergebnisse sich für die Eigentümer günstig gestalten werden:
Neben einer späteren Weitergabe der Steuerbelastung bei Veräußerung des Grundstücks besitzt der Eigner bebauter wie auch unbebauter Grundstücke die Möglichkeit, den Verteilungsfolgen der BWSt durch Erhöhung der Entgelte für die Nutzung des Faktors Boden auszuweichen. Ob dieser Versuch gelingt, hängt allerdings von der Elastizität der Nachfrage auf den jeweiligen Faktor- und Produktmärkten ab. Hierzu sind spezielle Aussagen zwar nicht möglich[4], die Elastizität der Wohnungsnachfrage dürfte aber bei Nachfragern, die bebaute Grundstücke nutzen, generell geringer sein als bei anderen Nachfragern[5].
Immer sind die Mobilitätskosten gegen die Mieterhöhungen abzuwägen, wodurch insbesondere relativ geringe Mieterhöhungen von den jetzigen Nutzern akzeptiert werden dürften[6]. Hinzu kommt für die Anbieter die Möglichkeit, den

---

[1] Zu Problemen einer Abgrenzung von Wertzuwächsen an Boden und Gebäuden vgl. Kapitel IX.

[2] Zu den besonderen Wirkungen einer Einbeziehung der Wertzuwächse an Gebäuden in die Bemessungsgrundlage vgl. Abschnitt 2 dieses Kapitels.

[3] Vgl. z.B. die Überlegungen in: SPD-Kommission zur Reform der Bodenordnung, (1973), a.a.O., S. 29 f. und S. 49; Nell-Breuning,O.v., Bodenwertzuwachsbesteuerung (1972), a.a.O., S. 25 f.

[4] Zu allgemeinen Befunden vgl. Kapitel V, Abschnitt 1.1.

[5] Bei einer BWSt auf unbebautem Grund und Boden betrifft ein Versuch der Anbieter, entsprechende Preisanpassungen beim Grundstücksverkauf vorzunehmen, generell nur die Neubaunachfrager. Da diese Gruppe die darauf erstellten Wohnungen noch nicht bezogen hat, entstehen beim Ausweichen auf andere Grundstücke i.d.R. auch keine Mobilitätskosten.

[6] Vgl. allgemein Kapitel V, Abschnitt 1.1, Fall 2.

Verteilungsfolgen durch Übergang zu einer profitableren Nutzung[1] und/oder Intensivierung der bestehenden Grundstücksnutzung auszuweichen[2], wodurch sich zugleich ein Druck auf die Preise der gegenwärtigen Nutzung ergibt[3].

Eine indirekte Verstärkung der aufgezeigten Tendenz ergibt sich durch die Entschärfung des Liquiditätsproblems bei bebauten Grundstücken: Zur Finanzierung der Steuerlast können die laufenden Nutzungsentgelte herangezogen werden[4].

Aus den angeführten Indizien wäre zu folgern, daß die distributiven Auswirkungen der BWSt bei bebautem Grund und Boden insbesondere mit Blick auf die Wohnungsmärkte als bedenklich einzuschätzen sind.

Indes, die nähere Betrachtung der Entstehungsbedingungen von Bodenwertzuwächsen an bebauten Grundstücken ergibt Anhaltspunkte für eine Begrenzung der von der BWSt erfaßten Grundstücke. Generell treten an bebauten Grundstücken vor allem dann erhebliche Wertzuwächse auf, wenn ihre Lage im Prozeß der Siedlungsentwicklung eine profitablere Nutzung ermöglicht oder wenn eine Intensivierung der bestehenden Nutzung vorgesehen wird[5].

Werden geringe Wertsteigerungen an "normalen Grundstücken" zudem durch Freibetrags- und Freigrenzenregelungen eliminiert, so konkurriert die auf einem besteuerten Grundstück angebotene Grundstücksnutzung mit derjenigen auf unbe-

---

[1] Mit zunehmender ökonomischer Abschreibung der Gebäude wird es bei erheblich profitablerer Nutzung nach Umwidmung allerdings lohnend, die Gebäudesubstanz abzubrechen und eine adäquate Bebauung vorzunehmen.

[2] Vgl. Timm, H., (1973), a.a.O., S. 123 ff.

[3] Ein Umwandlungsdruck, hier interpretiert als Möglichkeit, ganz oder teilweise den distributiven Folgen der BWSt auszuweichen, würde sich verstärkt dann ergeben, wenn die jetzige Nutzung in ihrer Zahlungsfähigkeit 'ausgereizt' ist. Zur allokativen Interpretation s.u.

[4] Voraussetzung ist unter anderem, daß das Mietaufkommen nicht (wie häufig bei kleineren Grundstückseigentümern) zur Bestreitung der Lebenshaltung benötigt wird, sowie auch keine nennenswerten Zahlungen etwa zur Tilgung von Krediten erfolgen müssen.

[5] Vgl. im Überblick die Darstellung in Kapitel I, Abschnitt 2.

steuerten Flächen. Wollte der von der BWSt betroffene Eigentümer die Grundstücksnutzung entsprechend belasten, so müßte er davon ausgehen, daß eine generelle Abwälzbarkeit nicht die Regel sein kann.

Hinzu kommt, daß die gegenwärtig bestehenden Mieterschutzgesetze die Marktposition der Nachfrager auf den Wohnungsmärkten gestärkt haben dürften.

Wenn einige Überlegungen auch die besondere Relevanz des Verteilungsproblems bei bebautem Grund und Boden eingrenzen können, so hat das Distributionsziel in diesem Bereich dennoch besondere Relevanz:
Die Spekulation des Marktes auf eine Umwidmung kann Bodenwertzuwächse erzeugen und kann damit eine BWSt-Belastung auch bei den Grundstücken auslösen, die z.B. als Wohngebiete erhalten bleiben sollen, dort aber einen Mietpreiseffekt hervorrufen. In diesen Gebieten wird es deshalb von großer Bedeutung sein, zum Schutz der Wohnnutzung ergänzende Maßnahmen zu ergreifen[1]. Dies stellt aber in erster Linie ein allokatives Problem dar, so daß auf diesen Aspekt im Folgenden einzugehen sein wird.

---

[1] So schlägt die SPD-Kommission entgegen ihrem Votum gegen Ausnahmeregelungen eine Freistellung von Gebieten vor, in denen die Miete sich nach gesetzlichen Kostenrichtsätzen ergibt.
Vgl. dies., (1973), a.a.O., S. 28 f. Ähnlich Nell-Breuning, O.v., Bodenwertzuwachsbesteuerung, (1972), a.a.O., S. 25 f.

1.2 Allokationseffekte

Wenn eine Beschränkung auf unbebaute Grundstücke den angestrebten Wirkungen der BWSt nicht gerecht wird, so sind auch die allokativen Konsequenzen einer Einbeziehung dieser Grundstücke, hier ihre gegenüber den unbebauten Grundstücken veränderten ökonomischen Eigenschaften, zu betrachten.

Dazu müssen wir zunächst näher erläutern, wann bei bebauten Grundstücken eine Mobilität des Grundeigentums erwünscht ist, um daraus abzugrenzen, wann demgegenüber eine solche Reaktion unerwünscht sein dürfte[1].

Grundsätzlich kann von einer erwünschten Steuerwirkung in folgenden Fällen ausgegangen werden:

(1) Das Grundstück ist mit einer Bebauung versehen, die der zulässigen Nutzung nicht genügend entspricht (Intensitätsbedingung),

(2) das Grundstück ist mit einer Bebauung versehen deren baulicher Zustand nicht derjenigen vergleichbarer Grundstücke entspricht (Zustandsbedingung),

(3) die Bebauung des Grundstücks erlaubt lediglich Nutzungen, die die Nutzungseignung des Grundstücks nicht ausschöpft (Bedingung der Nutzungsart).

Eine BWSt würde folgende Wirkungen zeigen:

Die Intensitätsbedingung der Bodenpreise besagt, daß die Bodenpreise sich an der auf dem Grundstück zulässigen Intensität der Bodennutzung orientieren. Die Erhebung einer Bodenwertzuwachssteuer ergibt einen "holding cost effect" für das besteuerte Land, von Becker folgendermaßen charakterisiert:

"The holding-cost[2] -effect of taxing land (...) will increase costs to an owner holding a site that is vacant or in a lower than average level of use if it is already improved (with some structure) [3]".

---

[1] Vgl. die grundsätzlichen Bemerkungen in Kapitel I, Abschnitt 3.2 zum Problem unterschiedlicher, auf den Bodenmärkten wirksamen Allokationsverfahren. Zu allgemeinen Folgerungen s.a. Kapitel X, Abschnitt 3.

[2] Analog zu den früher behandelten Lagerkosten, die ebenso zu Liquiditätsengpässen führen können.

[3] Becker, A.P., (1969), a.a.O., S. 26.

Dabei ist die Stärke der Wirkung abhängig von der Differenz zwischen aktueller und potentieller Grundstücksausnutzung, wodurch gerade bei denjenigen Grundstücken die höchsten ökonomischen Zwänge auftreten, deren Ausnutzung die ausgedehntesten Entwicklungsdefizite aufzuweisen hat[1]. Gerade hier werden folglich Anpassungen in bezug auf die Grundstücksausnutzung erfolgen[2].

Die nähere Analyse der Zustandsbedingung der auf einem Grundstück errichteten Gebäude weist auf Möglichkeiten hin, mit Hilfe der BWSt die ökonomischen Impulse zu privater Modernisierung und Sanierung zu verbessern. Unter der Voraussetzung, daß die Steuer in der Regel nicht durch Preisaufschläge auf die bestehenden Nutzungen finanziert werden kann, sinkt die Profitabilität der bisherigen Grundstücksnutzung[3]: Die Steuer kann hierbei aber immer nur stützende Funktionen ausüben, da die Beseitigung von negativen 'neighbourhood effects' anderer Grundstücke zumeist Voraussetzung für eine Verbesserung der Nutzungsqualität ist. Umfangreiche Sanierungen können nur durch gemeinsame Maßnahmen auf mehreren Grundstücken eines Gebietes erreicht werden[4].

Wertsteigerungen sind z.T. durch die Konkurrenz unterschiedlicher Nutzungen bedingt. Nehmen wir an, a priori bestehe unter planerischen Gesichtspunkten keine Präferenz für eine der beiden Nutzungen, so daß die Bedingung der Nutzungsart bedeutsam wird: Es kann vermutet werden, daß der die BWSt-Zahlung auslösende BWZ durch den Tatbestand hervorgerufen wird, daß für das mit einer Bodennutzung belegte Grundstück eine andere, zahlungsfähigere Nachfrage vorhanden ist. Gegenwärtig bestehen - wie angeführt wurde - geringe Anreize, eine Umwidmung des Grundstücks vorzunehmen.

Der Zusammenhang soll in einem einfachen Modell verdeutlicht werden[5]:

---

[1] Vgl. Becker, A.P., (1969), a.a.O., S. 26 f.
[2] Die Anpassung kann grundsätzlich sowohl über eine Eigennutzung als auch über eine Veräußerung erfolgen; bei letzterer übernimmt der Erwerber die Nutzungsverbesserung.
[3] Vgl. Grey, A.L. jr., Urban Renewal and Land Value Taxation, in: Becker,A.P., (Hrsg.), Land and Building Taxes. Wisconsin 1969,S.81 ff.,hier S. 89 f.
[4] Ebenda.
[5] Analog zu Alonso, W., (1964), a.a.O.

Nehmen wir an, zwei alternative Nutzungen konkurrieren um die Okkupierung der Nutzung in einem Stadtgebiet, tertiäre Nutzung (Bürobau) N_1 und Wohnungsnutzung N_2. Deren Preisgebote verfügen in Abhängigkeit von der Lage über unterschiedliche Verläufe (vgl. Abbildung 4):

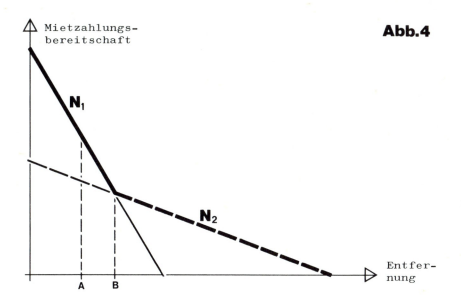

Abb.4

Wird der Boden bereits zum Zeitpunkt O in einem Konkurrenzbereich (AB) sowohl von N_1 als auch von N_2 genutzt, so würde sich der Bodenpreis der in N_2 genutzten Grundstücke c.p. den (höheren) Preisangeboten von N_1 annähern und den Marktwert der Grundstücke ansteigen lassen. Die darauf zu zahlende BWSt wird einen Zwang ausüben, die Grundstücksnutzung aufzugeben. Es entsteht die Tendenz, zu einer höherwertigen Nutzung überzugehen.
Vorausgesetzt, die höherwertige Nutzung ist auch gesellschaftlich erwünscht - die privatwirtschaftliche Erwünschtheit ergibt sich aus dem gestiegenen Bodenpreis -, so wird dieses Ergebnis unproblematisch sein.

Der bisherige Nutzer kann allerdings versuchen, die BWSt in den Preisen für die heutige Grundstücksnutzung weiterzugeben. Ist die Nachfrage nach Wohnungen etwa preisunelastisch, so wird dies möglich sein. Eine Umwidmung findet dann nicht statt.
Langfristig kann sich hier auch die Tendenz zum Vordringen der intensiveren

Bauweise, z.B. Hochgeschoßbauweise, ergeben, als Beispiel einer Substitution von Boden durch andere Produktionsfaktoren, worauf bereits eingegangen wurde[1].

Vordergründig führt die staatliche Rahmenplanung über die Vorgabe zulässiger Nutzungen zu einer Beschränkung der Anpassungsreaktionen[2]. Solange städtische Rahmenplanung allerdings mehr als Anpassungsplanung funktioniert[3], entstehen hierbei Probleme, die das Gerüst der für das Wirken der BWSt getroffenen Annahmen zu sprengen vermögen[4]. Folglich kann in Gebieten, in denen eine Struktur<u>erhaltung</u> politisch gewünscht ist[5], eine Spekulation auf Änderungen in den Rahmenbedingungen insofern Erfolg haben, als auch in diesen Gebieten erhebliche BWZ auftreten. Die BWSt würde die Gefahr mit sich bringen, unter solchen Konstellationen die Umwidmungen zu beschleunigen[6]: Hier wäre es zur Abwendung schwerwiegender Beeinträchtigungen der städtischen Entwicklung folglich notwendig und geboten, Modifikationen der Steuer vorzusehen. So wäre es denkbar, eine Regelung zu treffen, daß solange keine Wertsteigerungen angenommen werden, wie nach rechtsverbindlichen Bebauungsplänen oder anderen Vorschriften keine höhere Nutzung zulässig ist[7].

---

[1] Vgl. Timm, H., (1973), a.a.O., S. 123 ff.

[2] Für die Wohnungsnutzung stellen sich lediglich dann Probleme, wenn mit der Ausweisung Kern- oder Mischnutzung vorgesehen ist: Es besteht prinzipiell die Möglichkeit, Gebäudeflächen, die noch zu Wohnzwecken genutzt werden, in andere Nutzungen umzuwidmen. Zur näheren Definition und zur Enumeration der jeweils vorgesehenen Nutzungen vgl. §§ 6 f. Bau NVO, BGBl I, S.1238. Z.T. haben die Gemeinden deshalb ergänzend Umwidmungsverbote erlassen oder eine Genehmigungspflicht vorgesehen.

[3] Vgl. hierzu Hesse, J.J., Stadtentwicklungsplanung, Zielfindungsprozesse und Zielvorstellungen. Stuttgart, Berlin, Köln, Mainz 1972, S. 11 ff.

[4] Es fällt die Voraussetzung, daß das Auftreten von BWZ eine gewünschte Nutzungsveränderung aufzeigt. Vgl. Kapitel II, Abschnitt 1.

[5] So könnte etwa die Zielsetzung bestehen, citynahe Bodenflächen als Wohngebiete zu erhalten, nichtstörende Gewerbebetriebe in der Nähe der Wohngebiete bestehen zu lassen.

[6] Die Bodenwertzuwachssteuer würde die spekulativen Marktpreise in die Bodennutzungsentscheidungen eingehen lassen und - wenn bei den bisherigen Käufern der Nutzungen eine entsprechende Zahlungsfähigkeit nicht vorliegt -, eine Anpassung erzwingen, die vielleicht nicht erwünscht ist. Die Bodenwertzuwachssteuer würde sich damit als verlängerter Arm einer einseitig marktwirtschaftlich getroffenen Bodennutzungsentscheidung erweisen, die exekutiert, was der Markt selber nicht zu bewirken vermochte.

[7] So die Vorschläge von Nell-Breuning, O.v., Bodenwertzuwachsbesteuerung, (1972), a.a.O.

War es beim unbebauten Grund und Boden möglich, das Mobilitätskriterium als Allokationsziel zu akzeptieren, so ist hier präziser danach zu fragen, ob die Mobilität erwünscht ist, ob sie also der angestrebten Grundstücksnutzung bzw. der Stadtentwicklung dient.

Dies ist aber eine Frage, die von einer BWSt sicher nicht zu lösen ist. Es müssen deshalb weitere Instrumente eingesetzt werden[1].

---

[1] Zu weiterführenden Überlegungen vgl. Kapitel X, Abschnitt 3 dieser Untersuchung.

2. Aspekte der Wirkungen einer Einbeziehung von Wertzuwächsen an Gebäuden in die Bemessungsgrundlage

Im Rahmen der bisherigen Überlegung wurde angenommen, daß ausschließlich Wertzuwächse des Bodens in die Bemessungsgrundlage der BWSt eingehen.

Nunmehr soll untersucht werden, welche Wirkungen zu erwarten sind, wenn beabsichtigt oder unbeabsichtigt auch Wertzuwächse besteuert werden, die an Gebäuden[1] entstehen. Diese Fragestellung hat in der Vergangenheit eine ausführliche Behandlung erfahren[2][3].

---

[1] Über den Begriff des Gebäudes hinaus sollen implizit sämtliche mit dem Grundstück verbundenen 'improvements' erfaßt werden, die der Abnutzung unterliegen.

[2] Auf die Unterschiede zwischen Boden und 'improvements', was die ökonomischen Steuerwirkungen betrifft, haben in der Vergangenheit - wenn auch im einzelnen mit unterschiedlicher Argumentation - eine Reihe von Autoren hingewiesen.
Ausgehend vom Bezugssystem eines landwirtschaftlichen Betriebes hat J.H. von Thünen auf die Gefahren einer Einbeziehung der nicht auf den reinen Bodenwert entfallenden Wertveränderungen hingewiesen: Da jeder Zuwachs durch die Verwendung von Kapital erkauft werden muß, "wirkt (die Abgabe) höchst nachteilig dadurch, daß sie von ferneren Verbesserungen dieser Art abschreckt...." (Thünen, J.H.v., a.a.O., S. 346-351, hier S. 350). Auch für Adolf Damaschke zeigt sich der Vorteil der von ihm propagierten Bodenwertzuwachssteuer erst, wenn der 'nackte Bodenwert' steuerlich erfaßt wird: Erst die reine Grundrentensteuer, (hier analog zur BWSt betrachtet), "die alle Kapitals- und Arbeitsaufwendungen ermutigt", könnte die sozialen Wirkungen der BWSt voll zur Geltung bringen; vgl. Damaschke, A., Die Bodenreform..., a.a.O., S. 98 ff.
Hieraus kann geschlossen werden, daß für Damaschke die Wirkungen einer Steuer auf Wertzuwächse an Gebäuden einen geringeren Grad der Erwünschtheit aufweisen.

[3] Zu ähnlichen Ergebnissen kommt man, wendet man die Beiträge der älteren und jüngeren Diskussion um 'land tax' und 'property tax' in den USA analog an: Als Beispiel für die ältere Auffassung vgl. Marshall, A., Principles..., a.a.O., S. 794 ff.; Simon, H.A., The Incidence of a Tax on Urban Real Property, in: QJE 57, No. 3, S. 398-420, wiederabgedruckt,in: Musgrave,R.A., Shoup, C.S. (Hrsg.),(1959), a.a.O., S. 416-435. Als Beispiel für jüngere Beiträge vgl. Netzer, D., (1966), a.a.O.; Becker, A.P., (1969), a.a.O., S. 11-47

Während die Steuer auf den Wert des 'reinen Grund und Bodens' distributiv wegen ihres Abschöpfungseffekts, allokativ wegen ihres Impulses die tatsächliche an die bestmögliche Nutzung anzupassen, als vorteilhaft eingeschätzt wird, gilt offenbar genau das Gegenteil für die Steuer auf Gebäude:

- die Steuer sei vom Bewohner oder Mieter zu tragen, so daß die Distributionseffekte als unerwünscht eingeschätzt werden und
- die Steuer beeinträchtige insbesondere die Investitionen im Wohnungsbau, so daß auch allokativ negative Urteile gefällt werden.

Aus dieser Überlegung heraus ist auch in der Diskussion um die BWSt eine strikte Beschränkung auf die Wertzuwächse des Boden gefordert worden[1]. Ziel dieses Abschnittes ist es, Aussagen darüber zu gewinnen, inwieweit den Auffassungen in der Literatur gefolgt werden kann.

Die Inzidenzanalyse einer Steuer auf Wertzuwächse an Gebäuden[2] wird sich in der Partialanalyse auf das Elastizitätenkonzept stützen können.

Nehmen wir folgendes an:

(1) Die Wertzuwächse am Gebäude sind ein wesentlicher Faktor im Rentabilitätskonzept des Gebäudeeigentümers.

(2) Ein Teil dieser Wertzuwächse werde im Rahmen einer BWSt abgeschöpft.

(3) Das Angebot an Wohngebäuden sei vollkommen elastisch.

(4) Die Gesamtrentabilität des Gebäudes sinke infolge der Steuer unter diejenige, die in anderen Kapitalanlagemöglichkeiten erzielbar sei.

(5) Die Wohngebäude werden in einer Periode abgeschrieben (ersetzt).

(6) Die Hauseigentümer seien nach ihren Verhaltensweisen Kapitalanleger.

---

[1] Vgl. SPD-Kommission (1973), a.a.O., S. 24 ff.
[2] Wir beschränken uns hier auf die Analyse von Wohngebäuden. Während die traditionelle Analyse hier von einer Überwälzung auf die Mieter ausgeht, gilt eine Steuer auf Industrie- und Geschäftsgebäude als an den Konsumenten weitergebbar.

Unter diesen - zugegeben restriktiven - Bedingungen führt die Wertzuwachssteuer zu einem Abzug von Hauskapital aus diesem Bereich solange bis die aufgrund der Verknappung des Angebots an Wohnnutzung steigenden Mieten nach Steuern gerade eine in anderen Bereichen der Kapitalanlage erzielbare Rendite ermöglichen.

Bei unelastischer Nachfrage nach Wohnnutzung wird die Steuer somit zu Lasten der Mieter gehen.

Die Investitionen im Wohnungsbau werden zurückgehen, da steuerbedingt Umlenkungen in andere Bereiche stattfinden.

Die Kritik an diesem Analyseergebnis hat am Realitätsgehalt der Annahmen anzusetzen.

(1) - Der Bedeutung der Wertzuwächse im Rahmen der Rentabilitätsrechnung,

(2) - der zeitlichen Dauer der Anpassungsprozesse,

(3) - der Verhaltensweise der Hauseigentümer.

Nehmen wir zunächst an, der Hauseigentümer sei tatsächlich als rationaler Vermögensanleger zu bezeichnen. Er habe in seiner Hausanlage vor Steuer insoweit ein Optimum realisiert, daß in bezug auf Rendite und Risiko eine Präferenz für diese Anlage besteht. Wird nunmehr eine BWSt auch auf Gebäude eingeführt, so hängt seine Reaktion vom Anteil des Wertzuwachses an der erwarteten Rendite und von der Höhe des Steuersatzes ab.

- War der Wertzuwachs also z.B. ein 'windfall profit', d.h. konnte er nicht erwartet werden, so wird keine Anpassungsreaktion erfolgen, was auch für den Fall gilt, daß die laufenden Überschüsse als befriedigende Rendite angesehen werden;
- gilt der Gebäudewertzuwachs als Bestandteil der erwarteten Gewinne,

$$G_i = W_i + Y_i$$

G_i = Gesamtgewinn in Periode $_i$

W_i = Wertzuwachs in Periode $_i$

Y_i = laufende Überschüsse (Erträge ./. Kosten)

und kommt W_i im Vergleich zu Y_i großes Gewicht zu, so wird für den betreffenden Anleger die Hausanlage möglicherweise uninteressant werden.

Wird der Anleger aber nunmehr versuchen, die Steuerlast im Preis weiterzugeben, so gilt analog, was wir über die Inzidenz der Steuer auf den 'reinen Grund und Boden' abgeleitet haben[1]: Der Erfolg ist generell von der Preiselastizität der Nachfrage nach der Wohnungsnutzung abhängig. Da die Steuer nicht alle Gebäude trifft, konkurriert das besteuerte Gebäude mit unbesteuerten, so daß eine Weitergabe kurzfristig nicht die Regel sein kann.
Versucht der Anleger aber aus der Hausanlage auszusteigen, so wird die Steuer kapitalisiert[2].

Die Wirkungen sind also kurzfristig durchaus nicht so negativ einzuschätzen, wie dies die zu prüfende Hypothese annonciert.

Einschränkungen im Gesamtangebot sind zudem allenfalls langfristig anzusetzen: Wie einfach zu zeigen ist, kann sich die Anpassungsreaktion nur auf Investitionen beziehen, über die im Zeitablauf neu entschieden werden kann[3].
Wird also durch die Besteuerung der Gebäudewertzuwächse langfristig die Renditemöglichkeit im Wohnungsbau beschränkt, so kann sich die Anpassungsreaktion der Anbieter nur auf Neu- oder Ersatzinvestitionen beziehen, so daß z.B.

- Wohnungsneubau unterbleibt oder
- Wohnungsmodernisierung zurückgestellt wird.

Dieser Impuls wird jedoch nur eine begrenzte Anzahl von Wohnungseigentümern treffen. Die laufende Rendite der Hausanlage wird von der Steuer nicht beeinträchtigt[4]. Da zudem ein Großteil des Angebots in der Bundesrepublik direkt von staatlicher Förderung induziert wird, werden die Ergebnisse tatsächlich nur begrenzte Bedeutung haben.

---

[1] Vgl. Kap. IV, Abschnitt 2, Fall 2.
[2] Ebenda, Fall 1.
[3] Sowohl im Bau neuer, als auch bei der Erhaltung bestehender Gebäude.
[4] Es sei denn, die Steuer erfaßt auch inflationäre Bestandteile des Gebäudewertzuwachses.

Daneben muß jedoch bezweifelt werden, ob die Annahme 'rationaler Vermögensanleger' für die Wohnungseigentümer in der Bundesrepublik umfassend Gültigkeit beanspruchen kann.

Rund 1/3 der Häuser sind eigengenutzte Ein- und Zweifamilienhäuser, die weniger aus Vermögensanlagegesichtspunkten heraus gehalten werden, ca. 1/6 bis 1/5 der Baufertigstellungen entfallen auf diese Kategorie:

- Die Eigentümer wollen eine individuelle Wohnform realisieren,
- werden in ihrem Verhalten vom Streben nach Unabhängigkeit bestimmt,
- haben das Motiv, Eigentum bilden zu wollen.

Ein Wegfall oder die teilweise Wegsteuerung der Wertsteigerung wird dieses Streben vermutlich nur wenig beeinflussen.

Die bisherigen Überlegungen galten einem Gebäudewertzuwachs, der auf einer Steigerung der erzielbaren Miete und auf höherer Nutzbarkeit (Profitabilität) der bestehenden Gebäude beruhte.

Wertzuwächse an Gebäuden werden in der Realität aber auch auf folgendem beruhen:

- Bedingt durch den Anstieg der Baupreise ergeben sich Wertzuwächse an zeitlich früher erstellten Gebäuden. Diese sind z.T. - im Sinne des Konzepts der Abschreibung von Wiederbeschaffungswerten - im Abschreibungsfond notwendig, um nach dem Ende der Nutzungsdauer ein neues Gebäude zu erstellen.

- Bedingt durch z.T. mögliche Sonderabschreibungen (§ 7b EStG, Zonenrandförderung, etc.) sinkt der Buchwert schneller als der Marktwert. Es entsteht ein Kapitalgewinn, der erst bei Einführung einer BWSt laufend, im Falle der Veräußerungsgewinnsteuer bei der Veräußerung erfaßt wird. Wird diese Steuervergünstigung aber besteuert[1], so verliert sie zumindest bei einer Steuer auf unrealisierte Gewinne ihre Anreizfunktion.

---

[1] Dies ist abhängig von der steuerlichen Definition des Bodenwertzuwachses.

3. _Zusammenfassung der Ergebnisse: Begründung für eine reine Bodenwertzuwachssteuer_

Zusammenfassend läßt sich zeigen, daß die Wirkungen einer Steuer auf Wertzuwächse an Gebäuden offenbar eine Überschätzung erfährt: Anpassungen würden lediglich langfristig erfolgen können. Hier wäre es dann aber denkbar, daß die u.a. steuerbedingt verringerte Investitionsneigung[1] im Wohnungsbau auf der anderen Seite mit Hilfe ausgabenpolitischer Instrumente erst wieder auf-"gepäppelt" werden müßte. Hinzu kommt eine zumindest bei einer Besteuerung nichtrealisierter Bodenwertzuwächse gegenüber anderen Vermögensanlagen eintretende Diskriminierung. Dies läßt es angeraten erscheinen, Wertzuwächse in diesem Bereich zumindest solange steuerfrei zu belassen, wie keine allgemeine Kapitalgewinnsteuer auf unrealisierte Gewinne eingeführt wird.

Ob dies in der Steuerpraxis tatsächlich realisiert werden kann, hängt nicht zuletzt von den Problemen der Erfassung und Bewertung von Bodenwertzuwächsen, ihrer Abgrenzung von den Gebäudewertzuwächsen, ab. Auf diese Probleme wird an anderer Stelle eingegangen[2].

---

[1] Aufgrund von Ausstrahlungseffekten auch in Bereiche, die von der BWSt gar nicht in nennenswertem Maße betroffen sind, da generell dem Investitionsanreiz durch Wertzuwächse zumindest in der Vergangenheit eine wichtige Bedeutung zugekommen ist.

[2] Vgl. Kapitel IX dieser Arbeit.

Kapitel VII: FISKALISCHE ASPEKTE DER BODENWERTZUWACHSBESTEUERUNG

1. *Zur Relevanz des Problems*

Die Diskussion um die Bodenwertzuwachsbesteuerung wird, wie bereits angeführt[1], außer von allokations- und distributionspolitischen Zielen auch von Motiven bestimmt, zusätzliche Steueraufkommen als Einnahmequellen für die Gemeinden zu gewinnen[2].

Dies ist grundsätzlich damit zu rechtfertigen, daß die Gemeinden durch ihre Aktivität direkt oder indirekt Wertsteigerungen hervorrufen, eine Zuweisung des Steueraufkommens der BWSt folglich unter Äquivalenzgesichtspunkten begründbar erscheint: die Gemeinden sollen von den durch sie hervorgerufenen Wertsteigerungen profitieren.

Daneben wird hiervon eine Verminderung der Finanzprobleme der Gemeinden erwartet, die nicht zuletzt durch die Kosten der Neuerschließung von Bauland entstanden sind.

Die Gemeinden könnten diese Aufkommen im Ideal zu weiteren Erschließungen nutzen und damit die Bodenpreise senken helfen.

Tatsächlich können durch die Bodenwertzuwachsbesteuerung erhebliche Aufkommen erzielt werden:

Wie eine einfache Modellrechnung anhand von an anderer Stelle vorgenommenen Schätzungen erweist[3], wird das Bodenwertzuwachssteueraufkommen bei einer Wachstumsrate von 5 % und einem Steuersatz von nur 20 % insgesamt 3,5 Mrd.DM jährlich erreichen.

---

[1] Vgl. Kapitel II dieser Arbeit.

[2] Vgl. Flach, K.H., u.a. (Hrsg.), Die Freiburger Thesen..., a.a.O., S. 78; SPD-Kommission zur Bodenordnung, (1973), a.a.O., S. 24.

[3] Da nach unseren Schätzungen die Wertsteigerung seit 1950 mindestens 400 Mrd. betragen hat, nehmen wir an, daß dieser Wert dem Gesamtwert gleichgesetzt werden kann. Ein Abschlag von 50 Mrd. ist Freibeträgen etc. gewidmet. Bei einer jährlichen 5 %-igen Wertsteigerung ergibt sich eine Summe von 17,5 Mrd., davon eine proportionale Objektsteuer mit $t=0,2$ ergibt 3,5 Mrd. Bei einer nach der Höhe des Wertzuwachses progressiv steigenden Steuer würde das Aufkommen entsprechend erhöht werden.

Die Bedeutung der Aufkommen aus der BWSt für die Gemeinden als potentiellen Inhabern der Steuerhoheit, zeigt eine Verteilung für ausgewählte Großstädte anhand der Einwohnerzahlen:

Tabelle 21

Stadt	Einwohner [+]	Anteil an Gesamtbevölkerung	BWSt-Aufkommen [++] in Mio. DM
	1	2	3
Hamburg	1755	0,0284	99,40
München	1338	0,0216	75,60
Köln	833	0,0135	47,25
Essen	679	0,0110	38,50
Düsseldorf	638	0,0103	36,05
Frankfurt/Main	673	0,0109	38,15
Dortmund	637	0,0103	36,05
Stuttgart	626	0,0101	35,35
Bremen	587	0,0095	33,25
Hannover	511	0,0083	29,05
BRD	61809	1,0000	3500,00

Quelle: eigene Berechnungen

[+] Jew. Quartalsende III. 1973, BRD: Dez. 1972, in Tsd. Einwohnern
  Zahlen nach: Hamburg in Zahlen, Juli 1974, S. 80/81.

[++] Spalte 2 x 3,500 Mio. DM.

Danach wird die BWSt auch für die Haushalte der Städte beachtliche Bedeutung erhalten können: Ihr Aufkommen dürfte in den gegenwärtigen Relationen rund 5 % des Haushaltsvolumens der Städte ausmachen.

Dies ist Anlaß, Vor- und Nachteile einer Zuweisung der BWSt-Aufkommen an die Gemeinden näher zu analysieren.

2. Fiskalische Probleme bei unterschiedlichen Formen von Bodenwertzuwachssteuern

Mit bestimmten Erhebungsformen der BWSt werden allerdings Bereiche abgesteckt, innerhalb derer eine Verausgabung erfolgen kann und folglich Probleme aufgezeigt, die bei den unterschiedlichen BWSt-Formen dann entstehen, wenn eine Zuweisung an die Gemeinden angestrebt wird.

- Bei Lösungen die eine Integration in die Einkommensteuer anstreben, was sowohl für realisierte als auch für nicht realisierte Bodenwertzuwächse gelten kann[1], erfolgt die Erhebung durch das Wohnsitzfinanzamt. Werden die Aufkommen hierdurch erhöht, so kann zweckmäßigerweise eine Zuweisung an die Gemeinden nur im Rahmen eines vertikalen Finanzausgleichs[2] (oder mit Hilfe von Zweckzuweisungen) erfolgen, dessen Relationen z.T. zwischen den Gebietskörperschaften auf der Ebene der Gemeinden nach der gezahlten ESt bemessen, ausgehandelt[3], und nicht notwendig mit der räumlichen Verteilung der Wertzuwächse zusammenhängen.

- Bei Sondersteuerlösungen mit Objektcharakter ist demgegenüber, ähnlich wie bei der Grundsteuer vordergründig eine Erhebung durch Behörden derjenigen Gemeinde sinnfällig, in der das Grundstück liegt. Nur hier wäre eine direkte Einstellung in die Kommunalhaushalte ohne Komplikationen möglich[4].

---

[1] Bei der Besteuerung unrealisierter BWZ gilt dies streng genommen nur für die Variante einer vollen Einbeziehung in die ESt. Die ESt-B-Lösung der Eppler-Kommission (vgl. Kap. III, Abschnitt 2.2), ist demgegenüber im Prinzip auch durch die Gemeinden erhebbar. Zu den Komplikationen zählt die Notwendigkeit, die Informationen über die ESt-Veranlagung vom für die ESt des Eigentümers zuständigen Finanzamt (Wohnsitzfinanzamt) dem für die Grundstücksbewertung zuständigen Finanzamt (Belegenheitsfinanzamt) oder den Gemeindesteuerbehörden zuzuleiten.

[2] Das Aufkommen der Einkommensteuern steht nach Art. 106 GG, Abs. 3 Bund und Ländern gemeinsam zu, soweit das Aufkommen nach Abs. 5 nicht den Gemeinden zugewiesen wird.

[3] Für die Aufteilung zwischen Bunde und Ländern gilt z.Zt. ein Aufteilungsschlüssel von 40 : 60. Die Gemeinden erhalten einen Anteil nach der Einkommensteuerleistung ihrer Einwohner. Vgl. Art. 106 GG.

[4] Vgl. Art. 106, Abs. 6 GG.
Danach stehen die Aufkommen der Realsteuern den Gemeinden zu. Eine Abweichung von dieser Form würde folglich eine Verfassungsänderung voraussetzen.

- Dies ist bei der subjektiv ausgelegten Sondersteuer indes mit Komplikationen in bezug auf die Zurechnung der Steuerbeträge verbunden, wenn die Pflichtigen über Grundstücke in verschiedenen Gemeinden verfügen, an denen Wertzuwächse entstanden sind.

Im ersten Fall würden die Gemeinden folglich Kraft ihres sonstigen Anteils an der ESt zusätzliche Mittel erhalten, deren konkrete Höhe durch den Finanzschlüssel bestimmt würde, im zweiten Fall nach den innerhalb der Gemeindegrenzen entstandenen Wertzuwächse begünstigt werden.

Im Folgenden wird zunächst auf die Probleme einer fiskalischen Begünstigung der Gemeinden gemäß den örtlichen BWSt-Aufkommen eingegangen.

3. Effekte einer Verausgabung durch die Gemeinden

3.1 Bodenwertzuwachssteuer als Gemeindesteuer

Eine Zuweisung an die Gemeinden würde, folgt man den Voten einiger Autoren, durchaus positive Wirkungen erwarten lassen, gilt die BWSt doch als gute Gemeindesteuer, vorausgesetzt, man sieht die Veranlagungs- und Erhebungsprobleme als lösbar an, bzw. vernachlässigt sie hier[1].

Die BWSt passe sich in ihren Aufkommen an die Größe und Struktur der Gemeinden an, rufe keine 'disincentive effects'[2] hervor und sei deshalb für Industriegemeinden besonders geeignet, "... weil Bodenwertsteigerungen stark lokal bedingt und außerdem häufig auf die Investitionen der einzelnen Gemeinden zurückzuführen sind[3]".
Nun ist es zwar grundsätzlich unstritten, daß die Bodenwertzuwächse zumindest

---

[1] Vgl. Timm, H., (1959), S. 204.

[2] Die hier zugrundeliegende Nichtüberwälzbarkeitsannahme ist an anderer Stelle problematisiert worden.

[3] Timm, H., (1959), a.a.O., S. 304.

teilweise als Folge von örtlich nahen kommunalen Investitionen entstehen, diese Kausalbeziehung wird jedoch selten auf die verwaltungsmäßigen Grenzen beschränkt bleiben: Vor allem in räumlich ausgedehnten Regionen mit starken Verflechtungen beeinflussen sich die Bodenpreise von zentralem Ort und Umland[1], so daß die örtliche Bedingtheit der Bodenwertzuwächse zumindest bei einigen Arten öffentlicher Investitionen als theoretischer Grenzfall angesehen werden muß[2].

Wenn diese Annahme aber nicht haltbar ist, so kann von den räumlichen Wirkungen der BWSt nicht abstrahiert werden[3].

Ohne die Problematik hier umfassend diskutieren zu können, seien einige Komplikationen notiert, nimmt man an, der Bodenwertzuwachs sei nicht örtlich (d.h. innerhalb der Verwaltungsgrenzen) 'erzeugt' worden.

Zunächst der Fall, der Zuwachs sei in der Zentralstadt entstanden, aber auf Investitionen im Umland zurückzuführen:

Das Aufkommen fließt den Städten zu und wird auch innerhalb der Stadtgrenzen wieder voll verausgabt. Damit steigt das hier möglicherweise ohnehin hohe Infrastrukturangebot, was - setzt man voraus, diese Erhöhung spiele im Kalkül von Investoren und Haushalten eine Rolle - langfristig tendenziell ballungsverstärkende Wirkungen zeigen wird. Je nach Situation in der Ausgangslage wird dies vor- oder nachteilig sein - in den Ballungszentren aber mit Sicherheit nachteilig.

Geht man andererseits von einer Ausstrahlung der zentralstädtischen Aktivitäten auf die Bodenpreise in den Randgemeinden aus, so kann sich das Steueraufkommen hier z.B. durch die Umwandlung landwirtschaftlich genutzten Grund und Bodens in Bauland erheblich erhöhen. Tendenziell wirkt etwa die Verbesserung des Verkehrssystems in und zu den Zentralstädten auf eine Bodenwerterhöhung an den Rändern hin.

---

[1] Vgl. Seidewinkel, H., a.a.O., S. 96 ff.

[2] In welchem Maße die Verwaltungsgrenzen ihre ökonomische Bedeutung verloren haben, zeigt sich in der Region Hamburg, wo das Umland - durch Schnellbahnverbindungen an die Kernstadt angebunden - vielfach lediglich Wohnort im engsten Sinne ist, Hamburg aber Arbeitsplatz, Einkaufsmittelpunkt und Anbieter verschiedener sozialer, verwaltungsmäßiger und kultureller Dienste ist. Dies hat natürlich auch die Bodenpreise beeinflußt.

[3] Auf diese Verklammerung weist Timm hin: Nur die Besteuerung eines örtlich bedingten Bodenwertzuwachses hat keine räumlichen Wirkungen; vgl. Timm, H., Finanzpolitische Autonomie ..., (1964), S. 9 - 60, hier S. 60.

Dies wird dazu führen, daß die Randgemeinden weitere Bewohner attrahieren und so die Problematik eines flächenmäßigen Auseinanderziehens der Siedlungsstruktur verstärken können.

Die kurzen Bemerkungen zur Problematik einer Zuweisung der Aufkommen aus einer Bodenwertzuwachssteuer an die Gemeinden haben bereits Anhaltspunkte erbracht, die es angeraten sein lassen von einer solchen Zuweisung abzusehen. Weitere Indizien ergeben sich, betrachtet man die möglichen Anpassungsreaktionen der Gemeinden.

3.2 Anpassungsreaktionen der Gemeinden

Das Plädoyer für eine Nichtzuweisung an die Gemeinden wird fundiert, bezieht man die Möglichkeit gemeindlicher Anpassungsreaktionen mit ein.
Ausgangspunkt ist die grundsätzliche Abhängigkeit der Bodenwertsteigerungen von den Aktivitäten der Gemeinden, hier bedeutsam vor allem in der Möglichkeit, die Marktkonstellationen durch Manipulationen der Neuausweisung von Bauland zu beeinflussen.
Für die Gemeinden wird die Einnahmeerzielung wichtigstes Ziel der BWSt sein.

Mit Hilfe der Manipulation der neu auszuweisenden Fläche könnte versucht werden, die Einnahmen aus der BWSt zu erhöhen. Dazu eignen sich zwei auf den ersten Blick gegensätzliche Maßnahmen:

- Verstärkte Ausweisung neuer Flächen[1], was als erwünschte Anpassungsreaktion gelten kann, wenn entsprechende Infrastrukturmittel bereitgestellt werden können,

- geringere Ausweisung neuer Flächen, wodurch bei bestehenden Grundstücken Knappheitsgewinne auftreten können.

Eine Verstärkung der Ausweisung neuer Baulandflächen würde jedoch das BWSt-

---

[1] Vgl. Müller, A., (1969), a.a.O., S. 51.

Aufkommen nur kurzfristig erhöhen, da die Bodenpreise durch das höhere Angebot sinken werden[1].

Eine geringere Ausweisung würde demgegenüber zu erheblichen vor allem mittel- und langfristigen Problemen führen, die möglicherweise von den Gemeinden nicht gesehen werden: Ein gestiegener Bodenpreis und damit verbundene BWSt-Zahlungen[2] hätten nachteilige Folgen sowohl für die Industrieansiedlung als auch für die Wohnungsnutzung:

Für Unternehmen ist der Bodenpreis in erster Linie ein Kostenelement. Wachsende Unternehmen mit folglich hohen sonstigen Steuerzahlungen werden deshalb bei gestiegenen Bodenpreisen in die Peripherie der Städte abzuwandern trachten, um den hohen Bodenpreisen zu entgehen. Einem kurzfristig gestiegenen BWSt-Aufkommen stehen somit langfristige Nachteile in Form von Steuerausfällen gegenüber.

Daneben ist bei Gemeinden mit hohem Bodenpreisniveau bereits heute die Neuansiedlung von Unternehmen ein Problem: Die Grundstückskäufe müssen deshalb in der Regel von den Gemeinden subventioniert werden. Bei nicht ausreichendem Grund und Bodenvorrat der Gemeinden wird es in vielen Fällen somit notwendig werden, zu hohen Preisen zu kaufen und billig weiterzugeben. Indem sich über die Verknappung die Differenz zwischen Ankaufs- und Verkaufspreis erhöht, entstehen auch hier finanzielle Nachteile.

Auch das Wohnungsangebot droht bei Beschränkung der Neuausweisung von Bauland zu verknappen: Die Mietpreise werden langfristig nicht zuletzt deshalb steigen, weil zahlungskräftigere Nachfragerarten eine Umwidmung von Wohnungen hervorzurufen trachten. Soziale Spannungen sind die Folge.

---

[1] Vor allem wenn Verlustausgleichsregelungen vorgesehen werden, sind umfangreiche Steuerrückzahlungen zu befürchten.
[2] Vorausgesetzt sei hier eine Steuer auf unrealisierte Gewinne.

4. Zusammenfassung

Als Fazit der vorstehenden Überlegungen ergibt sich, daß derartig kurzsichtige, angesichts der fiskalischen Probleme aber gleichwohl plausible Handlungsweisen der Gemeinden verhindert werden müssen. Radikalste Lösung wäre, ihnen diese Anpassungsmöglichkeiten gar nicht erst zu ermöglichen, indem die BWSt-Aufkommen durch Bund oder Länder nach regionalpolitischen Gesichtspunkten zugeteilt werden. Nur so kann sichergestellt werden, daß die Verausgabung der BWSt nicht bestehende regionale Ungleichgewichte noch verstärkt. Dabei scheidet unter verfassungsrechtlichen Gesichtspunkten der Bund im Falle der BWSt aber aus, so daß die Steuer als Landessteuer auszugestalten wäre, intendiert man eine Zuweisung an die Gemeinden[1].
Dies würde jedoch in jedem Fall eine Grundgesetzänderung erfordern.

---

[1] Zur näheren Erörterung dieser Problematik vgl. Wissenschaftlicher Beirat beim BMF, Gutachten Bodenwertzuwachsbesteuerung ..., a.a.O., S. 103 ff.

Kapitel VIII: ZUR FRAGE DER WERTGRUNDLAGE EINER BESTEUERUNG VON BODEN-
WERTZUWÄCHSEN

1. <u>Zur Relevanz des Problems der Wertgrundlage</u>

Die bisherigen Überlegungen basierten auf der Annahme, der jeweiligen Form der BWSt unterlägen lediglich diejenigen Wertänderungen, die sich aus Verschiebungen in den relativen Preisen des Grund und Bodens (gegenüber anderen Vermögensgütern) ergeben. Daher wurde an anderer Stelle vorläufig die Bemessungsgrundlage der Steuer als Preisunterschied eines Vermögensobjektes zwischen zwei Zeitpunkten definiert[1].
In Zeiten relativ stabilen Geldwertes reflektiert dieser Wert eine Änderung der relativen Preise, also eine Änderung im Verhältnis zu anderen Vermögensgegenständen und anderen Grundstücken und war aus der Sicht einer an allokativen und distributiven Zielen orientierten Steuerpolitik als möglicher Anknüpfungspunkt einer Abgabeform angesehen worden[2].

In Zeiten zunehmenden Auseinanderklaffens nominaler und realer Werte werden die relativen Preisveränderungen jedoch von inflationären Prozessen überlagert[3], so daß die Wertveränderungen im Extrem insgesamt nomineller Art sein können. Mit der definitorisch vorgegebenen Ermittlungsform auf nomi-

---

[1] Vgl. Einleitung, Abschnitt 2 dieser Arbeit.

[2] Der entstandene Wertzuwachs verbessert die Vermögens- und Einkommensposition des Eigentümers und wäre nach herrschender Auffassung zumindest im Grundsatz zu besteuern.

[3] Wenn hier der Terminus 'inflationsbedingt' verwendet wird, so könnte dies in der Weise mißverstanden werden, als solle der Grund und Boden mit seiner Wertentwicklung insgesamt steuerfrei bleiben, denn in einem weiten Sinne kann man die Wertveränderungen an Grund und Boden zu einem Großteil als inflationsbedingt ansehen. Ausgehend von den besonderen Eigenschaften des Grund und Bodens, vor allem seiner Knappheit, können die durch die 'Flucht in die Sachwerte' inflationsbedingt ausgelösten Wertsteigerungen erheblich über die Änderung des allgemeinen Preisniveaus hinausgehen. Hier liegt dann jedoch eine Änderung der relativen Preise vor.

neller Basis[1] werden dann jedoch Werte verglichen, die auf einer unterschiedlichen Wertbasis beruhen[2].

Dabei sind die Auswirkungen der Inflation je nach gewählter Steuerform unterschiedlich: Während eine jährlich erhobene Abgabe auf den in dem Zeitraum entstandenen Wertzuwachs lediglich die Geldwertverschiebungen des betreffenden Jahres reflektieren würde, reflektiert der Veräußerungsgewinn eines über mehrere Jahre gehaltenen Vermögensobjektes die über die Jahre kumulierte Inflationsrate[3].

Nach überwiegend vertretener Auffassung wären diese Teile des Wertzuwachses jedoch nicht als steuerlich relevant anzusehen[4]. Es wird gefordert, diese

---

[1] Zum Prinzip, Einkommen aus nomineller Wertbasis zu besteuern (Nominalwertprinzip) vgl. u.a. Brümmerhoff, D., Nominal- oder Realprinzip in der Einkommensbesteuerung, in: FA (NF), Bd. 32, Heft 1, S. 35-45; Fläming, C., Berücksichtigung der schleichenden Geldentwertung im Steuerrecht - ein Versuch, die Folgen der schleichenden Geldentwertung durch steuerliche Maßnahmen auszugleichen, in: Steuerkongreßreport 1969, Hrsg.: Bundeskammer der Steuerbevollmächtigten. München 1969, S. 428 ff.; Gemper, B., Geldentwertung, Nominalwertprinzip und Besteuerung, in: Der Betriebsberater, Heft 18, 1972 v. 13.6.72, S. 761 ff.; Jahr, G., Implikationen eines anhaltenden Geldwertschwundes in der Rechtsordnung der Bundesrepublik Deutschland. Ein Gutachten, gedruckt als Anhang V zum Jahresgutachten 1966 des Sachverständigenrates zur Begutachtung der gesamtwirtschaftlichen Entwicklung. Karlsruhe 1966, S. 199-214; Mann, F.A., Das Recht des Geldes. Frankfurt/Main und Berlin 1960; Möller, H., Geld als wirtschaftliches Gut - ein Beitrag zu den Grundlagen der Geldtheorie, in: Haller, H. u.a. (Hrsg.), Theorie und Praxis..., a.a.O., S. 637; Musgrave, R.A., (1969), a.a.O., S. 169; Schildbach, T., Zur Verwendbarkeit der Substanzerhaltungskonzeption in der Handels- und Steuerbilanz, in: Der Betriebsberater, Zeitschrift f. Recht und Wirtschaft, Heft 2, 1974, S. 49-54; Wallis, A.v., Geldwertänderung im Steuerrecht, in: Der Betrieb 1973, S. 842 ff.; Zeitel, G., Geldentwertung und Nominalwertprinzip in der Besteuerung, in: Wirtschaftsdienst Nr. 5 (Mai) 1972, 53. Jg., S. 249-252.

[2] Indem der Erlös einen inflationsbedingten Zuschlag zu den Anschaffungs- und Herstellungskosten enthält, wird bei einer auf dem Nominalprinzip beruhenden Besteuerung ein Scheingewinn erfaßt. (Loos, G., Inflation - Sondersteuer nur für Kapitalbesitzer, in: Der Betriebsberater, 1973, S. 301 ff.). Handelt es sich um eine progressiv (nach der Höhe des Wertzuwachses oder nach dem Gesamteinkommen) ausgestaltete BWSt, so gerät der Steuerpflichtige zudem in eine höhere Progressionsstufe (vgl. zu dieser Doppelproblematik auch Gemper, B., Geldentwertung..., a.a.O., S. 763).

[3] Wobei allerdings Roll-over-Regelungen das Problem bei der Veräußerungsgewinnsteuer weniger dringlich erscheinen lassen. Folgerichtig kann die Steuerreformkommission eine Korrektur hier als unnötig ansehen. Vgl. Steuerreformkommission 1971, Gutachten 1971, II, ESt, LSt, Teil 2, a.a.O., Ziffer 52, S. 73.

[4] Vgl. z.B. David, M., Alternative Approaches ..., a.a.O., S. 210/11; Hinweis bei Neumark, F., Grundsätze..., a.a.O., S. 136 ff.

<u>Bestandteile</u> aus der Bemessungsgrundlage der Steuer herauszunehmen[1].

Hier soll es jedoch nicht um eine Differenzierung nach den Steuerformen sondern um die generelle Darstellung gehen, wobei auf graduelle Unterschiede in der Relevanz des Problems für die verschiedenen Steuerformen am Rande einzugehen sein wird.

Ausgangspunkt der Überlegungen zum Inflationsproblem bei Wertzuwächsen ist zumeist die Reinvermögenszugangstheorie[2]. Hierauf wird zunächst eingegangen.

2. Nichtbesteuerung als Resultante der Reinvermögenszugangstheorie

Die Reinvermögenszugangstheorie definiert, wie bereits dargestellt, Einkommen als den Geldwert des Nettozugangs der ökonomischen Verfügungsmacht einer Person zwischen zwei Zeitpunkten[3]. Wie folgendes extreme Beispiel zeigt, würde eine nominale Besteuerung aller Vermögenszuwächse bei Inflation nominelle Nettozugänge ergeben, die nicht wirklich einen Zugang an ökonomischer Verfügungsmacht darstellen[4].

Werden alle Wertzuwächse als laufende Einkünfte von der ESt erfaßt, so würde ein Individuum B, das neben einem wie A auf 10.000,-DM zu beziffernden laufenden Einkommen auch noch ein Grundstück im Werte von 100.000 DM besitzt,

---

[1] Der Tatbestand, daß ein Teil der Wertzuwächse als inflationär anzusehen ist, hat zur generellen Forderung geführt, diese Einkommen (alle Wertzuwächse insgesamt) steuerfrei zu lassen. Hiermit wurde sich an anderer Stelle bereits auseinandergesetzt, so daß sich die Darstellung erübrigt. Vgl. Kapitel III, Abschnitt 3.

[2] Vgl. Goode, R., (1964), a.a.O., S. 193 ; David, M., Alternative Approaches..., a.a.O., S. 47 u. 210 f.; Seltzer, L.H., a.a.O., S. 98 ff.

[3] Vgl. Haig, R.M., a.a.O., S. 59.

[4] Diese Problematik ist naturgemäß um so gewichtiger, je perfekter Bewertung und Bilanzierung erfolgen, je genauer diese also die Marktwerte reflektieren, - zu diesem Zusammenhang vgl. Kapitel IX dieser Arbeit, - und je höher die Steuersätze sein werden.

bei einer Inflationsrate von 100 % DM 120.000 zu besteuern haben, während bei A DM 20.000 in die steuerliche Bemessungsgrundlage eingehen. Dennoch hätten beide real ein Einkommen von DM 10.000 erhalten. Gemessen in realen Größen wird also B stärker besteuert als A. Darin kann eine massive Verletzung des Gleichheitsgebotes gesehen werden[1].

Abgesehen davon, daß das Beispiel die Problematik überakzentuiert, "erzählt es nicht die ganze Geschichte[2]". Grundsätzlich ergeben sich aus einer Preisniveauanhebung bei Grundstücken gewöhnlich sowohl nominelle als auch - meist erheblich höhere - reale Wertsteigerungen. Man könnte deshalb die realen Wertsteigerungen besteuern, die bloßen nominellen Bestandteile durch Indexregelungen steuerlich neutralisieren. Da dies aufgrund unterschiedlicher Verknüpfung mit allgemeinen Preisniveauänderungen und verschiedenen Ausgleichsmöglichkeiten nicht ohne Schwierigkeiten möglich erscheint, ist es hier im Rahmen einer differenzierteren Betrachtung angebracht, die Inflationsausgleichsverfahren innerhalb des Zielsystems zu beurteilen und verfassungsrechtliche Überlegungen einzubeziehen.
Vorab ist es dazu notwendig, den Begriff des 'allgemeinen Preisniveaus' als Richtgröße näher zu definieren.

---

[1] Zu diesem Beispiel vgl. Littmann, K.K., Zur Frage der Besteuerung von Wertzuwächsen, unv. Man., Hamburg WS 72/73, S. 5

[2] Seltzer, L.H., a.a.O., S. 99.

3. Das Meßproblem der Inflation unter besonderer Berücksichtigung der Trennung von relativen und absoluten Preissteigerungen

Zur Abwendung der beschriebenen Folgen einer Anwendung des Nominalwertprinzips auf inflationäre Werte ist jeweils eine Preisbereinigung respektive 'Deflationierung der Werte' erforderlich, mit dem Ziel, Einkommens- und Ertragsströme bzw. spezifische Wertveränderungen von Gütern von den allgemeinen Preissteigerungen zu bereinigen[1].

Dazu ist es notwendig, zu bestimmen, was unter 'allgemeinen Preissteigerungen' zu verstehen ist, welche Größen also vom Gesamtwertzuwachs in Abzug zu bringen sind. Es wird somit eine Trennung von Sach- und Geldwertschwankungen intendiert[2].

In der Literatur wird zum Teil die Durchführbarkeit einer solchen Trennung bestritten[3]. Dies vor allem wegen der Unmöglichkeit, einen 'Index des allgemeinen Preisniveaus' zu bestimmen, aus dem ein genereller Kaufkraftindex des Geldes errechnet werden könnte[4].

Tatsächlich handelt es sich bei Einkommen und Erträgen um 'non-commodity flows', also um rein monetäre Größen. Es entsteht das theoretische Problem, daß aus den nominalen Änderungen dieser Größen nicht auf etwaige sich dahinter verbergende reale Größen oder Gütermengenkombinationen geschlossen werden kann[5]. Dies wird erst ermöglicht, wenn man das Einkommen mit Größen in Zusammenhang bringt, deren reale Änderungen im Zeitablauf meßbar sind[6].

---

[1] Zum Begriff vgl. Friedmann, B., Deflationierungsmethoden im Rahmen der volkswirtschaftlichen Gesamtrechnung. Ein Versuch zur Systematisierung und Kritik. Berlin 1961, S. 15.

[2] Vgl. Hax, K., Geldwertänderung und Rechnungswesen, in: Handwörterbuch des Rechnungswesens, Hrsg.: E. Kosiol. Stuttgart 1970, S. 553 ff.

[3] Vgl. z.B. Wissenschaftlicher Beirat beim BMF, Gutachten 1967, a.a.O., S.19.

[4] Friedmann, B., a.a.O., S. 13; Troeger, H., Währungsstabilität und Grundstücksmarkt, a.a.O., S. 8 ff.

[5] Friedmann, B., a.a.O., S. 84/85.

[6] Eine solche Meßgröße könnte grundsätzlich der Nutzen darstellen. Da diese Größe jedoch wesentliche Voraussetzungen für eine solche Funktion nicht erfüllt, müssen andere Verfahren gesucht werden. Vgl. Friedmann, B., a.a.O., S. 16.

Damit ist das Problem der Deflationierung[1] mit Hilfe von Indizes angesprochen:
Erst, wenn man in die Betrachtung mit einbezieht, wieviel von jeweils gleichen Gütern und Dienstleistungen im Beobachtungsjahr mehr oder weniger gegenüber dem Basisjahr gekauft werden kann, ist eine Aussage über die reale Wertentwicklung möglich[2].

Würde man dabei von der individuellen Kaufkraft ausgehen, so hängt der Realwert des Vermögens von der beabsichtigten individuellen Verwendung ab.

Nimmt man an, es sei eine Wiederanlage in Grund und Boden geplant, da viele Investoren die Erlöse aus Grundstücksverkäufen erneut in Grundstücken anlegen oder die nicht realisierten Gewinne mit der bestehenden Vermögensanlage verbunden bleiben, so hätte die Indizierung mit dem speziellen Wertindex des Grundstücks bzw. der Grundstücke vergleichbarer Qualität zu erfolgen; allgemein also mit den Wertveränderungen der speziellen Sachvermögensarten, dem Grund und Boden vergleichbarer Qualität.
Dann wäre jedoch die Besteuerung von Kapitalgewinnen insgesamt irrelevant; eine derart weit gefaßte Konzeption der Substanzerhaltung[3] eliminiert das hier zu behandelnde Problem.
Auch die Anwendung spezieller Indizes, gebildet etwa auf der Basis allgemeiner Preissteigerungen von Immobilien, würde zumindest einen Teil der Wertsteigerungen unbesteuert lassen und die Grundstücksbesitzer gegenüber den Besitzern anderer Vermögensanlagen bevorzugen.

Sie würden in die Lage versetzt, steuerfrei an der Sonderwertentwicklung des Grund und Bodens teilzuhaben. Die Intention der Besteuerung würde nicht erreicht werden.
Die distributive Problematik dieser Regelung zeigt sich, wenn die Grundeigen-

---

[1] Bzw. Inflationierung bei den Ausgangswerten - je nach gewählter Methode - die hier jedoch ohne Belang sind.

[2] Friedmann, B., a.a.O., S. 84.

[3] Die Sachwertbeständigkeit des Bodens kommt nach dieser Auffassung darin zum Ausdruck, daß mit dem Gelderlös aus dem Verkauf gleich viele Kapitalgüter zu kaufen sind. Das ist etwa dann gegeben, wenn man mit dem Erlös aus einem Hausverkauf einen gleich großen Besitz erwerben kann. (Vgl. Sieber, H., a.a.O., S. 10).

tümer die Bodenanlage liquidisieren und die Mittel in anderer Weise verausgaben: Sie würden über eine größere Gütermenge als zum Referenzzeitpunkt verfügen. Daneben widerspricht die Berücksichtigung individueller Verwendungsformen des Einkommens der bisherigen Gestaltung der ESt[1].

Daraus ergibt sich, daß allgemeinere, von der individuellen Verwendung unabhängige Indizes gefunden werden müssen, um die Inflation zu bestimmen, sollen die sowieso durch die besondere Wertentwicklung ihrer Aktiva bereits begünstigten Bodeneigentümer nicht auch vor der Inflation stärker geschützt werden. Es kann nicht um die individuelle, sondern nur um die durchschnittliche Einkommensverwendung gehen[2].
Dazu bietet sich der Preisindex für die Lebenshaltung als der gebräuchliche Index an[3], bei dem die notwendige Beziehung zu einer Gütermenge über einen festen Konsumgüterwarenkorb erfolgt[4]. Vorausgesetzt werden muß hier neben spezifischen Mängeln[5] jedoch, daß eine korrekte Deflationierung nur dann erreicht wird, wenn man annimmt, daß das erzielte Einkommen auch in den angenommenen Gütermengen verausgabt wird, beim PIL somit für konsumtive Zwecke. Weicht die Verausgabung der BWSt vom Warenkorbschema des PIL ab, wird der Kapitalgewinn etwa für investive Zwecke verwendet, so können die Preissteigerungen höher sein, eine individuelle Sachwertbeständigkeit mithin verfehlt werden. Es sei deshalb angenommen, allein schon die <u>Möglichkeit</u>

---

[1] Brümmerhoff, D., (1973), a.a.O., S. 41.
[2] Ebenda.
[3] Im folgenden abgekürzt PIL
[4] Dieser Wertbasis liegt die Vorstellung zugrunde, daß das letzte Kriterium für den Wert des Geldes die Fähigkeit darstellt, über Konsumgüter zu verfügen. Vgl. Seltzer, L.H., a.a.O., S. 101. 'Zur Aussagefähigkeit von Preisindizes' vgl. im Überblick den gleichnamigen Aufsatz v. Jensen, W., in: Wirtschaftsdienst Nr. 2/73 (53.Jg.) S. 95 ff.; Irmler, H., Im Dschungel der Zahlen. Die Preisstatistik sagt nicht die ganze Wahrheit über die Entwicklung des Geldwertes, in: DIE ZEIT Nr. 41, v. 13.10.72, S. 38/39.
[5] So etwa die Beeinträchtigung der Aussagefähigkeit durch Änderung der durchschnittlichen Verbrauchsgewohnheiten und Qualitätsänderungen, vgl. Irmler, H., a.a.O., S. 38; Jensen, W., a.a.O., S. 97/98, woraus sich bei PIL die Tendenz zu einer Überhöhung der tatsächlichen Preissteigerungen im Index ergibt.

einer Verausgabung in der Struktur des PIL sei als eine unter Gleichbehandlungsgesichtspunkten befriedigende Annäherung an die tatsächlich relevanten Wertveränderungen anzusehen.

Diese Annahme gewinnt besondere Bedeutung im Bereich der Besteuerung nicht realisierter Gewinne, wo der Grundeigentümer in der Regel die Bodenanlage beibehalten möchte. Hier wird von verschiedenen Seiten wegen des generell "inflationären Charakters" der Bodenwertzuwächse eine Besteuerung abgelehnt.

Durch die gegenwärtige Nichtbesteuerung können große Vermögenseigentümer jedoch einer anderweitig üblichen Scheingewinnbesteuerung entgehen.
Dies ist - wie schon angeführt - eine wesentliche Ursache der allokativ wie distributiv nachteiligen Attraktivität des Bodens als Vermögensanlage.

4. Problematik einer Deflationierung aller Steuerwerte

Als umfassende Lösung des Problems[1] wird vorgeschlagen, für alle relevanten steuerrechtlichen Größen auch der übrigen Einkommen eine Inflationsbereinigung vorzusehen. So vertritt der Wissenschaftliche Beirat beim BMF folgende Auffassung:
"Der Gedanke der Besteuerung nach der Leistungsfähigkeit würde es erfordern, das Realeinkommen der Besteuerung zugrundezulegen, weil es die Basis der Bedürfnisbefriedigung darstellt, die letztlich durch das Steueropfer getroffen werden soll[2]".
Die Bereinigung der Inflationswirkungen bei den Wertzuwächsen des Grund und Bodens wäre also in einem Zusammenhang mit einer Bereinigung bei anderen Einkünften zu sehen. Dies würde voraussetzen, daß eine durchgängige Umrechnung

---

[1] Außer der gegenwärtig besonders utopisch anmutenden Forderung nach einem 'perfect monetary standard'. Vgl. Haig, R.M., a.a.O., S. 67 f.; s.a. Sieber, H., a.a.O., S. 26.
[2] Wissenschaftlicher Beirat beim BMF, Gutachten 1967, a.a.O., S. 18.

auf Realwerte für Steuerzwecke möglich wäre, und somit das gesamte Rechnungs- und Wertsystem der Wirtschaft dem Geldentwertungsprozeß angepaßt wird.

"Ließe sich dieses System völlig folgerichtig verwirklichen, so würden die relativen Positionen nicht verändert und damit weder die Gerechtigkeit der Besteuerung noch die optimale Kombination der Faktoren beeinträchtigt werden[1]".

Gleichzeitig muß aber festgestellt werden, daß ein derartiges System praktisch undurchführbar wäre[2] und auf gewichtige finanzpolitische Einwände zu treffen scheint[3]. Hier ist also nur zu prüfen, welche Auswirkungen auf das Zielsystem aus einer isolierten Deflationierung der Bodenwertzuwächse zu erwarten sind.

5. Zur Frage der Zielkonformität einer isolierten Deflationierung der Bodenwertzuwächse

5.1 Rechtfertigung einer isolierten Deflationierung

In der Diskussion um die Wertzuwachsbesteuerung wird eine Deflationierung zur Ausschaltung einer Steuer auf 'Scheingewinne' vor allem mit folgenden Argumenten gerechtfertigt: Die Besteuerung von Kapitalgewinnen beim Boden treffe ein Einkommen, welches wegen seines fluktuierenden Charakters sowieso nur schwer in die Bemessungsgrundlage vor allem der Einkommensteuer einzubeziehen und daneben nur schwer zu bewerten sei.

Die Bewertung zu Tages- oder (Marktpreisen) sei vor allem bei unrealisierten Wertzuwächsen ein problematisches Vorgehen, da die Preise fiktiv seien und zudem wegen eben der Geldentwertung real überhöht seien. Eine nominale Besteuerung von Bodenwertzuwächsen stelle somit einen Verstoß gegen die steuerliche Gerechtigkeit dar[4].

Daneben wird angeführt, daß die Einbeziehung von nicht deflationierten Werten in die Bemessungsgrundlage von Steuern die reale Substanz des Vermögens angreife, was aus verfassungsrechtlichen Gründen bedenklich sei.

---

[1] Beirat, a.a.O., S. 19.
[2] z.B. durch die Notwendigkeit auch Passivposten zu berücksichtigen und Qualitätsveränderungen einzuschließen.
[3] Vgl. z.B. Goode, R.,(1964),a.a.O., S. 193; Albers,W., Automatische Stabilisierungswirkung,in: Recktenwald, H.C.,(Hrsg.), Finanzpolitik,Köln-Berlin 1969, S. 280-303.
[4] Vgl. z.B. David, M., Alternative Approaches...,a.a.O., S. 47 f.

5.2   Einwände gegen eine isolierte Deflationierung

5.2.1   Distributionseffekte

Es wird behauptet, die isolierte Deflationierung bei der Besteuerung von
Bodenwertzuwächsen würde grundsätzlich die Bevorzugung der Bodeneigentümer
zementieren. Diese Bevorzugung kann zunächst unter dem Gesichtspunkt der
vertikalen Gerechtigkeit kritisiert werden.

Schätzungen über den in der Vergangenheit begünstigten Kreis der Bezieher
von Bodenwertsteigerungen lassen den Schluß zu, daß Wertzuwächse in steuerlich relevanter Höhe - also nach Berücksichtigung von Freibetragsregelungen -
auch in der Zukunft einem Anteil von nicht mehr als 3 % der Steuerpflichtigen zufließen werden, die sich im allgemeinen sowieso schon in einer höheren Einkommens- und Vermögensposition befinden[1].

Eine Abschirmung dieser Gruppe von den Inflationsfolgen würde somit eine
vermögende Minderheit begünstigen und die Vermögenskonzentration weiter verschärfen: die Steuergesetze betrieben eine Vermögenssicherung bei den Begüterten. Eine weitere Komplizierung ergibt sich durch die Basierung der
Steuer auf die Aktivwerte und deren Wertveränderung. Denn ein Scheingewinn
fällt nur insoweit an, als der Steuerpflichtige den Grund und Boden mit
Eigenkapital finanziert. Soweit die Grundstücke mit Fremdkapital finanziert
sind und die Schuldzinsen die Inflation nicht reflektieren, steht der Begünstigung auf der Aktivseite auch eine solcher auf der Passivseite gegenüber, mit weitreichenden Folgen für die Vermögensverteilung. Besonders gilt
dies für Hypothekenschulden, bei denen die Tilgung in entwerteter Währung
erfolgen kann[2].

---

[1] Vgl. Kapitel I dieser Arbeit.

[2] Vgl. allg. Seltzer, L.H.,a.a.O.,S. 100:"Individuals and enterprises owning
relative large long term debts contracted in order to purchase property, will
be able to service and retire these debt with a smaller proportion of their
output or income, and the debt will constitute a smaller fraction of the total value of the property. Debtors in this way enjoy special real gains at
the expense of their creditors..."
Für die deutsche Literatur vgl. Feuerbaum, E., Aktuelle Fragen zur Eliminierung von Scheingewinnen in der Bilanz, in: Der Betrieb 1973, S. 737 ff.
und 795 ff., hier S.744; Arnim, H.H.v., Steuerrecht bei Geldentwertung, in:
Der Betriebsberater 1973, S. 621 ff., hier S.624; Loos, G., Inflation...,
a.a.O., S. 301 ff., hier S. 302.

Nutznießer können nur diejenigen Steuerpflichtigen sein, die in der Lage sind, Geldschulden zu machen; das sind zum einen Personen mit hohem Einkommen oder sonstigem Vermögen oder Unternehmungen (wenn sie Nettoschuldner sind). Dies bedeutet, daß die Vorteile der Geldentwertung weiterhin nur von den Bevölkerungsschichten in überdurchschnittlich guter wirtschaftlicher Position genutzt werden können[1].

Ein weiteres Problem ergibt sich durch die in einem gewissen Rahmen nachweisbaren Steuerungsmöglichkeiten durch Vermögensumschichtungen bei den Begüterten. Diese sind grundsätzlich in der Lage, ihr Wertzuwachseinkommen gegenüber anderen Einkünften zu erhöhen, Einkommen aus nicht deflationierten Quellen somit in eine inflationsgesicherte Quelle zu transformieren. Diese Gestaltungsmöglichkeit der Begüterten würde die Einkommens- und Vermögensverteilung ebenfalls in Richtung auf eine weitere Konzentration in den höheren Schichten unerwünscht verzerren und die Ungerechtigkeiten der Inflation weiter ausprägen[2].

Insgesamt zeigt sich, daß eine ausschließliche Inflationsbereinigung bei den Bodenwertzuwächsen verteilungspolitisch zu noch unerwünschteren Ergebnissen führen würde, als wenn man gar keine Inflationsbereinigungen zuließe[3].

Allerdings ist nicht auszuschließen, daß durch eine pauschale Einbeziehung auch der nominellen Kapitalgewinne im Einzelfall erhebliche Härten entstehen[4]. Dies vor allem angesichts der gegenwärtig in der BRD vorherrschenden Inflationsraten. Die Argumentation muß angesichts der gegenwärtig zu beobachtenden Inflationsraten deshalb weiter differenziert werden[5].

---

[1] Fläming, C., a.a.O., S. 438; s.a. Seltzer, L.H., a.a.O., S. 102: "...those likely to be hit hardest by the inclusion of fictitious capital gains in taxable income are also likely to be those, who, as holders of equities in real estate(...) tend to gain most at the expense of creditors from the depreciation in the value of money." Vgl. in ähnlichem Sinne analog auch Molitor, B., Der unsoziale Charakter der schleichenden Inflation, in: Der langfristige Kredit, 24.Jg., Heft 9, S. 251 ff., hier S. 253.

[2] So stellt Molitor fest, daß Masseneinkommensbezieher nur begrenzte Möglichkeiten besitzen, durch Portfolio-Variation Inflationsverlusten auszuweichen. Vgl. ders., Der unsoziale Charakter..., a.a.O., S.253. Vgl. auch Goode, R., (1964), a.a.O., S. 193.

[3] Vgl. Goode, R., (1964), a.a.O., S. 193.

[4] In diesem Sinne vgl. Seltzer, L.H., a.a.O., S. 102.

[5] Vgl. Abschnitt 6 dieses Kapitels.

5.2.2 Allokationseffekte

Auch in allokativer Sicht richten sich gegen die isolierte Deflation ausschließlich der Bodenwertzuwächse erhebliche Einwände.
Ein solches Vorgehen würde die Anlage in Grund und Boden einseitig begünstigen und damit zu einer Verzerrung des Kapitalmarktes führen bzw. bestehende Verzerrungen nicht abbauen helfen.
Schon gegenwärtig gilt die Bodenanlage wegen ihrer knappheitsbedingten Wertzuwächse und der selten eintretenden Besteuerung als besonders inflationsgesichert. Als Sekundäreffekt der Inflation hat sich das Angebot verknappt, die Nachfrage ausgeweitet. Dies war eine der Ursachen für die Preissteigerungen beim Grundvermögen, die indirekt darüber hinaus in vielen Fällen eine gewünschte Nutzung der Grundstücke verhindert haben.

Wenn jetzt mit einer Bodenwertzuwachssteuer versucht wird, die Präferierung der Bodenanlage zu beenden, so kann konsequenterweise die konkrete Ausgestaltung einer solchen Steuer ihrerseits nicht im Widerspruch dazu gewählt werden. Eine isolierte Deflationierung würde keine Marktentspannung bewirken, da der Bodengewinn weiterhin inflationsgesichert anfällt.
Bei der Beschränkung der Besteuerung auf Veräußerungsgewinne entsteht mit zunehmender Besitzdauer das Problem, daß die Inflationsraten kumulieren.
Eine nominelle Wertbasis führt bei progressivem Tarif folglich zur Anwendung höherer Steuersätze und beeinflußt von daher die Verhaltensweisen der Grundbesitzer. Auf die Möglichkeit, hier Abhilfe zu schaffen, wurde jedoch bereits eingegangen[1].

---

[1] Vgl. Kapitel III, Abschnitt 2 dieser Arbeit.

6. Die Abhängigkeit der Entscheidung von der Höhe der Preissteigerungen

6.1 Deflationierung bei mäßigen Inflationsraten

Die Betrachtung der Effekte zeigt, daß das Entscheidungsproblem letztlich darin bestehen muß, die durch die Inflation ausgelösten Gewinne und deren Besteuerung in ihren Effekten gegenüber den Wirkungen einer steuerlichen Neutralisierung abzuwägen.

Wie die Betrachtung der Effekte einer Deflationierung ergeben hat, werden in der Tendenz die Vorteile einer Bodenwertzuwachsbesteuerung zum Teil wieder eliminiert, die Bezieher hoher Einkommen gegenüber einer Nominalbesteuerung mit Freibetragsregelungen für geringe Wertzuwächse begünstigt. Die Ungerechtigkeiten der Inflation werden noch stärker akzentuiert. Dies führt im Bereich der Allokationszielsetzung zu einer minderen Effektivität: denn bestehende Verzerrungen des Bodenmarktes werden nicht abgebaut, die Attraktivität der Bodenanlage wird vor allem für Grundstücksbesitzer in privilegierter Einkommens- und Vermögensposition tendenziell gleich bleiben, da die Inflationsfolgen eingegrenzt werden.

Da zudem auch gewichtige Einwände aus der Sicht der horizontalen Gerechtigkeit zu konstatieren sind, sollte bei mäßigen Inflationsraten von einer spezifischen Inflationsausgleichsregelung abgesehen werden.

Eine besondere Behandlung kann sich aus der Kritik an der Reinvermögenszugangstheorie ableiten lassen, wo die Gleichbehandlungsnorm aus der qualitativen Gleichsetzung an sich verschiedener Einkunftsarten resultiert: Die RVZT setzt Einkommen gleich, die nach der Art der Entstehung und vor allem nach der 'Leichtigkeit' des Erwerbs an sich unvergleichbar und somit auch nicht gleichsetzbar sind. Eine formale Gleichsetzung und Gleichbehandlung genuin verschiedener Einkommen ist aus dieser Sicht nicht zu rechtfertigen. Vielmehr kann es angebracht sein, diese Einkommen schärfer zu besteuern und ihnen, da die Wertzuwächse in der Vergangenheit meist höher waren als die Erhöhung des 'allgemeinen Preisniveaus', den Inflationsschutz teilweise vorzuenthalten.

Ein solches Vorgehen wäre auch unter verfassungsrechtlichen Gesichtspunkten nicht von vornherein als problematisch anzusehen: Die Rechtsprechung zum Inflationsproblem hat bei Inflationsraten um 4 - 5 % bei Einkünften, die nicht durch Schuldnergewinne konterkarierbar sind, eine Realbesteuerung abgelehnt, obwohl bei der der Entscheidung zugrundeliegenden Einkunftsart von einer breiteren Verteilung und damit von tendenziell nachteiligeren Verteilungsfolgen der Inflation ausgegangen werden konnte[1].

Daraus kann geschlossen werden, daß die Toleranzgrenze relativ hoch ist. Das hier erzielte Ergebnis deckt sich mit einigen wichtigen Beiträgen zur deutschen und internationalen Steuerreform.
So ist unter Berücksichtung mäßiger Inflationsraten das Votum des Beirats verständlich, der zur Problematik partieller Korrekturen der nominellen Werte vermerkt, daß "eine 'Anpassung' der Einkommensbesteuerung an eine laufende Geldentwertung vermittel eines allgemeinen Systems von Wertkorrekturen (...) nicht erreichbar (ist) (und), da partielle Korrekturen sich wegen der Ungerechtigkeiten, die sie mit sich bringen, nur nachteilig auswirken, ist das Nominalwertprinzip kompromißlos beizubehalten[2]."

Auch die Carter-Kommission, Autorin des bisher gründlichsten Steuerreformgutachtens, hat sich bei mäßigen Inflationsraten geweigert, eine isolierte Inflationsentlastung im Bereich der Kapitalgewinne zuzulassen[3]. Für diese Entscheidung waren vor allem zwei Gründe maßgebend. Zum einen sind die Bezieher kontraktbestimmter Einkommen nicht inflationsgesichert, worin - hätte man einen partiellen Inflationsausgleich bei Kapitalgewinnen zugelassen - ein Verstoß gegen die horizontale Gerechtigkeit gesehen werden kann. Zum anderen sei es falsch, Teile der Einkommen zu entlasten, während andere vernachlässigt werden.

---

[1] Vgl. z.B. BFH-Urteil v. 27.7.67, IV 300/64, BStBl III,S.690,695. Die Toleranzgrenze würde dann überschritten, wenn die jährliche Geldentwertungsquote die Zinssätze für langfristiges Sparkapital übersteigt. Da eine Verfassungsbeschwerde gegen dieses Urteil vom BVerfG als 'offensichtlich unbegründet' zurückgewiesen wurde (BVerfG v. 21.1.69 - 1 BuR 346,598/68), kann davon ausgegangen werden, daß eine verhältnismäßig unbedeutende Geldentwertung als noch mit dem Grundgesetz vereinbar angesehen wird. Diese Auffassung fand Eingang in die Entscheidungen der Finanzgerichte. Vgl. Finanzgericht Düsseldorf VIII,292/70 A. S.a. Handelsblatt, Nr.83 v.30.4.71, Geldentwertung nicht beachtlich. Im Steuerrecht bleibt Mark gleich Mark. Vgl.Gemper,B.,a.a.O.,S.763.

[2] Wissenschaftlicher Beirat beim BMF, Gutachten 1967, a.a.O., S. 19.

[3] Vgl. Carter-Commission..., Report Vol. III, a.a.O., zur Kritik,Slitor, R.E., (1969), S. 66 ff., hier S. 75.

6.2 Deflationierung bei hohen Inflationsraten

Bei Inflationsraten, die, wie gegenwärtig zu beobachten, national ca. 6 % betragen[1], ist die vorstehend gebotene Argumentation jedoch zu modifizieren. War bei mäßigen Inflationsraten die Besteuerung nomineller Wertzuwächse noch tolerierbar, so muß die politische Aktion auch in diesem Bereich nunmehr von der Inflation konkret Kenntnis nehmen.

Mit zunehmenden Inflationsraten wird die Besteuerung zudem Anpassungsreaktionen der Wirtschaftssubjekte erzeugen, die insgesamt nicht erwünscht sein können.
So wird etwa eine laufende Besteuerung des nominellen Wertzuwachses an Grundstücken volkswirtschaftlich erwünschte Strukturveränderungen vereiteln. Gleichzeitig wird den verfassungsrechtlichen Überlegungen stärkeres Gewicht zuzumessen sein[2], wobei allerdings anzumerken ist, daß das Inflationsproblem sich mit stärkeren Steuersätzen auch gewichtiger darbietet.

Die zur distributiven Problematik geäußerten Einwände behalten allerdings Gültigkeit. Hier jedoch ist anzunehmen, daß auch für andere Einkünfte partielle Wertkorrekturen vorgesehen werden, so daß die einseitige Abschirmung der Bezieher von Wertzuwachseinkommen von den negativen Folgen der Inflation entfällt. In der Diskussion sind dabei vor allem Indexlöhne und Korrekturen bei der Gewinnermittlung im Sinne einer Berücksichtigung von Wiederbeschaffungswerten[3].
Hier findet gegenwärtig eine ausgedehnte Diskussion über die gesamtwirt-

---

[1] Der Preisindex für die Lebenshaltung stieg von Oktober 1974 bis Oktober 1975 um 5,8 %.

[2] Da die angesprochene Toleranzgrenze für die Nichtberücksichtigung von Substanzverlusten zunehmend erreicht, wenn nicht bereits überschritten sein dürfte.

[3] Zu einem Überblick vgl. Großer, G., Pro und Contra Index-Klauseln, in: WiDi 1973/X, S. 551-555, hier S. 554; Timm, H., Geldwertsicherungsklauseln in der schleichenden Inflation, in: WiDi 52.Jg., Nr. 12, 1972, S. 641-645. Dabei wird allerdings zwischen Indexregelungen für private Austauschbeziehungen und denen für Steuerzwecke zu unterscheiden sein. Letztere erscheinen weniger problematisch.

schaftlichen Folgen einer solchen Korrektur der nominellen Werte für Steuerzwecke statt, wobei jeweils entweder Fragen der Praktikabilität oder wirtschafts- und gesellschaftspolitische Erwägungen das Gesamturteil bestimmen[1]. Mit zunehmender Inflationsrate scheint sich aber die Position der Gegner von Anpassungsregelungen abzuschwächen.

Im internationalen Bereich wird die skizzierte Tendenz durch entsprechende Initiativen bestätigt[2].

Angesichts der spezifischen Inflationsvorteile der Grundeigentümer, nicht zuletzt bei der Anlagefinanzierung mit einem hohen Kreditanteil und wegen der auch bei anderen sicherlich nicht vollständig möglichen Eliminierung der Inflationsfolgen, sollte jedoch davon abgesehen werden, vom nominellen Wertzuwachs den vollen Inflationssatz in Abzug zu bringen. Es kann nämlich nicht ausgeschlossen werden, daß die vollständige Inflationsbereinigung bei unzureichendem Ausgleich bei anderen Einkünften die Präferierung des Bodens beibehält und damit die erwünschten Effekte der BWSt, nämlich die Attraktivität des Bodens zu vermindern, torpediert. Es wird dabei als ausreichend angesehen, bei der gegenwärtigen Inflationsrate vom Wertzuwachs einen Satz von ca. 5 % in Abzug zu bringen und damit nur die außergewöhnlichen Wertzuwächse des Grund und Bodens zu erfassen.

Dies entspricht der Intention der SPD-Kommission zur Reform der Bodenordnung[3].

Die Berücksichtigung der Inflation wirft jedoch gewichtige Probleme im Zusammenhang mit der Ziel-Mittel-Adäquanz der Steuermaßnahme auf. Bei der Behandlung der Bewertungsprobleme wird deshalb hierauf erneut einzugehen sein. Dabei wird zu berücksichtigen sein, daß sich das Problem um so stärker stellt, je höher die Steuersätze sind.

---

[1] Vgl. 'Schmidt stemmt sich gegen Indexklauseln', in: Frankfurter Rundschau Nr. 236 v. 10.10.73, S. 7; Indexklauseln würden die Inflation weiter anfachen, in: Handelsblatt v. 9.7.1973.

[2] Vgl. Hinweis über die Initiative in Kanada, einen Inflationsbonus für die Steuerzahler einzuführen, in: Neue Zürcher Zeitung Nr. 298 v. 1.11.73, S.14 'Ausbau der Stop and Go Politik'. Bei den international gebräuchlichen Besteuerungsformen für die Wertzuwächse sind bereits gegenwärtig Inflationsbereinigungen gebräuchlich. So z.B. in Belgien, Schweden und Dänemark. Vgl. Anhang 2 dieser Arbeit.

[3] SPD-Kommission (1973), a.a.O., S. 26 f., wenn auch mit anderer Begründung.

Kapitel IX: DIE BEWERTUNG IM RAHMEN DER BODENWERTZUWACHSBESTEUERUNG

1. Probleme und Voraussetzungen der Bewertung

Im Rahmen der bisherigen Abhandlung wurde angenommen, der Bodenwertzuwachs sei im Grundsatz unproblematisch zu ermitteln. Mit Hilfe dieser Annahme war es möglich, die verschiedenen Alternativen in 'reiner' Form zu analysieren, ohne jeweils ins Bewußtsein rufen zu müssen, ob die Vorschriften auch praktikabel sind.
Tatsächlich kann aber in einer steuerpolitischen Abhandlung von Praktikabilitätsgesichtspunkten nicht abstrahiert werden, die bisherigen Zwischenergebnisse bedürfen insoweit einer Korrektur.
Im Rahmen der BWSt stellt das Problem der Bewertung generell eines der bedeutsamsten Probleme dar, nicht nur, wie schon angeführt, bei der Besteuerung unrealisierter Gewinne[1], wenn auch hier mit besonderer Schärfe. Da die Betrachtung der Steuer auf realisierte Gewinne jedoch bereits in der 'reinen' Analyse weder allokativ noch distributiv befriedigen konnte, kann von den Bewertungsproblemen hier abstrahiert werden. Hier sollen lediglich ergänzende Gesichtspunkte für die Auswahl der Form einer Besteuerung unrealisierter Bodenwertsteigerungen gefunden werden.

Die Bewertung von Grundstücken erfolgt gegenwärtig für eine Vielzahl von Zwecken in unterschiedlicher Weise[2]. Es ist deshalb zu fragen, an welche Wertbegriffe sich die Bodenwertzuwachsbesteuerung anzulehnen hätte. Dabei kann es keinen allgemeinen Bewertungsmaßstab geben, die Bewertung hat sich ausgehend von den jeweiligen Zielen der Steuer zu bestimmen[3].

---

[1] "Bewertungsprobleme" treten auch bei der Lösung der Veräußerungsgewinnsteuer auf, denn auch hier kann nicht darauf verzichtet werden, die vereinbarten Verkaufspreise auf ihre Richtigkeit hin zu überprüfen.

[2] Nach Angaben von Brückner werden bei der Grundstücksbewertung gegenwärtig mehr als 200 verschiedene Wertbegriffe nebeneinander verwendet. Vgl. Brückner, O., u.a., Grundstücks- und Gebäudewerte in der Rechts-, Bau- und Wirtschaftspraxis, 2.Aufl. Herne-Berlin 1968, S. 27.

[3] Vgl. Oberhauser, A., Bewertungsprobleme ..., a.a.O., S. 544 f.

In einem ersten Abschnitt wird deshalb aus der Bedeutung der Bewertung für die Zielerreichung der adäquate Wertbegriff zu entwickeln sein.
Danach sollen die verschiedenen Verfahren der Wertbestimmung daraufhin untersucht werden, inwieweit sie eine zweckgemäße Bewertung ermöglichen.
Die allgemeine Analyse wird ergänzt durch die Behandlung der bei der Bewertung bebauter Grundstücke auftretenden Sonderprobleme.

Die Wertzuwachssteuer ist darauf abgestellt, den Wertunterschied zwischen zwei Zeitpunkten zu erfassen. Somit ist die Ermittlung von zwei Werten Voraussetzung ihrer Erhebung[1]. Da bei beiden Ermittlungen Fehler auftreten können, sind die Anforderungen an eine korrekte Bewertung höher als bei anderen Abgaben[2]. Die allokative Steuerung des Grund und Bodens und die distributiven Ergebnisse bestimmen sich in der Regel nach den jeweiligen Marktpreisen. Die Zielkonformität verlangt also, zu zwei Zeitpunkten den Marktpreis zu ermitteln.
Die Ermittlung von Marktpreisen kann bei nichtproduzierbaren Gütern grundsätzlich über verschiedene Verfahren ermittelt werden, denen verschiedene Wertbegriffe entsprechen.

Der Ertragswert war Grundlage der BWSt-Initiativen in den 50er Jahren[3]. Hier wird der Wert eines Grundstücks über eine Kapitalisierung der Erträge ermittelt[4]. Ausgegangen wird dabei von der Bewertungseinheit von Grundstück und Gebäude. Eine Trennung von Gebäudewertzuwachs und Grundwertzuwachs ist hier grundsätzlich unmöglich[5].

---

[1] Vgl. Zink, G., in: Wirtschaftsdienst 1972, a.a.O., S. 316.

[2] Ist der Anfangswert zu hoch, so sinkt c.p. (also "richtiger Endwert" vorausgesetzt) die Bemessungsgrundlage, ist er zu niedrig, so steigt sie (beim Endwert entsprechend). Ist der Wertzuwachs aber zu hoch - oder zu niedrig wiedergegeben, so sind entsprechend negative Effekte zu erwarten. Eine richtige Anfangsbewertung ist auch notwendig, um nicht in der Vergangenheit entstandene Wertsteigerungen zu erfassen, denn einige Steuerpflichtige haben bereits steuerfrei realisiert.

[3] Vgl. "Boden". Eine Dokumentation, Bd. I, a.a.O.,S. 271 ff.;Peters, K.H., a.a.O., S. 80 ff. Vgl. etwa die Vorschläge von Dittus und Müller. S.a. Felde, W.v., Die volkswirtschaftliche Problematik..., a.a.O.,S. 120 f.

[4] Zur Definition vgl. Rössler, R., Troll, M., a.a.O., S. 668.

[5] Denn dies würde eine Aufteilbarkeit des Ertrages nach den verschiedenen Bestandteilen (Faktorentgelten) erfordern, was bestritten wird. Vgl. Diehl, K., Zur Kritik..., a.a.O., S. 294.

Der 'Gemeine Wert' wird demgegenüber durch den Preis bestimmt,"der im gewöhnlichen Geschäftsverkehr nach der Beschaffenheit des Wirtschaftsgutes bei einer Veräußerung zu erzielen wäre[1]". Der 'Gemeine Wert' entspricht dem Verkehrswert[2]. Für dieses Verfahren ist die Bewertung über die Verkaufspreise vergleichbarer Grundstücke konstitutiv.
Beide Bewertungsverfahren weisen erhebliche Unterschiede auf:

(1)   Der Ertragswert dient - obwohl vielfach zur Bestimmung des 'gemeinen Wertes' herangezogen - nicht eindeutig der Bestimmung des Verkehrswertes[3].

(2)   Der Ertragswert entspricht nur dann dem Verkehrswert, wenn die aktuelle Grundstücksnutzung der zulässigen entspricht.

(3)   Der Ertragswert ist immer dann nicht bestimmbar, wenn keine abgrenzbaren Grundstückserträge vorliegen, also bei Betriebsgrundstücken oder wenn die Erträge nicht die Erwartungen wiederspiegeln, wie bei unbebauten Grundstücken die landwirtschaftlich genutzt werden, aber eine Umwidmung in Bauland erwarten lassen.

Wird der Ertragswert aber abgelehnt, so muß die Bestimmung des Verkehrswertes mit Hilfe der im Begriff des 'Gemeinen Wertes' ausgedrückten Simulation einer Veräußerung erfolgen.
Da der Marktwert nur zum Veräußerungszeitpunkt im Grundsatz richtig ermittelt werden kann[4], müssen die Grundstücksbewerter zu anderen Zeitpunkten von vergangenen Verkaufspreisen vergleichbarer Grundstücke ausgehen.
Wichtigstes Verfahren der Marktpreisbewertung ist daher das Vergleichswertverfahren. Dies setzt voraus, daß Grundstücke im Grundsatz vertretbare, das

---

[1] Vgl. § 9 Abs. 2 BewG 1965, s.a. Rössler,R., Troll,M., a.a.O., S. 133.
[2] Vgl. die Definition des Verkehrswertes in § 141 BBauG 1960.
[3] So stellt der Ertragswert beim land- und forstwirtschaftlich genutzten Grund und Boden gerade die Ausnahme von der Wertbestimmung nach dem gemeinen Wert dar. Vgl. Rössler,R., Troll,M., a.a.O., S. 132, Buchstabe f.
[4] Da nur dann für das einzelne Grundstück eine Marktpreisbewertung erfolgt. "The true value of a parcel of real property is known only at the time that the property changes hands in a market sale in which both, buyer and seller are willing and knowledgeable". Vgl. Netzer, D.,(1970), a.a.O.,S. 195.

heißt substituierbare Sachen sind, die eine solche Vergleichbarkeit erlauben. Dies ist auch Voraussetzung einer Anwendung des Marktmodells auf die Vorgänge auf den Bodenmärkten. Das Vergleichswertverfahren wirft im Bereich der Bewertung von Grundstücken erfahrungsgemäß einige Schwierigkeiten auf[1]:

- Zum Wertermittlungsstichtag herrschen andere Wertverhältnisse als zu den Zeiten, aus denen die Vergleichspreise stammen,
- die Kaufpreise sind möglicherweise nicht im gewöhnlichen Geschäftsverkehr zustandegekommen,
- Vergleichsgrundstücke und Bewertungsobjekte unterscheiden sich in bezug auf ihre Qualität[2],
- für bestimmte Gebiete existieren keine Vergleichswerte (z.B. Innenstadtgrundstücke)[3].

Diese Probleme des Vergleichswertverfahren werden sich unterschiedlich ausprägen je nachdem, wie die Werte erhoben werden und welche Steuerform gewählt wird: Die Erhebung der Werte ist grundsätzlich in Form einer administrativen oder in Form einer vom Eigentümer selbst durchzuführenden Bewertung möglich, bei den Steuerformen ist nach der Häufigkeit der Erhebung zu differenzieren. Zunächst sollen deshalb die möglichen Bewertungsformen charakterisiert werden, um dann ihre Übertragbarkeit auf die Steuerformen zu prüfen.

---

[1] Vgl. Seele, W. und Mitarbeiter, Ausgleich maßnahmenbedingter Bodenwerterhöhungen, Forschungsauftrag im Auftrag des BMfRBS, Band A, unveröff. Manuskript. Dortmund o.J. (1974), S. II/1.

[2] Brückner, O. u.a. (1968), a.a.O., S. 58 ff.
Der Bodenwert steht, wie bereits betont, in unmittelbarem Zusammenhang mit der zulässigen Nutzung aufgrund der baubehördlichen Vorschriften. Vgl. Kapitel I, Abschnitt

[3] Brückner, O. u.a., (1968), a.a.O., S. 58.

2. Verfahren der Bewertung

Als administrative Bewertung soll hier eine Bewertung durch die Steuerbehörde oder durch die Gutachterausschüsse (nach dem BBauG) bezeichnet werden. Jedes Grundstück ist dabei einzeln zu bewerten.

Demgegenüber geht die in verschiedenen Formen seit längerem diskutierte Selbsteinschätzung[1] davon aus, daß die Eigentümer den Grundstückswert selbst am besten bestimmen können[2]. Sie werden deshalb verpflichtet, in periodischen Abständen die Grundstückswerte selber anzugeben. Die Differenz zum vorhergehenden Wert wird dann zu besteuern sein.

Beide Formen könnten langfristig auch kombiniert angewendet werden: Die Anfangsbewertung könnte administrativ, die folgenden dann per Selbsteinschätzung erfolgen, wobei allerdings in mittleren Abständen administrative Überprüfungen stattzufinden hätten.

Zunächst sollen die Verfahren isoliert betrachtet werden.

2.1 Administrative Bewertung

Die administrative Bewertung[3] hat grundsätzlich den Vorteil, die Grundstückswerte rechtsverbindlich festzustellen und gewisse Kontrollelemente zu beinhalten.

Diesem Vorteil stehen jedoch bei der BWSt gewichtige Einwände entgegen:

---

[1] Den Gedanken der Selbstbewertung durch die Eigentümer haben wir zuerst bei A. Damaschke gefunden: Die Bodenreform, a.a.O., S. 110. Vgl. auch ders., Aufgaben der Gemeindepolitik, 9. Aufl., Jena 1920, S. 113/114. Zu den Vorschlägen in den letzten Jahren vgl. Bär, G., Die Verkehrswertermittlung der Liegenschaften als Mittel der Bodenpolitik, in: Berner Beiträge zur Nationalökonomie, Bd. 13, Bern und Stuttgart 1970, S. 49 ff.; SPD-Kommission (1973), a.a.O., S. 17 ff.

[2] Damaschke, A., Bodenreform..., a.a.O., S. 110; SPD-Kommission zur Bodenordnung, (1972), a.a.O., S. 32.

[3] Hier zusammenfassend für all jene Verfahren verwendeter Begriff, die auf amtlich erhobenen und festgestellten Werten beruhen. Tatsächlich können bei Mischverfahren aber gewichtige Abgrenzungsprobleme entstehen.

Mit einer - sich aus der jeweilig vorgesehenen Steuerform ergebenden Verringerung des zeitlichen Abstands zwischen den Bewertungsstichtagen wird eine wiederholte Bewertung notwendig. Da die Kosten erheblich sind, ergeben sich Ziel-Mittel-Konflikte. Auf diese Weise wird im Rahmen der Diskussion um die BWSt vor allem mit Blick auf die Lösungen mit einjährigen Bewertungsabständen die Praktikabilität - wohl zu Recht - in Zweifel gezogen[1]. Dieses Urteil gilt indes für Steuerformen, die längere Bewertungsabstände vorsehen, nicht.

Bei einer administrativen Bewertung für die Zwecke der BWSt sind mehrere Verfahren denkbar: Zunächst kann eine besondere amtliche Bewertung zu Zwecken der BWSt-Erhebung vorgesehen werden. Eine solche Lösung würde allerdings ein weiteres Bewertungsverfahren für Grundstücke installieren und von daher auf erhebliche Einwände treffen. Daneben könnte man eine Integration in eine modifizierte Einheitsbewertung erwägen[2], die im Gegensatz zur Sonderlösung zu einer Rationalisierung der Bodenbewertung beitragen und insoweit zu befürworten wäre.
Geht man davon aus, die Einheitswerte entsprechend zu aktualisieren, so wäre eine solche Bewertung bei Bewertungsabständen von ca. 5 Jahren administrativ als realisierbar anzusehen, zumal dann auch die bestehenden Ungleichbehandlungen im Rahmen der Vermögenssteuer und Erbschaftssteuer sowie bei der Grundsteuer entfallen würden. Gleichwohl sprechen praktische Erfahrungen z.T. gegen dieses Verfahren: Die Neubewertung des Grundbesitzes ist zuletzt 1964, davor im Jahre 1935 erfolgt. Da die Neufeststellung der 64er Werte z.T. heute noch nicht abgeschlossen ist und selbst diese Werte erhebliche Abweichungen vom Verkehrswert aufweisen, dürfte die Eignung der Einheitsbewertung für die Zwecke der BWSt gebrenzt sein. Zu einer Anpassung an deren Erfordernisse sind zumindest erhebliche Anstrengungen erforderlich.

---

[1] Vgl. Troll, M., a.a.O., S. 76 ff.; Wissenschaftlicher Beirat beim BMF, Gutachten 1967, a.a.O., S. 23; Karl-Bräuer-Institut des Bundes der Steuerzahler, Bodenbesteuerung..., a.a.O., S. 34 ff.

[2] Zu einem Überblick über ausgewählte Fragen der Grundstückswertung nach dem Bewertungsgesetz 1965 vgl. Kapitel I, Abschnitt 2.3 dieser Arbeit. Hier zeigte sich, daß die Bewertungsabstände zu groß sind und die Werte vielfach unter Marktniveau lagen, die Bewertung muß insoweit kritisiert werden.

2.2 Selbsteinschätzung

Mit Blick auf die Praktikabilitätsprobleme bei denjenigen Steuerformen, die kurze Bewertungsabstände erfordern, wird gegenwärtig das Verfahren der kontrollierten Selbsteinschätzung[1] angeboten, wobei der Grundgedanke darin besteht, die Eigentümer zu selbständiger Angabe der Marktwerte ihrer Grundstücke zu verpflichten. Hier soll dafür das SPD-Modell prototypisch näher betrachtet werden (vgl. Abb. 5):

Aufgrund der Beratung durch öffentliche Stellen geben die Grundeigentümer die Marktwerte an[a] Bodenstellen, auf Kreisebene neu zu schaffen, registrieren die Wertangaben [b]. Danach werden die Werte mit Hilfe eines EDV-Programms auf Abweichungen von Vergleichswerten (p) kontrolliert [c], wobei ergänzend stichprobenartige Überprüfungen erfolgen. Die Werte werden beanstandet, wenn der Wertansatz die Vergleichswerte um 25 % unterschreitet[d_1].
Nichtbeanstandete Werte [d_2] werden innerhalb eines bestimmten Zeitraums rechtsverbindlich und werden veröffentlicht [f], wobei ein Anreiz zur 'richtigen' Bewertung zum einen von einer Kopplung an die Enteignungsentschädigung erwartet und zum anderen durch die (spezifisch beim SPD-Entwurf vorgesehene) Nachbesteuerung aufgrund der progressiven Tarifgestaltung erfolgen wird. Die Meldung der Werte an das Finanzamt [e] löst eine Veranlagung [g] aus.

Das vorgestellte Verfahren wäre nur dann praktikabel, wenn es gelingt, diejenigen Fälle, in denen eine amtliche Nachrechnung zu erfolgen hat, möglichst gering zu halten.

Dazu lassen sich grundsätzlich zwei Voraussetzungen notieren: Zur Bestimmung der Marktwerte ist eine ausreichende Information der Eigentümer über die Preisstruktur auf dem betreffenden Grundstücksteilmarkt notwendig (Informationsproblem). Daneben muß sichergestellt sein, daß die Eigentümer innerhalb eines befriedigenden Intervalls auch die Marktwerte richtig angeben (Kontrollproblem).

---

[1] Im folgenden abgekürzt als SE

Ablaufschema der Kontrollierten Selbsteinschätzung

Abb. 5

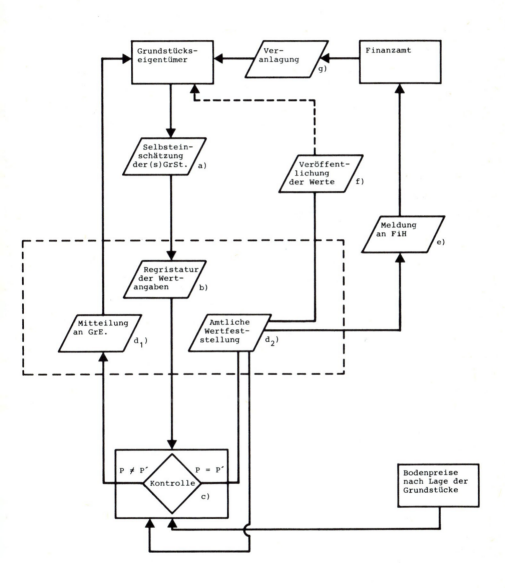

(1) Das Informationsproblem

Wesentliche Prämisse der Selbsteinschätzung ist, daß die Eigentümer den Wert ihres Grund und Bodens auch ohne hohe Informationskosten angeben können. So stellt die SPD-Kommission fest:
"Die genauesten Vorstellungen darüber, was ihr Grundvermögen wert ist, haben die jeweiligen Eigentümer selbst. Sie wissen das immer und jederzeit abrufbar[1]".

Streng genommen wird damit vorausgesetzt, daß Marktübersicht besteht, daß also dem Eigentümer die Preise vergleichbarer Grundstücke bekannt sind, denn eine Preisbestimmung über die Kosten entfällt beim Grund und Boden. Zumindest gegenwärtig ist diese Übersicht nur rudimentär vorhanden: So ist der Grundstücksmarkt in eine Vielzahl von Teilmärkten aufgespalten, die Preise vergleichbarer Grundstücke werden nicht generell veröffentlicht. Zwar besteht ein arteigenes Dienstleistungsgewerbe, die Makler, mit Instrumenten, die zum Teil Marktübersicht vermitteln können. Die Inanspruchnahme dieser Instrumente ist jedoch relativ kostspielig und wird nur im Liquidisierungsfall erfolgen.

Voraussetzung einer Einführung des Verfahrens wäre somit eine bessere Marktübersicht, herstellbar über eine einfachere Zugänglichkeit zu den Kaufpreisdaten vergleichbarer Grundstücke. Hierbei entsteht jedoch wie bei jeder Vergleichsbewertung das Problem, daß die Kaufpreise in den entsprechenden Datensammlungen nicht den heutigen Wertverhältnissen entsprechen. Durch Wertfortschreibungen über spezielle Indizes wäre also eine Vergleichbarkeit herzustellen.

Daneben entsteht durch die in der Bundesrepublik Deutschland eingeführten Veräußerungsgewinn- und Verkaufssteuern das Problem, daß Steuerpflichtige angereizt werden, niedrigere Verkaufswerte anzugeben, die Verkaufspreise insofern nicht die tatsächlichen Marktpreise wiederspiegeln. Ähnliche Probleme entstehen bei besonderen Transaktionen, Verkäufen mit Subventionscharakter, Teilschenkungen usf.

Grundsätzlich erscheint das Informationsproblem bei der Selbsteinschätzung jedoch lösbar, will man die SE nicht dadurch zu Fall bringen, daß man die Zunahme der vom Steuerpflichtigen für das Finanzamt zu übernehmenden Arbeiten beklagt[2].

---
[1] Vgl. SPD-Kommission, (1972), a.a.O., S. 17.
[2] Vgl. Karl-Bräuer-Institut, Bodenbesteuerung..., a.a.O., S. 35.

(2)   Das Kontrollproblem

Grundsätzlich würde eine generelle amtliche Nachprüfung der SE-Werte die administrativen Vorteile des Verfahrens eliminieren. Es müssen deshalb Vorkehrungen getroffen werden, durch geeignete andere Maßnahmen eine Kontrolle vorzunehmen.
Kontrollwirkungen in Richtung auf eine korrekte Wiedergabe der Marktwerte werden von verschiedenen ergänzenden Maßnahmen erwartet. Bei der Erörterung wird vorausgesetzt, daß das Informationsproblem gelöst sei.
Im einzelnen handelt es sich um folgende Vorkehrungen:

- Nachholeffekt durch Progression,
- Vorkaufsrecht der Gemeinden,
- Koppelung an Enteignungsentschädigung,
- Kontrolle über Vergleichswerte.

Gehen wir zunächst auf den Nachholeffekt aufgrund der progressiven Tarifgestaltung ein.
Hat sich der Bodenwert in einer Periode erhöht, so führt eine zu niedrige Bewertung zu einer Nachbesteuerung in einer der folgenden Perioden - spätestens bei der nächsten administrativen Nachprüfung. Durch die Kopplung der Progression an die Wertsteigerungsrate[1] wird damit in der nächsten Periode der Steuersatz erheblich höher sein. Gerade bei den besonders starken einmaligen Erhöhungen trifft dies jedoch nicht ein, denn, wird der BWZ bereits in der Referenzperiode dem höchsten Satz unterworfen, entfällt der Anreiz zu einer richtigen Bewertung.

Daneben sind gewisse Freibeträge vorgesehen. Indem die Wertbemessung dem Eigentümer überlassen wird, wird dieser in der Regel gerade den Wertzuwachs 'zugeben', der unterhalb der Freibetragsgrenze liegt. Troll zieht hieraus den Schluß, daß die Selbsteinschätzung zu erheblichen Abweichungen von den tatsächlichen Werten führen wird[2].

---
[1] SPD-Kommission, (1973), S. 23 ff.
[2] Vgl. Troll, M., a.a.O., S. 76 ff.; Karl-Bräuer-Institut, Bodenbesteuerung..., a.a.O., S. 35.

Auch die Effizienz der amtlichen Nachprüfung (bei Abweichungen um mehr als 25 %) wird in der Literatur angezweifelt: Ohne nähere Begründung wird unterstellt, daß eine solche Abweichung in einer Vielzahl der Fälle vorliegen wird und daß von daher dieses Verfahren aus Effizienzüberlegungen zu verwerfen sei[1].

Von der generellen Einrichtung eines Vorkaufsrecht der Gemeinden ist diese Kontrolle ebenfalls nicht zu erwarten. Die meisten Gemeinden sind nicht einmal theoretisch in der Lage, die unterbewerteten Grundstücke zu erwerben. Mit Blick auf die Finanzmisere der Gemeinden erweist sich dieses Instrument mithin als ausgesprochen stumpf.

Ein Gegengewicht zur erwartbaren Tendenz zur Unterbewertung kann auch von einer Kopplung der für die Zwecke der BWSt erhobenen Werte an die Entschädigung bei Enteignungen nicht erwartet werden. Denn die Enteignung hat in Abwägung der Artikel 14, 15 GG gerade nicht zum Marktwert zu erfolgen. Die Installierung der SE trifft somit auf verfassungsrechtliche Einwände[2].

Zusammenfassend kann festgestellt werden, daß eine Prüfung der SE allenfalls durch eine Abweichungsanalyse in Form eines EDV-Programms erfolgen könnte. Voraussetzung dafür wäre jedoch, daß es gelingt, eine genügend differenzierte Datenbasis zu gewährleisten, Sonderpreise zu eliminieren und die Werte entsprechend fortzuschreiben.

2.3   Zusammenfassung: Vergleich und Folgerungen

Die Erörterung der grundsätzlich angebotenen Methoden zur Bewertung von Grund und Boden ergibt, daß die besondere Problematik der Bewertung sich mit kürzer werdender Referenzperiode um so stärker stellen wird. Die an die Unmöglichkeit einer Bewertung im 1-Jahres Rhythmus anknüpfende Kritik gilt aber nicht generell. Sowohl amtliche Bewertung als auch Selbsteinschätzung unter amtlicher Kontrolle sind in längeren Abständen durchaus denkbar. Die vorstehend abgeleiteten allgemeinen Ansatzpunkte der Bewertung sind nunmehr für die einzelnen Steuerformen zu konkretisieren.

---

[1] Karl-Bräuer-Institut, Bodenbesteuerung...,a.a.O., S. 36.
[2] Vgl. Opfermann, W., Entschädigung im Bodenrecht. Zur Funktion der Enteignungsentschädigung in der Rechtsprechung des BGH, in: Rehbinder, M., (Hrsg.), Recht im sozialen Rechtsstaat. Opladen 1973, S. 165 ff.

3. Die Bewertungsprobleme bei den einzelnen Formen der Bodenzuwachssteuer

3.1 Subjektsteuerlösung auf der Basis der Einkommensteuer

Mit den vorstehenden Überlegungen sollte gezeigt werden, daß eine Bewertung von Grundstücken in jedem Steuerjahr nicht bzw. nur mit unverhältnismäßigem Aufwand erfolgen kann, so daß sich der Realisierung derjenigen Lösung, die in der reinen Form als die relativ beste angesehen wurde, starke Hindernisse entgegenzustellen scheinen. Zudem würde damit die Notwendigkeit gegeben sein, neben der bestehenden Einheitsbewertung ein zweites Bewertungsverfahren zu installieren, was das Nebeneinander verschiedener Steuerwerte verschärfen und insofern in administrativer Hinsicht problematisch wäre.

Damit ist die grundsätzliche Möglichkeit einer Einbeziehung der unrealisierten Bodenwertzuwächse in die Einkommensteuer nicht verbaut. Auch nicht jährlich erhobene Werte können bei entsprechend modifiziertem System angewendet werden.
Eine mögliche Lösung ergibt sich mit Hilfe eines allgemeinen 'Averaging' der Einkommen und wurde von Seltzer vorgeschlagen[1]. In der gegenwärtigen Diskussion in der Bundesrepublik Deutschland wird eine solche Lösung bislang nicht diskutiert, so daß das Verfahren hier kurz referiert werden soll. Die weitreichenden Folgen und Probleme des Gesamtvorschlags können hier allerdings nicht betrachtet werden.
Es wird vorgeschlagen, die Einheitsbewertung so zu vervollständigen und umzugestalten, daß es möglich ist, die Werte des Grund und Bodens gesondert zu erfassen und diese Werte insgesamt zeitnaher den Marktwerten entsprechen zu lassen. Von Fachleuten wird es dabei für nicht möglich gehalten, die Bewertung alle 3 - 4 Jahre durchzuführen [2].

Der zeitliche Abstand der Bewertungsstichtage bestimmt die Averaging-Periode. Eine solche Bewertung erfolgt zu Beginn des Jahres, an dem das System eingeführt wird.

---
[1] Vgl. Seltzer, L.H., a.a.O., S. 296 f.
[2] Vgl. Dieterich, H., Probleme einer Neuregelung der Bewertung/Wertermittlung von Grundstücken. Unveröff. Manuskript. Bonn-Bad Godesberg 1974, S.5.

Am Ende des ersten Jahres wird die ESt wie bisher berechnet, allerdings werden realisierte Wertzuwächse und -verluste voll einbezogen (in der BRD also auch diejenigen der privaten Grundstückseigentümer).

Am Ende des zweiten Jahres addiert der Steuerpflichtige sein Jahreseinkommen zum Einkommen in t_1 , bildet den Durchschnitt und entnimmt aus entsprechenden Tabellen seine Steuerschuld für die beiden Jahre, davon wird die bereits in t_1 gezahlte ESt subtrahiert. Je nachdem ob die Differenz positiv oder negativ ist, zahlt er die Differenz oder erhält eine Steuerrückzahlung. Im dritten Jahr und in den folgenden (bis zum Ende der Averaging-Periode) wird entsprechend vorgegangen.

Am Ende der Averaging-Periode sollen die unrealisierten Wertzuwächse berücksichtigt werden. Dazu wird das Grundvermögen (in diesem Fall isoliert betrachtet) bewertet und die Differenz gegenüber V_o bzw. den Verkaufspreis bei zwischenzeitlicher Realisation addiert und mit dem kumulierten Einkommen der Averaging-Periode zusammengefaßt durch die Anzahl der Jahre dividiert.

Dies ergibt das durchschnittlich jährliche Einkommen der letzten Jahre. Die Gesamtsteuerlast wird nunmehr wieder der Tabelle entnommen, die gezahlten Steuern werden davon subtrahiert. Der Rest muß im betreffenden Jahr gezahlt werden oder es erfolgt eine Erstattung.

Die vorgestellte Lösung würde also die Einbeziehung unrealisierter Gewinne in die ESt ermöglichen, ohne gleichzeitig eine jährliche Bewertung zu erfordern[1].

Die Vorteile des Verfahrens wären: Die vorgestellten Bewertungsprobleme bei einer Einkommensteuerlösung würden umgangen. Gleichzeitig würde im Wege des Averaging eine Übersteuerung einmaliger oder fluktuierender Einkommen vermieden. Die hier skizzierte Averaging-Methode würde zudem keine Wiedereröffnung vorangegangener Veranlagungsverfahren notwendig machen, die Progressionswirkung für kleine Einkommensbezieher mildern und würde zur Lösung von Wertverlust-/Überbewertungsrisiken beitragen. Daneben würde das Verfahren um so handlicher sein, je kürzer administrativ die Bewertungsperioden eingerichtet werden können.

Gleichzeitig sind allerdings auch Argumente gegen eine Realisierung anzu-

---

[1] "By taking unrealized capital gains and losses into account only at the end of the averaging period, (...) the device would avoid the need for annual appraisal of capital assets." Seltzer, L.H., a.a.O., S. 296.

führen: Die Methode der Durchschnittsbildung für alle Einkommen würde das Steuerrecht komplizieren und aufwendige Tabellenwerke notwendig machen.
Die vorausgesetzte vollständige Verlustausgleichslösung würde zudem gerade den Begüterten umfangreiche Steuerschlupflöcher bieten.
Eine Abwägung der Vor- und Nachteile ergibt jedoch, daß eine Realisierung nicht unmöglich erscheinen muß.

3.2 Objektsteuerlösung

Die Objektsteuerlösung ist grundsätzlich nicht an die kurzen Bewertungsabstände gebunden. Die an der Einkommensteuer anknüpfende Kritik ist insoweit nicht übertragbar und gilt daher nicht grundsätzlich für alle Formen der Erfassung und Besteuerung der unrealisierten Bodenwertzuwächse.
Selbstverständlich ist die Bewertung um so positiver einzuschätzen, je kürzer die Bewertungsstichtage aufeinanderfolgen.
Indem aber für diese Form kein <u>bestimmter Abstand</u> konstitutiv ist, können alle Bewertungsverfahren, also besonders administrative Bewertung, kontrollierte Selbsteinschätzung und eine entsprechend modifizierte und aktualisierte Einheitsbewertung Verwendung finden.

Da alle Verfahren in der Diskussion aus Effizienzgründen auf eine Integration der BWSt- Bewertung mit der Einheitsbewertung nach dem Bewertungsgesetz abzielen[1], soll hier nur ein Verfahren betrachtet werden, daß auf den modifizierten Einheitswerten aufbaut und nicht anstrebt, die Einheitswerte zugunsten eines neuen Verfahrens völlig aufzugeben.

Diese Integration mit der Einheitsbewertung verfolgt das Minderheitsmodell der Eppler-Kommission[2].

Hierbei treten bei unbebauten Grundstücken keine Probleme auf: Im Grundsatz ist hier eine Wertbestimmung nach einem Vergleichsverfahren vorgesehen.

---

[1] Vgl. Vorschläge der Steuerreformkommission beim Parteivorstand der SPD, (1969), a.a.O., S. 20 ff.
[2] Ebenda.

Intendiert man eine Trennung von Gebäude- und Bodenwertzuwächsen, wie in der amerikanischen Steuerreformdiskussion im Zusammenhang mit der 'Land Tax' diskutiert[1] oder wie im dänischen Bodensteuerrecht installiert[2], so treten allerdings Probleme auf, wenn das Grundstück bebaut ist. Darauf soll an anderer Stelle jedoch zusammenfassend eingegangen werden[3].
Problematisch ist bei den Einheitswerten jedoch auch die Abgrenzung von land- und forstwirtschaftlich genutzten Grundstücken und Bauland. Während ersteres mit Hilfe eines Soll-Ertragsverfahrens bewertet wird, ist für letzteres die Bewertung über ein Vergleichverfahren vorgesehen. Es wäre deshalb notwendig, durch Modifikation des Bewertungsverfahrens bei land- und forstwirtschaftlich genutzten Grundstücken eine Erfassung von Wertsteigerungen bei Übergang in Bauerwartungsland zu ermöglichen.

3.3 Objektsteuer mit subjektiven Elementen

Da eine Objektsteuer das Verteilungsziel nur unzureichend berücksichtigen kann[4], bestehen gegen diese Steuerform erhebliche Einwände.
In den Vorschlägen der SPD zeigt sich deshalb die Tendenz, einen Mittelweg zwischen voller Einbeziehung in die Einkommensteuer und reiner Objektsteuer zu suchen[5].
Wenn, wie oben angeführt, mit dem derzeitigen Bewertungsinstrumentarium eine

---

[1] Vgl. Netzer, D., (1966), a.a.O., S. 22 ff.
[2] Vgl. Kristensen, K.J., Bodenbewertung und Bodenbesteuerung in Dänemark, in: Pfannschmidt, M., Vergessener Faktor Boden, in: Band 79 der Schriften des Deutschen Verbandes für Wohnungswesen, Städtebau und Raumplanung, Bonn 1972, S. 116 ff.
[3] Vgl. Abschnitt 5.
[4] Vgl. Kapitel IV dieser Arbeit.
[5] Z.B. durch Anrechenbarkeit bei der ESt soweit diese durch Besteuerung von Veräußerungsgewinnen angefallen ist. Vgl. SPD-Kommission, (1973), a.a.O., S. 15. Die persönliche Ausgestaltung war im Entwurf der SPD-Steuerreformkommission noch ausgeprägter, indem der Steuersatz sich nach der ESt richtete und persönliche Freibeträge vorgesehen waren. Vgl. Vorschläge der Steuerreformkommission der SPD, (1971), a.a.O., S. 20 ff.

kurze Bewertung nicht gewährleistet werden kann, so könnte man versuchen, eine Objektsteuer mit subjektiven Elementen so durchzusetzen, daß eine Annäherung an die gewünschte Steuerzahllast erreicht wird. Grundsätzliche Instrumente dazu sind eine progressive Gestaltung des Tarifs und die Einräumung von persönlichen Freibeträgen.

Die Anwendung progressiver Tarife und persönlicher Freibeträge in bezug auf das sonstige Einkommen setzt allerdings voraus, daß entsprechende Informationen bereitstellbar sind. Während die Bewertung der Grundstücke nämlich zweckmäßigerweise durch das Finanzamt erfolgen müßte, in deren Einzugsgebiet sich das Grundstück befindet, wären die persönlichen Daten nur vom Wohnsitzfinanzamt zu beschaffen. Bei Grundeigentümern, die ihr Grundstück, wenn es bebaut ist, nicht selbst bewohnen, wären umfangreiche Recherchen notwendig. Im Gegensatz zur Integration in die ESt wäre es aber überflüssig, Informationen über den sonstigen - in anderen Landstrichen bestehenden Bodenbesitz und deren Wertsteigerungen zu gewinnen, denn hier wird nur angestrebt, den Grundeigentümer mit hohem sonstigen Einkommen entsprechend höher zu besteuern. Das Argument der zusätzlichen Komplizierung bleibt jedoch - wenn auch abgeschwächt - bestehen.

Daneben kann die Progression in Abhängigkeit von der absoluten oder relativen Höhe des einzelnen Wertzuwachses gestaltet werden. Kann man annehmen, daß hohe absolute Wertzuwächse vor allem bei denjenigen Grundeigentümern auftreten, die ein hohes sonstiges Einkommen aufweisen, so wird hierin eine positiv zu wertende Modifikation der reinen Objektsteuer zu sehen sein. Bei dieser Tarifgestaltung entsteht allerdings das Problem, daß die Steuerpflichtigen der Progression durch Parzellierung ihrer Grundstücke entgehen können, so daß die Anwendung eines Relativtarifs angeraten erscheint.

Bei Freibeträgen für Eigenheime entsteht das Problem, daß zum einen die Grundstücksgröße mit determiniert werden muß, um Steuerumgehungen über große Freiflächen zu verhindern und daß zum anderen bei Eheleuten mit mehreren Einheiten geklärt werden muß[1], welche von einer Steuer freizustellen sind, da die gegenwärtige Rechtsprechung zum Gleichberechtigungsproblem die einseitige Präferierung eines Partners nicht erlauben wird.

Generell erscheint es jedoch durchaus möglich, die Objektsteuer durch Einbeziehung subjektiver Elemente so zu gestalten, daß auch distributive Zielsetzungen erreicht werden können.

---

[1] Vgl. Vorschläge der Steuerreform-Kommission beim Parteivorstand der SPD, (1969), a.a.O., S. 32, II/2.

4. <u>Sonderprobleme der Bewertung von bebautem Grund und Boden</u>

Während eine Marktpreisbewertung bei unbebauten Grundstücken mit Hilfe eines Vergleichswertverfahrens im Grundsatz durchführbar erscheint, wenn die angeführten Voraussetzungen - mänlich ausreichende Datenbasis an Vergleichswerten, Bewertung bzw. Bewertbarkeit von Sondertatbeständen und zeitliche Gleichnamigkeit mit Hilfe von Indizes - erfüllt werden können, stellen sich bei bebauten Grundstücken erhebliche Komplizierungen ein[1]:
Die als vergleichbare Daten vorhandenen Verkaufspreise beziehen sich lediglich auf den Grund und Boden, also auf die reinen Grundstückswerte und deren Veränderungen. Damit entsteht ein Abgrenzungsproblem: Gebäudeherstellungskosten, Abschreibungen, evtl. Abbruchkosten und die Wertsteigerungen an den Gebäuden selbst müßten gesondert betrachtet werden[2].

Die gegenwärtige Einheitsbewertung des Grund und Bodens umgeht dieses Problem, indem sie als Bewertungsobjekt nicht den reinen Grund und Boden sondern die wirtschaftlichen Einheiten des Grundbesitzes definiert, hier also zumeist eine Gesamtbewertung von Grund und Boden und Gebäuden vornimmt.
Würde man dieses Verfahren für die Zwecke der BWSt auf nicht realisierte Gewinne übernehmen, so würden mithin nicht nur die Wertsteigerungen des Grund und Bodens sondern auch diejenigen der Gebäude erfaßt.

Eine isolierte Erfassung dieser Elemente würde indes nicht zuletzt im Hinblick auf den Wohnungsbau nachteilig sein: Eine Besteuerung der hier durch erhebliche Baupreissteigerungen bedingten Wertzuwächse würde die Investitionstätigkeit in diesem Sektor tendenziell beeinträchtigen; denn die Wertsteigerungen

---

[1] Zu diesem Problem haben schon die Klassiker der Bodenreform Stellung genommen. Sie wollen lediglich den reinen Bodenwertzuwachs erfaßt wissen.

[2] Der Wissenschaftliche Beirat beim BMF weist in seinem Gutachten 1975 daraufhin, daß diese Probleme auch bei einer BWSt auf realisierte Gewinne auftreten, wenn ausschließlich der Grund und Boden und dessen Wertsteigerungen der Erfassung und Besteuerung unterliegen soll. Dies gilt insbesondere für den Besitz nichtbuchführender Steuerpflichtiger. Vgl. ders., Gutachten Bodenwertzuwachsbesteuerung..., a.a.O., S. 56 ff.

an Gebäuden wären neben den BWZ die einzigen nicht realisierten Wertzuwächse, die erfaßt würden[1].

Aus diesem Grund wird gefordert, daß Grund und Boden sowie Gebäude getrennt zu bewerten wären[2]. Während die Wertzuwächse des Bodens erfaßt werden sollen, ist bei den Gebäudewertsteigerungen durch geeignete Maßnahmen (etwa einem an den Wiederbeschaffungspreisen orientiertes Sachwertverfahren) eine Freistellung vorzusehen. Die prinzipielle Möglichkeit einer solchen Trennung zeigt sich anhand der Erfahrungen des dänischen Bewertungsrechts, dessen Institutionen eine solche Bewertung vornehmen und bis 1966 auch der bis dahin eingeführten BWSt auf nicht realisierte Gewinne zugrundegelegt haben[3]. Eine Übertragbarkeit auf deutsche Verhältnisse muß zwar eher skeptisch beurteilt werden[4], erscheint jedoch bewertungstechnisch lösbar zu sein.

5. Vergleich der Bewertungserfordernisse bei Bodenwertzuwachsbesteuerung und Planungswertausgleich

Eingangs wurde festgestellt, daß die Gestaltung der Bewertung, ausgehend von den spezifischen Zielen der jeweiligen Abgabe erfolgen muß, denn mit den Instrumenten sind jeweils meist auch andere Ziele verknüpft.
Das vorstehende Problem tritt vor allem im Zusammenhang von Planungswertausgleich und geplanter BWSt auf. Die Initiativen der Parteien und die Planungen der Verwaltungen[5] gehen davon aus, eine Bewertung des Bodens zu gewährleisten,

---

[1] Zur näheren Darstellung dieser Problematik vgl. Kapitel VI, Abschnitt 2 dieser Arbeit.
[2] Vgl. z.B. Pfannschmidt, U., Vergessener Faktor, a.a.O., S. 74.
[3] Zu einer Beschreibung des Systems vgl. Anhang 2, Abschnitt 2.2 dieser Arbeit.
[4] Zu gering sind die Erfahrungen mit einer an den Marktpreisen orientierten Bodenbewertung.
[5] Vgl. Entwurf eines Gesetzes zur Änderung des BBauG, a.a.O., §§ 96 a, 135 a, vgl. Zinkahn, W., Die Novelle zum Bundesbaugesetz - ein weiterer Schritt zur Reform des Bodenrechts, in: Bundesbaublatt, Heft 8/1974, S. 375 ff., hier S. 378.

die sowohl für die bodenwertabhängigen Steuern als auch für die Bewertungsfälle nach dem BBauG anzuwenden wären[1]. Die folgende Darstellung geht davon aus, daß eine parallele Einführung von Planungswertausgleich und BWSt sinnvoll ist[2].

Zwar ist die Einheitlichkeit der Bewertung sehr wünschenswert, die Ziele sind jedoch so unterschiedlich, daß eine Vereinheitlichung als problematisch gelten muß.

Kurz zusammengefaßt zielt der Planungswertausgleich darauf ab, eine Gleichbehandlung bei den Bodeneigentümern herzustellen, die von städtebaulichen Maßnahmen betroffen sind[3]. Während in diesem Bereich heute in der Regel eine <u>Entschädigung</u> zum Verkehrswert erfolgt, werden die Planungswerte nicht oder nur unzureichend abgeschöpft[4]. Darin muß eine unter Gleichbehandlungsgesichtspunkten unbefriedigende Begünstigung und Asymmetrie der Behandlung gesehen werden[5].

Wenn jetzt geplant ist, bei Entschädigungen den städtebaulich bedingten Mehrwert nicht zu berücksichtigen, so erfordert dies auf der anderen Seite, daß beim PWA auch die Abschöpfung anhand dieses vom Verkehrswert abweichenden Wertes zu erfolgen hätte.

---

[1] Vorschläge der Steuerreform-Kommission beim Parteivorstand der SPD. Modell A, a.a.O., S. 23 ff; SPD-Kommission zur Bodenordnung (1973), a.a.O., S.28 ff; Dieterich, H., Probleme einer Neuregelung der Bewertung..., a.a.O., S. 2 ff.

[2] Dies setzen zumindest die Vorschläge der SPD-Kommission zur Bodenordnung in Materialien..., (1973) voraus, die beide Instrumente parallel behandeln. Aspekte eines Vergleiches bietet Kapitel X, Abschnitt 2.

[3] Nach der Begründung des BBauG-Entwurfs sollen die infolge der Aufstellung, Änderung und Ergänzung sowie Durchführung eines Bebauungsplans eintretenden Wertsteigerungen der Allgemeinheit in der gleichen Höhe zugeführt werden, wie sie nach § 96 a, Abs. 2 und 3 aus der Enteignungsentschädigung ausgeschlossen werden sollen. Vgl. Entwurf eines Gesetzes zum BBauG, BT-Drucksache 7/2496, a.a.O., S. 62.

[4] Vgl. Ernst, W., Bonczek, W., Zur Reform des städtischen Bodenrechts, in: Veröffentlichungen der Akademie für Raumforschung und Landesplanung, Abhandlungen, Bd. 61, Hannover 1971, S. 23; Artikel Planungs- und Baurecht, in: HWRfRO Bd. 2, 2.Aufl., Hannover 1970, S. 2371 ff., hier S. 2382 f.

[5] Wir sehen hier von der Sonderproblematik der im Gesetz zur Änderung des BBauG vorgesehenen 50 %- Abschöpfung ab. Vgl. Zinkahn, W., Die Novelle ..., a.a.O., S. 378.

Demgegenüber sieht die BWSt im allgemeinen vor, den gesamten Wertzuwachs abzuschöpfen, da in dieser Höhe eine reale Begünstigung zu verzeichnen war.
Die Anwendung der Städtebauwerte[2] auf die BWSt würde somit den Zielerreichungsgrad dieser Abgabe erheblich herabsetzen. Die Verwendung des Verkehrswertes für die Zwecke des PWA würde die angestrebte planerische Gleichbehandlung verhindern, die Begünstigten würden (zumindest bei einer 100 %-igen Abschöpfung) so gestellt, daß sie keinerlei Planungsgewinn erzielen, während die 'Geschädigten', also diejenigen, in deren Eigentumsrechte entschädigungspflichtige Eingriffe zu verzeichnen waren, begünstigt würden. Der 'Glücksfall der Enteignung' bliebe aktuell.

Die vorstehenden Überlegungen müßten also dazu führen, eine unterschiedliche Bewertung für Zwecke des PWA und diejenigen der BWSt zu fordern.
Dagegen müßten jedoch aus administrativer Sicht Einwände angebracht werden: Bliebe die Einheitsbewertung bestehen, so würden drei Bewertungsverfahren isoliert nebeneinander bestehen.
Es wäre deshalb zu prüfen, ob für alle Verfahren einheitliches Ausgangsmaterial bereitgestellt werden könnte, aufgrund dessen dann die entsprechenden speziellen Werte entwickelt werden.
Dazu bieten sich einheitliche Bewertungsstellen an, die bei den Finanzämtern, bei den Gemeinden oder bei der Katasterverwaltung gebildet werden könnten. Erfahrungen zeigen jedoch, daß die Gutachterausschüsse nach dem BBauG in den Ländern am besten funktionieren, in denen eine enge Verbindung zu den Vermessungsbehörden besteht. Demgegenüber gibt es in Dänemark wie auch in Großbritannien eigene Bewertungsämter bei den Finanzverwaltungen. Da in diesen Ländern jedoch auch von der Finanzverwaltung umfangreiche Erfahrungen mit einer Marktpreisbewertung gesammelt werden konnten, lassen sich diese Modelle auf die Verhältnisse in der BRD wohl allenfalls langfristig übertragen.

---

[1] vgl. Dieterich, H., Probleme .... a.a.O., S. 7 f.

[2] Der Städtebauwert bezieht sich im Gegensatz zum allgemeinen Verkehrswert auf die Wertsteigerung in der ausgeübten oder nach Planungsausweisung möglichen Nutzung, bezieht also nicht Wertsteigerungen ein, die im Hinblick auf Änderungen der zulässigen Nutzung eintreten.

6. Zusammenfassende Beurteilung der Praktikabilität unterschiedlicher Bodenwertzuwachssteuerformen

Die zusammenfassenden Bemerkungen zum Bewertungsproblem sollen einige Ergebnisse der vorstehenden Überlegungen besonders herausstellen.
Ausgangspunkt der Bewertung muß sein, daß sich die Wertzumessung von den Zielen der Abgabe her bestimmen muß. Wie angeführt, entspricht den Zielen der Bodenwertzuwachssteuer am ehesten eine Marktpreisbewertung mit möglichst aktuellen Werten. Das einzig umfassend verwendbare Verfahren stellt die Bewertung anhand von Vergleichswerten (Vergleichswertverfahren) dar, die grundsätzlich im Wege der administrativen oder der vom Eigentümer selbst vorgenommenen Bewertung erfolgen kann.

Die administrative Bewertung muß vor allem bei Steuerformen, die kürzere Bewertungsabstände vorsehen[1], als problematisch angesehen werden. Die bisher vorhandenen Bewertungsformen im Rahmen der Einheitsbewertung sind daneben nicht auf die Besteuerung von Bodenwertzuwächsen zu übertragen: Nur bei den unbebauten Grundstücken, deren Werte durch Kaufpreisvergleich ermittelt werden, nicht jedoch bei für eine Wertsteigerungsbesteuerung besonders wichtigem Bauerwartungsland, erfolgt eine Marktpreisbewertung. Ähnliche Mängel zeigen sich bei der Bewertung bebauter Grundstücke. Für Zwecke der Marktpreisbewertung wäre die Einheitsbewertung somit entsprechend zu modifizieren.

Erhebliche Probleme wirft eine Bewertung im Wege der Selbsteinschätzung durch den Eigentümer auf. Werden entsprechende Informationssysteme für Bodenpreise geschaffen und erfolgt periodisch eine administrative Überprüfung, so erscheint eine solche Bewertungsform langfristig aber realisierbar zu sein.

Unproblematisch erschien unter Bewertungsaspekten jedoch demgegenüber die Objektsteuer, die naturgemäß nicht an eine bestimmte Erhebungsperiode gebunden ist. Bewertungstechnische Probleme ergeben sich allerdings bei einer nach der absoluten Wertzuwachshöhe progressiv ausgestalteten BWSt, da hier aus dem Steuervermeidungsmotiv heraus Parzellierungen zu befürchten sind, die

---

[1] Einbeziehung der BWZ in die Bemessungsgrundlage der ESt oder Sondersteuer mit subjektiver Ausgestaltung.

eine Neubewertung erschweren.

Hier wäre es zwar grundsätzlich denkbar, eine in der Weise modifizierte Einheitsbewertung zu verwenden, daß beim Grund und Boden Marktwerte zugrundegelegt werden. Dies würde gleichzeitig die Bewertungsprobleme im Rahmen von Vermögenssteuer, Erbschaftssteuer und Grundsteuer insoweit lösen, als eine Gleichbehandlung mit den Eigentümern anderer Vermögensgegenstände erreicht wird[1].

Die Betrachtung der Bewertungsprobleme bei den bebauten Grundstücken für die Zwecke der Besteuerung unrealisierter BWZ zeigt, daß zweckmäßigerweise solange eine Trennung von Boden und Bau vorgenommen werden sollte, wie nicht eine generelle Einbeziehung aller Kapitalgewinne intendiert wird. Möglichkeiten dazu eröffnet - zumindest mittelfristig übertragbar - die Praxis der Bodenbewertung in anderen Ländern.

Die Betrachtung der Bewertung im Verhältnis zu der im Rahmen des PWA notwendigen ergab, daß grundsätzlich unterschiedliche Werte notwendig sind: Die planungsbedingten Mehrwerte sind abzuschöpfen, die sonstigen Bodenwertzuwächse und die nicht zurechenbaren Planungsmehrwerte aber zu besteuern. Zu einer Vereinfachung wird es aber als möglich erachtet, die Bewertungsverfahren aufeinander abzustimmen.

---

[1] In der Einheitsbewertung zu Marktpreisen bei den meisten Vermögensgegenständen, aber zu Werten unter Marktniveau bei den Bewertungseinheiten des Grundbesitzes muß heute eine unbefriedigende Asymmetrie gesehen werden.

Kapitel X: BODENWERTZUWACHSBESTEUERUNG UND RATIONALE STAATLICHE TÄTIGKEIT
ERGEBNISSE DER UNTERSUCHUNG UND POLITISCHE EINORDNUNG

1. **Wirtschafts- und finanzpolitische Probleme der Bodenwertzuwachssteuer - Ergebnisse der Untersuchung**

Das Instrument der BWSt kann im Rahmen einer rationalen staatlichen Tätigkeit grundsätzlich nur dann zur Lösung von boden- und verteilungspolitischen Problemen aufgeboten werden, wenn die Zielgrößen in gewünschter Weise beeinflußt werden und die Ergebnisse zudem kontrollierbar erscheinen.

Dies für die in der gegenwärtigen Diskussion aufgebotenen Formen einer BWSt aufzuzeigen, war zentrales Anliegen der Untersuchung. Hierbei zeigt sich, daß die Beurteilung der aufgebotenen BWSt-Formen erhebliche Unterschiede in bezug auf den Grad der Zielerreichung aufweisen kann. Die folgende Zusammenfassung zeigt die Gründe für diese Differenzen auf.

1.1 **Subjektsteuer auf realisierte Bodenwertzuwächse**

Die Subjektsteuer auf realisierte Gewinne[1] zeigt in bezug auf die distributiven Ziele keine erkennbare Anpassung an die mit dieser Steuerreform verknüpften Anliegen. Wenn auch jede Verschärfung der steuerlichen Erfassung und Besteuerung von Wertzuwächsen des Bodens als umverteilungspolitische Verbesserung anzusehen ist, so verbleiben doch wesentliche Defizite:
Weiterhin ist mit Hilfe der Vermögensanlage in Grund und Boden eine Vermögensbildung unter Ausschaltung einer Umverteilung durch die Steuer ebenso möglich, wie das Abwarten auf verkäuferfreundliche Verkaufszeitpunkte.

Die aus der Sicht des Bodeneigentümers rationale Verhaltensweise einer Bodenzurückhaltung beeinträchtigt auch die Erreichbarkeit allokativer Ziele: Die

---
[1] Zur näheren Charakterisierung vgl. Kapitel III, Abschnitt 2.1.

Analyse der Wirkungen einer BWSt dieser Ausgestaltung ergibt deshalb die Notwendigkeit, Ausnahmen von einer Besteuerung vorzusehen, um eine 'Bodensperre' mit schwerwiegenden Beeinträchtigungen gerade in der Entwicklung wachsender Gemeinden zu verhindern.

Wichtigste der hierzu vorgeschlagenen Maßnahmen ist die steuerneutrale Übertragung der realisierten Gewinne ("Roll-Over"). Indes, wie die Analyse ergab, wird eine allokativ erwünschte Wirkung nur vordergründig erreicht: Die Maßnahme läßt sich sowohl in ihren städtebaulichen, als auch in ihren landesplanerischen Folgen kritisieren. Zweifellos dürfte aber durch die nahezu vollständige Freistellung von einer Besteuerung grundsätzlich ein 'Locking-In' des Bodenangebots verhindert werden.

Diese Maßnahme (ähnlich bei der Steuerermäßigung) ebnet aber gerade begüterten Steuerpflichtigen den Weg zu umfangreichen Steuerumgehungen; in bestimmten Fällen ergibt sich nämlich ein ewiger Steuerkredit[1].

Zusammenfassend läßt sich folgende Beurteilung geben: Eine auf die Erfassung realisierter BWZ beschränkte BWSt-Lösung vermag den angestrebten Zielen nicht gerecht zu werden[2]. Das gleichzeitige Anstreben allokativer wie distributiver Ziele erfordert die zusätzliche Erfassung und Besteuerung nicht realisierter Gewinne. Auf die hierzu diskutierten Formen soll im Folgenden eingegangen werden.

---

[1] Vgl. Albers, W., (1971), a.a.O., S. 34, der die "Roll-Over"-Regelung zu den größten Steuerschlupflöchern des Einkommensteuerrechts in der BRD rechnet.

[2] Die Beurteilung ist deshalb besonders ungünstig. Vgl. allgemein: Goode, R., (1964), a.a.O., S. 218. "The question for policy makers is whether the economic disadvantage of lessened capital mobility would outeigh the inequities of roll-over." In bodenpolitischer Sich: "... ist sie (die Grundstücksgewinnsteuer, B.L.) nicht einmal eine Kur an den Symptomen, da sie die Bodenpreissteigerung per Saldo eher verstärken als mildern dürfte". Sieber, H., Bodenpolitik..., a.a.O., S. 65.

1.2 Besteuerung unrealisierter Bodenwertzuwächse im Rahmen einer Objektsteuerlösung

Für eine Objektsteuer mit proportionalem Tarif war grundsätzlich bereits anhand der Verteilung der Steuerzahllast festgestellt worden, daß distributive Zielsetzungen nur unter Einschränkungen zu erreichen sind, da Wertzuwachsbegünstigte - auch wenn sie sich in ungleichen ökonomischen Verhältnissen befinden - eine gleich hohe Entzugswirkung zu erwarten haben[1].

Modifikationen ergeben sich in dieser Hinsicht allerdings, wenn ein nach der relativen oder absoluten Wertzuwachshöhe gestaffelter Tarif Anwendung findet. Was die effektive Inzidenzwirkung betrifft[2], so zeigen sich unterschiedliche Ergebnisse, je nachdem, welchem Modell man folgt:
Die Anwendung der Kapitalisierungstheorie[3] als Hypothese zur Bestimmung der wahrscheinlichen Steuerwirkungen ist möglich, wenn zumindest für einen großen Teil der Bodenanbieter und Nachfrager eine Anlageorientierung als realistisches Verhaltensmuster unterstellt werden kann. Diese Theorie führt zu der Schlußfolgerung, daß Steuerzahler und Steuerträger identisch bleiben - die Steuerwirkung also prinzipiell in distributiver Hinsicht als positiv anzusehen ist.

Demgegenüber führt die Verhaltenshypothese überwiegender Nutzungsorientierung zu anderen Schlußfolgerungen. Dann nämlich wäre das Elastizitätenkonzept vorzuziehen[4], wonach das Verteilungsergebnis von der Preiselastizität der Nachfrage abhängig sein wird. Liegt hier zumindest ein mäßiger Wert vor, so wird eine Vollüberwälzung dann auszuschließen sein, wenn das Grundstück engere Substitute besitzt, also nicht als einmalig anzusehen ist.

Gehen wir davon aus, daß die <u>Möglichkeit</u> der Überwälzung von der Fähigkeit abhängig ist, die Steuerzahlung zu finanzieren, so zeigen sich in bezug auf

---

[1] Vgl. Kapitel III, Abschnitt 3.2.
[2] Vgl. Kapitel V.
[3] Vgl. Kapitel IV, Abschnitt 2, Fall 1.
[4] Vgl. Kapitel IV, Abschnitt 2, Fall 2.

die Liquiditätseffekte erhebliche distributive Probleme: Indem der Vermögendere nicht stärker besteuert wird, hat er bei besseren Finanzierungsmöglichkeiten auch bessere Voraussetzungen, eine für ihn günstige Marktlage abzuwarten und somit auch tendenziell bessere Möglichkeiten, die distributiven Folgen des Steueranstoßes zu mildern, wenn nicht abzuwenden. Indem dies jedoch - wegen der für die Nachfrager im Bedarfsfall möglichen Ausweichung auf unbesteuerte Ersatzgrundstücke - nicht die Regel sein kann, wird die Objektsteuerlösung als bedingt konform mit dem Distributionsziel angesehen.

Massive Einwände sind allerdings unter Verteilungsgesichtspunkten gegen eine Tarifierung nach der absoluten Wertzuwachshöhe anzubringen. Der Steuer kann insbesondere beim Bauerwartungsland durch Parzellierung der Grundstücke z.T. ausgewichen werden.

Was die Allokationswirkungen betrifft, so zeigt sich bei der Objektsteuer eine generell als positiv einzustufende Wirkung:
Die bestehende Tendenz zu einer Angebotszurückhaltung des Baulandes wird um so mehr beseitigt, je weniger die Möglichkeit zu einer anderweitigen Finanzierbarkeit der Steuer besteht, und je früher es (bei unbebautem Grund und Boden) gelingt, die Wertsteigerungen im Umwidmungsprozeß von landwirtschaftlich genutztem zu Bauland erfassen. Anlageorientierte Bodeneigentümer werden auch hier stärker betroffen sein.
Spiegelbildlich zeigt sich bei der Nachfrage die Tendenz zu einer mengenmäßigen Verringerung. Anlageorientierte Bodennachfrager werden so auf die Verminderung ihrer Renditechancen reagieren.

Komplizierter gestalten sich die Allokationswirkungen bei bebauten Grundstücken, da hier Anpassungsvorgänge auch auf verbundenen Märkten zu erwarten sind und substitutive Anpassungsprozesse möglich werden[1].

Grundsätzlich werden sich auch hier langfristig Anpassungen der jetzigen an die - im höheren Bodenpreis ausgedrückte - höherwertige Nutzung ergeben, wenn eine Amortisation des gestiegenen Bodenwertes durch die bisherige Nutzung nicht erfolgen kann.

Insgesamt sind die Wirkungen der Objektsteuerlösung in allokativer Hinsicht als positiv einzuschätzen, mit Blick auf die beabsichtigten distributiven

---

[1] Vgl. Kapitel VI, Abschnitt 1.

Folgen wird aber eine Differenzierung der Steuererhebung nach subjektiven Merkmalen vorzusehen sein.

Bei der Beurteilung einer Steuer auf nicht realisierte Gewinne, sind die Probleme der Bewertung zu berücksichtigen. Wie die Analyse ergab, ist die bei der objektiv ausgestalteten BWSt in kurz- und mittelfristigen Zeiträumen erforderliche Bewertung zu Marktpreisen mit einer modifizierten Einheitsbewertung durchaus zu realisieren, zumal die Bewertung bei dieser Steuerform naturgemäß nicht an eine bestimmte Länge der Erhebungsperiode gebunden ist. Diese Möglichkeit erfordert aber eine grundsätzliche Neuorientierung der Bodenbewertung und dürfte deshalb allenfalls mittel- oder langfristig zu realisieren sein.

1.3 Besteuerung unrealisierter Bodenwertzuwächse im Rahmen einer Subjektsteuerlösung

Uneingeschränkt positiv in allokativer wie in distributiver Hinsicht ist nach den Ergebnissen der Wirkungsanalyse die Form anzusehen, Bodenwertzuwächse wie andere Wertzuwächse in die Bemessungsgrundlage der ESt einzubeziehen: Die Bodeneigentümer würden gemäß ihrer im Gesamteinkommen gemessenen sozialen Position einem progressiven Tarif unterliegen, womit gleichzeitig eine Steuerumgehung durch bevorzugte Anlage in Grund und Boden ihren bisher bestehenden Anreiz verliert[1].

Gleichzeitig muß aber festgehalten werden, daß diese Lösung zunächst unter der Voraussetzung jährlicher Neubewertung von Grund und Boden als gegenwärtig in der Praxis nicht realisierbar gelten muß[2].

Prinzipiell gilt dies bisher auch für die ESt-B-Lösung[3], in deren Rahmen eine Anbindung des BWSt-Tarifs an den Durchschnittssteuersatz der ESt angestrebt wird: Indem der Steuersatz aber von der Wertzuwachshöhe nicht beein-

---
[1] Vgl. Kapitel V, Abschnitt 2.
[2] Vgl. die Betrachtung der Bewertungsproblematik in Kapitel IX, Abschnitt 4.1.
[3] Zur näheren Charakterisierung vgl. Kapitel III, Abschnitt 2.3.

flußt wird, können Kumulierungseffekte wie bei einer vollen Integration in die ESt nicht auftreten.

Auch die zur Lösung der administrativen Probleme angebotene Bewertung im Wege der Selbsteinschätzung kann die aufgezeigten Probleme voraussichtlich allein nicht lösen: In der Einjahresperiode ist weder das Informations- noch das auftretende Kontrollproblem mit angemessenem Aufwand zu bewältigen.

Als ein denkbarer Ausweg wurde die Möglichkeit skizziert, über ein allgemeines 'Averaging' im Rahmen der ESt, deren zeitliche Dauer sich an der zumindest erforderlichen Bewertungsperiode orientiert, die unrealisierten Gewinne wenigstens periodisch einzubeziehen[1]. Dies würde jedoch eine Anpassung des ESt-Rechts in Richtung auf eine Durchschnittsbildung bei allen Einkünften erfordern und ergänzend voraussetzen, daß ein umfassender Verlustvor- und Rücktrag eingeführt wird.

In der steuerpraktisch orientierten Diskussion um die BWSt wird zur Lösung des Bewertungsproblems vor allem eine Anpassung an eine veränderte Einheitsbewertung befürwortet. Da die diesem Verfahren am meisten entsprechende Objektsteuerlösung vor allem im Hinblick auf die Erreichbarkeit distributiver Ziele kritisiert wird, wurde untersucht, welche Möglichkeiten bestehen, subjektive Elemente bei der Steuerbemessung zum Zuge kommen zu lassen und welche Auswirkungen dies jeweils auf die Praktikabilität der Steuererhebung zeigen würde.

Hier zeigt sich, daß unter der wohl realistischen Annahme, daß hohe Wertzuwächse mit hohen sonstigen Einkünften korrelieren oder angenommen werden kann, daß diese Personen gegenüber Nicht-Bodeneigentümern besonders begünstigt sind und eine Staffelung nach der Wertsteigerungsrate eine bessere Zielorientierung herstellen würde, ohne dabei zusätzliche Informationskanäle zu den Wohnsitzfinanzämtern zu erfordern.

Eine Aktualisierung der Bewertung zwischen den Bewertungsstichtagen könnte dabei mit Hilfe der Selbsteinschätzung erfolgen, wobei die Staffelung des Tarifs der BWSt nach der Wertzuwachshöhe einen Anreiz zu richtiger Bewertung abgibt.

Freibetragsregelungen hätten dabei die Aufgabe, entstehende Härten abzumildern. Die technische Gestaltung sollte dann so erfolgen, daß eine steigende

---

[1] Vgl. Kapitel IX, Abschmitt 4.1.

Entlastung mit steigendem Wertzuwachs vermieden wird. Verteilungspolitisch würde es lediglich darum gehen, Nebenwirkungen abzumildern, nicht aber die allokationspolitische Effizienz selbst infrage zu stellen.

1.4 Sonderfragen

Einzelne der im Rahmen der Untersuchung behandelten Fragen gelten für eine Bodenwertzuwachsbesteuerung generell und haben folglich die vorstehend beschriebenen Ergebnisse des Wirkungsvergleichs nicht beeinflußt. Gleichwohl stellen sie aber wichtige Einzelprobleme der Einführung einer BWSt dar:

- So wurde die Frage einer Zuweisung der BWSt-Aufkommen an die Gemeinden diskutiert. Es ergab sich, daß die BWSt durchaus nicht uneingeschränkt als gute Gemeindesteuer anzusehen ist, da bei den Gemeinden Anpassungen in Richtung auf eine die BWSt-Aufkommen steigernde Verknappung oder überproportionale Neuausweisung von Bauland nicht ausgeschlossen werden können.

  Dies läßt es angeraten erscheinen, eine Zuweisung nach regionalpolitischen Gesichtspunkten, unabhängig von den innerhalb der Stadt- bzw. Ortsgrenzen entstandenen Wertzuwächsen zu empfehlen. Dazu kann die BWSt indes nur als Landessteuer ausgestaltet werden.

- Die Einbeziehung inflationär bedingter Wertzuwächse in eine nominal definierte Bemessungsgrundlage der BWSt dürfte bei den gegenwärtig zu beobachtenden Inflationsraten aus verfassungsrechtlichen Erwägungen heraus notwendig sein. Aus diesem Grunde sind Vor- und Nachteile unterschiedlicher Deflationierungsformen diskutiert worden. Im Ergebnis wird allerdings empfohlen, von einer vollständigen Inflationsbereinigung aus zwei Gründen abzusehen:
  1) Es kann nicht ausgeschlossen werden, daß infolge eines unzureichenden Ausgleichs der Inflationsfolgen bei anderen Einkünften, durch einen vollständigen Inflationsausgleich bei Bodengewinnen die angestrebte Verminderung der Attraktivität einer Vermögensanlage in Grund und Boden verfehlt wird.
  2) Die praktische Realisierbarkeit einer umfassenden Inflationsbereinigung wirft erhebliche Probleme auf.

Als ausreichend wird es deshalb angesehen, in gewisser Anpassung an aktuelle Inflationsraten eine pauschale Absetzung von der Bemssungsgrundlage zuzulassen, mit der gleichzeitig geringe Wertzuwächse der Besteuerung enthoben werden können.

2. Aspekte eines Vergleichs mit Planungswertausgleich und Bodenwertsteuer

Die vorliegende Untersuchung konzentriert sich auf die Analyse von Bodenwertzuwachssteuern. In der boden- und steuerpolitischen Diskussion werden verwandte Formen diskutiert, so daß hierauf einzugehen ist.

Im Mittelpunkt steht dabei die Frage, ob es angesichts der im Rahmen der BWSt z.T. schwierigen, aber administrativ grundsätzlich handhabbaren Bewertung, alternative Lösungen gibt, die eine Bodenwertzuwachsbesteuerung ersetzen können. Denkbar wäre dies beim Planungswertausgleich (PWA)[1].

Alternativ in der Diskussion aufgeboten wird eine der 'Land-tax'-Lösung[2] vergleichbare Wertsteuerlösung[3].

Zunächst zum PWA:

BWSt und PWA haben gemeinsam, daß beide an den Wertzuwachs des Grundstücks

---

[1] Vgl. Hamann, U., a.a.O., S. 56 ff.; Weyl, H., Entwicklung der Bodenverfassung in Großbritannien, a.a.O., S. 97 ff.; Nell-Breuning, O.v., Bodenwertzuwachsbesteuerung (1972), a.a.O., S. 1 ff.; Ernst, W., Bonczek, W., Zur Reform..., a.a.O., S. 77 f.; Pfeiffer, U., (1972), a.a.O., S. 76-79; Wirth, M., Die Ausgestaltung der Planungswertabschöpfung, in: Wirtschaft und Recht (Zürich), Zeitschrift für Wirtschaftspolitik und Wirtschaftsrecht, 24. Jg., 1972, S. 223-250.

[2] Vgl. den Überblick bei Netzer, D., Economics and Urban Problems. Diagnoses and Prescriptions. New York-London 1970, S. 190 ff.; Bails, D., An Alternative: The Land Value Tax. The Argument for Continued Use of Part of the General Property Tax, in: American Journal of Economic and Sociology, Vol.32, (1973), No. 3, S. 283 ff.; Prentice, P.I., The Case for Taxing Local Values. A Memorandum for a Metropolis Considering Property Tax Reform, in: American Journal of Economic and Sociology, Vol. 28/1969, S. 145 ff.

[3] Vgl. Bohnsack, G., Praktikabilität spricht für Bodenwertsteuer, in: Die Demokratische Gemeinde Nr. 8/1973, S. 840-842. Vgl. kritisch dazu: Trotha, Th.v., Es geht um Abschöpfen des Wertzuwachses, ebenda, S. 843 ff.

anknüpfen; Unterschiede zwischen beiden liegen in Begründung bzw. Zielsetzung, Reichweite und konkreter Ausgestaltung der Instrumente.

Der Planungswertausgleich führt, indem er Planungsschäden und Planungsgewinne ausgleicht, zu einer Gleichbehandlung zwischen den von der Planung betroffenen Grundstückseigentümern und schwächt somit zumindest den 'Zuteilungscharakter' von Planungsgewinnen ab.

Demgegenüber sorgt die BWSt, indem sie die Wertzuwächse des Bodens etwa wie alle anderen Einkünfte in die Bemessungsgrundlage der Einkommensteuer einbezieht und so die heutige steuerliche Bevorzugung je nach Ausgestaltung zumindest abschwächt, allgemein für einen Abbau der Ungleichbehandlung zwischen Grundstückseigentümern und anderen Vermögensbesitzern sowie den Beziehern anderer Einkommen.

Der Planungswertausgleich hat allerdings nur eine begrenzte Reichweite. Seine Anwendung ist in der Regel auf städtische Entwicklungsgebiete begrenzt. Die über das von der Abschöpfung betroffene Gebiet hinausgehenden Fernwirkungen von Infrastrukturmaßnahmen und Planungsänderungen sind wegen der Notwendigkeit den Wert <u>vor</u> und <u>nach</u> der staatlichen Maßnahme zu bestimmen, nicht zu erfassen.

Daneben muß ein Verstoß gegen die steuerliche Gerechtigkeit in der ausschließlichen und einmaligen Erfassung von Wertsteigerungen gesehen werden, die auf konkreten Planungsmaßnahmen beruhen. Wertsteigerungen, die nicht mit einem konkreten Planungsverfahren in Zusammenhang gebracht werden können oder die später entstehen, bleiben abgaberechtlich unberücksichtigt.

Unterschiede zwischen PWA und der BWSt ergeben sich aber auch in der Ausgestaltung: der PWA ist in jedem Falle grundstücksbezogen (Objektcharakter). Dies gilt für die meisten der Vorschläge zur BWSt nicht, sie sind persönlich ausgestaltet (Subjektcharakter), und werden im Gegensatz zum PWA laufend und nicht einmalig erhoben. Der Abschöpfungssatz des PWA ist allerdings meist höher als derjenige der BWSt.

Diese Aufzählung zeigt, daß der PWA lediglich eine ergänzende Abschöpfungsmaßnahme in den Fällen darstellt, in denen Wertsteigerungen direkt durch staatliche Maßnahmen/Planungen bewirkt werden, generell vermag der PWA allerdings die BWSt nicht zu ersetzen.

Anders beim Wertsteuervorschlag: Soweit Wertsteuern eine genauere zeitnahe Bewertung vorsehen, werden Teile der, im Idealfall sämtliche, Bodenwertzuwächse indirekt miterfaßt. Grundsätzlich wäre deshalb die Einrichtung einer Wertbesteuerung - im Sinne der periodischen Erfassung und Besteuerung des <u>Verkehrswertes</u> von Grundstücken - eine mögliche Alternative zur bloßen Erfassung des jeweils eingetretenen Wertzuwachses wie sie bei einer BWSt erfolgen würde[1]. Die Wertzuwachsbesteuerung ist jedoch der Wertbesteuerung bodenpolitisch aus verschiedenen Gründen überlegen[2]: So erfassen Bodenwertsteuern auch die Basiswerte und beeinflussen auf diese Weise die Kalkulationsgrundlage der Grundstückseigentümer. Sie sind dadurch als bodenpolitisches Steuerungselement weniger geeignet, zumal sie als leichter überwälzbar gelten und die Annahme verbreitet ist, daß sie Entwicklungen auf den Bodenmärkten weniger direkt als die BWSt registrieren und korrigieren.

Gleichzeitig läßt sich allerdings aufzeigen, daß eine Wertsteuerlösung, soll sie bodenpolitische Steuerungsfunktionen übernehmen, eine ähnlich präzise Bewertung erfordert, ebenso eine Trennung von Boden- und Gebäudewert voraussetzt[3]. Bei gleichen administrativen Voraussetzungen erbringt sie weder allokativ eine der BWSt annähernd vergleichbare Mobilisierungswirkung bei den im Wert gestiegenen Grundstücken, noch die angestrebten Umverteilungseffekte[4].

---

[1] Vgl. dazu Bär, G., Verkehrswertbesteuerung der Liegenschaften, a.a.O.
[2] Vgl. Kommunalreferat der Landeshauptstadt München, Initiative..., a.a.O., S. 40/41; Pohl, W., Die Beeinflussung der Bodenpreise..., a.a.O., S. 57 ff.
[3] Vgl. Trotha, Th.v., a.a.O., S. 844.
[4] Ebenda.

3. <u>Grenzen einer Bodenwertzuwachsbesteuerung - Notwendigkeit des Einsatzes ergänzender bodenpolitischer Instrumente</u>

Ausgangspunkt der Behandlung der BWSt im Rahmen der vorliegenden Untersuchung waren Mängel auf den Bodenmärkten, insbesondere Friktionen in der Steuerung der Bodennutzung und unerwünschte Verteilungsergebnisse.

Die in der Diskussion aufgebotenen Lösungen einer BWSt werden den sich hieraus ergebenden Aufgaben zwar in unterschiedlichem Maße gerecht, eine mit subjektiven Elementen gestaltete Steuer auf unrealisierte Gewinne vermag hierbei aber bedeutsame Aufgaben zu übernehmen.

Die der BWSt in diesem Rahmen zugewiesene Rolle war aber bereits a priori auf einen Teilaspekt der Mängel, auf bestimmte Symptome des Bodenproblems begrenzt: Die zur Beurteilung der Ausgestaltungen entwickelten Ziele haben deshalb - was die Gesamtzielsetzungen insbesondere der Bodenpolitik betrifft - eher Mittelcharakter, wenn ihnen auch im Sinne einer inkrementalen Wirtschaftspolitik wichtige Anstoßaufgaben zukommen.

Aus diesem Grunde muß die Einführung steuerlicher Instrumente in ihren begrenzten Möglichkeiten gekennzeichnet werden, sollen ihre Veränderungskräfte nicht überschätzt, ihr nicht Aufgaben übertragen werden, die sie in toto gar nicht erfüllen kann[1]:

Die BWSt knüpft an Bodenwertänderungen, also marktwirtschaftlichen Größen an, und ist, da die Bodenwerte sich aufgrund einer privatwirtschaftlichen Bewertung der auf einem Grundstück möglichen Nutzungsmöglichkeiten bilden, folgerichtig auch ein "marktwirtschaftliches" Instrument. Das Preisbildungsverfahren und seine Folgen werden lediglich modifiziert, ohne dabei aber die Determi-

---

[1] Vgl. zum Aufweisen dieser begrenzten Rolle Conradi, P., u.a., Für ein soziales Bodenrecht. Notwendigkeiten und Möglichkeiten. Frankfurt/M. 1972, a.a.O., S. 57; die feststellen:"(...) Eine Veränderung des Steuerrechts (kann) immer nur begleitende Maßnahme sein, um bestimmte Wirkungen am Bodenmarkt hervorzurufen". (S. 57).
Demgegenüber: "Die Neuordnung des Bodenrechts (...) (wird) in einem Bündel von Maßnahmen bestehen müssen, in dem das Steuerrecht eine wesentliche Rolle spielt", in: Deutscher Städtetag, Geschäftsbericht 1970/71. Köln, Marienberg 1971, S. 59.

nierung von Bodenpreis und Bodennutzung aus dem marktwirtschaftlichen Allokationsprozeß herauszunehmen.

Indes, der Bereich dessen, was landläufig als "Bodenmarkt" bezeichnet wird, stellt sich als eine Mischung von privater marktmäßig bestimmter Entscheidung mit direkten staatlichen Maßnahmen und mehr indirekten Rahmensetzungen dar. Diese Verknüpfung läßt sich anhand der beiden Hauptursachen der Wertzuwachsentstehung aufzeigen[1]:

- Bestimmte rechtliche Rahmenbedingungen begünstigen die Wertzuwachsentstehung,
- die Erschließung von zusätzlichen Baugebieten und ein zusätzliches Infrastrukturangebot rufen Wertzuwächse hervor.

Durch die enge Verschränkung privater und staatlicher Tätigkeit insbesondere auf den Bodenmärkten ist auch die Mängelbeseitigung ein mehrdimensionales Problem:
Der Zusammenhang von "Markt" und "Plan" auf den Bodenmärkten stellt sich als komplexes System wechselseitiger Abhängigkeiten und Bedingtheiten dar, einfache Lösungen wird es folglich nicht geben können. Für die BWSt kann aber eines festgehalten werden: Sie vermag - in gleich welcher Ausgestaltung - dann keine Abhilfe zu versprechen, wenn Steuerungsmängel auftreten, die sich aus nicht marktlich vermittelten Allokationsprozessen ergeben oder wenn die Marktergebnisse verfälscht werden[2].

Die Neuordnung der Bodenmärkte wird sich deshalb mit Hilfe eines Bündels von Maßnahmen zu vollziehen haben, in deren Rahmen den steuerlichen Instrumenten nur eine begrenzte Bedeutung zukommt[3].

Ergänzend sind aber - gleichzeitig mit Instrumenten, die wie die BWSt eine Verbesserung der Funktionsfähigkeit des marktlichen Allokationsverfahrens be-

---
[1] Vgl. Kapitel I.
[2] Wie etwa beim Auftreten externer Effekte oder Monopolsituationen und Ähnlichem, vgl. Kapitel I, Abschnitt 2.
[3] Vgl. Deutscher Städtetag, Geschäftsbericht 1970/71, a.a.O., S. 59.

treiben, Maßnahmen zu entwickeln und einzuführen, die den Mechanismus der
politisch determinierten Beanspruchung des Bodens und die Instrumente eines
geordneten Nebeneinanders privater und öffentlicher Nutzungen rationalisieren.

Das Nebeneinander verschiedener Instrumente stellt sich dabei im Rahmen von
nach "Markt" und "Plan" gespaltenen Märkten als komplexes System dar, das
mit der vorhandenen wissenschaftlichen Kenntnis nur in Ansätzen überblickt
und rationalisiert werden kann[1], für das folglich keine Patentrezepte
existieren. Als starke Simplifizierung muß deshalb eine Sentenz aufgefaßt werden, die als Leitbild in die Diskussion eingegeben wurde: Grund und Boden
soll dort verfügbar gemacht werden, wo er für den einzelnen Menschen gebraucht
wird, zu Preisen, die mit diesem Zweck vereinbar sind[2] und wie man hinzu-
fügen muß, bei Verteilungsergebnissen, die sozial erwünscht sind.

Derartige Wunschbilder sind immer den vorhandenen Möglichkeiten, insbesondere
aber auch den widerstreitenden Interessen gegenüberzustellen, hier vor allem
den Widerständen derjenigen, die aus Grund und Boden und den daraus zumeist
durch Erbgang wohlerworbenen Rechten einen Anspruch auf selbständige Verfüg-
barkeit und den Genuß der Wertsteigerungen ableiten.

Zum entschiedenen Abbau solcherart bestehender Privilegien stellt die
BWSt einen wichtigen Schritt dar.

---

[1] Pfeiffer, U., (1972), a.a.O., S. 56, macht es sich sehr einfach: "Es geht
darum, eine möglichst optimale Kombination verschiedener Steuerungselemente
zu verwirklichen, und dabei die einzelnen Teilmechanismen möglichst funktionsfähig zu gestalten".
Hierbei ist es allerdings nicht ausreichend, Mechanismen zu <u>gestalten</u>.
Die Entscheidung über die Bodenverwendung ist im Kern immer eine politische
Entscheidung, die als solche aber mit dem Begriff "funktionsfähig" nicht
operational zu fassen ist: Sie ist zumeist von Interessen und deren Durchsetzbarkeit bestimmt.

[2] Vgl. Ernst, W., Bodeneigentum und Bodenrecht, (1972), a.a.O., S. 11.

Anhang 1 :   Überblick über die Geschichte der BWSt - Ideengeschichte
und steuerpraktische Versuche

Im Verlauf der historischen Entwicklung ist die Bodenwertzuwachssteuer seit den Zeiten David Ricardos und J.St. Mills im Gespräch. Im Einzelnen wurde ihre Einführung jedoch mit unterschiedlicher Intention vorgeschlagen, was aus dem theoriegeschichtlichen und ökonomischen Standort - aber auch der jeweiligen ideologischen Bindung zu erklären ist[1].

1. Aspekte zur Dogmengeschichte der Bodenwertzuwachssteuer

1.1 Dogmengeschichtliche Grundlagen

Der Gedanke einer Bodenwertzuwachsbesteuerung entwickelte sich zunächst auf der Basis der Grundrententheorie von David Ricardo. Für ihn ist die Grundrente "jener Teil des Produkts der Erde, der dem Grundeigentümer für den Gebrauch der (...) Kräfte des Bodens gezahlt wird[2]". Da nach seiner Ansicht das Interesse des Grundherrn ausgehend von seiner liberalen Grundhaltung 'jederzeit dem aller anderen Klassen in der Gesellschaft entgegengesetzt' ist[3], entwickelten sich Bestrebungen, einen Teil oder die gesamte Grundrente wegzusteuern oder den Bodeneigentümern dieses Einkommen durch Verstaatlichung zu entziehen. Ein Steigen der Rente und damit auch deren kapitalisierten Wertes, des Bodenpreises, war immer das Ergebnis des zunehmenden Reichtums des Landes und der Schwierigkeit der Beschaffung von Nahrungsmitteln für seine gewachsene Bevölkerung[4].

Ausgehend von der Vorstellung, daß die Bodeneigentümer ihr Einkommen ungerechtfertigt beziehen, wurde vor allem eine Steuer auf den Bodenwert gefordert[5]. Da die Bodenwertsteigerungen sich aufgrund exogener Datenänderungen

---

[1] Einen ausführlichen Überblick über die dogmengeschichtliche Entwicklung der Bodenbesteuerung gibt Peters, K.H., (1971), a.a.O., S. 10 ff.

[2] Vgl. Ricardo, D., Über die Grundsätze der politischen Ökonomie. Berlin 1969, S. 50.

[3] zit. n. Hofmann, W., Ideengeschichte der sozialen Bewegung des 19. und 20. Jahrhunderts, 3. Auflage, Berlin 1970, S. 24.

[4] Ricardo, D., Grundsätze..., a.a.O., S. 61.

[5] Vgl. Ricardo, D., Grundsätze..., a.a.O., S. 162 f.

ergeben, wurden die nicht auf den Einsatz von Kapital und Arbeit zurückführbaren Teile der Einkommen der Grundeigentümer auch als 'unearned increment', als unverdienter Wertzuwachs, bezeichnet.

1.2 Bodenwertsteuer als 'single tax'

Aufbauend auf die Grundrententheorie von Ricardo und deren teilweiser Vulgarisierung wurde der Gedanke einer steuerlichen Abschöpfung der 'unearned increments' von James Mills (1773-1836) und J.St. Mill (1806-1897) in England und von Henry George (1839-1897) in England, Amerika und Australien propagiert.

Nach J.St. Mill, der in England eine Bodenreformbewegung initiierte, bewirkt "der normale Fortschritt der Gesellschaft mit wachsendem Wohlstand (.) eine ständige Erhöhung der Einkommen der Grundbesitzer; sie erhalten ohne jede Anstrengung und ohne persönliche Ausgaben einen immer größer werdenden Teil des Reichtums der Gemeinschaft. Sie arbeiten nicht, sie riskieren weder etwas noch sparen sie. Sie werden gewissermaßen im Schlaf reicher".
Mill fragt sich deshalb "welchen Anspruch haben sie nach den allgemeinen Grundsätzen der sozialen Gerechtigkeit auf diesen Zuwachs an Reichtum?[1]".

Henry George führte die 'Fortdauer der Armut inmitten fortschreitendem Reichtum' auf die Tendenz der Bodenrente zurück, noch mehr als die Produktivkraft zu steigen und so den Lohn niederzudrücken.
Daher sei Privateigentum am Boden "ein ganz ähnliches Unrecht wie Sklavenbesitz". Dabei sei es jedoch unnötig, das Land zu konfiszieren, es reiche, die Rente im Wege der Besteuerung wegzunehmen[2].

Dabei dachte er an die Abschöpfung der gesamten Bodenrente durch eine Steuer auf den Bodenwert. Diese Steuer würde nach seiner Ansicht alle anderen Abgaben überflüssig machen (BWSt als Alleinsteuer).

---

[1] Mill, J.St., Elements of political Economy. Book V, Ch.II, S. 523 f. zitiert nach Hamann, U. (1969), a.a.O., S. 11/12.
[2] Vgl. George, H., Fortschritt und Armut. Leipzig 1892, S. 12

Gegen die Abschöpfung der gesamten Grundrente und die Vorstellung von der Bodenwertsteuer als 'Alleinsteuer' sind einige kritische Anmerkungen anzubringen[1].

Zunächst dürfte es grundsätzlich schwierig sein, die Grundrente vollständig wegzusteuern, da eine Trennung zwischen verdientem und unverdientem Teil der Bodeneinkommen <u>nachträglich</u> schwierig ist. Zudem ist (...) "zu einem gegebenen Zeitpunkt die bis dahin entstandene Grundrente bei den jeweiligen Wirtschaftssubjekten (...) nicht mehr zu erfassen (...). Sie wurde vorweg an den Voreigentümer entrichtet[2]".

Daneben wurde von Vertretern einer Sozialisierung des Grund und Bodens die Inkonsequenz von H. George kritisiert[3]:
"Ist es möglich, daß der gleiche Mann, der soeben mit kristallklarer Logik bewiesen hat, daß das Privateigentum am Boden verdammt ist und ausgerottet werden muß, wenn die Menschheit leben soll, daß dieser selbe Mann uns rät, dieses Eigentum aus Gründen der Zweckmäßigkeit im Besitz seiner gegenwärtigen Inhaber zu belassen und uns damit zu begnügen, es zu besteuern?"

Zusätzlich ist es sicher unrichtig, das Grundeigentum allein für die 'Soziale Frage' verantwortlich zu machen[4].

---

[1] Vgl. zur Kritik: Hofmann, W., Ideengeschichte..., a.a.O., S. 29/30.
[2] Vgl. Felde, H.W.v., a.a.O., S. 116; Hamann, U., a.a.O., S. 12.
[3] Flürschein, M., Not aus Überfluß. Ein Beitrag zur Geschichte der Volkswirtschaft, insbesondere der Bodenreform. Leipzig 1909, S. 44.
[4] vgl. Peters, K.H., a.a.O., S. 20.

1.3 Bodenwertzuwachssteuer in der Diskussion der deutschen Bodenreformbewegung

Der Gedanke, die Steuer an den Bodenwertzuwachs anknüpfen zu lassen, geht auf Friedrich List zurück, der die Ansicht vertrat, daß Werterhöhungen des Bodens, die auf öffentliche Investitionen zurückgehen, zur Hälfte durch eine Steuer abgeschöpft werden müßten[1]. In Deutschland propagiert wurde diese Steuerform jedoch erst von Adolf Damaschke, dem bedeutendsten deutschen Vertreter der Bodenreformbewegung.

Für Damaschke waren es wie bei den anderen Bodenreformern vor allem sittliche Gründe[2] mit denen er eine Besteuerung des Wertzuwachses rechtfertigt. So stellt er die rhetorische Frage: "Ist die Verteilung des Ertrages der Volkswirtschaft zwischen Grundrente, Löhnen und Zinsen naturgemäß und gerecht oder krankhaft und ungerecht[3]?" Seine Wertung liegt fest: Die Grundrente ist Nutznießer des 'Fortschritts der Kultur'[4]. Sie fällt dem Grundeigentümer zu, obwohl sie das 'Produkt der Zusammenarbeit aller ist'. Eine Steuer auf den Bodenzuwachs trägt der Tatsache Rechnung, daß die Grundrente 'soziales Eigentum' ist[5]. Eine "reine Grundrentensteuer, die allen Kapital- und Arbeitsaufwand entlastet und dadurch ermutigt, würde erst die sozialen Wirkungen des bodenreformerischen Gedankens ganz erkennen lassen[6]".

Die Abschöpfung der Grundrente führt zum Frieden zwischen Sozialismus und Individualismus, so seine Prognose: "die Grundrente soziales Eigentum, Kapital und Arbeit aber der individuellen oder freien genossenschaftlichen Betätigung gesichert[7]".

Bei Damaschke tauchen ähnliche Gedanken auf, wie bei H. George, so schreibt er: die sozialisierte Grundrente könnte dazu dienen, die Gesamtheit reich

---

[1] Vgl. Hinweis bei Damaschke, A., Aufgaben der Gemeindepolitik. 9.Aufl., Jena 1920, S. 77.
[2] vgl. Damaschke, A., Bodenreform..., a.a.O., S. 111 ff.
[3] Ebenda, S. 59
[4] Ebenda, S. 61
[5] Ebenda, S. 62
[6] Ebenda, S. 110
[7] Ebenda, S. 62

zu machen und damit die Not zu beseitigen.

Neben der BWSt behandelt Adolf Damaschke auch noch andere bodenpolitische Instrumente, die in der gegenwärtigen Diskussion in der BRD von Bedeutung sind. So geht er auf die Steuer auf den (wie wir heute sagen würden) realisierten Wertzuwachs ein, er nennt diese Abgabe 'Umsatz- oder Besitzveränderungsabgabe'[1] und diskutiert eine dem heutigen Planungswertausgleich ähnelnde Abgabe, 'die Verbesserungs- und Bauabgabe'[2]. Daneben geht er auf die Möglichkeiten der staatlichen Planträger ein, über eine Erweiterung des gemeindlichen Grundeigentums auf die Bodenverteilung Einfluß zu nehmen.

Damaschke sieht in der Bodenwertzuwachsbesteuerung somit nicht wie H. George ein Allheilmittel zur Beseitigung der sozialen Frage. Auch andere Instrumente sind von Bedeutung.

Eine wichtige Bedeutung hatte Adolf Damaschke für die Diskussion um die Probleme der Bodenwertzuwachssteuer. Er hat in seinen Schriften umfassend die Erfahrungen mit der Bodenpolitik in deutschen Gemeinden zu Beginn des Jahrhunderts ausgewertet.

Wie die meisten Verfechter bodenpolitischer Maßnahmen in der gegenwärtigen Diskussion glaubt auch Adolf Damaschke offenbar nicht an die Wirksamkeit einzelner Maßnahmen, wie etwa einer Bodenwertzuwachssteuer. Er sieht bereits die Notwendigkeit ergänzender Maßnahmen. Er schlägt deshalb u.a. den Ausbau des gemeindlichen Grundeigentums und ein verschärftes Enteignungsrecht vor.

---

[1] Vgl. Damaschke, A., Aufgaben der Gemeindepolitik. a.a.O., S. 119 ff. Diese Steuer wird nach der Höhe des gesamten Wertes bei jedem Besitzwechsel erhoben.

[2] ders., Aufgaben der Gemeindepolitik. a.a.O., S. 67 ff.

2. Geschichte der steuerpraktischen Anwendung im deutschen Rechtsgebiet

2.1 Bodenwertzuwachssteuer in Kiautschou

Nach dem Scheitern von Plänen, eine gemeindliche Wertzuwachssteuer im Deutschen Reich einzuführen, wurde eine Steuer auf nicht realisierte Gewinne im Jahre 1898 im deutschen kolonialen Schutzgebiet Kiautschou eingeführt[1].
Da der Boden nominell dem deutschen Kaiser gehörte, gab es gute Möglichkeiten, für eine einheitliche staatliche Bodenpolitik. Der Staat kaufte das Land zum Ertragswert, verkaufte es jedoch zum Marktpreis an Ansiedler.
Jede Veräußerung mußte unter Angabe des gebotenen Kaufpreises an die Verwaltung gemeldet werden. Wollte die Regierung von ihrem Vorkaufsrecht nicht Gebrauch machen, so erhob sie eine Steuer in Höhe von 1/3 des Wertzuwachses.

Der Wertzuwachs errechnete sich als Differenz zwischen Verkaufs- und Anschaffungspreis, wobei allerdings pauschal 6 % für Verbesserungen abgesetzt wurden. Insoweit stellte die Steuer eine Abgabe auf die realisierten Wertzuwächse dar.
Da die Steuer jedoch unabhängig von einem Besitzwechsel in jedem Fall in 25 Jahren einmal gezahlt werden mußte, war geplant, in diesem Zeitabstand eine einmalige Abgabe auf diejenigen Grundstücke zu erheben, die im Besitz der ursprünglichen Eigentümer verblieben waren. Der Grundstückswert wurde dann von einer Schätzkommission ermittelt, und die Differenz zum Anschaffungswert, vermindert um 6 % für Verbesserungen, mit einem linearen Steuersatz von 33,4 % besteuert.

Die Darstellung zeigt, daß es sich in Kiautschou wegen des langen Zeitraums um keine Wertzuwachssteuer im eigentlichen Sinne gehandelt hat.
Bräuer[2] weist jedoch darauf hin, daß dieses Experiment für die Entwicklung entsprechender Maßnahmen im Deutschen Reich von großer praktischer Bedeutung war.

---

[1] Vgl. Flürschein, M., a.a.O., S. 40 ff.; Peters, K.H., a.a.O.,S.
Bräuer, K., Artikel Wertzuwachssteuer (1928), a.a.O., S. 1017 ff.
[2] Vgl. ders., Artikel Wertzuwachssteuer, a.a.O., S. 1020.

2.2 Kommunale Bodenwertzuwachsbesteuerung im Deutschen Reich

Wertzuwachssteuern sind zwischen 1904 und 1910 in 652 Gemeinden eingeführt worden[1]. Diese Steuern knüpften jedoch im Gegensatz zur Regelung in Kiautschou ausschließlich an den Veräußerungsgewinn an.
Der Veräußerungsgewinn ergab sich als Differenz zwischen Erwerbspreis und dem Preis beim letzten Eigentumswechsel abzüglich der nachgewiesenen Wertverbesserungsinvestitionen des Eigentümers[2].

2.3 Reichswertzuwachssteuer

Im Jahre 1911 wurde eine allgemeine Wertzuwachssteuer - wie die Gemeindesteuern vorher anknüpfend an den Eigentumswechsel - eingeführt, an die hohe Erwartungen in bezug auf das zusätzliche Steueraufkommen gestellt worden waren. Das Aufkommen sollte nach einem bestimmten Aufteilungsschlüssel Reich, Ländern und Gemeinden zufließen.
Da diese Erwartungen sich nicht erfüllten, die Steuer sich insofern "als absoluter Mißerfolg heraus"-(stellte)[3] verzichtete das Reich schon zwei Jahre später auf seinen Ertragsanteil, den Ländern und Gemeinden wurde die Befugnis zur Erhebung eigener Wertzuwachssteuern zurückgegeben.
Das Reichszuwachssteuergesetz bestand insoweit bis 1944 weiter, als es für Gemeinden dann bindend war, wenn sie eine Wertzuwachssteuer erheben wollten[4].
An die Stelle der Wertzuwachssteuer trat ab 1944 ein Zuschlag zur Grunderwerbssteuer, die auch im Nachkriegssteuerrecht weiter Gültigkeit behielt. "Mit diesem Zuschlagssystem ist der Gedanke der Wertzuwachssteuer verlassen.

---

[1] z.B. Frankfurt am Main 1904, Köln 1905, Gelsenkirchen 1905. Vgl. Peters, K.H., a.a.O., S. 84.
[2] Vgl. Peters, K.H., a.a.O., S. 85/86.
[3] Vgl. Bräuer, K., Artikel Wertzuwachssteuer, a.a.O., S. 1020.
[4] Vgl. Müthling, H., (1965), a.a.O., S. 9.

Der Zuschlag hat mit Wertsteigerung oder Wertminderung nichts zu tun[1]".
Er nimmt nur Bezug auf den Gesamtwert des Grundstücks.

2.4 Erfassung und Besteuerung des Veräußerungsgewinns im EStR des Deutschen Reiches

Parallel zur Sonderbesteuerung des Wertzuwachses entwickelt sich im Einkommensteuerrecht die Praxis der Erfassung und Besteuerung von Veräußerungsgewinnen[2]. Während betriebliche Veräußerungsgewinne sowohl bei Grundstücken des Anlage- als auch bei denen des Umlaufvermögens (gewerbsmäßiger Grundstückshandel) schon im Preußischen Einkommensteuergesetz v. 1891/1906 (Miquel'sche Reform) steuerpflichtig waren, wurde den privaten Veräußerungsgewinnen immer stärkere Aufmerksamkeit entgegengebracht. "Spekulationsgewinne" wurden auch 1891 bei der Eigentumsübertragung schon besteuert. Dabei galt jedoch eine "enge Auslegung" des Spekulationsbegriffs: Die Finanzbehörde mußte die Gewinnerzielungsabsicht nachweisen - die Rechtsprechung ließ dabei keine Spekulationsvermutung zu, so daß die Spekulationsdefinition zu einer lückenhaften und ungleichmäßigen Erfassung der privaten Veräußerungsgewinne geführt hat.

"Für die Feststellung der spekulativen Absicht beim Grundstückserwerb genügt nicht der Hinweis, daß in vielen großen Städten und deren Umgebung die meisten Grundstücke in der Hoffnung eines dereinstigen gewinnbringenden Wiederverkaufs erworben werden[3]."

Daneben war der Verlustabzug in vollem Umfang nicht nur in Höhe der gleichzeitig (im selben Besteuerungszeitraum) erzielten Veräußerungsgewinne möglich, was erhebliche Manipulationen und Steuerumgehungen ermöglichte.

---

[1] Müthling, H., (1965), a.a.O., S. 9.
[2] für einen systematischen Überblick vgl. Fasselt, T., Wertsteigerungen und Veräußerungsgewinne im Einkommensteuerrecht. Köln 1949, S. 9 ff.
[3] Fasselt, T., a.a.O., S. 31.

Mit Erlaß des Reichs-Einkommensteuergesetzes von 1920/21 (Erzberger'sche Reform) änderte sich vor allem die steuerliche Behandlung der privaten Veräußerungsgewinne. Die Spekulationsabsicht muß weiter behördlich nachgewiesen werden. Die Abzugsfähigkeit von privaten Veräußerungsverlusten wird allerdings auf die Höhe der im selben Rechnungszeitraum erzielten Spekulationsgewinne begrenzt.

Für den betrieblichen Bereich ergeben sich nur unwesentliche Veränderungen. So wird etwa die Möglichkeit eingeführt, unrealisierte Verluste sofort abzusetzen (Imparitätsprinzip)[1]. Eine wesentliche Lücke der bisherigen Regelung wird durch die Erfassung von Veräußerungsgewinnen bei Betriebsaufgabe und -veräußerung geschlossen.

Diese Regelung war jedoch ihrerseits lückenhaft. Sie betraf nicht die Veräußerung von Betrieben der Land- und Forstwirtschaft und der Selbständigen[2].

Im betrieblichen Bereich sind seit der Miquel'schen Reform von 1891 im Verlauf der Modifikation von Bestimmungen über die steuerliche Behandlung von Veräußerungsgewinnen wesentliche Lücken geschlossen worden. Insbesondere fand der Gedanke allgemeine Anerkennung, daß der bei einer Betriebsveräußerung anfallende Gewinn zum steuerpflichtigen Einkommen gehöre. Einwände gegen die progressive Besteuerung von langfristigen Veräußerungsgewinnen im Veräußerungsjahr fanden jedoch in Sonderregelungen Berücksichtigung[3].

Die Erfassung und Besteuerung privater Veräußerungsgewinne wurde formal immer weiter gelockert. Die Besteuerung aller "spekulativen" Gewinne als umfassendste Regelung bei Nachweispflicht der Behörden, erwies sich als wenig praktikabel. Die Einengung auf den Zweijahreszeitraum erfolgte demnach vor allem aus administrativen Gründen, weniger im Hinblick auf bestimmte Ziele, sieht man davon ab, daß die Spekulanten jetzt "gleichmäßiger" behandelt werden.

Mit dem Reichs-Einkommensteuergesetz 1934 wird die heutige Unterscheidung zwischen Gewinn- und Überschußeinkünften und die damit implizierte unterschiedliche Behandlung der privaten und betrieblichen Veräußerungsgewinne in ei-

---

[1] Vgl. Fasselt, T., a.a.O., S. 36 ff.
[2] Vgl. Kobs, E., a.a.O., S. 23.
[3] Vgl. § 34 EStG 1965 als analoge Regelung.

nem Einkommensbegriff festgeschrieben[1].

In die Bemessungsgrundlage der Steuern werden nunmehr auch die Gewinne aus der Veräußerung land- und forstwirtschaftlicher Betriebe einbezogen[2].
Mit dieser Reform wird eine neue Definition der privaten Gelegenheitsspekulation eingeführt, die im Grundsatz auch heute noch gilt. Ein Besitzzeitraum von geringerer Dauer als zwei Jahre dient als Spekulationskriterium[3].

Im Gegensatz zur heutigen Regelung handelte es sich jedoch um eine <u>widerlegbare</u> Spekulationsvermutung. Der private Veräußerer konnte erklären, daß der Erwerb nicht zum Zwecke gewinnbringender Wiederveräußerung erfolgte. Die Beweispflicht war damit jedoch auf den Steuerpflichtigen übergegangen.

2.5 Baulandsteuer i.R. des Bundesbaugesetzes 1961 - 1964

Die Diskussion um die Reform der Bodenordnung im Rahmen des BBauG[4] war vor 1961 in besonderem Maße von Initiativen bestimmt, eine stärkere Mobilität des Bodeneigentums mit Hilfe einer Bodensteuer zu erzielen.
Auf Vorschlag des Wissenschaftlichen Beirats für Fragen der Bodenbewertung beim Bundesministerium für Wohnungsbau[5] wurde als Folge eine Baulandsteuer der Grundsteuer angegliedert (Grundsteuer C), deren Einführung auf folgenden Prämissen beruhte:
Sie sollte eine Tarifierung aufweisen, die eine Einflußnahme auf die Bodennutzungsentscheidung realistisch erscheinen läßt, auf Bodenwerten beruhen, die - in kurzen Abständen erhoben - die tatsächlichen Martkwerte widerspiegeln und daneben Maßnahmen gegen eine Überwälzung enthalten[6].

---

[1] Vgl. Fasselt, T., a.a.O., S. 45 ff.
[2] Vgl. Kobs, E., a.a.O., S. 23.
[3] Vgl. Fasselt, T., a.a.O., S. 49 ff.
[4] Vgl. im Überblick die Zusammenstellung in: Boden. Eine Dokumentation. Bd. 2, a.a.O., S. 18 ff.;Bd.3,a.a.O.,insbes.S.145 f.; S. 193 ff.
[5] Vgl. die Vorschläge zur Baulandsteuer als Auszug in: Boden. Eine Dokumentation, Bd. 3, a.a.O., S. 139 ff.
[6] Vgl. ebenda, S. 146 f.

Zudem war geplant, die Steuer so zu gestalten, daß sie den jeweiligen Bedingungen auf den örtlichen Bodenmärkten angepaßt werden kann[1].

Die mit dem BBauG eingeführte Regelung[2] hat dann allerdings in bezug auf Tarifierung und Wertansatz die wesentlichen Bedingungen nicht erfüllt: Weder beruhte sie auf aktuellen Einheitswerten , noch wurde sie fühlbar gestaltet[3].

Damit war bereits a priori die Möglichkeit begrenzt, mit Hilfe der Baulandsteuer allokationspolitische Ziele anzustreben. Ein wesentlicher Mangel trat hinzu: Die Steuer wurde für baureife unbebaute Grundstücke erhoben, ausgenommen blieben aber solche Grundstücke, die im Rahmen eines landwirtschaftlichen Betriebes bewirtschaftet wurden[4], wodurch die bodenpolitisch bedeutsamen Bauerwartungsflächen fast völlig ausgenommen blieben[5].

Diese 'Geburtsfehler' der Baulandsteuer lassen es problematisch erscheinen, aus den seinerzeitigen Erfahrungen Schlußfolgerungen für die heutige Diskussion ableiten zu wollen[6][7].

Die Steuer ist offenbar in der Diskussion zerrieben worden[8] und belastet

---

[1] Ebenda, S. 146.
[2] Vgl. § 172 BBauG v. 23.6.1960, BGBl I, S. 341.
[3] Vgl. Pohl, W., (1969), a.a.O., S. 72.
[4] Vgl. Troll, U., a.a.O., S. 159 f.
[5] Gem. § 12 a Abs. 6 GrStG blieben diese Grundstücke - soweit sie landwirtschaftlich genutzt wurden und Ersatzgrundstücke nicht zur Verfügung standen i.W. unbesteuert, vgl. zur näheren Darstellung Troll, U., a.a.O., S. 160.
[6] Zu solchem - nach den genannten Mängeln problematischen - Erfahrungstransfer vgl. z.B. Karl-Bräuer-Institut, Bodenbesteuerung, a.a.O., S. 31.
[7] Zu diesem Vorbehalt vgl. Troll, U., a.a.O., S. 161, obwohl Troll an anderer Stelle mit eben diesem Argument arbeitet, vgl. ebenda S. 92.
[8] So stellt der damalige Bundesminister für Wohnungsbau in der zweiten Beratung des von der Bundesregierung eingebrachten Entwurfs eines Bundesbaugesetzes fest: "Ich gebe Ihnen zu (...), daß die Diskussion um die Baulandsteuer (...) in der Öffentlichkeit oft so geführt wurde (...), als ob damit ein Allheilrezept angeboten werde. Das ist die Grundsteuer C nicht. Sie ist es insonderheit nicht mehr (...) nach den Beratungen. Diese Bestimmung stand unter einem solchen politischen Druck und es wurde so gezupt und gerupft an ihr, daß nicht viel von ihr übrig geblieben ist". Zit. n. Boden. Eine Dokumentation, Bd. 3, a.a.O., S. 30.

in ihrer Erfolglosigkeit in der Folge die Initiativen zur Reform der Bodenbesteuerung[1].

Dennoch zeigt die Erfahrung, daß erneuten Versuchen nur dann Erfolg beschieden sein kann, wenn bestimmte Essentials eingehalten werden, merkliche Belastung und aktuelle Bewertung sind folglich wichtige Voraussetzungen jeder Bodensteuerreform, mit der private Entscheidungen beeinflußt werden sollen[2].

---

[1] Die Baulandsteuer (Grundsteuer C) wurde denn auch durch Gesetz v. 10.6.1964 wieder außer Kraft gesetzt. Vgl. BGBl I, S. 347.

[2] Vgl. die Wirkungsanalyse der BWSt in Kapitel IV und V.

Anhang 2 :   Die Besteuerung von Bodenwertsteigerungen im internationalen
Vergleich

1. Problemstellung, Relevanz

Stand und Entwicklung der international gebräuchlichen Formen einer Erfassung und Besteuerung von Bodenwertsteigerungen sind sehr vielschichtig.

In den einzelnen Ländern sind sowohl Grundstücksgewinnsteuern - als Sondersteuer oder im Rahmen der Einkommensteuern - Steuern auf nicht realisierte Wertsteigerungen als auch Planungswertausgleichsregelungen und eine Erfassung im Rahmen von Wertsteuern üblich.

Wegen der eingeschränkten Vergleichbarkeit[1] werden hier nur die Regelungen in ausgewählten Ländern dargestellt.

Bedeutung gewinnt der internationale Vergleich vor allem im Hinblick auf die Erfahrungen mit den einzelnen Steuerformen, die praktischen Probleme und die beobachtbaren Wirkungen.

Aussagen über das quantitative Ausmaß der Besteuerung sind auch international problematisch[2]. Wir beschränken uns deshalb im Einzelfall auf den Vergleich der Vollständigkeit, mit der die steuerpflichtigen Tatbestände die Wertzuwächse erfassen.

---

[1] Die Vorbehalte ergeben sich aus den jeweils anderen Zielvorstellungen, der Andersartigkeit der ökonomischen und rechtlichen Rahmenbedingungen und den unterschiedlichen parallel eingesetzten steuer- und bodenpolitischen Instrumenten. Ein sinnvoller Vergleich kann deshalb nur zwischen Ländern mit ähnlichen Rahmenbedingungen erfolgen. Vgl. dazu: Münch, D., Bodenpolitik international. Konzepte, Resultate, Konsequenzen, in: Deutscher Verband für Wohnungswesen, Städtebau und Raumplanung e.V., Schriftenreihe, Heft 82, Bonn 1970, S. 3 und S. 67.

[2] Vgl. Mennel, A., Hauser, W., Steuern auf Grundstücksgewinne und Bodenwertsteigerungen im internationalen Vergleich. Sonderdruck aus: Internationale Wirtschaftsbriefe Nr. 2/1973, S. 53.

2. Bodenwertzuwachsbesteuerung in ausgewählten Ländern

2.1 Belgien

Im belgischen Steuerrecht wird eine Differenzierung nach bebauten und unbebauten Grundstücken vorgenommen.

Bei den unbebauten Grundstücken[2] werden private und betriebliche Wertzuwächse bei Realisierung[3] durch eine Sondersteuer nach der Besitzdauer abgestuft besteuert[4].

War das Grundstück länger als acht Jahre im Besitz des Veräußerers, so bleibt der Veräußerungsgewinn steuerfrei[5]. Bei kürzerem Besitzzeitraum berechnet sich die Bemessungsgrundlage, der Nettoveräußerungsgewinn, als Differenz zwischen Verkaufspreis und dem mit einem amtlichen Geldentwertungskoeffizienten von derzeit 5 % p.a. aufgezinsten Einstandspreis. Dies stellt offenbar eine Inflationsschutzvorschrift dar.

Bei bebauten Grundstücken erfolgt eine unterschiedliche Behandlung privater und betrieblicher Wertzuwächse: Während für die privaten, wenn sie "nicht spekulativ" sind, Steuerfreiheit vorgesehen ist, unterliegen die "spekulativen" Wertzuwächse wahlweise einer Sondersteuer von 30 % oder dem normalen Einkommensteuertarif.

Die Spekulationsabsicht wird dabei im Gegensatz zum deutschen Einkommensteuerrecht nicht durch - innerhalb einer bestimmten kurzen Besitzdauer - unwiderlegbaren Rechtsvermutung angenommen, sondern administrativ geprüft.

---

[1] Vgl. Mennel, A., Hauser, W., (1973), a.a.O., S. 51 ff., hier S. 54 ff.; Münch, D., a.a.O., S. 20 und 26.

[2] Als unbebaut gelten nach belgischem Steuerrecht auch bebaute Grundstücke, wenn der Gebäudewert weniger als 30 % des Grundstückswertes ausmacht.

[3] Der Begriff der Realisierung umfaßt nicht die unentgeltlichen Übertragungen.

[4] Bei einem Besitzzeitraum von 0-5 Jahren 30 % auf den Netto-Veräußerungsgewinn, bei 5-8 Jahren 15 %.

[5] Bei Gesellschaften gilt nur dann Steuerfreiheit, wenn die Veräußerungsgewinne nicht entnommen, ausgeschüttet oder zur Dotierung der gesetzlichen Rücklagen verwendet werden.

Wertzuwächse an bebauten Grundstücken des Betriebsvermögens werden grundsätzlich[1] besteuert, wenn sie buchmäßig erfaßt sind, also im Wesentlichen, wenn sie realisiert sind[2]. Die Berechnung des Nettoveräußerungsgewinns erfolgt wie bei den im privaten Bereich angefallenen Wertzuwächsen durch Inflationierung der Einstandspreise.

Der Tarif wird nach dem Besitzzeitraum differenziert, so daß bei kurzfristigen Veräußerungsgewinnen (bis zu 5 Jahren), der normale Einkommens- und Körperschaftssteuersatz, bei langfristigen (also einem Besitzzeitraum von mehr als 5 Jahren) ein Sondersatz von 16,5 % anzuwenden ist.
Eine Steuerentlastung bei Reinvestierung ist nur dann möglich, wenn innerhalb eines bestimmten Zeitraumes ein Ersatzwirtschaftsgut (wofür wie in der BRD nicht nur Grundstücke infrage kommen) angeschafft wurde.
Im Gegensatz zur generellen Regelung bei uns gilt diese Begünstigung jedoch nur für bestimmte Entwicklungszonen, so daß das Instrument der Steuerfreiheit bei Reinvestitionen gezielter zur Entblockung bestimmter regionaler Bodenmärkte eingesetzt werden kann.

2.2 <u>Dänemark</u>[3]

Das dänische Steuerrecht kennt seit langem Regelungen zur Abschöpfung von Wertzuwächsen. Hier lassen sich sowohl Steuern auf "nicht realisierte" Wertzuwächse des Bodens als auch auf realisierte unterscheiden[4].
Bis zum 1.4.1966 wurde eine periodische Wertzuwachssteuer mit Objektcharakter

---

[1] Dies gilt auch für land- und forstwirtschaftliche Betriebe, Gewerbetreibende und Selbständige.

[2] Eine Wertsteigerung gilt nach belgischem StR dann als realisiert, wenn das Wirtschaftsgut aus dem Betrieb ausscheidet, z.B. durch Veräußerung, Abtretung, Einbringung in eine Gesellschaft. Vgl. Kommission der Europäischen Gemeinschaften, Generaldirektion Binnenmarkt und Rechtsangleichung, Direktion Steuern, XIV/D/2, Bericht über die Bemessungsgrundlage der Steuern auf Unternehmensgewinne XIV/90/72/D. Brüssel 1972, S.67.

[3] Vgl. Mennel, A. u.a., (1973), a.a.O., S. 52; Münch, D., a.a.O., S. 9 ff.; Lent, George E., The Taxation of Land Value, in: International Monetary Fund, Staff Papers, Vol. XIV Washington (D.C.) 1967, S. 89-123, hier S. 93.

[4] Vgl. Lent, G.E., a.a.O., S. 93 und 104.

(grundstigningskyld) erhoben, die dem Ziel diente, die Grundstückseigentümer zu angemessener Nutzung oder Verkauf zu veranlassen, und so das mengenmäßige Angebot auf den Grundstücksmärkten zu erhöhen[1]. Sie erfaßte auch nicht realisierte Gewinne.

Die Erfassung und Besteuerung der Wertzuwächse erfolgte zwischen Bewertungsstichtagen im Abstand von vier Jahren. Besteuert wurde die Differenz zwischen dem amtlich geschätzten Verkaufswert[2] und dem Wert der vorhergehenden Schätzung, unter Berücksichtigung der werterhöhenden Aufwendungen. Der Steuersatz betrug - nach der Gemeindegröße differenziert - etwa in den Städten 2,2 bis 2,5 v.H. p.a.

Seit dem Jahre 1969 wird eine - Freimachungsabgabe - (frigoerelsegift) erhoben. Sie stellt nach unserer Systematik eine einmalige Sondersteuer mit Objektcharakter auf eine Grundstücksteilmenge dar und wird auf land- und forstwirtschaftliche Grundstücke erhoben, die im Zuge einer Planfeststellung als Bauland ausgewiesen und zunächst weiterhin land- und forstwirtschaftlich genutzt werden.

Bemessungsgrundlage ist die Differenz zwischen den Einheitswerten vor und nach Planfeststellung, wobei der Wert vorher - als Ausgleich für die allgemeine Preissteigerung - um 50 % erhöht wird. Die Steuersätze betragen differenziert nach der Höhe des Wertzuwachses 40 oder 60 %. Eine Stundung ist jedoch möglich.

Realisierte Wertsteigerungen werden in Dänemark durch die gewöhnliche Einkommens- und Körperschaftssteuer, eine besondere Einkommensteuer und darüberhinaus von einer Veräußerungsgewinnsteuer erfaßt, von der die Freimachungsabgabe absetzbar ist.

Der normalen Einkommen- und Körperschaftssteuer unterliegen Gewerbetreibende und private Grundstückseigentümer nur bei einem Besitzzeitraum des Grundstücks bis zu zwei Jahren, wenn die Spekulationsabsicht nicht widerlegt werden kann.

Eine besondere Einkommensteuer findet generell Anwendung, wenn der Besitz-

---

[1] Vgl. Münch, D., a.a.O., S. 9 und 13, Anmerkung 8-10.
[2] Zum Bewertungsverfahren vgl. Kristensen, K.J., a.a.O., S. 116 ff.

zeitraum größer als zwei Jahre ist und bestimmte Freibeträge überschritten werden[1], die nach der Gemeindegröße gestaffelt sind. Die Bemessungsgrundlage bestimmt sich als Differenz zwischen dem Veräußerungserlös und den um einen festen Zuschlag von 30 oder 40 % und den um 6 % pro Besitzjahr erhöhten Anschaffungskosten[2].

Der sich ergebende steuerbare Nettogewinn - erhöht um einen Faktor von allgemein 0,67 - wird mit einem Steuersatz von 40 % besteuert.

Einer besonderen Veräußerungsgewinnsteuer unterliegen land- und forstwirtschaftlich genutzte unbebaute Grundstücke. Hier wird die Differenz zur Bemessungsgrundlage der Freimachungsabgabe steuerlich erfaßt. Der Steuersatz beträgt 60 %. Im dänischen Steuersystem wird auf die lückenlose Erfassung des zur Umwidmung in städtischen Boden anstehenden land- und forstwirtschaftlichen Grund und Boden Wert gelegt. Wie deutsche Erfahrungen zeigen, entstehen hier die anteilig höchsten Wertzuwächse. Die Art der Bewertung bemüht sich, Umgehungsmöglichkeiten, wie im deutschen Steuerrecht (vgl. 3.2.1.2 in diesem Kapitel) auszuschließen.

---

[1] Die Freibeträge betragen für städtische Grundstücke zwischen 20.000 und 75.000 dkr (ca. DM 9.100 - 34.100).

[2] (1) Veräußerungserlös
   (2) ./. Ansch. bzw. Herst.Kosten
   (3) ./. werterhöhende Aufwendungen
   (4) ./. fester Zuschlag auf (2) von 40 % (bei land- u.forstwirtschaftlichen Grundstücken, 30 % bei Sonstigen).
   (5) ./. 6 % Zuschlag auf (2) pro Jahr
   (6) ./. persönliche Freibeträge
   (7) = steuerbarer Nettogewinn

2.3 Frankreich[1]

Im Steuersystem Frankreichs lassen sich drei Formen der Besteuerung von Wertsteigerungen unterscheiden: Unrealisierte Gewinne werden im Rahmen einer kommunalen Baulanderschließungssteuer, kurzfristige Veräußerungsgewinne im Rahmen der Einkommen- und Körperschaftssteuer, langfristige innerhalb einer besonderen Baulandsteuer erfaßt.

Bei der Einkommen- und Körperschaftssteuer gelten für die Gewerbetreibenden diejenigen Veräußerungsgewinne[2] als Einkommen[3], die an Grundstücken des Anlagevermögens entstehen, die weniger als zwei Jahre im Besitz waren. Ebenfalls der normalen ESt/KöSt unterliegen spekulative Veräußerungsgewinne bis zu einem Besitzzeitraum von 5 Jahren. Gewinne, die bei der Veräußerung bebauter und unbebauter Grundstücke von Land- und Forstwirten und freien Berufen entstehen, unterliegen - soweit sie nicht spekulativ sind - bis zu einem Besitzzeitraum von 5 Jahren dem halben Steuersatz der Einkommensteuer. Liegt Spekulation vor, was durch individuelle administrative Prüfung festgestellt wird, so werden diese Gewinne wie die von Privatgrundstücken besteuert. Hier werden bei einem Besitzzeitraum bis zu 5 Jahren alle, darüberhinaus nur jene Veräußerungsgewinne in die Einkommensteuer einbezogen, die aus der Veräußerung von Bauland stammen[4].

---

[1] Vgl. Lemke, J., Die steuerliche Erfassung von Wertsteigerungen bei Grundstücken. Übersicht über die Lage in den wichtigsten Industriestaaten, in: Europäische Steuerzeitung. Steuern, Zölle und Wirtschaftsrecht in der EWG, Nr. 20, Dez. 1966, S. 470 ff.; Mennel, A., u.a. (1973), a.a.O., S. 53 u.54 ff. Kommission der Europ. Gemeinschaften...,a.a.O., S. 74 ff.; Münch, D., a.a.O., S. 10 und 14 ff., S. 23 u. 26 f.

[2] nach Ausgleich mit den kurzfristigen Veräußerungsverlusten(vgl. Kommission der Europäischen Gemeinschaften..., a.a.O., S. 76, bei Nettoverlust besteht Abzugsfähigkeit von der Bemessungsgrundlage der Einkommensteuer bzw. Verlustvortragsmöglichkeit auf 5 Jahre.

[3] Der Einkommensbegriff bei Einkommen aus Gewerbebetrieb entspricht i.W. dem des § 4 Abs. 1 EStG der BRD, vgl. Kommission der Europäischen Gemeinschaften..., a.a.O., S. 74.

[4] Der Verkäufer muß in jedem Fall nachweisen, daß es sich nicht um Bauland handelt. Dies gilt auch für Grundstücke mit abbruchreifen Gebäuden. Für bebaute Grundstücke ist die Spekulationsvermutung bei einem Besitzzeitraum kleiner 5 Jahre durch besonderen Nachweis widerlegbar. (z.B. Steuerfreiheit bei Eigenheimveräußerung infolge Wohnsitzwechsel).

Der steuerpflichtige Betrag kann zur Vermeidung progressiver Steuersätze auf 4 Jahre verteilt werden. Daneben gelten besondere Freigrenzen, Ermäßigungen und in bestimmten Fällen prozentuale Abschläge[1].

Eine Sonderbesteuerung findet bei langfristigen Veräußerungsgewinnen aus Veräußerungen von Grundstücken des Betriebsvermögens Anwendung, soweit das Grundstück normaler betrieblicher Nutzung unterlag[2].

Besteuert wird der Netto-Veräußerungsgewinn, also nach Ausgleich mit langfristigen Veräußerungsverlusten[3] mit einem Steuersatz von 10 %[4]. Wegen des niedrigen Steuersatzes entfällt eine besondere Begünstigung re-investierter Veräußerungsgewinne.

Der nicht spekulative Veräußerungsgewinn aus der Veräußerung von Nicht-Bauland unterliegt bei einem Besitzzeitraum von über 5 Jahren einer Sondersteuer von 6 %.

Eine kommunale Baulanderschließungssteuer wird in Form einer einmaligen Sondersteuer mit Objektcharakter auf diejenige Grundstücksteilgesamtheit erhoben, für die Baugenehmigungen erteilt werden. Bemessungsgrundlage ist ein Soll-Bauwert[5] im Rahmen dessen auch unrealisierte Wertzuwächse erfaßt werden. Der Steuersatz beträgt zwischen ein und sechs Prozent.

---

[1] 25 % Werbungskostenpauschale, 3 % der Gesamtwerte pro Jahr als Aufwertungsfaktor.

[2] Bei 'spekulativer Veräußerung' erfolgt eine Erfassung i.R. der normalen ESt und KöSt.

[3] Vgl. Kommission der Europäischen Gemeinschaften..., a.a.O., S. 77 f.

[4] bei Körperschaften entfällt diese Begünstigung mit der Ausschüttung.

[5] z.B. 400 ff/qm bei Betriebsgebäuden, 45 ff/qm bei Wohngebäuden im sozialen, 650 ff im sonstigen Wohnungsbau. 950 ff bei sonstigen Gebäuden, insbesondere Luxusbauten.

2.4 Großbritannien[1]

Großbritannien kann als das Ursprungsland vieler Rechts- und Abgaben-Instrumente der Bodenpolitik gelten. Dies gilt im Abgabenbereich vor allem für Planungswertausgleichsregelungen. In neuerer Zeit ist vor allem die 'development charge' des 'Town and Country Planning Act' aus dem Jahre 1953 und der 'betterment levy' des Land Commission Act von 1967 bedeutsam.

Die Einführung der 'Development Charge' erfolgte im Rahmen der "umfassendsten Regelung zur Lösung des Bodenproblems die bisher in einem marktwirtschaftlich organisierten Land versucht worden ist[2]".
Das Recht der Entwicklung(also der Zuführung eines Grundstücks zu einer anderen als der heutigen Nutzung)ging auf den Staat über, der <u>sämtliche</u> mit einer Entwicklung verbundenen Werterhöhungen mit Hilfe der Entwicklungsgebühr abschöpfte (Steuersatz = 100 %).

Diese Werterhöhungen wurden als Differenz der Barwerte der zukünftigen Erträge bei gegenwärtiger Nutzung ('existing use value' oder 'current use value') und dem einer höheren zukünftigen Nutzung (dem 'development value') ermittelt.
Obwohl nur Werterhöhungen abgeschöpft wurden, die zum Zeitpunkt der Entwicklung (Planänderung) entstehen, geht die Regelung des Town and Country Planning Act über einen reinen Planungswertausgleich hinaus. Ziel war die Abschöpfung eines möglichst hohen Anteils der Wertsteigerungen durch Einführung von ausgleichsfähigen Genehmigungspflichten auch für private Entwicklungen.
Die schwierigen Bewertungsprobleme und das aufgrund der 100 %-igen Abschöpfung fehlende Interesse der Grundeigentümer an einer Entwicklung sowie die Oberwälzbarkeit der Abgabe auf die Nutzer führten im Jahre 1953 zum Widerruf der gesetzlichen Bestimmungen durch die nunmehr regierenden Konserva-

---

[1] Vgl. Hamann, U., Bodenwert und Stadtplanung. a.a.O., S. 63 ff.; Mennel, A., u.a. (1973), a.a.O., S. 61; Münch, D. a.a.O., S. 11 und 17 ff.; Sandford, C.T., (1971), S. 225 ff.; Weyl, H., Bodenverfassung in Großbritannien, in: Schreiber, F., Bodenordnung?..., a.a.O., S. 87 ff.
[2] Hamann, U., a.a.O., S. 63.

tiven. Hamann glaubt denn auch, daß für das Scheitern der Regelung die Erwartung der Grundeigentümer verantwortlich war, daß die Entwicklungsgebühr auf Dauer nicht bestehen bleiben würde[1].

Im Jahre 1967 wurde die Wertzuwachsabschöpfung unter der Bezeichnung 'betterment levy' wieder eingeführt. Die Wiedereinführung erfolgte jedoch im Zusammenhang mit einer Ausweitung der Enteignungsrechte und bestimmter Maßnahmen der öffentlichen Bodenvorratspolitik, so daß Kritiker feststellten, daß damit "(...) wesentliche Elemente eines freiheitlichen Bodenmarktes aufgegeben (wurden)[2]".

Es scheint aber dennoch erwiesen, daß das private Eigentum am Boden prinzipiell nicht angetastet wurde. Die Maßnahmen dienen der Sicherung der erleichterten und verbilligten Verfügungsmacht der öffentlichen Hand über Grund und Boden dort, wo es das öffentliche Wohl erfordert[3].

Der 'betterment levy' versuchte, den Entwicklungswert des Grund und Bodens anteilsmäßig zu erfassen (Steuersatz = 40 %) und vermied so die Nachteile der Regelungen des Jahres 1947. Im Unterschied zur früheren Regelung wird auch nur noch der infolge der Ausführung von 'material development' entstehende Wertzuwachs besteuert[4], also nicht der gesamte Entwicklungswert.

Die Bemessungsgrundlage errechnet sich folgendermaßen:

```
Marktwert nach Plangenehmigung
abzgl. Grundwert (base value) + 10 %
abzgl. Verbesserungsaufwendungen
_____
= Netto - Entwicklungswert (net development value)
```

Auch diese Regelung wurde beim darauffolgenden Regierungswechsel (1970) von den Konservativen wieder storniert, so daß seither Wertsteigerungen des Bodens im allgemeinen wie alle übrigen Wertsteigerungen besteuert werden.

---

[1] Hamann, U., a.a.O., S. 77.
[2] ders., a.a.O., S. 84.
[3] Weyl, H., a.a.O., S. 99.
[4] Vgl. Münch, D., a.a.O., S. 27, Anmerkung 4 (GB).

In den folgenden Jahren zeigte sich jedoch, daß ein planungsrechtliches
Instrumentarium unvollkommen ist, wenn es nicht durch Abgabenregelungen
ergänzt wird. Trotz erweiterter Neuausweisung für Bauland nahm die Knappheit baureifer Flächen zu, da die Flächen ungestraft gehortet werden konnten.
Die konservative Regierung erwog deshalb vor ihrer erneuten Ablösung die
Einführung einer Hortungsgebühr, die fällig werden sollte, wenn das Grundstück nicht in einem Zeitraum von vier Jahren nach Plangenehmigung bebaut
worden ist. Sie sollte 30 % des Basiswertes pro Verzugsjahr betragen.

Diese Gebühr hat jedoch nur einen begrenzten Wirkungsbereich. Sie versagt,
wenn es sich nicht um neu ausgewiesene Flächen sondern um bereits bebaute
Flächen handelt, die einer höherwertigeren Nutzung zugeführt werden sollen,
sie ist zudem für die Erreichung des Distributionsziels weniger geeignet,
da sie große Teile der entstandenen Wertzuwächse ausklammert und objektiv
ausgestaltet ist.

Erst seit dem Jahre 1962 mit Modifikationen im Jahre 1965 gibt es in Großbritannien daneben eine gesonderte Steuer auf realisierte Kapitalgewinne.
Der Realisierungsbegriff ist allerdings weiter gefaßt als in der BRD: Er
umfaßt auch etwa Schenkungen und Übertragungen bei Erbfällen, da eine eigenständige Erbschafts- und Schenkungssteuer fehlt.
Die Bezeichnung 'capital gains tax' impliziert, daß hierbei für Grundstücke
keine Sonderregelungen bestehen. Die Steuer gilt daneben gleichermaßen für
Veräußerungsgewinne privater wie betrieblicher Grundstücke[1].

Da im Steuersystem Großbritanniens eine strikte Trennung laufender und einmaliger Einkünfte vorgenommen wird, stellte die Kapitalgewinnsteuer eine
neben der Einkommensteuer bestehende Sondersteuer dar, der sämtliche langfristigen Veräußerungsgewinne (Besitzzeitraum der Vermögensgegenstände größer
als ein Jahr) unterliegen.
Die Bemessungsgrundlage errechnet sich dabei als Differenz zwischen Veräußerungserlös und dem Anschaffungspreis (bzw. dem Wert zum 7.4.65, dem Einführungszeitpunkt der Steuer). Eigengenutzte Wohngrundstücke sind von der
Steuer befreit, die Freigrenze beträgt 500 ₤ . Der Tarif beträgt wahlweise
linear 30 % oder (bei Veräußerungsgewinnen kleiner als 5.000 ₤) die Hälfte
des Grenzsteuersatzes von Einkommensteuer und 'Surtax'. Bei Körperschaften

---
[1] Vgl. Mennel, A., u.a., (1973), a.a.O., S. 61.

findet der Körperschaftssteuersatz von gegenwärtig 40 % Anwendung.
Ein Verlustausgleich ist nur gegen Veräußerungsgewinne entsprechender Fristigkeit möglich.

2.5   Italien

Das italienische Steuerrecht erfaßt Wertzuwächse im Rahmen einer kommunalen Bodenwertzuwachssteuer und der allgemeinen Einkommen- und Körperschaftssteuer.

Im Rahmen der Einkommen- und Körperschaftssteuer werden Wertzuwächse je nach dem Bereich, in dem sie erzielt wurden, erfaßt. Während Veräußerungsgewinne, die von Gewerbetreibenden erzielt werden, auch bei den nicht buchführungspflichtigen Kleinbetrieben der Einkommensteuer unterliegen, bleiben sie bei land- und forstwirtschaftlichen Betrieben und bei privaten Grundeigentümern - soweit sie nicht spekulativ sind[2] - steuerfrei.

Bei Gewerbebetrieben entsteht ein 'Veräußerungsgewinn' schon bei buchmäßiger Feststellung der Wertsteigerung, wobei die bilanzmäßige Erfassung echter Werterhöhungen, also eine Heraufsetzung des Wertansatzes über den Anschaffungswert zulässig ist[3]. Unabhängig von der buchmäßigen Erfassung wird die Werterhöhung (bei Gesellschaften) daneben immer bei der Ausschüttung steuerpflichtig.

Bis zum 1.1.73 bestand daneben eine kommunale Baulandsteuer als Sondersteuer mit Objektcharakter auf bebaubare Grundstücke. Sie war obligatorisch

---

[1] Mennel, A., Hauser, W., (1973), a.a.O., S. 57; Lemke, J., a.a.O., S. 471; Granelli, A.E., La legislation fiscale italienne et sa reforme par rapport au droit international, in: Revue de Science financiere. Avril/June 1974, No. 2, S. 15 ff.; Lent, G.E., a.a.O., S. 106.

[2] Die Prüfung, ob Spekulation vorliegt, erfolgt im Einzelfall und wird allgemein bei kürzeren Besitzzeiträumen unterstellt. Es gibt nicht (wie im Steuerrecht der Bundesrepublik Deutschland) feste Spekulationsfristen.

[3] Kommission der Europäischen Gemeinschaften..., a.a.O., S. 84, "Der Realisierungsbegriff umfaßt u.a. auch folgende Tatbestände: Tausch, Einbringung in eine Gesellschaft, Schenkung".

für alle Gemeinden mit mehr als 30.000 Einwohnern, fakultativ jedoch auch
für andere Gemeinden in Kraft.

Steuerbemessungsgrundlage war der Unterschiedsbetrag zwischen dem Verkaufserlös und dem Stichtagswert[1], bzw. bei Erstehung nach dem Stichtag dem
Anschaffungswert, dividiert durch die Zeitdifferenz der Wertfeststellungen
in Jahren. Die sich so ergebenden 'Jahresmehrwerte' unterliegen einem progressiven Tarif. Der Steuersatz steigt von 15 % für den Teil des Mehrwertes,
der bis 30 % des Jahresmehrwertes, bis 50 % für den Teil, der über 500 %
beträgt.

Ab 1.1.73 wurde diese Steuer von einer allgemeinen Gemeindesteuer auf Bodenwertzuwächse abgelöst. Diese Steuer gilt bei den Gewinnen aus Übertragungen
sämtlicher bebauten und unbebauten Grundstücke.

Ihr liegt als Bemessungsgrundlage der Unterschiedsbetrag zwischen dem Veräußerungserlös (abzgl. Veräußerungskosten) und dem Anschaffungswert (zzgl.
werterhöhende Aufwendungen und Werbungskosten) zugrunde. Als Inflationsausgleich werden je Besitzjahr 4 % des Veräußerungsgewinns abgezogen, so daß
der Veräußerungsgewinn ab einem Besitzzeitraum von 25 Jahren steuerfrei ist.

2.6 Niederlande[2]

Die Besteuerungspraxis bei Veräußerungsgewinnen des Grund und Bodens muß
vor dem Hintergrund einer konsequenten Baulandpolitik niederländischer Gemeinden gesehen werden. In diesem Instrumentarium dominieren Maßnahmen wie
frühzeitiger Erwerb von Bauerwartungsland, Verkauf zu Kostenpreisen, einfache Enteignungsmöglichkeit bei niedriger Entschädigung etc.[3], so daß
die Besteuerung für sich genommen als Instrument relativ unbedeutend geworden ist.

---

[1] Der Stichtagswert entspricht dem Wert des Grundstücks zu einem von der
Gemeinde festzusetzenden Zeitpunkt (bis 10 Jahre vor Einführung der Steuer).

[2] Vgl. Mennel, A., u a., (1973), a.a.O., S. 54; Münch, D., a.a.O., S. 111;
Kommission der Europäischen Gemeinschaften..., a.a.O., S. 98; Lemke, J.,
a.a.O., S. 473.

[3] Vgl. Münch, D., a.a.O., S. 111.

Daher sind Steuern auf Gewinne aus der Veräußerung land- und forstwirtschaftlicher Grundstücke (als Hauptwertzuwachsquelle) überflüssig, wenn die Entstehung solcher Gewinne mit anderen Mitteln verhindert wird. Auch private Veräußerungsgewinne - Gewinne aus dem Verkauf von Grundstücken, die zum Privatvermögen gehören - sind steuerfrei.

Betriebliche Veräußerungsgewinne werden demgegenüber auch bei den nicht buchführungspflichtigen Gewerbetreibenden und Selbständigen in die Bemessungsgrundlage der Einkommen- und Körperschaftssteuer einbezogen. Für Grundstücksveräußerungen im Rahmen von Betriebs- und Teilbetriebsveräußerungen gelten jedoch Sonderbestimmungen[1].

2.7 Schweden[2]

Im Steuerrecht Schwedens werden alle Arten von Veräußerungsgewinnen[3] in die Bemessungsgrundlage der normalen Einkommen- und Körperschaftssteuer einbezogen. Damit ist Schweden das in diesem Zusammenhang einzige Land, das die Erfassung und Besteuerung aller Arten von Veräußerungsgewinnen generell der normalen Einkommen- und Körperschaftssteuer unterwirft.

Bei der Besteuerung wird nach dem Besitzzeitraum differenziert: war das Grundstück weniger als zwei Jahre im Besitz des Steuerpflichtigen, werden 100 %, darüber 75 % des Veräußerungsgewinns in die Bemessungsgrundlage der Einkommen und Körperschaftssteuer einbezogen. Bei Berechnung des steuerpflichtigen Veräußerungsgewinns[4] werden die Anschaffungskosten mit dem

---

[1] Hier wird im Wesentlichen der Grenzsteuersatz des 'gewöhnlichen Einkommens' linear fortgeschrieben, soweit er zwischen 20 und 40 % liegt. Vgl. Lemke, J., a.a.O., S. 473; Kommission der Europäischen Gemeinschaften..., a.a.O., S. 98.

[2] Vgl. Mennel, A., u.a. (1973), a.a.O., S. 62; Conradi, P., u.a., Für ein soziales Bodenrecht. Frankfurt 1972, S. 71 ff.

[3] also Gewinne an Grundstücken des Betriebsvermögens und des Privatvermögens.

[4] Berechnung des steuerpflichtigen Veräußerungsgewinns: Veräußerungserlös ./. inflationierte Anschaffungskosten ./. werterhöhende Aufwendungen ./. FB bei Grundstücken für Wohnzwecke ergibt den steuerpflichtigen Veräußerungsgewinn.

Lebenshaltungskostenindex inflationiert.

Die steuerliche Regelung muß im Zusammenhang mit der schwedischen Bodenpolitik gesehen werden, in deren Vordergrund eine forcierte Bodenvorratspolitik der Gemeinden steht[1]. Daneben setzt sich die Tendenz durch, Gemeindeboden nur noch zu verpachten.

Diese steuerliche Regelungen werden durch ein umfassendes Enteignungsrecht ergänzt, wobei die Entschädigung nicht zu einer Steigerung der Grundstückskosten führen darf. Wertzuwächse, die auf öffentliche Investitionen zurückzuführen sind, werden dem Landverkäufer vom Preis abgezogen. Das Steuerrecht wird insofern nur als begleitendes Instrument eingesetzt[2].

2.8 USA[3]

In den USA unterliegen Wertsteigerungen an Grund und Boden - soweit sie monetarisiert sind - schon seit 1913 zusammen mit anderen Kapitalgewinnen einer Besteuerung im Rahmen des Einkommensteuersystems, wobei jedoch verschiedene nachfolgende Reformen zu einer differenzierten Besteuerung geführt haben[4]. Obwohl die Rahmenbedingungen sich von denen der BRD wohl grundsätzlich unterscheiden, ist die Darstellung wegen der US-Diskussion um die Kapitalgewinne von Bedeutung.

Gegenwärtig werden Grundstücksgewinne[5] zusammen mit Veräußerungsgewinnen

---

[1] So gehören etwa der Stadt Stockholm 74 % der städtischen Fläche. Vgl. Conradi, P., u.a., a.a.O., S. 72.

[2] Vgl. Blick auf Schweden - Blick in die Zukunft. in: DER SPIEGEL Nr. 42/1972, S. 122-145, hier S. 131.

[3] Vgl. z.B. Mennel, A., Hauser, H., (1973), a.a.O., S. 61 f.; Lemke, J., a.a.O., S. 474; David, M., Alternative Approaches..., a.a.O., S. 10 ff.

[4] Zur Geschichte der Kapitalgewinnbesteuerung in den USA vgl. Wells, A., Legislative History of Treatment of Capital Gains under the Federal Income Tax 1913 - 1948, in: NTJ 1949/2, S. 12 ff.

[5] Als Grundstücksgewinne gelten bei Unternehmern generell Gewinne aus der Veräußerung von Gegenständen des Anlagevermögens. So sind etwa Gewinne aus der Veräußerung von Grundstücken im Rahmen des gewöhnlichen Geschäftsbetriebes (z.B. Landerschließungsgesellschaften) voll steuerpflichtig. Vgl. David, M., Alternative Approaches..., a.a.O., S. 23 ff.

anderer Vermögensgegenstände, soweit sie sich länger als sechs Monate im Besitz des Veräußerers befinden, einer im Vergleich zu den übrigen Einkommen günstigeren Besteuerung unterworfen. Diese "langfristigen" Kapitalgewinne werden bei Körperschaftssteuerpflichtigen[1] nach Ausgleich mit entsprechenden Veräußerungsverlusten (=net long term capital gains) mit einem Sondersatz von 30 % besteuert.

Bei Einkommensteuerpflichtigen trägt der Steuersatz wahlweise 50 % der normalen Einkommensteuer oder es kann ein Sondersatz von 25 % gewählt werden[2].

Neben der zentralstaatlichen Gewinnbesteuerung ergeben in den USA sogenannte "Property Taxes" der Gemeinden 85 % des kommunalen Steueraufkommens[3], die häufig nur an den Gesamtwert des Grundvermögens anknüpfen. Diese Grundsteuer ist in bestimmten Fällen[4] von der Einkommensteuer abzugsfähig. Die Entlastungswirkung steigt wegen der Einkommensteuerprogression mit zunehmendem Einkommen.

3. <u>Zusammenfassung: Bedeutung für die Einführung einer Bodenwertzuwachssteuer in der Bundesrepublik Deutschland</u>

Nach der Einzeldarstellung der Länder können nun in einem kurzen systematisierenden Überblick ausgewählte Einzelprobleme behandelt werden.
Die Bedeutung der Bodenwertzuwachsbesteuerung im jeweiligen nationalstaatlichen Instrumentarium ist sehr unterschiedlich. So besteht in den Niederlanden und Schweden ein ausgeprägtes planungsrechtliches Instrumentarium und ein System von Geboten und Verboten. Die steuerlichen Regelungen sind relativ unbedeutend, da Bodenwertzuwächse in ihrer Entstehung begrenzt,

---

[1] Für Gewinne kleiner 25.000 Dollar ist es günstiger, die wahlweise mögliche Einbeziehung in die gewöhnliche Körperschaftssteuer vorzuziehen. Für diese Steuerpflichtigen beträgt der Steuersatz dort 22 %.

[2] Die Wahlmöglichkeit besteht nur für Veräußerungsgewinne bis zu einer Höhe von 50.000 Dollar. Die darüberhinausliegenden Beträge werden stets zur Hälfte in die normale Einkommensteuer einbezogen.

[3] Vgl. Netzer, D., (1970), a.a.O., S. 191.

[4] Vgl. Conradi, P., u.a., a.a.O., S. 71.

bodenpolitische Steuerungsfunktionen zudem von anderen Instrumenten wahrgenommen worden.

Demgegenüber gewinnt die Besteuerung in Belgien, Italien, Dänemark und Frankreich - vergleichbar mit den Zielen einer BWSt in der BRD - auch Bedeutung für die beschriebenen Funktionen. Die steuerliche Erfassung von Bodenwertzuwächsen ist deshalb ausgeprägter. Steuern auf unrealisierte Gewinne wurden in Dänemark und Italien in jüngster Zeit wieder abgeschafft. Daraus läßt sich m.E. jedoch nicht die Schlußfolgerung ziehen, diese Steuerform habe sich nicht bewährt bzw. sei unnötig. Vielmehr war die Besteuerung in Italien äußerst lückenhaft, in Dänemark erfolgte die Substitution mit einem erweiterten planungsrechtlichen Instrumentarium.

Weiterhin in Funktion ist diese Steuerform in Frankreich. Die grundsätzliche Notwendigkeit einer Steuer auf unrealisierte Gewinne auch bei entwickeltem planungsrechtlichen Instrumentarium zeigt sich in Großbritannien: Eine konservative Regierung plante (nachdem sie zweimal bereits eingeführte derartige Abgabeformen wieder außer Kraft gesetzt hat) die Einführung einer "Hortungsgebühr" - in der Funktion einer BWSt auf unrealisierte Gewinne nicht unähnlich.

Am Beispiel des dänischen Bewertungsrechts zeigt sich zudem, daß die Bewertungsprobleme nicht grundsätzlich unlösbar sind.

In der allgemeinsten Form - als Kapitalgewinnsteuer - in den USA und in Großbritannien eingeführt, ist sie als Grundstücksgewinnsteuer im Rahmen oder außerhalb der ESt international allgemein verbreitet. Dabei ist der Begriff der Realisierung jedoch häufig weiter als in der BRD gefaßt, so daß Wertzuwächse steuerlich erfaßt werden, die in der BRD von einer Besteuerung ausgenommen sind. Daneben sind 'roll-over'-Regelungen - wenn überhaupt eingeführt - häufig spezieller als in der BRD gefaßt und damit bodenpolitisch wirkungsvoller.

Der Tatbestand der privaten Grundstücksspekulation wird in einzelnen Ländern entweder durch eine administrative Prüfung der Spekulationsabsicht (Belgien) festgestellt oder durch eine Spekulationsfrist, die ein Vielfaches der deutschen Regelung beträgt, weitgehender definiert (Frankreich, Schweden). Regelungen, die eine Ausschaltung der Scheingewinnbesteuerung bei inflationären Wertzuwächsen vorsehen, sind in den meisten Ländern eingeführt. Besondere Bedeutung wird international der möglichst lückenlosen Erfassung der Gewinne bei Umwidmung land- und forstwirtschaftlicher Flächen in Bauland zugemessen (Dänemark, Frankreich).

Vergleicht man die Tatbestandsregelungen einer Erfassung der Wertzuwächse in der Bundesrepublik mit denen in Ländern mit vergleichbarem planungsrechtlichen Instrumentarium, so zeigt sich, daß die Besteuerung international allgemein weitgehender und weniger lückenhaft ist als bei uns: Die Besteuerung privater Veräußerungsgewinne bildet - soweit dies übersehen werden kann - nicht die Ausnahme, der Erfassung und Besteuerung betrieblicher Veräußerungsgewinne kann nicht in solchem Maße ausgewichen werden.

Literaturverzeichnis

ABGABENORDNUNG (AO) 1977, in der Fassung vom 16.März 1976, BGBl I, S. 613

ABRESS, H., Schritte zur Reform des Bodenrechts. Referat gehalten auf dem 3. Wohnungs- und Städtebaukongress der SPD am 14.11.1973 in Hamburg, unv. Man.

ALBERS, W., Das Deutsche Einkommensteuersystem in der Diskussion, in: Wirtschaftswoche, Jg. 25 1971, Nr. 27, S. 33 ff.

ders., Automatische Stabilisierungswirkung, in: Recktenwald, H.C. (Hrsg.), Finanzpolitik. Köln, Berlin 1969, S. 280-303

ALLAN, Ch. M., The Theory of Taxation. Harmondsworth 1971

ALONSO, W.A., Location and Land Use, Toward a General Theory of Land Rent. Harvard 1964

AM LÄNGEREN HEBEL, in: Der Spiegel Nr. 4, 1973

ANGELINI, T., Möglichkeiten zur Verbesserung der Funktionsfähigkeit des Bodenmarktes, in: Wirtschaft und Recht. Zeitschrift für Wirtschaftspolitik und Wirtschaftsrecht. Zürich. Jg. 24 1972, S. 269 ff..

ARNDT, E., Die Preisbildung für Boden und ihre Bedeutung für den Wohnungsbau, in: Wirtschaftsdienst 1950, Heft 11, S. 29 ff.

ARNDT, H., Zur mikroökonomischen Analyse der Überwälzbarkeit der Einkommensteuer und zur Frage der Übertragung von Modellergebnissen auf historische Tatbestände, in: FA (N.F.), Bd. 21 (1961), S. 47-59

V. ARNIM, H.H., Steuerrecht bei Geldentwertung, in: Der Betriebsberater 1973, S. 621 ff.

ARTIKEL 'BODEN', in: HwRfRo, Bd. 1, 2. Aufl.,Hannover 1970, Sp. 279 ff.

ARTIKEL 'BODENPREIS, BAULANDPREIS', in: HwRfRo, Bd. 1, 2. Aufl.,Hannover 1970, Sp. 354 ff.

ARTIKEL 'BODENRECHT', ebenda, Sp. 311 ff.

ARTIKEL 'BODENREFORM', ebenda, Sp. 322 ff.

ARTIKEL 'BODENWIRTSCHAFT IN DEN GEMEINDEN', ebenda, Sp. 346 ff.

ARTIKEL 'EIGENTUMSPOLITIK UND BODENORDNUNG', ebenda, Sp. 536 ff.

ARTIKEL 'PLANUNGS- UND BAURECHT', ebenda, Sp. 2371

ARTIKEL 'STEUERWIRKUNGEN', in: HdSW, Bd. 10, Stuttgart, Tübingen, Göttingen 1959, S. 182 ff.

ARTIKEL 'VERMÖGEN UND VERMÖGENSPOLITIK', in: HdSW, Bd. 11, Stuttgart, Tübingen, Göttingen 1961, S. 163 ff.

ARTIKEL 'WERTZUWACHSSTEUER', in: HdStW, Bd. 8, 4. Aufl.Jena 1928

ARTIKEL 'WERTZUWACHSSTEUER', in:HdSW, Bd. 12, 2. Aufl.Stuttgart, Tübingen, Göttingen 1965, S. 8 ff.

AUSBAU DER STOP UND GO POLITIK, in: Neue Zürcher Zeitung, Nr. 298 vom 1.11. 1973, S. 14

AUSSENSTEUERGESETZ, 725. Gesetz über die Besteuerung bei Auslandsbeziehungen vom 8.9.1972, BGBl I, S. 1713

BÄR, G., Die Verkehrswertbesteuerung der Liegenschaften als Mittel der Bodenpolitik. Berner Beiträge zur Nationalökonomie, Bd. 13, Bern und Stuttgart 1970

BAHRDT, H.P., Die moderne Großstadt Soziologische Überlegungen zum Städtebau. Reinbek 1961

BAILEY, M.J., Capital Gains and Income Taxation, in: Harburger, H.C., Bailey, M.J. (Ed.), The Taxation of Income from Capital. Washington D.C. 1969

BAILS, D., An Alternative: The Land Value Tax. The Argument for Continued Use of the General Property Tax, in: The American Journal of Economics and Sociology, Vol. 32, No 3 (July) 1973, S. 283 ff.

BARBIER, D., Das neue Bodenrechtsprogramm der Sozialdemokraten, in: Frankfurter Allgemeine Zeitung Nr. 170-172, 26.-28.7.1972

BARNIKEL, H.-H., Kartellgesetz und Bodenspekulation, in: Wirtschaft und Wettbewerb, Jg. 22, 1972, Heft 10, S. 624 ff.

BASSLER, S., CONRADI, P., Schwarzbuch zur Bodenspekulation in Stuttgart, unveröff. Man. Stuttgart o.J. (1972)

BauNVO Verordnung über die bauliche Nutzung der Grundstücke vom 26.11.1968, BGVI I, S. 1238

BECKER, A.P., Principles of Taxing Land and Buildings for Economic Development, in: ders. (Ed.), Land and Building Taxes. Wisconsin 1969, S. 11 ff.

ders., Arguments for Changing the Real Estate Tax to Land Value Taxation, in: Land Value Taxation: Pro and Con, Tax Policy, September/December 1970, S. 15 ff.

BECKERATH, E.v., GIERSCH, H., LAMPERT, H. (Hrsg.), Probleme der normativen Ökonomik und wirtschaftspolitischen Beratung, Schriften des Vereins für Socialpolitik,(N.F.), Bd. 29. Berlin 1963

BELTRAME, P., La fiscalité de l'aménagement du territoire ses modalités ses incidences politiques, in: Revue de Science Financiere. Paris o.J., S. 289

BENDA, E., Verfassungsrechtliche Grenzen der Besteuerung, in: Deutsche Steuerzeitung, Ausgabe A, Nr. 4 vom 15.2.1973, S. 49 ff.

BIELENBERG, W., Bodenrecht: Reformpläne und Tendenzen, in: Wirtschaftsdienst Jg. 53 1973, Heft 12, S. 649 ff.

BINDER, S., Zur Reform des Bodenrechts: Planung geht vor Profit, in: Die Zeit, Nr. 18 vom 27.4.1973, S. 14

BLACK, D., The Incidence of Income Taxes. London und Liverpool 1965

BLEIBINGHAUS, H., Stadtentwicklung unter dem Diktat des Bodenmonopols. Dargestellt am Beispiel Münchens, in: Fetisch Eigentum, Hrsg. E. Spoo, München 1972, S. 55 ff.

BLICK AUF SCHWEDEN - BLICK IN DIE ZUKUNFT, in: Der Spiegel, Nr. 42, 1972, S. 122 ff.

BLÜMICH-FALK, Einkommensteuergesetz, 10. Aufl. München 1971

BLUM, W.J., Taxation of Capital Gains in the Light of Recent Economic Developments - some Observations, in: The National Tax Journal, Vol. XVIII, 1965, S. 430 ff.

BOCK, H., Die Entwicklung der Baulandpreise 1956-1969 in einem Verdichtungsraum. Inst. f. Raumordnung 1970, Inf., Heft 20, S. 653 ff

BODEN. Eine Dokumentation. Empfehlungen, Thesen,Pläne, Gesetze. Hrsg. Deutscher Verband für Wohnungswesen, Städtebau und Raumplanung e.V., Bd. 1-4. Bonn 1968

BODENREFORM: Der Teufel steckt im Detail, in: Die Zeit, Nr. 11 vom 9.3.1973, S. 42

BODENWERTSTEIGERUNGEN VERHARMLOST, in: Handelsblatt vom 24.4.1973

BODENWERTZUWACHSSTEUER STÖSST AUF HEFTIGE KRITIK, in: Süddeutsche Zeitung Nr. 168 vom 25.7.1972

BÖCKENFÖRDE, E.-W., Wider die Baulandspekulation. Vorschläge zu einer Reform des Bodennutzungsrechts, in: Die Zeit, Nr. 19 vom 12.5.1972, S. 54

ders., Eigentum, Sozialbindung des Eigentums, Enteignung, in: Duden, K., u.a. (Hrsg.), Gerechtigkeit in der Industriegesellschaft. Karlsruhe 1972, S. 215 ff.

BÖHRET, C., Entscheidungshilfen für die Regierung. Opladen 1970

BOHLEN, W., Die volkswirtschaftlichen Auswirkungen von Vermögensbildungsplänen. Hannover 1969

BOHNSACK, G., Gesellschaft - Raumordnung - Städtebau - Grund und Boden. Karlsruhe 1967

BOHNSACK, G., Praktikabilität spricht für Bodenwertsteuer, in: Die Demokratische Gemeinde Jg. 25 1973, Nr. 8, S. 840 ff.

BOLDT, W., Die Grundstückszuwachssteuer. Ihre Wiedereinführung und Neugestaltung. Berlin 1926

BONCZEK, W., TIEMANN, M., Zur Entwicklung der Baulandpreise bis zum Erlaß des Bundesbaugesetzes, in: Der Städtetag, 1961, Heft 9, S. 475 ff.

BOSCH, W., Vermögensstreuung. Eine Betrachtung über Grundlagen der Vermögenspolitik. Heidelberg 1965

BOSCH, H.D., Zur Vermögenssituation der privaten Haushalte in der Bundesrepublik Deutschland. Teil II, Ein tabellarischer Vergleich für die Jahre 1960/61 und 1969 aufgrund statistischer Erhebungen des Deutschen Sparkassen- und Giroverbandes. Berlin 1971

BRÄUER, K., Art. 'Wertzuwachssteuer' (Grundstücksgewinnsteuer), in: HdStW, 4. Auflage, Bd. 8, Jena 1928, S. 1017 ff.

BROWN, J.A., The Locked-in Problem, in: Joint Committee on the Economic Report, Federal Tax Policy for Economic Growth and Stability 84th Cong., 1st Sess., 1959, p. 367 ff.

BRÜCKNER, O., CLAUSS, W., GLASER, H., JUST, K., Grundstücks- und Gebäudewerte in der Rechts-, Bau- und Wirtschaftspraxis, 2. Aufl. Herne/Berlin 1968

BRÜMMERHOFF, D., Wirtschaftspolitische Probleme bei der Anwendung von Preisgleitklauseln, in: Wirtschaftsdienst, 1974, Heft 1, S. 35 ff.

BRÜMMERHOFF, D., Nominal- oder Realprinzip in der Einkommenbesteuerung, in: Finanzarchiv (N.F.), Bd. 32 (1973), Heft 1, S. 35 ff.

BUNDESMINISTER FÜR RAUMORDNUNG, BAUWESEN UND STÄDTEBAU (Hrsg.), Jahresbericht 1972. Bad Godesberg o.J.

BUNDESMINISTER FÜR RAUMORDNUNG, BAUWESEN UND STÄDTEBAU (Hrsg.), Novelle des Bundesbaugesetzes (Referentenentwurf), Oktober 1972, unveröff.

BUNDESMINISTER FÜR WOHNUNGSWESEN UND STÄDTEBAU (Hrsg.), Städtebaubericht 1969. Bonn 1969

CDU/CSU - FRAKTION, Grundsätze zur Fortentwicklung des Bodenrechts. Unv. Man., Bonn, Sept. 1972

CDU/CSU - FRAKTION, Leitsätze zur Fortentwicklung des Bodenrechts. Unv. Man., Bonn, Oktober 1972

CDU, Grundsätze zur Reform des Bodenrechts. Unv. Man., Bonn, Januar 1973

CDU BUNDESGESCHÄFTSSTELLE, Bodenrecht, Arbeitspapier. Unv. Man., Bonn, März 1973

CDU BUNDESGESCHÄFTSSTELLE (Hrsg.), Dokumentation zum Bodenrecht, Arbeitspapier, unv. Man., Bonn, März 1973

CHEVALLERIE, O. DE LA, Die Verteilung des Vermögenszuwachses in der Bundesrepublik Deutschland seit 1950, in: DIW, Sonderheft Nr. 80. Berlin 1968

CLAWSON, M., Urban Sprawl and Speculation in Suburban Land, in: Land Economics, Febr.-Nov. 1962, S. 99 ff.

COHEN, J.B., ZINBARG, E.D., Investment Analysis and Portfoliomanagement. Homewood /Ill., 1967

CONRADI, P., DIETERICH, H., HAUFF, V., Für ein soziales Bodenrecht. Notwendigkeiten und Möglichkeiten. Frankfurt/Main 1972

COPES, J.M., Reckoning with Imperfections in the Land Market, in: Holland, D.M. (Ed.), The Assessment of Land Value. London 1970, S. 55 ff.

DAHLHAUS, J., MARX, D., Flächenbedarf und Kosten von Wohnbauland, Gemeinbedarfseinrichtungen, Verkehrsanlagen und Arbeitsstätten. Veröff. d.Akad.f.Raumf.u.Landesplanung, Beiträge, Bd.1, Hannover 1968

DAMASCHKE, A., Die Bodenreform. Grundsätzliches und Geschichtliches zur Erkenntnis und Überwindung der sozialen Not, 14. Aufl. Jena 1917

DAMASCHKE, A., Aufgaben der Gemeindepolitik, 9. Aufl. Jena 1920

DAVID, M., Economic Effects of the Capital Gains Tax, in: AER, Vol. LIV, 1964, S. 288 ff.

ders., Alternative Approaches to Capital Gains Taxation. Washington (D.C.) 1968

DER COUP VON DÖHREN, in: Manager Magazin, 1973, Heft 1., S. 17 ff.

DER PROGRAMMIERTE KONFLIKT, in: Die Zeit, Nr. 47 vom 24.11.1972, S. 33

DER SPIEGEL, Nr. 51 vom 11.12.1972, S. 49

DEUTSCHE BAU- UND BODENBANK, Gesamtherstellungskosten im sozialen Wohnungsbau je Wohneinheit. Frankfurt 4/1971

DEUTSCHE BUNDESBANK, Vermögensbildung und Anlagepolitik der Versicherungsunternehmen seit 1965, in: Monatsberichte der Deutschen Bundesbank, Jg. 24 1972, Nr. 1, S. 15 ff.

DEUTSCHER SPARKASSENVERBAND, Zuwachssteuer gegen Bodenspekulation, in: Informationen für unsere Geschäftsfreunde. Stuttgart Oktober 1972, S. 5 f.

DEUTSCHER STÄDTETAG, Geschäftsbericht 1970/71. Köln-Marienburg 1971

DIE BODENPREISE SIND NICHT GESUNKEN. Bauland gibt es auf einer Fülle von Teilmärkten, in: Börsen Zeitung, Nr. 128 vom 10.7.1975

DIEHL, K., Kritik der Reichswertzuwachssteuer, in: JbNatStat, III. Folge, Bd. 40. Jena 1910, S. 289 ff.

DIETERICH, H., Probleme einer Neuregelung der Bewertung/Wertermittlung von Grundstücken, unveröff. Manuskript. Bonn-Bad Godesberg 1974

DOMAR, E.D., MUSGRAVE, R.A., Proportional Income Taxation and Risk-Taking, in: QJE 58, May 1944, S. 388-422, wiederabgedruckt in: Musgrave, R.A., Shoup, C.S. (Hrsg.), Readings in the Economics of Taxation, London 1959, S. 493-5

DUWENDAG, D., Bodenmarkt und Bodenpolitik in der Bundesrepublik Deutschland, in: Schmollers Jahrbuch für Wirtschafts- und Sozialwissenschaften, Jg. 91, Heft 5. Berlin 1971, S. 267 ff.

ders., Ist der Immobilienmarkt ein Fremdkörper in unserem System der sozialen Marktwirtschaft? in: Handelsblatt, Jg. 28, Nr. 118, 22./23.6.1973

ders., EPPING, G., Wem gehört der Boden in der Bundesrepublik Deutschland? Bonn 1974

EHEBERG, K.T.v., Artikel Gebäudesteuer, in: HdStW, 4. Aufl., Bd. 4. Jena 1926, S. 6 ff.

EINAUDI, L., Capitalization and Amortization of Taxes, in: Musgrave, R.A., Shoup, C.S. (Ed.), Readings in the Economics of Taxation. London 1959, S. 389 ff.

EINKOMMENSTEUERGESETZ 1975 (EStG 1975), in der Fassung vom 5. September 1974, BGBl I, S. 2165

ENGELS, W., SABLOTNY, H., ZICKLER, D., Bildung und Verteilung des Volksvermögens in der Bundesrepublik Deutschland 1950 - 1970. Vorbericht über die Ergebnisse eines laufenden Forschungsvorhabens, Manuskript. O.O., o.J. (1972)

dies., Das Volksvermögen. Seine verteilungs- und wohlstandspolitische Bedeutung. Frankfurt 1974

ENGELEITER, J.J., Unternehmensbewertung. Stuttgart 1970

ENTWURF EINES GESETZES ZUR ÄNDERUNG DES BUNDESBAUGESETZES. Bundestagsdrucksache 7/2496 vom 22.8.1974

ERNST, W., BONCZEK, W., Zur Reform des städtischen Bodenrechts. Veröffentlichungen der Akademie für Raumforschung und Landesplanung, Abhandlungen, Bd. 61. Hannover 1971

ERNST, W., Bodeneigentum und Bodenrecht, in: Thoss, R. (Hrsg.), Bodenordnung und Bodenpolitik. Münster 1972, S. 11 ff.

EULER, M., Probleme der Erfassung von Vermögensbeständen privater Haushalte im Rahmen der Einkommens- und Verbrauchsstichprobe 1969, in: Wirtschaft und Statistik, Jg. 1970, Nr. 12, S. 601 ff.

ders., Ausgewählte Vermögensbestände privater Haushalte am Jahresende 1969, in: Wirtschaft und Statistik, Jg. 1970, Nr. 12, S. 605 ff.

FAMA, E.F., LAFFER, A.B., Information and Capital Markets, in: Bicksler, J., Samuelson, P.A. (Ed.), Investment Portfolio Decision Making. Lexington, Toronto, London 1974, S. 141 ff.

FASSELT, T., Wertsteigerungen und Veräußerungsgewinne im Einkommensteuerrecht. Köln 1949

FDP WÜNSCHT EIN NEUES BODENRECHT, in: Südd. Zeitung Nr. 257 vom 27.10.1971

FECHER, H., Votum, Kommunalreferat der Landeshauptstadt München, Initiative für eine Neuordnung des Bodenrechts. München o.J. (1972

FELDE, H.W.vom,Die volkswirtschaftliche Problematik der Erfassung von Wertsteigerungen des Bodens. Köln 1954

FELDSTEIN, M.S., The Effects of Taxation on Risk Taking, in: JPE, Vol. 77, No. 5, September/October 1969, S. 755 ff.

FEUERBAUM, E., Aktuelle Fragen zur Eliminierung von Scheingewinnen in der Bilanz, in: Der Betrieb 1973, S. 737 ff. und 795 ff.

FEUERSTEIN, H., Bodenpreis und Bodenmarkt. Bestimmungsgründe der Preise und des Transfers land- und forstwirtschaftlich genutzten Bodens. Eine ökonometrische Analyse, in Agrarwirtschaft, Sonderheft 44. Hannover 1971

FEY, W., Die Struktur des Baulandmarktes und die Differenzierung der Baulandpreise, in: Bundesbaublatt 1965, Heft 12, Seite 581 ff.

FLACH, K.H., u.a. (Hrsg.), Die Freiburger Thesen der Liberalen. Hamburg 1972

FLÄMING, C., Berücksichtigung der schleichenden Geldentwertung im Steuerrecht - ein Versuch, die Folgen der schleichenden Geldentwertung durch steuerliche Maßnahmen auszugleichen, in: Steuerkongressreport 1969, Hrsg., Bundeskammer der Steuerbevollmächtigten. München 1969

FLÖRSCHEIN, M., Not aus Überfluß. Ein Beitrag zur Geschichte der Volkswirtschaft insbesondere der Bodenreform. Leipzig 1909

FLUME, W., Die SPD - Reform der Bodenordnung bedeutet: Sozialisierung des Bodens, in: Handelsblatt Nr. 154 vom 11.8.1972

FREY, R., Finanzpolitik und Verteilungsgerechtigkeit, in: FA (NF), Bd. 31, 1972, Heft 1, S. 1 ff.

ders., Infrastruktur. Grundlagen der Planung öffentlicher Investitionen. Tübingen, Zürich 1972, 2. Aufl.

FRIAUF, K.H., Verfassungsrechtliche Grenzen der Wirtschaftslenkung und Sozialgestaltung durch Steuergesetze. Tübingen 1966

ders., Eigentumsgarantie, Geldentwertung und Steuerrecht, in: Steuerberaterjahrbuch 1971/1972, S. 425 ff.

FRICK, A., KIENER, U., VIELI, K., Bodenpreise und Stadtentwicklung. Eine empirische Untersuchung, in: Schweizerische Zeitschrift für Volkswirtschaft und Statistik, 1973, Heft 1, S. 101 ff.

FRIEDMANN, B., Deflationierungsmethoden im Rahmen der volkswirtschaftlichen Gesamtrechnung. Ein Versuch zur Systematisierung und Kritik. Berlin 1961

FÜRST, G., Zur Aussagekraft von Preisindexziffern der Lebenshaltung, in: Wirtschaft und Statistik 12/1960, S. 5 ff., Wiederabdruck in: Streißler, E. u.M.(Hrsg.), Konsum und Nachfrage. Köln, Berlin 1966, S. 395 ff.

ders., Was ist Menge, was ist Preis? Probleme der Deflationierung von Werten, in: Allgemeines Statistisches Archiv 55, 1971, S. 10 ff.

GÄFGEN, G., Theorie der wirtschaftlichen Entscheidung. Untersuchungen zur Logik und ökonomischen Bedeutung rationalen Handelns, 2. Aufl. Tübingen 1968

GAFFNEY , M., Land Rent, Taxation and Public Policy: Taxation and the Function of Urban Land Rent, in: The American Journal of Economics and Sociology. Vol. 32, No. 1 (Jan.), 1973, S. 17 ff.

GANDENBERGER, O., Läuft die Besteuerung von Wertzuwächsen auf eine Doppelbelastung hinaus? in: Kredit und Kapital 2, 1974, S. 129 ff.

GELDENTWERTUNG NICHT BEACHTLICH. Im Steuerrecht bleibt Mark gleich Mark, in: Handelsblatt Nr. 83 v. 30.4.1971

GEMPER, B., Geldentwertung, Nominalwertprinzip und Besteuerung, in: Der Betriebsberater, 1972, Heft 18, 13.6., S. 761 ff.

GEORGE, H., Fortschritt und Armut. Leipzig 1892

GERDSMEIER, G., Grundlagenkritik preistheoretischer Modelle. Berlin 1972

GESETZ ÜBER DIE PREISSTATISTIK v. 9.8.1958, BGBl I, S. 605

GEWOS e.V., Verfassung, Städtebau, Bodenrecht. Rechtswissenschaftl. Gutachten über die Enteignungsentschädigung im Städtebau. Hamburg 1969

GEWOS e.V., Bodenrechtsreform im sozialen Rechtsstaat. Vorschläge für gesetzgeberische Initiativen, Gutachten der Kommission zur Erarbeitung von Vorschlägen für die Bodenrechtsreform. GEWOS-Schriftenreihe N.F. 9. Hamburg 1973

GIERSCH, H., Strategien der Wachstumspolitik, in: Zeitschrift für die gesamten Staatswissenschaften, Bd. 119, 1963, S. 239 ff.

ders., Aufgaben der Strukturpolitik, in: Hamburger Jahrbuch 9. Jahr, 1964, S. 61 ff.

GILLESPIE, W., Effect of Public Expenditure on the Distribution of Income, in: Musgrave, R.A. (Ed.), Essays in Fiscal Federalism. Washington 1965, S. 122 ff.

GOODE, R., Rezension von, Seltzer, L.H., The Nature and Tax Treatment of Capital Gains and Losses 1950, in: AER Bd. 17, 1952, S. 445 ff.

ders., The Individual Income Tax. Washington D.C. 1964

GRAHAM, J.F., The Fiscal Equity Principle, in: Public Finance in Canada, Toronto etc. 1968

GRANELLE, J.J., Espace urbain et prix du sol. Paris 1970

GRANELLI, A.E., La Législation fiscale italienne et sa reforme pa rapport au droit international, in: Revue de Science financiere, Avril/June 1974, No. 2, S. 15 ff.

GRAUHAN, R.R., LINDER, W., Politik der Verstädterung. Frankfurt/M. 1974

GREY, A.L., Urban Renewal and Land Value Taxation, in: Becker, A.P. (Ed.), Land and Building Taxes. Wisconsin 1969, S. 81 ff.

GROSSER, G., Pro und Contra Index-Klauseln, in: Wirtschaftsdienst 1973/X, S. 551 ff.

GRÜBNAU, E., Hundert Jahre städtische Grundstückspreise 1870 - 1970. in: Festschrift für H. Wandersleb. Bonn 1970, S. 196 ff.

HÄUSER, K., Die Überwälzbarkeit der ESt und KSt bei Gewinnmaximierung, in: FA (NF), Bd. 20, 1961, S. 422 ff.

HAIG, R.M., The Concept of Income - Economic and Legal Aspects, in: ders. (Ed.), The Federal Income Tax. New York 1921; teilweise wiederabgedruckt in: Musgrave, R.A., Shoup, C.S. (Ed.), Readings in the Economics of Taxation. London 1966, S. 54 ff.

ders., (Ed.), The Federal Income Tax. New York 1921

HALL, R.L., HITCH, C.J., Price Theory and Business Behaviour, in: Oxford Economic Papers Vol. 2 (1939), No. 2, S. 12 ff.

HALLER, H., Die Steuern. Grundlinien eines rationalen Systems öffentlicher Abgaben. Tübingen 1964

ders., Zur Problematik eines rationalen Steuersystems, in: Kieler Universitätsvorträge NF 41. Kiel 1965

ders., Grundsätzliches zur Besteuerung von Grundstücksgewinnen, in: Kredit und Kapital, Jg. 6, 1973, Heft 3, S. 255 ff.

HANRATHS, J., Grundstücks- und Gebäudewerte in der Steuerbilanz und Steuerpraxis, 2. Aufl. Herne, Berlin 1967

HAMANN, U., Bodenwert und Stadtplanung. Deutsche und englische Ansätze zum Planungswertausgleich. Stuttgart 1969

HARBURGER, A.C., BAILEY, M.J., The Taxation of Income from Capital. Washington D.C. 1969

HARBURGER, A.C., The Incidence of the Corporation Income Tax, JPE 70, 1962, S. 215 ff.

HARVEY, R.O., CLARK, W.A. V., The Nature and Economics of Urban Sprawl, in: Land Economics, Feb. 1965, S. 1 ff.

HAUGEN, R.A., HEINS, A., Market Separation Theory of Rent Differentials in Metropolitan Areas, in: QJE 1969, Vol. 83, 4

HAX, K., Geldwertänderung und Rechnungswesen, in: Handwörterbuch des Rechnungswesens, Hrsg. E. Kosiol, Stuttgart 1970, S. 553 ff.

HEDTKAMP,, G., Das ökonomisch-rationale Steuersystem, in: Weltwirtschaftliches Archiv, Band 86, 1961, S. 232 ff.

HEILBRUNN, J.H., Real Estate Taxes and Urban Houses. New York 1966

HEINEMANN, K., Externe Effekte der Produktion und ihre Bedeutung für die Wirtschaftspolitik, in: Volkswirtschaftliche Schriften Heft 99. Berlin 1966

HESSE, J.J., Zielvorstellungen und Zielfindungsprozesse im Bereich der Stadtentwicklung, in: Archiv für Kommunalwissenschaften, Jg. 10, 1971, 1. Halbband, S. 26 ff.

ders., Stadtentwicklungsplanung: Zielfindungsprozesse und Zielvorstellungen, in: Schriftenreihe des Vereins für Kommunalwissenschaften e.V. Berlin, Bd. 38. Stuttgart 1972

HEUER, J.H.B., Artikel Wohnungswirtschaft, in: HdSW, Bd. 12, 2. Auflage Stuttgart, Tübingen, Göttingen 1965, S. 810 ff.

ders., Faktoren der Bau- und Bodenpreise, in: Königsteiner Gespräche - Referate. Schriftenreihe des Instituts für Städtebau, Wohnungswirtschaft und Bausparwesen, Band 10, Bonn 1966

HICKS, J.R., Value and Capital, 2. Aufl. Oxford 1946

HICKS, U., The Terminology of Tax Analysis, in: The Economic Journal, 1946, wiederabgedruckt in: Readings in the Economics of Taxation, Ed. Musgrave, R.A., Shoup, C.S., London 1959, S. 214 ff.

dies., u.a., Lessons from America's Capital Gains Tax, in: Banker's Magazine, Vol. CXCIII (1962), S. 85 ff.

HÖHNEN, W., Die Verfeinerung der statistischen Erfassung der Vermögensverteilung, in: WWI - Mitteilungen, Jg. 23, 1970, Heft 1, S. 24 ff..

HOFMANN, W., Bodeneigentum und Gesellschaft - Theorie und Wirklichkeit, in: Schreiber, F. (Hrsg.), Bodenordnung? Vorschläge zur Verbesserung der Sozialfunktion des Bodeneigentums. Stuttgart, Bern 1969, S. 13-26; wiederabgedruckt,in: ders., Abschied vom Bürgertum, Essays und Reden. Frankfurt/M. 1970, S. 96 ff.

ders., Ideengeschichte der sozialen Bewegung des 19. und 20. Jahrhunderts, 3. Auflage, Berlin 1970

HOLLAND, D.M., The Assessment of Land Value, Madison, Milwaukee, London 1970

HOLT, C., SHELTON, J.P., The Lock-in Effect of the Capital Gains Tax, in: NTJ 1962, S. 337 ff.

HOLZHEU, F., Markt und Plan auf dem Bodensektor, in: Stadtbauwelt Jg. 65, 1974, Heft 41, S. 17 ff.

INDEXKLAUSELN würden die Inflation weiter anfachen, in: Handelsblatt vom 9.7.1973

INSTITUT FINANZEN UND STEUERN, Zur Besteuerung der Bodenwertsteigerungen, Brief 131. Bonn 1973

IRMLER, H., Im Dschungel der Zahlen. Die Preisstatistik sagt nicht die ganze Wahrheit über die Entwicklung des Geldwertes, in: Die Zeit, Nr. 41, v. 13.10.72, S. 38 f.

JACOBS, J., Leben und Tod großer amerikanischer Städte. Gütersloh 1963

JAHR, G., Implikationen eines anhaltenden Geldwertschwundes in der Rechtsordnung der Bundesrepublik Deutschland. Ein Gutachten, gedruckt als Anhang V zum Jahresgutachten 1966 des Sachverständigenrates zur Begutachtung der gesamtwirtschaftlichen Entwicklung, Bonn 1966

JANSSEN, J., Zweihundert Jahre Bodenreformbewegung - für Liberale, Kleinbürger, Reformer, Utopisten und Interessenten, in: Blätter für deutsche und internationale Politik, 7/1973, S. 727 ff.

JENSEN, W., Zur Aussagefähigkeit von Preisindices, in: Wirtschaftsdienst, Jg. 53, 1973, Nr. 2, S. 95 ff.

JÜRGENSEN, H., Bodenpreise - ein gesellschaftliches Ärgernis, in: Henrich, F., Kerber, W., (Hrsg.), Eigentum und Bodenrecht. Materialien und Stellungnahmen, Münchener Akademieschriften, Bd. 58, München 1972, S. 103 ff.

ders., Bemerkungen zu Wachstums- und Verteilungseffekten privater und öffentlicher Investitionen, in: Wirtschaftskreislauf und Wirtschaftswachstum, Hrsg. E. Schneider, Tübingen 1966, S. 75 ff.

JÜRGENSEN, Hans, Bauland - Eine Ware besonderer Art. Vorschläge für ein neues Bodenrecht, in: Frankfurter Allgemeine Zeitung Nr. 155 v. 8.7.1972

KADE, G., Die Grundannahmen der Preistheorie. Berlin, Frankfurt/M. 1962

KAHN, C.D., Die Besteuerung des Kapitalgewinns. Diss. Zürich, Winterthur 1954

KALDOR, N., An Expenditure Tax. London 1955

KAISER, H., Liquidität und Besteuerung. Köln 1971

KAISER, W.u.a., Die soziale Struktur des Sparens, in: Der Volkswirt Nr. 15, 11.4.1969, S. 33 ff.

KAPP, W., Volkswirtschaftliche Kosten der Privatwirtschaft. Tübingen, Zürich 1958

KARL BRÄUER INSTITUT DES BUNDES DER STEUERZAHLER (Hrsg.), Grundsteuer: Plädoyer gegen eine veraltete Steuerform. Wiesbaden 1969

KARL BRÄUER INSTITUT DES BUNDES DER STEUERZAHLER (Hrsg.), Kommunale Finanzreform - Stellungnahme zu den Vorschlägen der Sachverständigenkommission für die Finanzreform. Wiesbaden 1967

dass., (Hrsg.), Zur Reform der Bodenbesteuerung, Schriften, Heft 27, Wiesbaden 1974

KISKER, K.P., Die Erbschaftssteuer als Mittel der Vermögensredistribution. Berlin 1964

KLEIN, F., Artikel 14 des Bonner GG als Schranke steuergesetzlicher Intervention? in: Haller, H., u.a. (Hrsg.), Theorie und Praxis des finanzpolitischen Interventionismus, Fritz Neumark zum 70. Geburtstag. Tübingen 1970, S. 229 ff.

KLEINSORGE, W., Grundstücke bei selbständig Tätigen, in: Der Betriebsberater, 1972, Heft 34, S. 1495 ff.

KLOTEN, N., Steuerpolitik als regionale Strukturpolitik, in: Archiv f. Kommunalwissenschaften, Jg. 3, 1964, 1. Halbjahresband, S. 41 ff.

KNIPS, W., Die Problematik wirtschaftspolitischer Zielkonflikte. Tübingen 1970

KOBS, E., Veräußerungsgewinne im Einkommensteuerrecht. 4. Aufl., Herne, Berlin 1970

KÖPPE, H., Ist die Wertzuwachssteuer überwälzbar? in: FA, Jg. 22, 1906, Bd. 1, S. 1 ff..

KOLMS, H., Finanzwissenschaft, Bd. III. Berlin 1966

KOMMISSION DER EUROPÄISCHEN GEMEINSCHAFTEN, Generaldirektion Binnenmarkt und Rechtsangleichung, Direktion Steuern, XIV/D/2, Bericht über die Bemessungsgrundlage der Steuern auf Unternehmensgewinne, XIV/90/72/D. Brüssel 1972

KOMMUNALREFERAT DER LANDESHAUPTSTADT MÜNCHEN, Initiative für eine Neuordnung des Bodenrechts. München o.J. (1972)

KRAUSE-JUNK, G., Probleme einer Bodenwertzuwachsbesteuerung, in: Wirtschaftsdienst, Jg. 54, 1974, Heft 4, S. 289 ff.

KRELLE, W., u.a., Überbetriebliche Ertragsbeteiligung der Arbeitnehmer. Mit einer Untersuchung über die Vermögensstruktur der Bundesrepublik Deutschland. Tübingen 1968

ders., Vermögensverteilung. Zahlen, Empfehlungen, Absichtserklärungen, in: Wirtschaftswoche Nr. 39, vom 29.9.1972, S. 71 ff.

ders., SIEBKE, J., Vermögensverteilung und Vermögenspolitik in der Bundesrepublik Deutschland. Ein Überblick, in: ZfgStW, Bd. 129, 1973, S. 478 ff.

KRISTENSEN, K.J., Bodenbewertung und Bodenwertbesteuerung in Dänemark, in: Pfannschmidt, M., Vergessener Faktor Boden. Marktgerechte Bodenbewertung und Raumordnung, Schriftenreihe des Deutschen Verbandes für Wohnungswesen, Städtebau und Raumplanung, Heft 79, S. 116 ff.

KRUPP, H.J., Möglichkeiten und Grenzen der Statistik der personellen Einkommensverteilung, in: Allgemeines Statistisches Archiv, Bd. 50, 1966, S. 361 ff.

ders., Personelle und funktionelle Einkommensverteilung, in: JbNatStat, Bd. 180, 1967, S. 1 ff.

ders., Theorie der personellen Einkommensverteilung. Allgemeine Grundzüge und verteilungspolitische Simulationen. Berlin 1968

KRYSMANSKI, R., Bodenbezogenes Verhalten in der Industriegesellschaft. Münster 1967

KULLMER, L., Kriterien der Abgrenzung öffentlicher Ausgaben, in: Timm, H. (Hrsg.), Beiträge zur Theorie der öffentlichen Ausgaben, Schriften VfSP (NF). Bd. 47, Berlin 1967, S. 9 ff.

LAINER, D., Die steuerpolitisch richtige Manipulation des Veräußerungsgewinns bei Grundstücken als Entscheidungsproblem des Unternehmers unter besonderer Berücksichtigung der Konzernproblematik. Diss. München 1969

LAUSCHMANN, E., Zur Frage der Social Costs, in: Jahrbuch für Sozialwissenschaften, Bd. 4-10, Heft 2/1959

LEAN, W., Economics of Land Use Planning: Urban and Regional. London 1969

LECHNER, H.H., Wohnungsfrage, städtische Grundrente und Bodenspekulation. Ein theoriegeschichtlicher Abriß, in: Zeitschrift für Wirtschafts-Sozialwissenschaften, Jg. 92, 1972, Heft 6, S. 716 ff.

LEMCKE, J., Die steuerliche Erfassung von Wertsteigerungen bei Grundstücken. Übersicht über die Lage in den wichtigsten Industriestaaten, in: Europäische Steuerzeitung. Steuern, Zölle und Wirtschaftsrecht in der Bundesrepublik Deutschland, 1966, Nr. 20, S. 467 ff.

LENT, G.E., The Taxation of Land Value, in: International Monetary Fund, Staff Papers, Vol. XIV, 1967, Washington D.C., S. 89 ff.

LEY, N., Landesplanung, Regionalplanung und Grundstücksmarkt. in: Schneider, H.K., (Hrsg.), Raumordnung und Grundstücksmarkt. Beiträge und Untersuchungen des Instituts für Siedlungs- und Wohnungswesen der Westfälischen Wilhelms-Universität, Bd. 64, Münster 1967, S. 7 ff..

LIND, R.C., Spatial Equilibrium, the Theory of Rents and the Measurement of Benefits from Public Programs, in: QJE, Vol. 87, 1973, No. 2, S. 188 ff.

LITTMANN, E., Kommentar zum Einkommensteuergesetz, 8. Auflage, Stuttgart 1968

LITTMANN, K.K., Über einige Zwangsläufigkeiten der Vermögensverteilung in der Marktwirtschaft, in: ZfgStW, Bd. 113, 1957, S. 205 ff.

ders., Raumwirtschaftliche Auswirkungen der Finanzpolitik, in: FA (NF) 19, Heft 3, 1962, S. 368 ff.

ders., Finanzpolitik, räumliche Gleichgewichte und Optima. Kreislauftheoretische Betrachtungen über die Wirkungen der staatlichen Aktivität auf die räumliche Faktorverteilung, in: Timm, H., Jecht, H., (Hrsg.), Kommunale Finanzen und Finanzausgleich, Schr. VfSP, Bd. 32, Berlin 1964, S. 61 ff.

ders., Die Gestaltung des kommunalen Finanzsystems unter raumordnungspolitischen Gesichtspunkten. Hannover 1968

ders., Ein Valet dem Leistungsfähigkeitsprinzip, in: Haller, H. u.a. (Hrsg.), Theorie und Praxis..., a.a.O., S. 113-134

ders., Finanzierung von kollektiven Gütern, in: Aufgabe Zukunft, Qualität des Lebens, Beiträge zur 4. internationalen Arbeitstagung der IG-Metall für die BRD, 11. bis. 14. April in Oberhausen, Bd. 7: Qualitatives Wachstum. Frankfurt 1972, S. 11 ff.

ders., Einige Überlegungen zur Frage der Wertzuwachsbesteuerung, unv.Man., Hamburg WS 1972/73

LÖSCH, A.,Die räumliche Ordnung der Wirtschaft, 3. Aufl., Stuttgart 1962

LOOS, G., Inflation - Sondersteuer nur für Kapitalbesitzer, in: BB 1973, S. 301 ff.

LYNCH, P.J., Witherell, W.H., The Carter Commission Report and the Saving Behavior of Canadian Corporations, in: NTJ 1969, S. 57 ff.

MANGOLD, H.v., KLEIN, F., Das Bonner Grundgesetz, 2. Aufl., Bd. II, Berlin und Frankfurt 1964

MANN, F. K.,Das Recht des Geldes. Frankfurt/M. und Berlin 1960

MANN, F.K., Die Überwälzbarkeit der Einkommens-, Vermögens-, Vermögenszuwachs- und Erbschaftssteuern, in: Colm, G., Neisser, H. (Hrsg.), Kapitalbildung und Steuersystem, Verhandlung und Gutachten der Konferenz v. Eilsen, Bd. 2, Berlin 1930, S. 324 ff.

MARKOWITZ, H.M., Portfolio Selection. New York 1959

MARSHALL, A., Principles of Economics. 8. Aufl., London 1964

MC LURE, J.,CHARLES, E., The Theory of Expenditure Incidence, in: FA (NF), Bd. 303, S. 432 ff.

MEHLER, F., Ziel - Mittel - Konflikte als Problem der Wirtschaftspolitik. Berlin 1970

MEHRING, O.v., Die Steuerüberwälzung. Jena 1928

MENGES, G., Grundmodelle wirtschaftlicher Entscheidungen. Einführung in moderne Entscheidungstheorien unter besonderer Berücksichtigung volks- und betriebswirtschaftlicher Anwendungen. Köln und Opladen 1969

MENNEL, A., Die Steuersysteme in den EWG Staaten, EFTA Staaten und in den USA. Herne, Berlin 1965

dies., Geldentwertung und Einkommensbesteuerung im internationalen Vergleich. IWB vom 11.12.1972

dies., HAUSER, W., Steuern auf Grundstücksgewinne und Bodenwertsteigerungen im internationalen Vergleich. Sonderdruck aus: Internationale Wirtschaftsbriefe Nr. 2, 1973

MERKLE, D., Der Begriff des Vermögens und seine Stellung in der Nationalökonomie. Diss. München 1968

MERTENS, D., KIRNER, W., Input - Output - Rechnung, Investitionsverflechtung in der BRD 1950-1970, Deutsches Institut für Wirtschaftsforschung - Beiträge zur Strukturforschung, Nr. 2, Berlin 1967

MIEZKOWSKI, P., Tax Incidence Theory: Teh Effects of Taxes on the Distribution of Income, in: JEL, Vol. VIII, Dec. 1969, S. 1103 ff.

MINISTER VOGEL BERECHNETE MILLIONEN FALSCH, in: Handelsblatt vom 5.4.1973

MITSCHERLICH, A., Die Unwirtlichkeit unserer Städte. Anstiftung zum Unfrieden, 5. Aufl. Frankfurt 1968

MÖLLER, H., Der Boden in der politischen Ökonomie. Wiesbaden 1967

ders., Geld als wirtschaftliches Gut - ein Beitrag zu den Grundlagen der Geldtheorie, in: Haller, H., u.a. (Hrsg.), Theorie und Praxis des finanzpolitischen Interventionismus, Fritz Neumark zum 70. Geburtstag, Tübingen 1970, S. 637 ff.

MOLITOR, B., Vermögensverteilung als wirtschaftliches Problem. Tübingen 1965

ders., Der unsoziale Charakter der schleichenden Inflation, in: Der langfristige Kredit, Jg. 24, 1973, Heft 9, S. 251 ff.

MORRIS, R.E., Fiscal Controls of Land Monopoly, in: AJEcSoc, Vol. 28, 1968, No. 1-4, S. 77 ff.

MÜLLER, A., PFEIFFER, U., Ein Vorschlag zur Besteuerung der Wertsteigerungen bei Grundstücken, in: Stadtbauwelt 1968, Heft 17

MÜLLER, A., Ein Vorschlag zur Besteuerung von Wertsteigerungen bei Grundstücken, in: Bodenordnung? Vorschläge zur Verbesserung der Sozialfunktion des Bodeneigentums, Hrsg. F. Schreiber, Stuttgart 1969, S. 43 ff.

MÜLLER, W., Die Ordnung des Baubodenmarktes in der BRD. Diss. Tübingen. Stuttgart 1963

MÜLLER, W., Was tun gegen die leidigen Bodengewinne? in: FAZ Nr. 251, 29.10.1973

MÜNCH, D., Bodenpolitik international. Konzepte, Resultate, Konsequenzen, Schriften des Deutschen Verbandes für Wohnungswesen, Städtebau und Raumplanung e.V., Heft 82, Bonn 1970

MUETHLING, H., Wertzuwachssteuer, dargestellt insbesondere nach der preußischen Wertzuwachssteuermusterordnung. Berlin 1936

ders., Artikel Wertzuwachssteuer, in: HdSW 2. Aufl., Bd. 12, Stuttgart, Tübingen, Göttingen, 1965, S. 8 ff.

MUSGRAVE, R.A., Infrastruktur und Theorie der öffentlichen Güter, in: Grundfragen der Infrastrukturplanung für wachsende Wirtschaften, Schr. VfSP, N.F. Bd. 58, S. 43 ff.

ders., SHOUP, C.S. (Ed.), Readings in the Economics of Taxation. London 1959

ders., The Theory of Public Finance. A Study in Public Economy. New York 1959; deutsche Übersetzung: Finanztheorie, 2. Auflage, Tübingen 1969

MUTH, R., Cities and Housing: The Special Pattern of Urban Land Use. Chicago 1969

NELL-BREUNING, O.v., Preisbildung am Baubodenmarkt, in: Wirtschaftsfragen der freien Welt, Festgabe für Ludwig Erhard. Frankfurt/Main 1957, S. 235-244

ders., Die Preisbildung am Baubodenmarkt, in: So planen und bauen, 1965, Heft 7 ff.

ders., Steuern als Instrumente der Bodenpolitik, in: Haller, H., u.a. (Hrsg.), Theorie und Praxis des finanzpolitischen Interventionismus, F. Neumark zum 70. Geburtstag. Tübingen 1970, S. 313-326

ders., Bodenwertzuwachsbesteuerung, unv.Man., o.O., 1972

ders., Bodenwertzuwachsbesteuerung. Deutsches Volksheimstättenwerk, Aktuelle Schriftenreihe, Heft 4. Köln 1973

ders., Artikel Wertzuwachssteuer, in: HdF, Bd. 2, 2. Auflage, Tübingen 1956, S. 557-564

NETZER, DICK, The Conomics of the Property Tax. Washington D.C., 1966

ders., Economics and Urban Problems, Diagnoses and Prescriptions. New York, London 1970

NEUMARK, F., Theorie und Praxis der modernen Einkommensbesteuerung. Bern 1947

ders., Internationale Entwicklungstendenzen auf dem Gebiete der Einkommensbesteuerung, in: WWA Bd. 63/1949, S. 1 ff.

ders., Artikel Steuern (I), in: HdSW, 2. Auflage, Bd. 10, Stuttgart 1959, S. 93 ff.

ders., Probleme der allgemeinen Einkommenstheorie, in: ders., Wirtschafts- und Finanzprobleme des Interventionsstaates. Tübingen 1962

ders., Grundsätze gerechter und ökonomisch rationaler Steuerpolitik. Tübingen 1970

NIEHANS, Jürg, Bodenpreis, Wirtschaftswachstum Kapitalzins, in: Schweizerische Zeitschrift für Volkswirtschaft und Statistik, Bd. 102 (1966), Nr. 2

NIELSEN, V.R., Länderbericht Dänemark, Country Monographs Prepared for the Seminar on the Supply, Development and Allocation of Land for Housing and Related Purposes, 28. March - 6. April 1965, Vol. 1, Hrsg. ECE. Genf 1966, S. 31 ff.

NOWOTNY, E., On the Incidence of Real Estate Taxation, in: Zeitschrift für Nationalökonomie, Jg. 33, 1973, S. 133-160

OATES, WALLACE E., The Effects of Property Taxes and Local Public Spending on Property Values, in: JPE 77 (1969), S. 957-971

OBERHAUSER, A., Artikel Bewertungsprobleme im Steuerrecht, in: HdSW, 2. Auflage, 1965, Bd. 12, Stuttgart-Tübingen, Göttingen 1965, S. 544 ff.

OHLMER, H., WALPER, K.-H., Eine bessere Bodenverfassung - aber wie? Köln-Mühlheim 1969

OPFERMANN, W., Entschädigung im Bodenrecht. Zur Funktion der Enteignungsentschädigung in der Rechtsprechung des BGH, in: Rehbinder, U. (Hrsg.), Recht im sozialen Rechtsstaat. Opladen 1973, S. 163 ff.

OTT, A.E., Preistheorie, in: Ehrlicher, W., u.a. (Hrsg.), Kompendium der Volkswirtschaftslehre. Göttingen 1969, S. 129 ff.

PAUL, Th., SPD Vorschläge zur Bodenreform: Keine Lösung des Bodenproblems, in: Wirtschaftsdienst Jg. 52, 1972.

PAULICK, H., Die wirtschaftspolitische Lenkungsfunktion des Steuerrechts und ihre verfassungsmäßigen Grenzen, in: Haller, H., u.a. (Hrsg.), Theorie und Praxis des finanzpolitischen Interventionismus, F. Neumark zum 70. Geburtstag. Tübingen 1970, S. 203 ff.

PAUSCH, A., Zur Geschichte der Besteuerung des Bodenwertzuwachses, in: Steuer und Wirtschaft 1973, Nr. 4, S. 306 ff.

PECHMAN, Joseph A., Erosion of the Individual Income Tax, in: NTJ X/1957, S. 1 ff.

ders., OKNER, B.A., Who Bears the Tax Burden? Washington D.C., 1974

PETERS, K.H., Die Bodenreform. Ende eines Kompromisses. Ein Beitrag zur Bodenreform. Hamburg 1971

PFANNSCHMIDT, M., Vergessener Faktor Boden, Schriften des Deutschen Verbandes für Wohnungswesen, Städtebau und Raumplanung, Bd. 79, Bonn 1972

PFEIFFER, U., Überlegungen zur Theorie der Steuerung der Bodennutzung, in: Schreiber, F., (Hrsg.), Bodenordnung? Vorschläge zur Verbesserung der Sozialfunktion des Bodeneigentums. Stuttgart, Bern 1969, S. 29 ff.

ders., Ansätze für eine bodenpolitische Konzeption, in: Thoss, R., (Hrsg.), Bodenordnung und Bodenpolitik, Schriften des Instituts für Siedlungs- und Wohnungswesen der Westfälischen Wilhelms-Universität Münster, Band 78, Münster 1972, S. 50 ff.

PIEL, D., Der Kampf um Grund und Boden, in: Die Zeit Nr. 40 v. 6.10.1972, S. 34

PISTORIUS, T., Artikel 'Direkte Zuwachs- und Kriegsgewinnsteuer', in: HdF Bd. 2. Tübingen 1927, S. 159 ff.

POHL, W., Die Beeinflussung der Bodenpreise durch steuerliche und andere Maßnahmen, in: Schreiber, F. (Hrsg.), Bodenordnung? Vorschläge zur Verbesserung der Sozialfunktion des Bodeneigentums. Stuttgart/Bern 1969, S. 57 ff.

POLENSKY, T., Die Bodenpreise in Stadt und Region München. Staatswissenschaftliche Diss. München 1973

PRENTICE, P.I., The Case for Taxing Local Values - A Memorandum for a Metropolis Considering Property Tax Reform, in: AJEcSoc Vol. 28/1969, S. 145 ff.

PYE, GORDON, Preferential Treatment of Capital Gains, Optimal Dividend Policy and Capital Budgeting, in: QJE 1972

RATZ, M., Bodenpolitik in der BRD. Kritik und demokratische Alternativen. Köln 1973

RAUMORDNUNGSBERICHT 1972 DER BUNDESREGIERUNG, Deutscher Bundestag - Drucksache VI/3793, Bonn 1972

RECKTENWALD, H.C., Rezension von Kahn, C.D.: Die Besteuerung des Kapitalgewinns, Winterthur 1957, in: FA, Bd. 17, 1956/57, S. 166 ff.

ders., Artikel 'Steuerwirkungen', in: HdSW, Bd. 10, Stuttgart, Tübingen, Göttingen 1959, S. 182 ff.

ders., Steuerüberwälzungslehre. Theoretische und empirische Verteilung von Abgaben und Kosten, 2. Aufl. Berlin 1966

ders., Tax Incidence and Income Distribution. Detroit 1970

REHBINDER, M. (Hrsg.), Recht im sozialen Rechtsstaat, Kritik, Bd. 5. Opladen 1973

REICHSABGABENORDNUNG v. 22.5.1931, RGBl I, S. 161 ff.

RICARDO, D., Grundsätze der politischen Ökonomie. Berlin 1969

RICHARDSON, H.W., Elements of Regional Economics. Harmondsworth 1969

RISSE, W.K., Grundzüge einer Theorie des Baubodenmarktes, Schriften des Instituts für Wohnungsrecht und Wohnungswirtschaft an der Universität Köln, Bd. 42, Bonn 1974

ROBERTSON, R., Capital Gains - to Tax or not to Tax, in: Public Finance in Canada, Selected Readings, Ed. Robinson, F.J., Cull, J. Toronto u.a., 1968, S. 196 ff.

RÖSSLER, R., TROLL, M., Bewertungsgesetz und Vermögenssteuergesetz. München 1972

ROYAL COMMISSION on Taxation of Canada (Carter Commission), Report Vol. 3, Taxation of Income. Ottawa 1966

ROYAL COMMISSION on the Taxation of Profits and Incomes, Report 1955, Memorandum of Dissent, Cmnd. 9474, Her Majesty's Stationary Office 1955, teilweise wiederabgedruckt in: Houghton, R.W. (Ed.), Public Finance..., a.a.O., S. 46-48

RUCK, H., Die Problematik der Besteuerung des Bodenwertzuwachses, in: Der Betriebsberater Heft 23, S. 1037 ff.

RÜFNER, W., Bodenordnung und Eigentumsgarantie, in: Juristische Schulung, Jg. 13, 1973, Heft 10, S. 593-599

SACHVERSTÄNDIGENRAT ZUR BEGUTACHTUNG der Gesamtwirtschaftlichen Entwicklung, Jahresgutachten 1972. Bonn, November 1972

SANDFORD, C.T., Taxing Personal Wealth. London 1971

SAILER, E., Falsche Planung erhöht die Baulandpreise, Gemeinden müssen Vorratspolitik treiben, in: Handelsblatt Nr. 102, v. 28.5.1971

SCHAAF, A.H., Some Uncertainties about the Desirability of Site Value Taxation, in: Land Value Taxation: Pro and Con, Tax Policy, Sept.-December 1970, S. 38 ff.

SCHÄFERS, B., Bodenbesitz und Bodennutzung in der Großstadt. Eine empirisch-soziologische Untersuchung am Beispiel Münster, in: Beiträge zur Raumplanung, Band 4, Bielefeld, 1968

SCHANZ, G.v., Der Einkommensbegriff und die Einkommensteuergesetze, in: FA 13. Jg. (1896), Bd. 1, S. 23 ff.

ders., Zur Frage des Steuerprinzips bei den Gemeindesteuern, in: FA, Bd. 32, 1915, S. 56 ff.

SCHILDBACH, T., Zur Verwendbarkeit der Substanzerhaltungskonzeption in der Handels- und Steuerbilanz, in: Der Betriebsberater, Heft 2, 1974, S. 49 ff.

SCHMIDT stemmt sich gegen Indexklauseln, in: Frankfurter Rundschau Nr. 236 vom 10.10.1973, S. 7

SCHMIDT, D., SCHNURR, H.E., Grundeigentumswechsel und Baulandpreise in Hamburg 1961 - 1973, Hamburg in Zahlen, Jg. 1974, Heft 7, Seite 205 ff.

SCHNEIDER, E., Einführung in die Wirtschaftstheorie, Teil I und II, 11. Auflage. Tübingen 1967

SCHNEIDER, D., Investition und Finanzierung, Lehrbuch der Investitions-, Finanzierungs- und Ungewißheitstheorie, 2. verbesserte Aufl. Opladen 1971

ders., Gewinnermittlung und steuerliche Gerechtigkeit, in: ZfBf 5/6 1971, S. 352 ff.

SCHUPP, R., Die Baulandsteuer - Lehren einer verfehlten Baubodenpolitik, in: Wohnungswirtschaft und Mietrecht, 1973, Heft 12

SEELE, W., u.a., Ausgleich maßnahmenbedingter Bodenwerterhöhungen. Forschungsauftrag im Auftrag des BMfRBS, Band A, unveröff. Manuskript. Dortmund o.J., (1974)

ders., Bessere baurechtliche Instrumente für die Gemeinden durch die Novellierung des BBauG, in: Stadtbauwelt 1974, Heft 41, S. 10 ff.

SELIGMAN, EDWIN R.A., Die Lehre von der Steuerüberwälzung, Deutsche Übersetzung von 'The Shifting and the Incidence of Taxation' nach der 5. Auflage. Hrsg.: K. Bräuer, Jena 1927

ders., Introduction to the Shifting and Incidence of Taxation, in: Musgrave, R.A., Shoup, C.S. (Ed.), Readings in the Economics of Taxation. London 1959, S. 202 ff.

SEIDEWINKEL, H., Die Beeinflussung der Grundstückswerte durch das innerstädtische Verkehrssystem. Diss. Hamburg 1966

SELMER, P., Steuerinterventionismus und Verfassungsrecht. Frankfurt/Main 1972

SELTZER, L.H., The Nature and Tax Treatment of Capital Gains and Losses. New York 1951

SHOUP, C.S., Artikel Kriegsgewinn und Wertzuwachssteuern, in: HdF, 2. Aufl., Tübingen 1956, S. 519 ff.

SHUBIK, M., On Different Methods for Allocationg Ressources, in: KYKLOS Vol. XXIII (1970), S. 332 ff.

SLITOR, R.E., Problems of Definition under the Capital Gains Tax, in: NTJ 1957, S. 26 ff.

ders., The Carter Proposals on Capital Gains: Economic Effects and Policy Implications for the United States, in: NTJ 1969, S. 66 ff.

SIEBER, H., Bodenpolitik und Bodenrecht. Berner Beiträge zur Nationalökonomie, Band 15, Bern und Stuttgart 197o
SIEBERT, H., Zur Frage der Distributionswirkungen öffentlicher Infrastrukturinvestitionen, in: Jochimsen, R., Simonis, H.E. (Hrsg.), Theorie und Praxis der Infrastrukturpolitik. Schr. VfSP (N.F.), Bd. 54. Berlin 1970, S. 33 ff.

SIEBKE, J., Die Vermögensbildung der Privaten Haushalte in der BRD. Forschungsauftrag des Bundesministeriums für Arbeit und Sozialordnung. Manuskript, Bonn, Mai 1971

SIMON, H.A., The Incidence of a Tax on Urban Real Property, in: Musgrave, R.A., Shoup, C.S. (Ed.), Readings in the Economics of Taxation. London 1959, S. 416 ff.

SIMONS, H.C., Personal Income Taxation. Chicago 1938

SOMERS, H.M., An Economic Analysis of the Capital Gains Tax, in: NTJ 1/1948, S. 226 ff.

SONNENSCHEIN, J., Steuerrecht und Sozialstaatsprinzip, in: Rehbinder, M. (Hrsg.), Recht im sozialen Rechtsstaat. Opladen 1973, S. 285. 328

SPD - KOMMISSION, Vorschläge (Steuerreform IV), in: Materialien zum außerordentlichen Parteitag vom 18./ 20.11.1971. Bonn 1971, Vorschlag A

SPD - KOMMISSION beim Parteivorstand zur Bodenrechtsreform. Vorschläge zur Reform der Bodenordnung. Bonn o.J. (1972)

diess., Vorschläge zur Reform der Bodenordnung, in: Materialien zum Parteitag, Hrsg. Vorstand der SPD. Hannover 1973

SPEICH, G., Die Gewinnermittlung durch Überschußrechnung § 4 Abs. 3 EStG, in: DStR 24/ 1972, S. 743 ff.

ders., Zur Reform der Gewinnermittlungsvorschriften des EStG, in: DStR 1971, Heft 22, S. 677 ff.

SPREE, H.U., Ohne Markt geht es beim Boden nicht, in: Südd. Zeitung Nr. 263, vom 3.4.1971

SPIETHOFF, A., Boden und Wohnung, Bonner Staatswissenschaftliche Untersuchungen, Heft 20. Jena 1934

STATISTISCHES BUNDESAMT (Hrsg.), Fachserie M, Reihe 5/II, Baulandpreise, Wiesbaden lfd.

dass., Statistik der Baulandpreise, in: Wirtschaft und Statistik, Jg. 1962, Nr. 8, S. 457 ff.

STEINMANN, G., Theorie der Spekulation, Kieler Studien, Bd. 106. Tübingen 1970

STEMMLER, H., Planungswertausgleich und/oder Wertzuwachssteuer, in: Der Städtetag, N.F., Jg. 26, 1973, Heft 3, S. 124 ff.

STEUERREFORM, Zusammengestellt und mit einem Nachwort versehen von H.W. Kruse. Berlin, New York 1973

STEUERREFORMKOMMISSION 1971 (Eberhard Kommission), Gutachten 1971, Bundesdesministerium für Wirtschaft und Finanzen (Hrsg.), Schriftenreihe des BMF, Heft 17. Bonn 1971

STONE, L.M., A Comprehensive Income Tax Base for the U.S.: Implications of the Report of the Royal Commission on Taxation, in: NTJ 1969, S. 24 ff.

STRUTZ, G., Betrachtungen zur Reichszuwachssteuer. Berlin 1910

STUCKEN, R., Artikel 'Spekulation', in: HdSW, Bd. 9, 2. Aufl. Stuttgart, Tübingen, Göttingen 1956, S. 690 ff.

SURREY, S.S., Definitional Problems in Capital Gains Taxation, in: Harvard Law Review, Vol. 69, 1956, No. 6, S. 985 ff.

THÜNEN, J.H.v., Der isolierte Staat in Beziehung auf Landwirtschaft und Nationalökonomie. Neudruck nach der Ausgabe letzter Hand, 4. Aufl, Stuttgart 1966

TIEBOUT, C.M., An Economic Theory of Fiscal Decentralisation, in: Public Finances: Needs, Sources an Utilization, a Report of the National Bureau of Economic Research. New York and Princeton 1961, S. 709 ff.

TIEPELMANN, K., Probleme der Vermögenssteuer. Berlin 1963

TIEMANN, M., Die Baulandpreise und ihre Entwicklung, in: Der Städtetag Jg. 1970, Heft 11, S. 562 ff.

TINBERGEN, J., Wirtschaftspolitik, 2. unveränderte Auflage, Freiburg 1972

TIMM, F., Förderung der Bodenmobilität. Diss. Göttingen 1969

TIMM, H., Finanzpolitische Autonomie untergeordneter Gebietskörperschaften (Gemeinden) und Standortverteilung. Ein Beitrag zur ökonomischen Beurteilung des Finanzausgleichs, in: Kommunale Finanzen und Finanzausgleich, Schr. VfSP (NF), Bd. 32, Berlin 1964, S. 9 ff.

ders., Artikel Gemeindefinanzen, in: HdSW 2. Aufl., Bd. 10, Stuttgart etc., 1959, S. 299 ff.

ders., Geldwertsicherungsklauseln in der schleichenden Inflation, in: Wirtschaftsdienst, 52. Jg., Nr. 12, 1972, S. 641 ff.

ders., Überwälzbarkeit und Wirkung der Bodenwertzuwachssteuer auf Bodenpreise und Preise von Bodennutzungen, in: Sozialwissenschaft im Dienste der Wirtschaftspolitik, W. Bickel zum 70. Geburtstag. Tübingen 1973, S. 123 ff.

TOBIN, J., The Theory of Portfolio Selection, in: The Theory of Interest Rates, Ed. Hahn, F.H. London 1965, S. 3 ff.

TROEGER, H., Währungsstabilität und Grundstücksmarkt, in: Zeitschrift für das gesamte Kreditwesen, Jg. 22, 1969, Heft 7, S. 8 ff.

TROLL, M., Grund und Boden - Politik und Steuern, in: Schriftenreihe Steuerrecht und Steuerpolitik, Heft 12. Heidelberg 1972

TROTHA, T.v., Es geht um Abschöpfen des Wertzuwachses, in: Die Demokratische Gemeinde, 1973, Nr. 8, S. 843 ff.

TURVEY, R., The Economics of Real Property. London 1957

UNSOZIALE PLÄNE ZUR BODENRECHTSREFORM, in: Handelsblatt Nr. 170, 4.9.1972

VANDERMEULEN, A.J., Capital Gains: Two Tests for the Taxpayer and a Proposal for the President, in: NTJ, 1963, S. 397 ff.

VERKLOPPT AN CLOPPENBURG, in: Die Zeit, Nr. 9, 23.2.1973

VICKREY, W., Averaging of Income for Income Tax Purposes, in: Musgrave, R.A., Shoup, C.S. (Ed.), Readings in the Economics of Taxation. London 1959, S. 77 ff.

ders., Expenditure, Capital Gains and Progressive Taxation, in: Houghton, R.W. (Ed.), Public Finance, Selected Readings. Harmondsworth 1970, S. 117 ff.; in gekürzter Form erneut abgedruckt unter dem Titel: Ausgaben, Kapitalgewinne und die Grundlage progressiver Besteuerung, in: Recktenwald, H.C. (Hrsg.), Finanztheorie. Köln, Berlin 1969, S. 425 ff.

VOGEL, H.J., Bodenrecht und Stadtentwicklung, in: Neue Juristische Wochenschrift, 1972, Heft 35, S. 1544 ff.

VORSCHLÄGE DER STEUERREFORMKOMMISSION beim Parteivorstand der SPD (Eppler-Kommission). Bonn 1969

WALLICH, H.C., Taxation of Capital Gains in the Light of Recent Economic Developments, in: NTJ, Vol. XVIII, 1965, S. 133 ff.

WALLIS, A.V., Geldwertänderung im Steuerrecht, in: der Betrieb 1973, S. 842 ff.

WALTI, H., Die Bestimmungsfaktoren des Mietpreises unter besonderer Berücksichtigung der schweizerischen Verhältnisse, Diss. St. Gallen. Winterthur 1961

WEBER, A., Über den Standort der Industrien, 1. Teil, Reine Theorie des Standortes, Tübingen 1922

WEINBERGER, B., Das Bodenproblem in der Kommunalpolitik, in: Bodenordnung und Bodenpolitik, Beiträge und Untersuchungen, Bd. 78, Hrsg.: R. Thoss, Münster 1972, S. 84 ff.

WELINDER, C., Steuerüberwälzung und Steuerwirkungen, in: HdF, Bd. 2, 2. Aufl., Tübingen 1956, S. 336 ff.

WELLS, A., Legislative History of Treatment of Capital Gains under the Federal Income Tax 1913 - 1948, in: NTJ, 1949, S. 12 ff.

WERTENBRUCH, W., Eigentum aus verfassungsrechtlicher Sicht, in: Eigentum und Bodenrecht. Materialien und Stellungnahmen, Hrsg. F. Henrich, W. Kerber,, München 1972, S. 49 ff.

WEYL, H., Entwicklung der Bodenverfassung in Großbritannien, in: Schreiber, F. (Hrsg.), Bodenordnung? Vorschläge zur Verbesserung der Sozialfunktion des Bodeneigentums. Stuttgart, Bern 1969

WILLGERODT, H., u.a., Vermögen für Alle. Probleme der Bildung, Verteilung und Werterhaltung des Vermögens in der Marktwirtschaft, Bd. 2. Düsseldorf, Wien 1972

WINGO JR., L., Transportation and Urban Land, Washington 1964

WIRTH, M., Die Ausgestaltung der Planungswertabschöpfung, in: Wirtschaft und Recht, Zeitschrift für Wirtschaftspolitik und Wirtschaftsrecht, Zürich, Jg. 24, 1972, S. 223 ff.

WISSENSCHAFTLICHER BEIRAT BEIM BMF, Gutachten zur Reform der direkten Steuern, Bonn, Bad Godesberg 1967

ders., Gutachten zum Gemeindesteuersystem und zur Gemeindesteuerreform in der BRD, Schriftenreihe des BMF, Heft 10, Bonn 1968

ders., Gutachten über Probleme und Lösungsmöglichkeiten einer Bodenwertzuwachsbesteuerung, in: Schriftenreihe des Bundesministeriums der Finanzen, Heft 22, Bonn 1976

WOHNEN BALD EIN LUXUS, in: Die Zeit Nr. 14 vom 30.3.1973, S. 4

ZEITEL, G., Geldentwertung und Nominalwertprinzip in der Besteuerung, in: Wirtschaftsdienst Jg. 52, 1972, Nr. 6, S. 314 ff.

ZINK, G., Neue Aspekte einer Vermögenspolitik durch Besteuerung, in: Wirtschaftsdienst Jg. 52, 1972, Nr. 5, S. 249 ff.

ders., Die gegenwärtige Diskussion über eine Bodenwertzuwachssteuer, in: Wirtschaftsdienst Jg. 53, 1973, Nr. 3, S. 140 ff.

ders., Die Probleme einer Wertzuwachsbesteuerung, in: Steuer und Wirtschaft, 1973, Nr. 2, S. 150 ff.

ZINK, G., LIEDSCHULTE, H., Erfassung und Besteuerung der Wertzuwächse im derzeitigen Steuersystem der Bundesrepublik Deutschland, in: Steuer und Wirtschaft Jg. 48, 1971, Nr. 1, S. 46 ff.

ZINKAHN, W., Die Novelle zum Bundesbaugesetz - ein weiterer Schritt zur Reform des Bodenrechts, in: Bundesbaublatt, Jg. 1974, Heft 8, S. 375 ff.

GEWOS-SONDERDRUCKE

1975	I	Veränderte Rahmenbedingungen für Wohnungswirtschaft und Wohnungsbau	
1975	II	Veränderte Rahmenbedingungen für Wohnungswirtschaft und Wohnungsbau (Fortführung)	I u. II zus. DM 10,—
1976	III	Wohnungspolitik im Umbruch Strukturelle Herausforderungen - alternative Antworten	DM 10,—
1977		Wohnungswesen im Städtebau Konflikte zwischen städtebaulichen Anforderungen und wohnungs-sozialpolitischen Notwendigkeiten	DM 10,—
1977		Wohneigentum in Alt- und Neubau	DM 10,—

GEWOS

in: Schriftenreihe des Bundesministers für Raumordnung, Bauwesen und Städtebau, Bonn: Städtebauliche Forschung

    1974   Wechselbeziehungen zwischen Sozialplanung und Rentabilitätsgesichtspunkten bei Sanierungsmaßnahmen nach dem Städtebauförderungsgesetz

    1974   Das Haus mit Garten
Eine empirische Untersuchung über Verhalten und Einstellungen von Kleinsiedlern

    1975   Informationssystem für die Stadt- und Regionalforschung

    1976   Ökonomische, rechtliche und verfahrenstechnische Möglichkeiten zur Einführung der Wohnwertmiete

in: Schriftenreihe der Kommission für wirtschaftlichen und sozialen Wandel, Göttingen

    1976   Kögler, A.: "Die Entwicklung von Randgruppen in der Bundesrepublik Deutschland", Nr. 87

in: Schriftenreihe des Bundesministers für Jugend, Familie und Gesundheit, Bonn

    1976   Der Zusammenhang von freizeitpolitischen Rahmenbedingungen und Freizeitinhalten, Bd. 102

    1976   Analyse vorhandener Informationsmöglichkeiten und -angebote im Freizeitbereich, Bd. 104

in: Institut für Landes- und Stadtentwicklungsforschung des Landes Nordrhein-Westfalen (ILS) im Auftrage des Chefs der Staatskanzlei NW

    1976   Die Ausländerbevölkerung in Nordrhein-Westfalen

GEWOS-Schriftenreihe   NEUE FOLGE

Heft 1 Prof. Dr. Harald Jürgensen:
Wohnungsbau und Stadtentwicklung
1970. 23 S., 5,— DM

Heft 2 Wilfried Bundt:
Probleme der Sanierungsvorbereitung
1970. 20 S., 5,— DM

Heft 3 Heinz Roosch, Klaus Vogt:
Überwindung der öffentlichen Armut durch räumliche Schwerpunktbildung?
1971. 26 S., 5,— DM

Heft 4 **Sind die bisherigen Baupreissteigerungen unser Schicksal?**
1971. 46 S., 8,— DM

Heft 5 Gerhart Laage, Max-Walter Herr:
Die Wohnung von heute für Ansprüche von morgen -
1971. 132 S., 18,— DM

Heft 6 Wilfried Bundt, Heinz Roosch
Sanieren - aber wie? - Eine Systematik der Vorbereitung städtebaulicher Sanierungsmaßnahmen
1972. 228 S., 20,— DM

Heft 7 **Wohnwert und Miete**
Vier Referate von J.-W. Huber, M. Kurth, S. Thiberg, N. J. Habraken
1973. 85 S., 15,— DM

Heft 8 Hartmut Lüdtke:
Bauform und Wohnverhalten
1973. 247 S., 25,— DM

HANS CHRISTIANS VERLAG · HAMBURG

(Jeweils über den Verlag zu bestellen)

Heft 9 **Bodenrechtsreform im sozialen Rechtsstaat**
Gutachten der Kommission zur Erarbeitung von Vorschlägen für die Bodenrechtsreform
1973. 144 S., 20,— DM

Heft 10 **Bodenrechtsreform im sozialen Rechtsstaat II**
Sonderdarstellungen zum Umlegungsrecht, Nachbarschaftsrecht u. Bergrecht
1973. 100 S., 20,— DM

Heft 11 Christian Farenholtz:
Stadtentwicklungsplanung
Beiträge zur Diskussion
1974. 66 S., 16,— DM

HAMMONIA-Verlag GmbH · HAMBURG

Heft 12 Alfred Kögler:
Bürgerbeteiligung und Planung
1974. VIII, 112 S., 20,— DM

Heft 13 **Großsiedlungen**
1975. VIII, 148 S., 20,—DM

Heft 14 Angelika Schildmeier:
Integration und Wohnen
1975. 135 S., 25,— DM

Heft 15 **Beiträge zur Verstetigung der Bautätigkeit**
1975. 96 S., 18,— DM

Heft 16 **Sicherung des sozialen Wohnungsbaus**
1975. 40 S., 8,— DM

Heft 17 **Citynahes Wohnen**
1975. 93 S., 12,— DM

Heft 18 **Spätaussiedler**
1976. 132 S., 15,— DM

Heft 19 **Obdachlosigkeit in der Bundesrepublik**
1976. 278 S., 25,— DM

Heft 20 **Organisationsprobleme der Stadtforschung**
1976. 72 S., 15,— DM

Heft 21 **Institutionalisierte Rationalisierung**
1976. 64 S., 12,— DM

Heft 22 **Räumliche Entwicklung und Wohnungspolitik in Entwicklungsländern**
1977. 96 S., 14,— DM

Heft 23 **Die Hamburger »Fabrik«**
1977. 304 S. (nicht im Handel)

Heft 24 **Nutzwertanalyse**
1977. 106 S., 15,— DM

Heft 25 **Wohnförderung als Absicherungssystem in einer sozialen Wohnungsmarktwirtschaft**
1977. 26 S., 8,— DM

HAMMONIA-Verlag GmbH · HAMBURG